T0198507

Sammlung Metzler
Band 305

Matthias Bauer

Romantheorie

Verlag J.B. Metzler
Stuttgart · Weimar

Die Deutsche Bibliothek – CIP-Einheitsaufnahme

Bauer, Matthias:
Romantheorie / Matthias Bauer.
– Stuttgart ; Weimar : Metzler, 1997
(Sammlung Metzler ; Bd. 305)
ISBN 978-3-476-10305-5

ISBN 978-3-476-10305-5
ISBN 978-3-476-04022-0 (eBook)
DOI 10.1007/978-3-476-04022-0
ISSN 0558–3667

SM 305

© 1997 Springer-Verlag GmbH Deutschland
Ursprünglich erschienen bei J.B. Metzlersche Verlagsbuchhandlung
und Carl Ernst Poeschel Verlag GmbH in Stuttgart 1997

Inhalt

VIII

I. Einleitung

1. Die weltbildnerische Funktion des Romans

Als Umberto Eco 1962 seine Studie über *Das offene Kunstwerk* veröffentlichte, fügte er dem Text eine Anmerkung bei, aus der schlaglichtartig die weltbildnerische Funktion des Romans erhellt. Diese Anmerkung lautet:

»Es ist nur natürlich, daß das Leben mehr dem *Ulysses* als den *Drei Musketieren* gleicht: dennoch sind wir alle eher geneigt, es in den Kategorien der *Drei Musketiere* zu denken als in denen des *Ulysses*: oder besser: ich kann das Leben nur erinnern und beurteilen, wenn ich es als traditionellen Roman denke.« (Eco 1977, S. 206).

Für Eco ist der Roman also eine epistemologische Metapher, ein historisch variables Schaubild der Erkenntnis (vgl. ebd. S. 164): Während Alexandre Dumas für *Die Drei Musketiere* (1844) noch ein geschlossenes Universum entworfen hatte, das den Regeln der traditionellen Erzählkunst entsprach und die Bedürfnisse der Leser nach abenteuerlichen Geschichten befriedigte, entwarf James Joyce mit dem *Ulysses* 1922 ein offenes Feld interpretativer Möglichkeiten, das den Rezipienten zum Koproduzenten der Textbedeutung macht.

»Der eigentliche Inhalt des Kunstwerks wird somit seine Art, die Welt zu sehen und zu beurteilen, ausgedrückt in einem Gestaltungsmodus, und auf dieser Ebene muß dann auch die Untersuchung der Beziehungen zwischen Kunst und Welt geführt werden. Die Kunst erkennt die Welt durch die Strukturen ihres Gestaltens (die darum nicht formal, sondern ihr eigentlicher Inhalt sind): die Literatur organisiert Wörter, die Aspekte der Welt bezeichnen, doch das literarische Werk deutet auf die Welt hin durch die Art und Weise, wie diese Wörter angeordnet werden [...]. In diesem Sinne arbeiten gewissen Operationen der Kunst, die unserer konkreten Welt so fern zu sein scheinen, letzten Endes darauf hin, uns die imaginativen Kategorien zu liefern, mittels derer wir uns in der Welt bewegen können.« (ebd. S. 271f u. S. 281).

Zwischen dem Welt-Konstrukt des Romans, der Konstruktivität des menschlichen Bewußtseins und der gesellschaftlichen Konstruktion der Wirklichkeit gibt es, so gesehen, zahlreiche Berührungspunkte, die freilich – je nach Epoche und Kultur – sehr unterschiedliche Wahrnehmungsmuster erzeugen können. Die weltbildnerische Funk-

tion des Romans läuft jedenfalls nicht auf ein Passepartout für alle
möglichen Gelegenheiten hinaus. Vielmehr reflektiert der Roman
den Mentalitätswandel, zu dem er selbst beiträgt. Vor diesem Hintergrund ist auch die Zäsur zwischen dem traditionellen und dem
modernen Roman zu sehen, die Eco an den Werken von Dumas
und Joyce veranschaulicht.

Grundsätzlich gilt, daß der unübersichtliche Erlebnisraum der
Großstadt, die Entdeckung des Unbewußten und die rapide Be-
schleunigung der menschlichen Wahrnehmung durch die modernen
Verkehrsmittel und Massenmedien neue Anforderungen an die Erzählkunst gestellt haben – Anforderungen, die mit den traditionellen Verfahren des Schreibens und Lesens offenbar nicht zu bewälti-
gen waren. Otto Flake prophezeite daher bereits 1919 im Vorwort
zu seinem Roman *Die Stadt des Hirns*:

»Der neue Roman wird möglich sein durch Vereinigung von Abstraktion
Simultaneität Unbürgerlichkeit. Es fallen fort konkrete Erzählung Ordnung
des Nacheinander bürgerliche Probleme erobertes Mädchen Scheidungsge-
schichte Schilderung des Milieus Landschaftsbeschreibung Sentiment.«

Sowohl die inhaltliche Aussage als auch die interpunktionsfreie
Form dieses Zitats machen deutlich, wie drastisch die Zäsur zwischen der traditionellen und der modernen Erzählkunst seinerzeit
empfunden und ausgedrückt wurde. Bis zur Jahrhundertwende hatte sich die Erzählkunst noch, wie R. M. Albérès in seiner *Geschichte
des modernen Romans* (1964) darlegt, in einer Welt bewegt, die den
Gesetzen der klassischen Physik und den fünf Sinnen des Menschen
angepaßt gewesen war (vgl. Albérès 1964, S 132f). Dem anthropologischen Interesse der Romanautoren und -leser entsprach also eine
anthropomorphe Optik. Im 20. Jahrhundert setzten sich im Roman
dann jedoch Erzählperspektiven durch, die zwar schon im 19. Jahrhundert vorbereitet, damals aber noch nicht mit der gleichen Radi-
kalität angewandt worden waren, weil sie sich erst unter den Rahmenbedingungen der Relativität gegen die überlieferten Wahrnehm-
ngsmuster und Verständnisrahmen durchsetzen konnten.

Auch Jürgen Schramke hebt in seinem Buch *Zur Theorie des modernen Romans* (1974) die Erneuerung der Anschauungsformen unter den Rahmenbedingungen der Relativität hervor. Anders als
Albérès führt er diese Erneuerung jedoch nicht auf die zeitgenössische Physik, sondern auf die Kritik der klassischen Metaphysik zurück:

»Der moderne Roman liefert sozusagen die Illustration zu Nietzsches Begriff des ›Perspektivismus‹, nach welchem einerseits jedes Erkennen eine le-
bensnotwendige optische Täuschung darstellt, und andererseits die so kon-

stituierte perspektivische Erscheinungswelt doch schlechthin die Wirklichkeit ausmacht.« (Schramke 1974, S. 158).

Noch einen Schritt weiter geht Ulf Eisele in seiner Studie über *Die Struktur des modernen deutschen Romans* (1974). Dort heißt es:

»Realistische Grundbegriffe wie Abbildung oder Widerspiegelung, erkennbar der Sphäre des Visuellen entnommen, implizieren, daß vom Diskurscharakter der Literatur buchstäblich abgesehen wird.« (Eisele 1974, S. 7).

Anstatt sich einfach der überlieferten Blickwinkel, Standpunkte und Verständnisrahmen zu bedienen, reflektiere der moderne Roman seine eigene Machart und damit auch die weltbildnerische Funktion der Literatur. Er sei daher zugleich ein Roman der Diskurse und ein Diskurs über den Roman (vgl. ebd. S. 16). Zurückzuführen ist die Erörterungsbedürftigkeit des Romans vor allem auf die Kontingenz der Welt-Gestaltung, die sich ihrerseits aus der modernen Tendenz zur Relativierung aller Anhaltspunkte und Bezugssysteme ergibt: jede Lesart steht vor dem Hintergrund alternativer Auslegungen, da keine Erzählperspektive für sich beanspruchen kann, alle relevanten Blickwinkel abzudecken.

Der deutsche Roman der Moderne, den Jürgen H. Petersen in seinem gleichnamigen Buch (1991) beschreibt, läßt sich unter diesen Voraussetzungen auf drei Erzählmodelle zurückführen – je nachdem, ob die Gestaltung der Kontingenz die Rolle des Erzählers, das Erzählte oder seine Deutung durch den Leser betrifft (vgl. Petersen 1991, S. 62ff). Tatsächlich war der Roman, wie Bruno Hillebrand in *seiner Theorie des Romans. Erzählstrategien der Neuzeit* (Dritte, erweiterte Auflage 1993), ausführt, schon »immer angelegt auf einen breiten Weltentwurf, auf ein Entwerfen neuer Wirklichkeit, nicht auf Mimesis im Sinne einfacher Nachahmung.« (Hillebrand 1993, S. 13).

2. Narratologie, Metaphorologie und Poetologie

Albérès, Schramke und Eisele, Petersen, Hillebrand oder Eco – sie alle behandeln die weltbildnerische Funktion des Romans. Zwar setzen sie dabei zum Teil sehr unterschiedliche Akzente, den roten Faden ihrer Ausführungen bildet jedoch das Verhältnis von Poetik und Semantik, Erzählkunst und Weltbild. Darin unterscheiden sich ihre Arbeiten von den Forschungen jener Wissenschaftler, die sich in erster Linie um ein systematisches Inventar aller möglichen Erzählverfahren, unabhängig von ihrer übertragenen Bedeutung, bemühen.

Der amerikanische Literaturwissenschaftler Gerald Prince hat das Aufgabengebiet der Narratologie, wie diese Richtung der Erzählforschung heißt, folgendermaßen umrissen:

»Die Narratologie untersucht, was alle Erzählungen gemeinsam haben und was es ihnen gleichwohl erlaubt, sich im einzelnen von einander zu unterscheiden. Sie ist daher nicht so sehr mit der Geschichte einzelner Romane oder Geschichten, ihrer Bedeutung und Bewertung, sondern mit den Merkmalen beschäftigt, die Erzählungen von anderen Zeichensystemen unterscheiden, sowie mit den Ausprägungen dieser Merkmale.« (Prince 1982, S. 4f).

Ziel ist die Entwicklung einer universalen Erzählgrammatik, die im Prinzip alle Verfahren der narrativen Welt-Vermittlung umfaßt. Dabei gehen die Narratologen eher von ihrer wissenschaftlich geschulten Lektürepraxis als von jenen Schwierigkeiten des literarischen Handwerks aus, die Autoren und Kritiker zu ihren poetologischen Reflexionen veranlassen. Die Romantheorie der Narratologen, die im Zusammenhang mit der gesellschaftlichen Institutionalisierung von Forschung und Lehre zu sehen ist, kann man daher auch als eine Methodologie des Lesens verstehen, die sich zum einen an Immanuel Kants (1724-1804) architektonischem Modell der Erkenntnis und zum anderen an der modernen Sprachwissenschaft von Ferdinand de Saussure (1857-1913) orientiert.

Von Kant übernehmen die Narratologen den Gedanken, daß die Einbildungskraft des Menschen auf die beiden Anschauungsformen von Raum und Zeit angewiesen ist. Folglich müssen auch die Welt-Darstellung eines Erzählers oder die Vorstellungs-Welt eines Lesers räumliche und zeitliche Relationen aufweisen. Unabhängig davon, womit sich das Bewußtsein eines Menschen im einzelnen beschäftigt, es wird sich mit seinen Gegenständen unter temporalen und spatialen Gesichtspunkten auseinandersetzen müssen.

Da es die Narratologie in aller Regel mit Sprachkunstwerken zu tun hat, liegt es nahe, diese beiden Aspekte auf linguistische Kategorien zu beziehen und den Roman als eine komplexe Folge von Sätzen, Absätzen usw. zu beschreiben, die sich aus der Auswahl und Verknüpfung bestimmter Zeichen ergeben. In dieser Hinsicht folgt die Narratologie de Saussure, für den die Sprache ein System von Differenzen war. Die Bedeutung eines einzelnen Zeichen ergibt sich danach ausschließlich aus seiner Unterscheidung von anderen Zeichen, denen gegenüber es selbst wiederum als Unterschied auftritt. Jede Äußerung ist somit das Ergebnis einer Selektion und Kombination von Zeichen – und in diesem Sinne kann man auch den narrativen Diskurs als Zeichenfolge betrachten.

Zweifellos hat die Narratologie auch eine poetologische Relevanz, wenn es ihr gelingt, die verschiedenen Erzählverfahren sowie die Möglichkeiten ihrer Auswahl und Verknüpfung zu beschreiben. Unberücksichtigt bleibt dabei jedoch die weltbildnerische Funktion des Romans, für den sich insbesondere die Metaphorologie interessiert. Als wissenschaftliche Diszipin wurde die Metaphorologie von Hans Blumenberg (1920-1996) begründet. Blumenberg ging davon aus, daß bildliche Ausdrücke nicht nur Restbestände des mythischen Denkens, sondern Grundbestände der menschlichen Sprache sein können, die sich entweder überhaupt nicht oder nur unter Verzicht auf wesentliche Bedeutungsanteile in Vernunftbegriffe übersetzen lassen (vgl. Blumenberg 1960, S. 9ff). Neben der üblichen Ideen-Geschichte müßten sich die Historiker und Philosophen daher auch um die poetischen Leitbilder der Menschheit, ihre Entstehung und Verwandlung kümmern.

Es ist offentlichtlich, daß Romane wie *Die Drei Musketiere* oder der *Ulysses* ebenfalls poetische Leitbilder sind – zum einen, weil man sie insgesamt als epistemologische Metaphern verstehen kann; zum anderen, weil sie davon handeln, wie sich Menschen in ihrer Umwelt anhand von imaginativen Kategorien orientieren. Der Roman thematisiert dieses Orientierungsverhalten ganz einfach deshalb

»weil man das menschliche Leben ohne Erwähnung dieses wesentlichen Prozesses unmöglich evoziieren kann. Jede Romanfigur ist gezwungen, von den ihr bekannten Informationen aus die Sachverhalte und Personen zu konstruieren, die sie umgeben. Hierbei befindet sie sich in strenger Parallelität zum Leser, der das imaginäre Universum von seinen eigenen Informationen aus konstruiert.« (Todorov 1977, S. 237).

Ecos Studie über *Das offene Kunstwerk* verbindet die metaphorologische Betrachtung des Romans jedoch aus guten Gründen mit poetologischen Reflexionen: Wenn nämlich die Leitbilder der Menschheit, die im Roman entworfen bzw. zur Disposition gestellt werden, sprachliche Gebilde sind, kommt man ihrem Gestaltungsmodus nur anhand der Kunstgriffe auf die Spur, die sie von nicht figurativen Texten unterscheiden.

3. Zur Gliederung des Buches

Da die Unterscheidung zwischen der diskursiven und der figurativen Rede bereits die antike Poetik und Rhetorik beschäftigt hatte, wird die Entwicklungsgeschichte der Romantheorie in Abschnitt

II.1 mit einem Rückblick auf jene Autoren beginnen, die sich – schon bevor es überhaupt Romane gab – zum Verhältnis von epischer Dichtung und philosophischer Wahrheit, von poetischer Welt-Gestaltung und metaphorischer Deutung geäußert haben. Die eigentliche Romantheorie beginnt dann im Zeitalter der Aufklärung als Apologie, als Verteidigung der prosaischen Liebesgeschichte gegen ihre zeitgenössischen Kritiker.

An der Wende vom 18. zum 19. Jahrhundert nimmt der poetologische Diskurs – das betrifft bereits den Abschnitt II.2 – mehr und mehr die Züge einer Ideologiedebatte an. Streitpunkt ist die Frage, ob der Roman eine Gesinnung zur Totalität aufweist und selbst wieder zum Epos werden soll oder nicht. Gerade im Zeitalter des Totalitarismus, also in der ersten Hälfte des 20.Jahrhunderts, mußte diese Frage je nach Weltanschauung sehr unterschiedliche Antworten provozieren.

Die Diskussion der Erzählperspektive in Abschnitt III, die den Rückblick auf die historische Poetik des Romans mit dem systematischen Überblick über die verschiedenen Untersuchungsansätze der Erzählforschung verbindet, akzentuiert dagegen stärker die technologischen Aspekte des »point of view« – die freilich nicht immer von den weltanschaulichen Aspekten der narrativen Optik zu trennen sind.

Einen gewissen Schwerpunkt bildet in Abschnitt IV die Erörterung des dialogischen Ansatzes der Romantheorie und Erzählforschung, der auf den russischen Literaturwissenschaftler Michail M. Bachtin (1895-1975) zurückgeht. Dafür gibt es mehrere Gründe: Zum einen stehen Bachtins Texte vor allem dort, wo sie offen oder verdeckt auf Georg Lukács bezugnehmen, im Kontext der Ideologiedebatte. Zum anderen hat Bachtin der Narratologie mit der Kategorie des Chronotopos, dem Begriff der Genreform-Maske (vgl. Abschnitt III.5) und mit seiner metalinguistischen Erweiterung der formalen Methode wesentliche Anstöße geliefert. Die Poetologie hat insbesondere von seinem Konzept der Dialogizität, die Metaphorologie von seinen Studien zum polyphonen Roman profitiert. Querbezüge lassen sich aber auch zum pragmatischen oder zum semiologischen Ansatz der Erzählforschung feststellen.

Ob es im folgenden nun um die historische Poetik oder die narrative Optik, um die Grammatik, Semantik und Pragmatik des Erzählens geht – eine abschließende Gattungsdefinition kann und will dieses Buch nicht bieten. Vielmehr sollte seine Lektüre erkennen lassen, warum dieser vermeintliche Nachteil eigentlich ein Vorteil ist. Jedenfalls scheint die Faszination des Romans gerade in der Unabschließbarkeit seiner Entwicklung und darin zu liegen, daß die

Vielfalt seiner poetologisch, metaphorologisch oder narratologisch inspirierten Lesarten immer wieder neue Schreibweisen entstehen läßt.

II. Entwicklungsgeschichte der Romantheorie

1. Von der Antike bis zur Aufklärung

Das Wort ›Roman‹ ist wesentlich jünger als das literarische Phänomen, das mit ihm bezeichnet wird. Im deutschsprachigen Raum
taucht es erst im 17. Jahrhundert als Entlehnung aus dem Französischen auf. Als ›romanz‹ wurde im Frankreich des 12. Jahrhunderts
zunächst jede Erzählrede bezeichnet, die nicht in der Sprache der
Gelehrten, der ›lingua latina‹, sondern in der Sprache des Volkes,
der ›lingua romana‹ dargeboten wurde. Da die altfranzösischen ›Romane‹, anders als die sog. ›chansons de geste‹ (Heldenlieder) nicht
vorgesungen, sondern vorgelesen wurden, konnte man bei ihnen auf
das mnemotechnische Hilfsmittel des Verses verzichten. Am Ende
des Mittelalters verstand man daher unter ›romanz‹ eine Erzählung
in ungebundener Rede. Im Humanismus schließlich setzte sich die
Erkenntnis durch, daß Prosaromane statt von historischen von erfundenen und wunderbaren Begebenheiten handeln (vgl. Vossler
1965, S.2).

In diesem Sinne wird auch heute noch unter jedem Roman ein
fiktionales Erzählwerk verstanden. Dabei werden dem Genre im
nachhinein auch jene spätantiken Erzählwerke zugerechnet, die ursprünglich nicht als Romane bezeichnet worden sind. Zu ihnen gehören neben den *Metamorphosen* des Apuleius (124-180 n. Chr)
zwei aus dem dritten nachchristlichen Jahrhundert stammende ›Romane‹: die *Aithiopika* des Heliodor und Longus' *Daphnis und Chloe.*

Als in der Renaissance und im Barockzeitalter die ersten neuzeitlichen Schelmen-, Schäfer- und Staatsromane entstanden, konnten
ihre Verfasser einerseits an die mittelalterliche Tradition der Ritterbücher sowie verschiedene Novellensammlungen, andererseits aber
auch an Apuleius, Longus und Heliodor anknüpfen. Der moderne
Roman besaß daher von Anfang an kein einheitliches Erscheinungsbild. Seine Vielgestaltigkeit läßt sich gerade an dem wohl bedeutendsten Roman der frühen Neuzeit, dem 1605 und 1615 in zwei
Teilen veröffentlichten *Don Quijote,* unschwer ablesen. Cervantes'
Meisterwerk ist nämlich nicht nur eine Parodie der Ritterbücher
und eine Kritik des Schelmenromans, es enthält auch eine Reihe
von Novellen, die in ihrem Handlungsaufbau und Erzählstil dem
Muster der Schäfer- und Staatsromane verpflichtet sind.

Bedeutsamer als *Daphnis und Chloe* war bis in die Epoche der Aufklärung hinein die 1534 erstmals gedruckte *Aithiopika*. Sie konnte eher als die von Longus erzählte Geschichte eine Verbindung zwischen dem neuzeitlichen Roman und dem antiken Epos herstellen, das nach wie vor als Höhepunkt aller Erzählkunst galt. Heliodor berichtet, wie ein Liebespaar von edler Abkunft durch kriegerische Verwicklungen auseinandergerissen und erst nach langen, gefahrvollen Irrfahrten vereinigt wird. Dabei ist der eine Teil seiner Geschichte, die Odyssee der Liebenden, offensichtlich ebenso Homer verpflichtet, wie der andere, konfliktträchtige Teil an die *Illias* erinnert.

Darüber hinaus waren *Die Abenteuer der schönen Chariklea*, wie die *Aithiopika* auch genannt wird, so anschaulich in Szene gesetzt, daß sie noch im 17. Jahrhundert als vorbildlich gelten konnten. Die Schilderung beginnt in medias res, um dann zunächst die Entstehungsgeschichte der eingangs dargelegten Situation aus einander wechselseitig ergänzenden Perspektiven aufzurollen. Erst im siebten der insgesamt zehn Bücher werden die verschiedenen Handlungsstränge zusammengeführt und, nunmehr einsträngig, bis zum glücklichen Ende abgewickelt.

Verfaßt wurde die *Aithiopika* allerdings erst, nachdem die grundlegenden Werke der antiken Poetik entstanden waren. Der Umstand, daß sich weder Platon noch Aristoteles mit dem Roman beschäftigt hatten, war zu Beginn der Neuzeit für viele Kritiker ein Vorwand, der prosaischen Erzählkunst ihre Anerkennung als Dichtung zu verweigern. Erst allmählich setzte sich die Erkenntnis durch, daß der Roman nicht nur eine eigene poetologische Betrachtung verdient, sondern durchaus anhand der Kriterien beschrieben werden kann, die Platon und Aristoteles entwickelt hatten. Die Berufung auf diese beiden Philosophen sowie auf Horaz und Quintilian diente vor allem im 18. Jahrhundert der Rechtfertigung bzw. der theoretischen Aufwertung des Romans. Infolgedessen muß der Rückblick auf die Entwicklung der Romantheorie, die als Apologie entstand, mit einigen Hinweisen auf diese Autoren beginnen.

1.1 Platon und Aristoteles – Der Modellcharakter des Mythos / Mimesis und Diegesis

Theorien haben, gerade wenn sie sich auf Kunstwerke beziehen, ein spezifisches Image-Problem: sie gelten als unanschaulich. Das ist umso merkwürdiger, als der Begriff ›Theorie‹ von den griechischen Worten ›thea‹ für »Anschauen« und ›horáein‹ für »sehen« abgeleitet ist. Zwischen dem Zuschauer im Theater, dem sogenannten ›theorós‹, und dem Theoretiker besteht also, etymologisch betrachtet, eine enge Verwandtschaft: beide betrachten eine Handlung, ohne selbst handelnd in sie einzugreifen. Statt dessen versuchen sie alles, was ihnen vor Augen geführt wird, genau zu beobachten und zu durchschauen. Gemeinsam ist ihnen dabei eine Sicht von außen auf das Geschehen, während es der Beteiligte oder Betroffene gleichsam von innen erfährt. Sowohl die ästhetische Haltung dem Schauspiel gegenüber als auch die theoretische Einstellung der praktischen Handlung gegenüber sind somit zugleich Anschauungs- und Erkenntnisweisen.

Schon zu Sokrates' Lebzeiten (470-399 v. Chr.) wurden außerdem zwei Handlungsarten unterschieden: die praktische Tätigkeit (›práttein‹) im allgemeinen und die besondere Verrichtung des Machens, Herstellens und Hervorbringens (›poieín‹). Platon (427-347 v. Chr.) greift diese Unterscheidung im *Charmides* (163ff) auf, um an einem Beispiel zu erläutern, wie der Versuch, das Seinige zu tun, mit dem gesellschaftlichen Handlungsgefüge verbunden ist. Wenn ein gewöhnlicher Handwerker Gebrauchsgegenstände herstellt, indem er bestimmte Materialien nach bestimmten Regeln behandelt, vollführt er einen poetischen Akt. Zugleich trägt der Handwerker jedoch, indem er das Seinige tut, auch etwas zur gesellschaftlichen Ausgestaltung der Wirklichkeit bei; seine Tätigkeit betrifft also die Lebenswelt insgesamt.

Ein Problem entsteht nun für Platon dadurch, daß der Künstler, indem er das Seinige tut, zwar dem Handwerker gleicht, daß seine Werke aber keinen erkennbaren Wert für die Gesellschaft zu haben scheinen. Vielmehr vermitteln sie ein Scheinwissen, das dem menschlichen Wahrheitsstreben zuwiderläuft. Beide, der Künstler und der Handwerker, setzen etwas in die Welt, was ohne sie nicht vorhanden wäre und zustande käme. Daher heißt es im *Symposion* (205b): »was nur für irgendetwas Ursache wird, aus dem Nichtsein in das Sein zu treten, ist insgesamt poiesis.«

Im poetischen Akt allein kann der Unterschied mithin nicht liegen. Worauf es ankommt, ist auch nicht die materielle Form, sondern der ideelle Gehalt der Tätigkeit: Wenn der Handwerker etwas herstellt, orientiert er sich dabei an einer Idee, die an sich vollkommen ist. Ihre Ausführung erscheint demgegenüber als unvollkommen. Die Idee wird also nicht etwa verdinglicht, sie bleibt vielmehr der ewig abstrakte Maßstab der konkreten Erscheinung. Wenn nun jedoch ein Maler den Gegenstand zeichnet, den der Handwerker gemacht hat, ahmt er nicht etwa die Idee, sondern deren unvollkommene Nachahmung nach. Sein Abbild ist daher noch weiter vom Vorbild entfernt als das Erzeugnis des Handwerkers.

Platon überträgt diese Vorstellung von der Malerei auf die Dichtung, die ihm so ebenfalls als eine Nachahmung zweiten Grades erscheint. Anstatt sich wie der Philosoph auf das Wesentliche zu konzentrieren und die Ideen in den Mittelpunkt der Betrachtung zu rücken, lenkt der Künstler die Aufmerksamkeit der Menschen von der Wahrheit ab. Die philosophische Einstellung auf das Wesentliche macht für Platon den Kern der theoretischen Haltung aus. Demgegenüber erzeugen die Dichter Vorstellungen nach dem Vorbild von Abbildern, die selbst schon nicht mehr als Muster der Wahrheit gelten können. Daraus folgt im Zehnten Buch der *Politeia*, daß die nachahmende Kunst mit dem Minderwertigen verkehre, daß sie ein bloßes Spiel und kein Ernst sei und daher in einem Staatswesen, das der Wahrheit verpflichtet ist und von den Philosophen beherrscht wird, nichts zu suchen habe.

Zum Glück für die Künstler existiert Platons Staat auch nur als Idee. Dreht man den Spieß zugunsten der sinnlichen Wahrnehmung um, entsteht der Verdacht, daß die Ideen weniger dem Willen zur Wahrheit als vielmehr dem Willen zur Macht entsprungen sind, unterstreichen sie doch die Richtlinienkompetenz der Philosophen. Indem die Künstler zeigen, daß alles auch ganz anders sein könnte, als bestimmte Philosophen behaupten, stellen ihre Werke eine ständige Bedrohung der platonischen Ideen sowie der von ihnen abgeleiteten Machtverhältnisse dar.

Im Gegensatz zu Platon, der die Dichter in die Nähe der Lügner gerückt hatte, neigte Aristoteles (384-322 v. Chr.) dazu, die Dichtung mit der Wissenschaft zu verbinden. Damit ist nicht nur gemeint, daß seine *Poetik* die erste wissenschaftliche Untersuchung von Epos und Drama darstellt. Vielmehr wird diese Untersuchung von der Vorstellung geleitet, daß eine wirksame Metapher oder ein eindrucksvoller Mythos praktisch die gleiche Bedeutung wie eine theoretische Erkenntnis erlangen können.

Voraussetzung für diese Rehabilitierung der Künste ist die Kritik der platonischen Ideenlehre, die Aristoteles in seiner *Metaphysik* zu einer Neubestimmung der ›aisthesis‹, der sinnlichen Wahrnehmung, führt. Das kommt schon in den ersten Sätzen dieser Schriftensammlung zum Ausdruck, wenn es heißt: »Alle Menschen streben von Natur aus nach Wissen. Ein deutliches Zeichen dafür ist die Liebe zu den Sinneswahrnehmungen« (980a). Damit wird das sinnliche Erlebnis von dem Vorurteil befreit, eine Ablenkung von der Wahrheit zu sein. Vielmehr markiert das Moment der ›aisthesis‹ den Beginn der theoretischen Neugier: Weil die Gegenstände der Wahrnehmung rätselhaft oder merkwürdig sind, beginnt man, über sie nachzudenken. Freilich bedeutet dies auch, daß Sinneswahrneh-

11

mungen selbst noch keine philosophischen Erkenntnisse, sondern nur Kenntnisse von Einzelfällen sind. Erst ihre vergleichende Zusammenschau liefert Aufschlüsse über Gemeinsamkeiten und Unterschiede – theoretische Aufschlüsse also, die dann wiederum praktische Bedeutung erlangen können.

Im Mittelpunkt der aristotelischen *Poetik* steht der Begriff der Mimesis, der zumeist mit Nachahmung übersetzt wird. Als Ganzes betrachtet, seien alle Künste Nachahmungen, Unterschiede ergäben sich durch die Mittel, die Gegenstände und die Art und Weise der Nachahmung, erklärt Aristoteles. Trotz ihres einheitlichen Prinzips weisen die Künste daher eine enorme Bandbreite auf. Zu dieser Bandbreite gehört, daß die Künstler die Dinge entweder so darstellen können, »wie sie waren oder sind, oder so, wie man sagt, daß sie seien, und wie sie zu sein scheinen, oder so, wie sie sein sollten« (1460b). Schon allein diese Aufzählung macht deutlich, daß Aristoteles weder die Idealität höher ansiedelt als die Realität noch ausschließt, daß auch etwas, das man nur vom Hörensagen oder dem Schein nach kennt, Gegenstand der Kunst werden kann. Dadurch unterscheidet er sich von Platon, mit dem er jedoch die Ansicht teilt, daß »der Dichter ein Nachahmer ist, wie ein Maler oder ein anderer bildender Künstler« (1460b). Hinter dieser Ansicht, der sich später auch Horaz anschließen wird, steht die Erkenntnis, daß die optische Wahrnehmung für den Menschen von herausragender Bedeutung ist,

»denn nicht nur um zu handeln, sondern auch, wenn wir keine Handlung vorhaben, geben wir dem Sehen sozusagen vor allem anderen den Vorzug. Das ist darin begründet, daß dieser Sinn uns am nächsten befähigt zu erkennen und uns viele Unterschiede klarmacht« (980a).

In der *Poetik* erklärt Aristoteles nun, daß es in der Dichtung vor allem um die Nachahmung handelnder Menschen gehe. Offenbar gibt es für ihn eine funktionale Komplementarität zwischen dem Zuschauen und Beobachten auf der einen sowie dem Handeln und Machen auf der anderen Seite. Diese funktionale Komplementarität ist vor allem erkenntnistheoretischer Art: Handeln und Beobachten, Zuschauen und Machen sind so miteinander rückgekoppelt, daß aus ihrem Wechselspiel Wissen entsteht. Und genau dieses Wechselspiel wird im Theater in Szene gesetzt. Das Schauspiel ist ein lehrreiches Beispiel und gleichzeitig, wie alle Künste, dazu angetan, den Wissenserwerb zum Vergnügen zu machen.

Entscheidend ist, daß die Zurschaustellung menschlicher Handlungen im Theater keine bloße Widerspiegelung, sondern eine bewußte Ausstellung von Handlungsmöglichkeiten ist. Die dramatische Handlung besitzt, kurz gefaßt, Modellcharakter, weil die Bühne zugleich Reflexions- und Projektionsfläche der menschlichen Tätigkeit ist. »Man muß die Handlungen zusammenfügen und sprachlich ausarbeiten, indem man sie sich nach Möglichkeit vor Augen stellt«, erklärt Aristoteles (1455a).

Die Pointe dieser Formulierung erhellt aus dem, was Aristoteles in der *Poetik* und in der *Rhetorik* über die Metapher sagt. Sowohl in der Dichtkunst als auch in der Redekunst sei es das wichtigste, daß man Metaphern bilde. Und »eine gute Metapher zu bilden bedeutet, daß man Ähnlichkeiten zu erkennen vermag« (1459a). Die wirksamsten Metaphern sind für Aristoteles nun aber jene Analogiebildungen, die Rückschlüsse auf die Praxis zulassen.

Auch in seiner *Rhetorik* bemerkt Aristoteles, »daß der Esprit auf den analogisch gebildeten Metaphern und dem Vor-Augen-Führen basiert. [...] Ich verstehe aber unter Vor-Augen-Führen das, was Wirksamkeit zum Ausdruck bringt« (1411a-b). Die Metapher lädt mithin zu einem Denken ein, das den Vollzugscharakter der Wirklichkeit imitiert. Wenn Aristoteles das Verfahren des Vor-Augen-Führens also mit den Worten erläutert, man müsse die Dinge nach Möglichkeit als aktuell Geschehenes sehen (vgl. 1410b), dann ist hierbei nicht nur an die Vergegenwärtigung zu denken, die eine theatralische Inszenierung leistet. Auch Dichter und Redner können ihr Publikum dazu veranlassen, sich etwas als aktuell Geschehenes vorzustellen. Das verdient vor allem im Hinblick auf die Erzählkunst Beachtung, leisten die Zuhörer oder Leser hier doch einen wesentlich stärkeren Beitrag zur kointentionalen Inszenierung des literarischen Diskurses als bei der Vor-Augen-Führung eines Dramas im Theater.

Noch wichtiger ist jedoch die Dialektik von Analogiebildung und Analogieschluß, die dem metaphorischen Wissenserwerb zugrunde liegt. Diese Dialektik spielt in der Romantheorie eine zentrale Rolle, vor allem dann, wenn es um das Verhältnis zwischen der Welt des Textes und der Welt des Lesers geht. Die sogenannte Interaktion von Text und Leser, bei der es darauf ankommt, den Text auf einen Kontext zu beziehen, der als Verständnisrahmen fungiert, folgt dem Modell der Metapher, deren zeitgemäße Erklärung bezeichnenderweise Interaktionstheorie heißt.

Die zentrale Analogiebildung, auf der die Wirkung der Dichtung beruht, ist für Aristoteles die Fabelkomposition, die darauf hinausläuft, eine komplexe Metapher zu bilden. Daher ist all das, was in der *Poetik* zu dieser Komposition ausgeführt wird, für Narratologen und Metaphorologen gleichermaßen aufschlußreich. Ausgangspunkt ist wiederum das Prinzip der Mimesis, das Aristoteles erst auf die

Tragödie und dann auf das Epos bezieht. Der Kern seiner Ausführungen zum Trauerspiel lautet: »Der wichtigste Teil ist die Zusammenfügung der Geschehnisse. Denn die Tragödie ist nicht Nachahmung von Menschen, sondern von Handlung und Lebenswirklichkeit« (1450a). Die Zusammenfügung der Geschehnisse, also die Fabelkomposition, ergibt den ›mythos‹. Dieser zeichnet sich durch drei Kriterien aus: Ganzheit, Folgerichtigkeit und Schönheit.

Zunächst einmal soll der ›mythos‹ ein Ganzes mit Anfang, Mitte und Ende sein. Der Zusammenhang von Anfang, Mitte und Ende liegt dabei in der Folgerichtigkeit des Geschehens, aus dessen Größe und Anordnung wiederum seine Anmutungsqualität, seine Schönheit entsteht. (»Das Schöne beruht nämlich auf der Größe und Anordnung«, 1450b). Ein Ganzes ist für Aristoteles,

»was Anfang, Mitte und Ende hat. Ein Anfang ist, was selbst nicht mit Notwendigkeit auf etwas anderes folgt, nach dem jedoch natürlicherweise etwas anderes eintritt oder entsteht. Ein Ende ist umgekehrt, was selbst natürlicherweise auf etwas anderes folgt, und zwar notwendigerweise oder in der Regel, während nach ihm nichts mehr eintritt. Eine Mitte ist, was sowohl auf etwas anderes folgt als auch etwas anderes nach sich zieht.« (1450b).

Eine Konsequenz dieser sehr formalen Bestimmung der Ganzheit ist die Abwertung bloß episodischer Fabeln, bei denen die Geschehnisse weder nach der Wahrscheinlichkeit noch nach der Notwendigkeit aufeinander folgen (vgl. 1451b). Eine andere Implikation dieser Bestimmung ist, daß sich das Ergebnis der Nachahmung, der ›mythos‹, von der Lebenswirklichkeit der Handlungen, auf die er sich bezieht, durch das Kriterium der Ganzheit unterscheidet. Die lebensweltliche Praxis ist ja keineswegs chaotisch, sondern gesellschaftlich organisiert und geordnet. Nur kommt diese Ordnung im alltäglichen Betrieb eben nicht als Ganzes in den Blick; der Mensch ist, solange er handelt, gleichsam betriebsblind. Erst die Dichtung verhilft der Lebenswirklichkeit zu einem in sich geschlossenen Erscheinungsbild. Was den Zusammenhang der beiden Kriterien der Ganzheit und der Folgerichtigkeit betrifft, so besagt die *Poetik*:

»Ferner müssen die Teile der Geschehnisse so zusammengefügt sein, daß sich das Ganze verändert oder durcheinander gerät, wenn irgendein Teil umgestellt oder weggenommen wird. Denn was ohne sichtbare Folgen vorhanden sein oder fehlen kann, ist gar kein Teil des Ganzen« (1451a), sondern bloße Episode.

Folgerichtigkeit ist für Aristoteles also erstens ein Prozeß, in dem sich die Reihenfolge der Teile aus der Verknüpfung von Ursache und Wirkung ergibt, die auch schon seine Definition von Anfang,

Mitte und Ende bestimmt hatte. Insofern ist die Folgerichtigkeit die Kehrseite der Ganzheit, genauer: die Bedingung der Möglichkeit, daß eine Ereignisfolge als in sich abgeschlossen erscheint. Zweitens zeigt sich erneut, daß der poetische Akt der Nachahmung theoretisch bedeutsam ist, weist Aristoteles in der *Metaphysik* doch darauf hin, daß wahres Wissen in der Kenntnis von Ursache und Wirkung bestehe.

Wenn also das Kriterium zur Beurteilung eines ›mythos‹ seine Folgerichtigkeit sein soll, dann ist der genießende Nachvollzug der Handlung nicht von der gedanklichen Reflexion auf ihre Zusammensetzung zu trennen. Es gibt mithin keinen Grund, Theorie und Kunst gegeneinander auszuspielen, da sie sich in der ästhetischen Praxis wechselseitig ergänzen. Die Wahrnehmung des Geschehens und das Nachdenken über das Geschehen werden dabei einerseits durch das Vergnügen, das Nachahmungen bereiten, andererseits aber auch durch die Leidenschaften angeregt, die im Spiel sind. Der berühmte Spannungsbogen, den Aristoteles für die Tragödie entwirft, damit sie eine Reinigung von den Affekten (›katharsis‹) bewirken kann, die sich im Verlauf der Darbietung auf die Zuschauer oder Zuhörer übertragen, ist in diesem Zusammenhang zu sehen.

Das Kriterium der Folgerichtigkeit hat auch mit der Zurückweisung der platonischen Dichterschelte zu tun. Im Zusammenhang mit der Erläuterung des ›mythos‹ bemerkt Aristoteles nämlich – offenbar mit Bezug auf die *Politeia* : »Außerdem ist die Richtigkeit in der Dichtkunst nicht ebenso beschaffen wie in der Staatskunst, und überhaupt ist sie in der Dichtkunst nicht ebenso beschaffen wie in irgendeiner anderen Disziplin« (1460b). Damit wird dem poetischen Handeln eine Eigengesetzlichkeit, eine Autonomie, zugestanden, die für Platon noch undenkbar war.

Bemerkenswert ist indes, daß sich der Akzent der Beurteilung verschoben hat. In der *Politeia* ist es die Idee der Wahrheit, in der *Poetik* das Kriterium der Richtigkeit, an dem die mimetischen Erzeugnisse gemessen werden. Richtigkeit im Sinne der aristotelischen Folgerichtigkeit von Ursache und Wirkung hat etwas mit dem Zusammenpassen der Ereignisse zu tun, und ist insofern ein relatives Kriterium, als es von der Lebenserfahrung des Betrachters abhängt, ob ein Geschehen als in sich stimmig angesehen wird oder nicht. Demgegenüber ist die Wahrheit eine absolute Idee, die auch wider die Erfahrung einer von ihr abweichenden Wirklichkeit behauptet werden kann. Diesen Gegensatz hervorzuheben, ist unter anderem deshalb so wichtig, weil die Übereinstimmung oder Nicht-Übereinstimmung mit Ideen keine empirische Entscheidung ist. Während das Kriterium der Folgerichtigkeit eine intersubjektive Verständigung darüber zuläßt, ob es erfüllt oder nicht erfüllt ist, taugt die Wahrheit schlecht als Verhandlungsgegenstand. Entsprechend kompromißlos argumentieren in aller Regel diejenigen, die sich im Besitz der (allein seligmachenden) Wahrheit wähnen und mimetische Gebilde ausschließlich an ihrer wortwörtlichen Wahrheit oder Falschheit messen.

Aus der aristotelischen Bestimmung des ›mythos‹ läßt sich dagegen die Forderung nach einer rezeptiven Offenheit gegenüber mimetischen Produkten ableiten. Jedenfalls kann man Aristoteles' Ausführungen über das Wahrscheinliche, das Notwendige und das Wunderbare so verstehen. In offensichtlichem Gegensatz zu Platon stellt er fest, die Aufgabe des Dichters sei nicht, »mitzuteilen, was wirklich geschehen ist, sondern vielmehr, was geschehen könnte, d.h. das nach den Regeln der Wahrscheinlichkeit oder Notwendigkeit Mögliche« (1451b).

Zu einer gewissen Verwirrung hat der unterschiedliche Gebrauch geführt, den Platon und Aristoteles von dem Wort ›mimesis‹ gemacht haben, das im griechischen einfach besagt: ›etwas tun, was ein anderer getan hat‹. Neben der Nachahmung der Art und Weise, in der Menschen handeln, gibt es nämlich auch eine Nachahmung der Art und Weise, in der Menschen reden. Faßt man Reden als Handlung, als Sprechakt auf, ist leicht nachzuvollziehen, woher die Doppelsinnigkeit des Mimesis-Begriffs stammt. Bei Aristoteles sind beide Bedeutungen präsent; bei Platon hingegen bezieht sich der Begriff auf die Unterscheidung von erzählter und erzählender Stimme, von Figuren- und Autorenrede.

Getroffen wird diese Unterscheidung in einem Dialog zwischen Sokrates und Glaukon, den Platon im Dritten Buch der *Politeia* wiedergibt. »Nun ist aber doch beides Darstellung«, heißt es dort über den Dichter, »sowohl die Reden, die er jeweils wiedergibt, als auch das, was zwischen den Reden steht?« »Ja, natürlich«, lautet die Antwort. »Wenn er aber eine Rede so wiedergibt, als wäre er ein anderer«, meint Sokrates, »dann werden wir doch sagen, daß er seine Vortragsweise jeweils nach Möglichkeit dem angleicht, den er als Sprecher ankündigt?« Da Glaukon auch dieser Meinung beipflichtet, fährt Sokrates fort: »Sich aber einem anderen, sei es in der Stimme oder in der Gestalt anzugleichen, das bedeutet doch, den nachahmen, dem man sich angleicht.« In diesem Fall ist die Rede also mimetisch. »Wenn sich der Dichter dagegen nirgends selbst verbirgt, so wird seine ganze Dichtung und Darstellung ohne Nachahmung verlaufen« (393a-e).

Sokrates spricht bis zu diesem Punkt ausschließlich über die Mimesis der menschlichen Stimme und nicht über die Nachahmung menschlicher Handlungen, die für Aristoteles den Inbegriff der Dichtung ausmacht. Überhaupt ist das dramatische Geschehen für Platon hauptsächlich vermittels der Figurenrede präsent. Das zeigt sich, als Sokrates die Möglichkeit erwähnt, die Schilderungen des Dichters, in denen er mit seiner eigenen Stimme redet, aus der Figurenrede herauszunehmen und nur die Wechselrede der Figuren stehen zu lassen, wie es in der Tragödie und Komödie geschieht. Das Schauspiel ist demnach, von den Regieanweisungen einmal abgesehen, ausschließlich Mimesis, das Epos jedoch vereinigt die Mimesis von Stimmen und Handlungen mit einem weitläufigen Erzählen, bei dem scheinbar nur die Stimme des Erzählers zu hören (oder zu lesen) ist. Dieses weitläufige Erzählen ist kein mimetischer, sondern ein diegetischer Akt, keine Stimmenwiedergabe, sondern Handlungsbericht und Erzählerkommentar.

Aristoteles knüpft an diese Differenzierung an, wenn er in seiner *Poetik* auf die verschiedene Modi der Darstellung zu sprechen kommt. Grundsätzlich sei es möglich, »entweder zu berichten – in der Rolle eines anderen, wie Homer dichtet, oder so, daß man unwandelbar als derselbe spricht – oder alle Figuren als handelnde und in Tätigkeit befindliche auftreten zu lassen« (1448a). Das Drama macht fast ausschließlich von der letzten Möglichkeit Gebrauch; im Epos hingegen wird bestenfalls die Illusion erzeugt, als ob der Dichter seine Figuren zitiere.

Tatsächlich ist es sogar noch ein wenig komplizierter. Einerseits kann es nämlich im Rahmen der dramatischen Mimesis durchaus diegetische Formen der Handlungsdarstellung, etwa die Mauerschau (Teichoskopie), geben. Andererseits geht die Vorstellung, der Monolog des Erzählers lasse sich durch dialogische Szenen auflockern, am entscheidenden Punkt der Sache vorbei. Platons Beschreibung suggeriert, daß die Stimmen, die der Dichter zitiert, tatsächlich einmal zu hören waren bzw. leibhaftigen Menschen gehören. Das kann, muß aber nicht so sein. Begriffe wie »Nachahmung«, »Wiedergabe« usw. sind zumindest insofern irreführend, als der Erzähler die fremde Stimme eher fingiert als imitiert. Der Begriff der Mimesis impliziert keineswegs, daß es den Gegenstand der Nachahmung vor oder außerhalb der Dichtung gibt. Zwar beziehen sich die sokratischen Dialoge auf Gespräche, die Sokrates wirklich geführt haben soll, aber selbst wenn dies zutrifft, gilt für die fiktionale Erzählkunst doch, daß der eigentliche Urheber der direkten Rede nicht die erzählte Figur, sondern der Verfasser ist, der die Figur erfunden und mit einer »eigenen« Stimme ausgestattet hat.

Wohlgemerkt: der Verfasser, nicht der Erzähler muß als Urheber der Figurenrede angesehen werden, denn der Erzähler ist, genau genommen, auch nur eine Redefigur, die sehr verschiedene Züge annehmen kann: die eines Ich- oder eines Er-Erzähler, die einer handelnden, einer bloß beobachtenden oder im Geschehen gar nicht greifbaren, einer glaubwürdigen oder unglaubwürdigen Figur. Der Erzähler ist also eine Funktion, die auch auf mehrere Stimmen verteilt sein kann. Auf keinen Fall sollte der Erzähler einer fiktionalen Geschichte jedoch mit der historischen Person des Verfassers verwechselt werden.

1.2 Horaz und Quintilian – Perspektivische und emphatische Mimesis / Der agonale Charakter der Imitation

Neben Platon und Aristoteles gehören auch Horaz und Quintilian zur Vorgeschichte der Romantheorie. Vor allem der Brief an die Pisonen, in dem Horaz (65-8 v. Chr.) seine Auffassung der Dichtkunst erläutert, ist im 17. und 18. Jahrhundert häufig zur Legitimation des Romans herangezogen worden. Dabei erinnern viele Argumente in *De Arte Poetica* an Aristoteles – etwa die Ansicht, daß optische Eindrücke stärker als akustische seien. Allerdings gibt es laut Horaz Geschehnisse, die man zwar nicht zu Gesicht bekommen kann, in der Dichtung aber dennoch zu Gehör bringen sollte:

»Etwas wird auf der Bühne entweder vollbracht oder wird als Vollbrachtes berichtet. Schwächer erregt die Aufmerksamkeit, was seinen Weg durch das Ohr nimmt, als was vor die verläßlichen Augen gebracht wird und der Zuschauer sich selbst vermittelt; doch wirst du nicht, was besser im Innern sich abspielen sollte, auf die Bühne bringen, wirst vieles den Augen entziehen, was dann die Beredsamkeit allein verkündet.« (180ff).

Es gibt also eine Verhältnismäßigkeit zwischen den Gegenständen der Darstellung und der Art und Weise der Darstellung, zwischen den Sinnesorganenen, an die sich der Dichter wendet, und dem, was er bei seinen Zuhörern oder Zuschauern an Vorstellungen auslösen will. Bedeutsam ist jedoch vor allem, daß Horaz in der zitierten Passage von einer Selbstvermittlung des Kunstwerks durch die Rezipienten spricht. Das ist, so akzentuiert, ein neuer Gesichtspunkt und zugleich die Quintessenz seiner berühmten Formel »ut pictura poesis«. Sie nämlich stellt die zentrale Bedeutung des Blickwinkels für die Wirkung der Bild- und Wortkunst heraus:

»Eine Dichtung ist wie ein Gemälde: es gibt solche, die dich, wenn du näher stehst, mehr fesseln, und solche, wenn du weiter entfernt stehst; dieses liebt das Dunkel, dieses will bei Licht betrachtet sein und fürchtet nicht den Scharfsinn des Richters; dieses hat einmal gefallen, doch dieses wird, noch zehnmal betrachtet, gefallen.« (361 ff).

Man sieht: die Vergleichbarkeit von Malerei und Dichtung – seit Platon eine stillschweigende Voraussetzung der antiken Kunstbetrachtung – ergibt sich für Horaz daraus, daß hier wie dort das Ausprobieren der rechten Perspektive eine entscheidende Rolle spielt. Es kommt für den Betrachter darauf an herauszufinden, von welchem Standpunkt aus ein Kunstwerk die reizvollsten Ein-, An- und Aussichten offenbart.

Mehr noch: Horaz gibt an dieser Stelle als früher Vorläufer der formalistischen und strukturalistischen Ästhetik ein Maß für die Poetizität eines Gegenstandes an, scheint doch jenes (Wort-) Gemälde, das auch noch nach zehnmaliger Betrachtung gefällt, poetischer als ein Artefakt zu sein, dessen Wirkungspotential sich schon in einer Aktualisierung erschöpft. So gesehen, steht zum Beispiel Umberto Eco in einer langen Tradition, wenn er die poetische Kraft eines Textes an seiner Fähigkeit bemißt, »immer neue und andere Lesarten zu erzeugen, ohne sich jemals ganz zu verbrauchen.« (Eco 1987, S. 17).

Die Formel »ut pictura poiesis« besagt mithin, daß die Kunstbetrachtung selbst ein mimetischer Akt ist, denn wenn es in der Rezeption darum geht, sich so auf den nachgeahmten Gegenstand einzustellen, daß dieser seine volle Geltung erlangt, vollzieht der Betrachter die Optik des Kunstwerks nach. Ergänzt wird diese perspektivische Mimesis von einer Einfühlung in den Gegenstand, die man als emphatische Mimesis bezeichnen könnte. Horaz erläutert sie anhand des Lachens und Weinens:

»Mit den Lachenden lacht, mit den Weinenden weint das Antlitz des Menschen. Willst du, daß ich weine, so traure erst einmal selbst [...] Denn die Natur formt zuerst unser Innres je nach der äußeren Lage.« (102-110).

Man muß diese Technik der Gemütserregung nicht unbedingt mit der aristotelischen ›katharsis‹ gleichsetzen, um zu erkennen, daß die Nachahmung der Natur die Nachahmung der menschlichen Psyche einschließt, von der Horaz annimmt, daß sie ihre Erregung äußeren Anstößen verdankt. Während das aristotelische Konzept der Katharsis eher die Wirkung der Mimesis beschreibt, geht Horaz den Bedingungen der Wirkungsentfaltung nach. In seiner Sicht der Dinge avanciert der Kunstbetrachter zum reproduzierenden Künstler, der sich einfühlsam auf das (Wort-)Gemälde einstellt. Daß die perspektivische und emphatische Mimesis einer fremden Schöpfung schließlich auch zu eigenen Kreationen führen kann, ist ein Gedanke, den im Anschluß an Horaz Quintilian (35-96 n. Chr) vertreten hat.

Im zehnten Buch seiner *Institutio oratoria* bemerkt Quintilian, daß ein Großteil aller Kunstfertigkeit auf Nachahmung beruhe, »besteht doch unsere ganze Lebensweise darin, daß wir alles, was bei anderen Beifall finde, selbst tun möchten.« (Quintilian 1985, S. 69). Der mimetische Impuls ist also keineswegs auf die Kunst beschränkt. Seine pragmatische Bedeutung kommt für Quinitilian dort besonders prägnant zum Ausdruck, wo die Nachahmung das Vorbild übertrifft. Dann nämlich entsteht etwas Neues.

Das beste Medium für diesen Übergang von der Imitation zur Kreation ist der Wettstreit. Selbst, »wer nicht nach dem Höchsten strebt, sollte lieber wetteifern als (bloß) nachahmen« (ebd. S. 73). Der mimetische Impuls weist demnach eine agonale Komponente auf. Der Schüler sucht den Lehrer, der Geselle den Meister zu übertreffen; beide wollen über den bereits erreichten Leistungsstandard hinaus gelangen. Anders gewendet: das Alte ist die Herausforderung des Neuen, es stimuliert den mimetischen Impuls, der dort, wo er sich mit Ehrgeiz paart, die Grenzen der Reproduktion sprengt.

Der agonale Charakter der Imitation ist im 20. Jahrhundert von René Girard zu einer umfassenden Romantheorie ausgearbeitet worden, die sowohl das Verhalten der erzählten Gestalten als auch die Rivalität der Erzählverfahren betrifft. Girard erläutert das zunächst am *Don Quijote*. Indem der passionierte Leser Don Alonso de Quijano beschließt, seinem literarischen Vorbild Amadis de Gaula zu folgen, tritt er sein Recht, selbst zu wählen, was er begehrt, an eine imaginäre Instanz ab: Amadis wählt nun für ihn und tritt dadurch als Vermittler zwischen das begehrende Subjekt und das begehrte Objekt. (vgl. Girard 1965, S.1). Und indem sich Sancho Pansa von Don Quijote den Floh ins Ohr setzen läßt, unbedingt Statthalter werden zu müssen, wird er nicht nur zum Steigbügelhalter, sondern zum komischen Double des Ritters von der traurigen Gestalt.

Andere Beispiele für ein mediatisiertes Begehren wären die Affaire der Madame Bovary bei Flaubert oder der Traum von John Barths Tabakhändler als poeta laureatus zu reüssieren. Aufschlußreich ist, daß der Mediator auch ein erotischer oder ideologischer Rivale sein kann und in dieser Gestalt sehr häufig bei Stendhal oder Dostojewski auftaucht. Daß so viele Romanschriftsteller immer wieder den imitativen Charakter des Begehrens herausgestellt haben, zeugt, Girard zufolge, davon, daß sie sich im Verlauf des Schreibens selbst von einem Rivalen emanzipieren mußten, der ihnen zunächst als künstlerisches Vorbild galt. Ihre Fähigkeit, den eigenen mimetischen Impuls anhand der Stellvertreter zu reflektieren, die sie sich mit ihren Romanfiguren schufen, unterscheide die wahren Romanschriftsteller von den Romantikern, die sich den imitativen Charakter ihrer Kreativität nicht eingestehen wollten. (vgl. ebd. S. 17). Der romantische Künstler berufe sich lieber auf die göttliche Inspiration als sich dem nicht immer angenehmen Prozeß der Selbstkritik zu unterwerfen, den Cervantes, Stendhal, Flaubert und Dostojewski in ihren Roman inszeniert hätten. Der echte Romanschriftsteller jedoch erkenne an, daß Kunst und Liebe sozial vermittelte, durch Zeichen gesteuerte Vorgänge mimetischer Art sind.

Es ist daher womöglich kein Zufall, daß der mimetische Impuls, der Romanautoren und -leser bewegt, schon bei Huet und Furetière mit dem Thema der Liebe verbunden wird, das den Roman in den Augen seiner frühen Kritiker zu einem gefährlichen Medium gemacht hat.

1.3 Huet und Furetière – Romanlektüre als Infektion und Purgativ / Bestimmung des Romans als fiktive Geschichte von Liebesabenteuern in Prosa

Die Romantheorie der Neuzeit beginnt als Apologie. 1670 erscheint in Paris der Roman *Zayde. Histoire espagnole, par Monsieur de Segrais. Avec un Traitte de l'Origine des Romans, par Monsieur Huet.* Tatsächlich war der Roman von Madame de Lafayette (1634-1693) gemeinsam mit ihrem Freund und Sekretär Jean Regnault de Segrais (1624-1701) verfaßt worden. Im Vorfeld ihrer Unternehmung hatten sie den gelehrten Pierre Daniel Huet (1630-1721) gebeten, einmal all die Werke aufzulisten, die sie bei ihrer Arbeit – wenn nicht nachahmen –, so doch als Orientierungshilfe heranziehen konnten.

Huet nahm diese Bitte zum Anlaß für eine grundsätzliche Untersuchung des Romans, seiner Geschichte und Wertschätzung. Dabei konnte er nicht nur auf theoretisches Wissen, sondern auch auf praktische Erfahrung zurückgreifen. Schon mit achtzehn Jahren hatte er Longus' *Daphnis und Chloe* ins Französische übertragen und später mit *Diane de Castor ou le faux Inca* einen eigenen Roman im Stil der *Aithiopika* verfaßt, der allerdings erst 1728, nach seinem Tod, veröffentlicht wurde. Ein Grund dafür mag Huets Priesterweihe im Jahre 1672 gewesen sein. Von Heliodor wird überliefert, er habe sich, vor die Wahl gestellt, entweder sein Bischofsamt aufzugeben oder seinen Roman zu verbrennen, für die Literatur entschieden. Huet hingegen mochte sich nicht zu seinem Jugendwerk bekennen, erst recht nicht, nachdem er 1692 ebenfalls zum Bischof bestellt worden war.

Wichtiger als dieser anekdotische Hintergrund ist freilich, daß Huet mit seiner Longus-Übersetzung, mit seiner Begeisterung für die *Aithiopika* und mit seinem eigenen Roman eine Vorliebe für das heroische und bukolische Genre der Erzählkunst erkennen läßt. Diese Vorliebe hat auch seine Abhandlung über den Ursprung der Romane geprägt. Rabelais beispielsweise wird darin überhaupt nicht, Cervantes nur am Rande erwähnt. Statt dessen preist Huet die *Astrée* von Honoré d'Urfé (1567-1625) als das neuzeitliche Werk, das den antiken Vorbildern am nächsten gekommen sei. Daß Madame de Lafayette nach ihrem *Zayde* mit *La princesse de Clèves* 1678 den ersten klassischen Roman der französischen Literatur schreiben sollte, konnte Huet 1666, als er Segrais' Anfrage beantwortete, noch nicht wissen. Ebenfalls 1666 wurde in Paris jedoch *Le Roman Bourgeois* von Antoine Furetière (1619-1688) veröffentlicht, der wie kaum ein anderer Text jener Zeit deutlich macht, warum und inwiefern eine Apologie des Romans nötig war.

Im Gegensatz zu dem polemischen *Lettre contre un liseur des romans*, den Cyrano de Bergerac (1619-1655) 1663 herausgegeben hatte, der nicht weniger polemischen Ansicht von Jean Chapelain (1595-1674), daß Romane ein Vergnügen für Idioten seien, und der Kritik *Les Héros de Roman* von Nicolas Boileau (1636-1711), bedient sich Furetière nämlich der Erzählkunst selbst, um seinen Lesern die Gefahren des romanhaften Erlebens von Welt vor Augen zu führen. So verspottet er in seinem *Bürgerroman* eine gewisse Javotte, die dem Helden der *Astrée* zunächst die Züge eines Bekannten verleiht, um sodann zu erwarten, daß sich seine Gefühle ebenso wie ihre eigenen nach dem Muster dieses Romans entwickeln. Javottes Liebe ist also nur ein Medienereignis, eine eingebildete Affäre. Vordergründig betrachtet wird im *Roman Bourgeois* nicht die Nachahmung der Wirklichkeit durch die Autoren, sondern die Nachahmung der Fiktion durch die Leser karikiert. Die Kritik der *Astrée* im Erzählerkommentar macht jedoch klar, daß das eine die Voraussetzung des anderen ist, denn:

»Je natürlicher darin die Liebesleidenschaften dargestellt werden, umso nachhaltiger nisten sie sich in den jungen Seelen ein, wo sich unmerklich ein Gift verteilt, das das Herz erreicht, bevor man noch ein Gegengift verabreichen kann. Es ist nicht so wie in diesen anderen Romanen, in denen nur die Liebesgeschichten von Prinzen und fahrenden Rittern vorkommen, die nicht zu vergleichen sind mit den gemeinen Menschen und keine Berührungspunkte mit ihnen aufweisen, folglich auch keine Lust zur Nachahmung wecken.« (Furetière 1992, S. 174f).

Erst die relative Nähe der *Astrée* zur bürgerlichen Lebenswelt macht also ihre Problematik aus. Pikant daran ist nicht nur, daß Huet gerade diesen Roman für besonders gelungen hält, sondern daß seine Hochachtung den gleichen Grund wie Furetières Abwertung hat. Es ist die ›vray-semblance‹ von Urfés Werk, die das Lob des einen und die Kritik des anderen erregt, denn für Huet gilt: »La vray semblance, qui ne se trouve pas toûjours dans l'Histoire, est essentielle au Roman.« (Huet 1966, S. 10).

Furetière schildert die Romanlektüre als Infektion, als Übertragung einer gefährlichen, ansteckenden Krankheit, ja als Vergiftung. Mindestens ebenso aufschlußreich wie diese Metapher ist jedoch, daß er selbst einen Roman geschrieben hat, um seinen Lesern die falschen Vorstellungen auszutreiben, die ihnen von anderen Romanen eingeflößt werden. Die Heilung, die sein Werk bewirken soll, hängt also davon ab, daß es auf die gleiche Art und Weise wie die Bazillenträger eingenommen wird. Mit nüchternen Argumenten allein kommt man der menschlichen Einbildungskraft offenbar nicht bei, man muß sie mit Geschichten fesseln, und die Belehrung mit Belustigung verbinden. Ohne Umschweife erklärt Furetière daher:

»Man mag noch so gute Grundsätze predigen, befolgt werden sie mit noch größerer Mühe als angehört. Sehen wir aber das Laster ins Lächerliche gezogen, wenden wir uns von ihm ab, aus Sorge, zum öffentlichen Gespött zu werden.« (Furetière 1992, S. 11). Der Verfasser des *Bürgerromans* verfährt daher wie jene Ärzte, »die ein Purgativ in einer wohlschmeckenden Arznei verabreichen.« (ebd.)

Huet wiederum stellt ausgerechnet die von Furetière inkriminierte Verführungsgewalt der Romane in den Dienst der Belehrung, wenn er schreibt:

»comme l'esprit de l'homme est naturellement ennemy des enseignements, & que son amour propre le revolte contre les instructions, il le faut tromper par l'appas du plaisir [...]«. (Huet 1966, S.5). dt.: »Gleich wie aber des Menschen gemüth von Natur ist eine feindin der Unterrichtungen / und die eigene Liebe den Menschen jederzeit beweget / der Unterweisung zu wiederstreben / also muß man ihn locken / und betriegen durch die vergnugung [...].« (ebd. S. 104)

Furetières Roman widerlegt und bestätigt diese Ansicht zugleich. Die Geschichte der Javotte ist ein Lehrbeispiel ex negativo. Das didaktische Kalkül geht freilich nur auf, wenn alle, die in der Gefahr schweben, die *Astrée* zu imitieren, den *Bürgerroman* lesen und ihre Geschichte auf sich selbst beziehen. Genau diese Beziehung auf sich selbst lag aber auch Javottes emphatischer Mimesis zugrunde.

Die Wirkung eines Romans hängt offenbar von der Einstellung seiner Leser ab. Je nachdem, ob sie sich gegenüber den Helden identifikatorisch oder distanziert verhalten, dient die Lektüre der Selbst-Aufklärung oder dem Gegenteil. Entscheidend ist daher nicht, daß der Roman eine »Dichtung in Prosa« ist; so hatte ihn schon Torquato Tasso (1544-1595) definiert, so steht es auch bei Furetière. Entscheidend ist vielmehr, daß der Roman überhaupt für das einsame, stille Lesen gedacht ist. Denn damit ist er einer Gedankenflucht ausgeliefert, die sich nicht mehr öffentlich kontrollieren läßt. Eine Folge des Buchdrucks ist daher die staatliche Zensur; eine andere, daß der Erzählerkommentar schon bei Furetière als Kritik angemessener und unangemessener Lesarten fungiert. Der Verfasser antizipiert und lenkt die Interpretationen seines Textes, beispielsweise dadurch, daß er entweder vorbildliche oder lächerliche Modell-Leser wie Javotte auftreten läßt. Furetières Anti-Roman ist, so gesehen, eine ›Metafiktion‹, eine erfundene Geschichte, die über das Erfinden von Geschichten aufklärt und zugleich zeigt, wie sehr das Alltagsverhalten der Menschen illusorische Züge annehmen kann.

Bei Huet ist selbstverständlich noch nicht von ›Metafiktion‹ die Rede, aber der Begriff der Fiktion spielt in seiner Theorie neben dem Thema der Liebe doch eine entscheidende Rolle. Die Romane werden von ihm bestimmt als »fictions d'aventures amoureuses, écrites en Prose avec art, pour le plaisir & l'instruction des Lecteurs.« (Huet 1966, S. 4f). Das ist nicht nur eine Definition, es ist auch ein Werturteil. Was »sans art« geschrieben ist und nicht Horaz' Maxime (»prodesse et delectare«) entspricht, kann kein echter Roman sein. Der Kunstanspruch, daran läßt Huet keinen Zweifel aufkommen, beruht auf der Regelhaftigkeit und Regelmäßigkeit von Fabelkomposition und Erzählweise. (vgl. ebd., S.5). Daß dieser Vorstellung von Schönheit die Proportionalitätslehre aus der arstotelischen Poetik zugrundeliegt, wird klar, wenn Huet erklärt, »daß ein Roman gleich sein müsse einem wohl gemachten Körper/ und zusammen gesetzet auß verschiedenen unter einem eintzigen Haupt geebeneten Theilen« (Huet 1966, S.127), wie es in der deutschen Übersetzung von Eberhard Werner Happel (1647-1690) aus dem Jahre 1682 heißt.

1.4 Heidegger und Gottsched – Mimesis als Hybris / Differenzierung von Roman und Epos

Der wohl schärfste Widersacher von Huet, der Schweizer Pfarrer Gotthard Heidegger, hatte den *Traité* nicht in der deutschen Ausgabe, sondern in einer lateinischen Fassung von Wilhelm Pyrrho kennengelernt, die im gleichen Jahr wie Happels Übersetzung, also 1682 veröffentlicht wurde. Heidegger wurde 1666, im Entstehungsjahr von Huets Abhandlung geboren. Sein »Discours von den Romanen« erschien 1797 unter dem Titel *Mythoscopia Romantica* und

trägt alle Züge einer Moralpredigt, in der die »Erdichteten Liebes=
Stats=Helden= und Hirten=Geschichten« abgekanzelt werden.

Vor allem die Behauptung, daß Romane der »Ergetzung/ und Er-
bauwung des Lesers dienten« (Heidegger 1969, S. 15f) erregt Heideggers heiligen Zorn. Bei dieser Behauptung wird nämlich stillschweigend vorausgesetzt, daß sich die Menschen mit vergnüglichen
Geschichten über die Ordnung der Welt verständigen könnten.
Heidegger hält das für Hybris, ja für Blasphemie. Weder lasse sich
die göttliche Schöpfung nachahmen, noch könne sie von Menschen
durchschaut werden. Zudem führten die Liebesgeschichten – darin
stimmt Heidegger mit Furetière überein – zu bedenklichen Nachahmungen, denn sobald die Leser

»die Romans recht gekostet/ fangen sie an sich Romantischer Galantereyen
zubefleissen: Ein Muster ist/ daß sie stracks einen Romanischen Stylum in
den Briefen annehmen/ mit erdichteten oder Fürstlichen Nahmen/
Traum=erzehlungen u.d.g. gleich jennen spielen lehrnen.« (ebd. S. 116).

Huet hatte argumentiert, daß es für junge Menschen wichtig sei, die
Welt der Gefühle kennenzulernen, um gegen ihre Gefahren gefeit zu
sein (vgl Huet 1966, S. 95). Heidegger merkt dazu an, die Gefahr,
daß der Funken der Liebe vom Roman auf den Leser überspringe
sei doch wohl größer als ihre abschreckende Wirkung:

»wenn man beförchtet/ das Haus möchte noch in den Brand gerathen/ hätt
ich vermeint es were besser/ daß man Wasser/ als Stroh darin zusammen
trage. Wenn es die Gefahr hat/ warum streicht man der Jugend nicht vil-
mehr Remedien wider die Liebe ein/ als Anleitung und Reitz=mittel?«
(Heidegger 1969, S. 144).

Tatsächlich behauptet Heidegger allen Ernstes, den Romanautoren
gehe es um die »Widereinführung der Heydnischen Götzen« (ebd.
S. 51). Kurzum: im Gegensatz zur göttlichen Offenbarung, zur
Wahrheit der Bibel sind die Romane »Lugen=Kram« (ebd. S. 61).
Ganz anders faßte seinerzeit Gottfried Wilhelm Leibniz das Verhältnis von menschlicher Erfindung und göttlicher Schöpfung auf. In
einem Brief an den Herzog Anton Ulrich von Braunschweig, der
selbst ein Verfasser weitschweifiger Helden- und Liebesgeschichten
war, schreibt Leibniz:

»gleichwie E.D. mit Ihrer *Octavia* noch nicht fertig, so kann Unser herr
Gott auch noch ein paar tomos zu seinem Roman machen, welche zulezt
beßer lauten möchten. Es ist ohne dem eine von der Roman-Macher besten
künsten, alles in verwirrung fallen zu laßen, und dann unverhofft herauß
zu wickeln. Und niemand ahmet unsern Herrn besser nach als ein Erfinder
von einem schöhnen Roman.« (Leibniz 1970, S. 67f).

Keineswegs also muß man in den Fabeln der Romanautoren wie Heidegger unlautere Alternativen zur Heilsgeschichte sehen, zumal ja gerade die Schöpferkraft des Menschen darauf verweist, daß er nach dem Ebenbild Gottes geschaffen worden ist.

Heidegger war übrigens nicht der erste, der im deutschsprachigen Raum Huets Roman-Apologie zur Kenntnis nahm. Schon 1682 hatte sie Daniel Georg Morhof in seinem *Unterricht von der deutschen Sprache und Poesie* zustimmend zitiert. Auch die zwei Jahre später veröffentlichten *Réflexions sur les Romans* von Susanne Elisabeth Prasch sowie die *Vollständige Deutsche Poesie* von Albrecht Christian Rotth und die *Monats-Gespräche* von Christian Thomasius, die beide 1688 im Druck erschienen, lehnten sich bei der Erörterung des Romans an Huet an. Seine Konzeption prägte noch die Vierte Auflage von Johann Christoph Gottscheds *Versuch einer kritischen Dichtkunst* aus dem Jahre 1751, in der erstmals auch der Roman etwas ausführlicher behandelt wurde. Dort, wo Gottsched im 1. Abschnitt seines V. Hauptstücks »Von milesischen Fabeln, Ritterbüchern und Romanen« über eine Paraphrase des *Traité* hinausgeht, hat er stets den Vergleich der neuen Gattung zum alten Epos im Sinn.

»Von der Epopee oder dem Heldengedicht« hatte er zuvor ausgesagt, »es sey die poetische Nachahmung einer berühmten Handlung, die so wichtig ist, daß sie ein ganzes Volk, ja wo möglich, mehr als eins angeht. Diese Nachahmung geschieht in einer wohlklingenden poetischen Schreibart, darinn der Verfasser theils selbst erzählet, was vorgegangen; theils aber seine Helden, so oft es sich thun läßt, selbst redend einführet. Und die Absicht dieser ganzen Nachahmung ist die sinnliche Vorstellung einer wichtigen moralischen Wahrheit, die aus der ganzen Fabel auch mittelmäßigen Lesern in die Augen leuchtet« (Gottsched 1973, S. 292).

Als er sich dann den Romanen zuwendet, »die seit der Erfindung der Buchdruckerkunst ans Licht getreten« sind (ebd., S. 472), weist Gottsched auf einige bemerkenswerte Unterschiede dieser neuen Erzählform zum alten Epos hin:

Erstens sollen die Romanschriftsteller anders als die Verfasser von Heldengedichten Handlungsträger ohne berühmte Namen verwenden, »denn Liebesgeschichten können auch Leuten aus dem Mittelstand begegnen.«

Zweitens soll der Verfasser die Leser, Horaz gemäß, »gleich in die Mitte der Geschichte führen [...] Denn ungeachtet man einem Roman solche enge Gränzen nicht setzet, als einer Epopee; so soll er doch kein Lebenslauf werden.«

Drittens darf ein Roman dem Heldengedichte darin »nicht gleich kommen, daß er den wunderbaren Einfluß der Götter, oder Geister, Hexen u. d. m. nöthig hätte.«

Viertens gilt es im Roman schwülstige oder hochtrabende Reden zu vermeiden. »Je näher also die Schreibart in Romanen der historischen, desto schöner ist sie.«

Fünftens schließlich – damit wird der nach wie vor neuralgische Punkt berührt – erinnert Gottsched daran, »daß ein guter Roman auch den guten Sitten keinen Schaden thun muß. Die Liebe kann, nach Heliodors Exempel, auch eine unschuldige und tugendhafte Neigung seyn. Dieses zeiget auch das Exempel der *Pamela* in neueren Zeiten; ja selbst diese ist vielen Kunstrichtern noch nicht von allen Buhlerkünsten frey genug.« (ebd., S. 475ff).

Die Differenzierung von Epos und Roman läuft also darauf hinaus, die Nähe der modernen Erzählkunst zur Historie zu betonen. Der Roman ist dem empirischen Gebot der Wahrscheinlichkeit verpflichtet, sein gesellschaftliches Einzugsgebiet ist weiter, seine offene Thematik stärker auf die Gegenwart bezogen als die in sich abgeschlossene Handlung des Epos. Diese muß berühmt, einem ganzen Volke wichtig und ein integraler Ausdruck seiner Moral sein, während sich der Romanschriftsteller »genau nach den Sitten der Zeiten, der Oerter, des Standes, Geschlechtes und Alters seiner Personen richten« muß (ebd., S. 476). Demzufolge können im Roman durchaus auch einmal die Unsitten der Zeit zur Sprache kommen. Entscheidend ist nicht die Erwähnung oder Beschreibung, sondern die Verurteilung des Lasters. Genau dieser Konzeption entsprach Richardsons 1740 veröffentlichter Roman *Pamela or Virtue Rewarded*, den Gottsched lobend erwähnt.

1.5 Fielding und Wieland – Die Theater-Metapher als Leitbild der Romanpoetologie / Modell-Funktion des wahrscheinlichen Charakters

Eine andere, mehr gegen die Torheit als gegen das Laster gerichtete Möglichkeit, den Roman zum Bildungsinstrument auszugestalten, suchten die Romane von Henry Fieldung und Christoph Martin Wieland zu verwirklichen. Diese Entwicklungslinie der modernen Erzählkunst geht von Fieldings Parodie der *Pamela* in *Shamela* (1741) aus. In der *Geschichte des Agathon* (1766ff) wird sie praktisch, in Friedrich von Blanckenburgs *Versuch über den Roman* (1774) theoretisch ratifiziert.

In *Tom Jones, A History* (1749) reklamiert Henry Fielding (1707-1754) für seinen Erzähler, der Gründer einer neuen Provinz der Schriftstellerei zu sein. Sondiert hatte er das poetische Gelände bereits in *The History of Joseph Andrews, And of His Friend Mr. Abraham Adams*. So wie man das Drama in Epos und Tragödie unterteilen könne, erläutert Fielding im Vorwort zu diesem 1742 veröffentlichten Buch, könne man auch von komischen und ernsten Epen in Prosa sprechen. Im Vergleich zur Komödie weise »a comic Epic-Poem in Prose« allerdings einen viel weiteren Kreis von Ereignissen und Helden auf. Von dem, was Fielding »a serious Romance« nennt, hebe sich der komische Roman durch seine aufgelockerte Handlung, den Humor, die Einbeziehung auch der niederen Stände und dadurch ab, daß er eher das Lächerliche als das Erhabene darstelle. Gerade deshalb sei die komische Prosa-Dichtung jedoch besonders naturgetreu.

Das bedeute jedoch nicht, daß der komische oder burleske Roman den Menschen in seiner unverstellten Natürlichkeit portraitiere. Vielmehr entlarve er die aus Eitelkeit und Heuchelei angenommenen Posen, wobei die Bloßstellung der Heuchler vergnüglicher und überraschender sei, weil sich die Betroffenen dabei als das genaue Gegenteil dessen erweisen würden, was sie in der Welt darstellen wollten. Auf das literarische Muster, dem sich Fielding als komischer Schriftsteller verpflichtet fühlt, weist der Untertitel seines *Joseph Andrews*, »Written in Imitation of the Manner of Cervantes, Author of Don Quixote« hin. Der Roman steht demzufolge einerseits in einem Spannungsverhältnis zwischen der Mimesis und der Karikatur des gewöhnlichen Lebens und andererseits in einem Spannungsverhältnis zwischen der Nachahmung und Übertreffung der literarischen Tradition. Zu beachten ist dabei, daß Fieldings Bewunderung für Cervantes die Kehrseite seiner Abneigung gegenüber Richardson darstellt.

Aufgeteilt ist *Tom Jones* in achtzehn Bücher, von denen jeweils das erste Kapitel allgemeine poetologische und anthropologische Erörterungen enthält, die sich zu einer Theorie des Romans zusammenziehen lassen. Als roter Faden kann dabei die Theater-Metapher dienen. Sie bezieht sich nicht nur auf das Rollenspiel der Handlungsträger, sondern auch auf jenen Part, den die Leser dank der spezifischen Erzählanlage des *Tom Jones* für die Dauer der Lektüre übernehmen.

Weit davon entfernt, die Welt mit einer Bühne gleichzusetzen, vermittelt die Theater-Metapher im *Tom Jones* ein Bewußtsein davon, daß der Roman ein Weltmodell darstellt, daß die erzählte Geschichte, wenn überhaupt, nicht im wörtlichen, sondern im übertragenen Sinne auf die Erfahrungswirklichkeit zutrifft. Der Modellcharakter der Geschichte zeigt sich auch daran, daß der Erzähler ihren Verlauf ebensogut dehnen wie raffen kann.

»Wenn eine ungewöhnliche Szene sich meldet (was, wie wir hoffen, häufig eintreffen wird), so werden wir die Mühe und das Papier nicht scheuen, sie geräumig vor dem Leser aufzubauen; sollten dagegen ganze Jahre verfließen, ohne daß etwas einer Betrachtung Wertes geschieht, so werden wir vor einer Lücke in unserer Geschichte uns nicht bedenken, sondern zu den folgenschweren Ereignissen weitereilen und jene Zeitspannen gänzlich unberücksichtigt lassen.« (2. Buch, 1. Kapitel).

Fieldings überaus selbstbewußter Erzähler beansprucht in diesem Zitat nicht nur die Verfügungsgewalt über die Geschichte, er veranschaulicht auch, wie die erzählte Zeit in räumliche Vorstellungen übersetzt wird. Umgekehrt entwickelt der Leser den Bedeutungsraum eines Romans im Verlauf der Lektüre. Bei der Ausübung seiner Verfügungsgewalt rechnet Fieldings Erzähler im übrigen auf das stillschweigende Einverständnis der Leser, da er, Hobbes' *Leviathan* vergleichbar, nur zum Besten seiner Untertanen als Gesetzgeber der literarischen Provinz eingesetzt worden sei, die das gemeinsame Territorium von Romanautor und -publikum bildet. Die Leser müßten sich zwar nach ihm richten, meint der Erzähler, aber: »ich wurde zu ihrem Nutzen geschaffen und nicht zu dem meinen.« (2. Buch, 1. Kapitel).

Daß das imaginäre Gelände von Fielding tatsächlich als ein kulturelles Gemeinschaftsgut aufgefaßt wurde, geht aus seinem freimütigen Geständnis hervor, zuweilen Stellen aus den Werken anderer Autoren entlehnt zu haben, ohne dabei jedesmal auf ihre fremde Herkunft hinzuweisen. Die Werke der edlen Spender könnten nämlich »betrachtet werden als eine üppige Allmende, allwo ein jeder, der auch nur das geringste Wohnrecht auf dem Parnaß besitzt, ermächtigt ist, seine Muse zu mästen.« (12. Buch, 1. Kapitel).

Allerdings lehnt der Verfasser des *Tom Jones* jene Moralapostel unter den Schriftstellern ab, »die versichern, daß in dieser Welt die Tugend der sicherste Weg zur Glückseligkeit sei und das Laster der sicherste Weg zum Elend. Eine sehr heilsame und sehr trostreiche Lehre, gegen die wir nur einen Widerspruch zu erheben haben, den nämlich, daß sie nicht wahr ist.« (15. Buch, 1. Kapitel). Der glückliche Ausgang des Romans ist demnach keine Garantie dafür, daß im Leben immer die Gerechtigkeit siegt. Der beste Schutz gegen Leiden, die aus einer ungerechten Behandlung des Menschen entstehen, ist daher die Lebensklugheit, die aus Menschenkenntnis erwächst. Diese Lebensklugheit zu befördern hält Fielding für die eigentliche Aufgabe des Schriftsteller, zumal »das wahre Merkmal der gegenwärtigen Welt eher ihre Torheit als das Laster« ist (14. Buch, 1. Kapitel).

Der Romanautor findet seine Bestimmung also nicht als Tugendwächter, sondern als Erforscher der menschlichen Natur und Gesellschaft. Durch die Lektüre wird die Welterkenntnis, die der Verfasser im Umgang mit Seinesgleichen erworben hat und bei der Gestaltung seiner Geschichte verwendet (vgl. 9. Buch, 1. Kapitel), wieder in den zwischenmenschlichen Verkehr eingespeist. Solch pragmatische Relevanz kann das Schreiben und Lesen von Romanen freilich nur erlangen, wenn sich schon im Text Erfindungsgabe und Urteilskraft verbinden:

»Indessen bedeutet Erfindung in Wahrheit und im Wortsinn nichts als entdecken oder herausfinden, oder, mit ein paar Worten mehr, ein rasches und scharfes Durchdringen des wahren Wesens aller Gegenstände unserer Betrachtung; das jedoch, so scheint mir, kommt selten vor ohne die Begleitung der Urteilskraft; denn daß man sagen könnte, man habe das Wesen zweier Dinge erfaßt, ohne ihre Unterschiede begriffen zu haben, das will mir nicht einleuchten.« (9. Buch, 1. Kapitel).

Im Gegensatz zu jenen, die Erfindungsgabe und Urteilskraft für schwer vereinbar halten, betont Fielding ihre funktionale Komplementarität. Der Urteilskraft entspricht die Kunst der Kontraste, der Erfindungsgabe das Rollenspiel der Romanautoren und Interpreten. So gesehen liefert die fiktive Geschichte den Lesern nicht nur bestimmte Handlungsmodelle, sie ist immer auch eine Modellierung ihrer Sinne und ihres Verstandes.

Dem gleichen aufklärerischen Bildungsprogramm ist auch die *Geschichte des Agathon* verpflichtet, die Christoph Martin Wieland 1667/67 in einer ersten Fassung herausgab. Wieland (1733-1813) hatte die Werke von Fielding und Cervantes eingehend studiert. Im Vorbericht zu seinem *Agathon* knüpft er ganz selbstverständlich an die im *Tom Jones* etablierte Verständigungsgemeinschaft zwischen Erzähler und Leser an, wenn es heißt:

»Der Herausgeber der gegenwärtigen Geschichte siehet so wenig Wahrscheinlichkeit vor sich, das Publikum zu überreden, dass sie in der That aus einer alten Griechischen Handschrift gezogen sey; dass er am besten zu thun glaubt, über diesen Punkt gar nichts zu sagen, und dem Leser zu überlassen, davon zu denken, was er will.« (Wieland 1984, S. IX).

Mit anderen Worten: die Spielregeln der Fiktionalität müssen nicht mehr ausdrücklich rekapituliert werden. Was noch zu sagen bleibt, ist, wie sich die fiktive Historie zur Erfahrungswirklichkeit verhält. Die Wahrheit von Agathons Lebenslauf, so wie ihn Wielands Erzähler schildert, beruht weniger auf Überlieferungen, die dem Verfasser das eine oder andere Erzähl- und Verhaltensmodell geliefert haben, als vielmehr auf ästhetischen Prinzipien – insbesondere darauf, daß alles mit dem allgemeinen Lauf der Dinge vereinbar erscheint. Obwohl also manche Gestalten des Romans geschichtlich verbürgte

Namen tragen, sind sie nicht authentisch, sondern als Modellfiguren zu verstehen.

Wie Aristoteles versteht Wieland unter der Wahrscheinlichkeit einer Geschichte, daß sie als ein mögliches Geschehen aufgefaßt werden kann und nicht im Widerspruch zur Erfahrung steht. Das schließt einerseits ein, daß es zuweilen auch unwahrscheinliche Begebenheit zu berichten gibt (vgl. ebd., S. X & XII), und andererseits aus, daß die geschilderten Menschen vollkommen sind:

»damit Agathon das Bild eines wirklichen Menschen wäre, in welchem Viele ihr eigenes und Alle die Hauptzüge der menschlichen Natur erkennen möchten, durfte er (wir behaupten es zuversichtlich) nicht tugendhafter vorgestellt werden, als er ist.« (ebd., S. XIV).

Man sieht: die poetologischen und anthropologischen Grundannahmen Fieldings verbinden sich bei Wieland zu einem schlüssigen Konzept. Wie der Verfasser des *Tom Jones* begreift er die menschliche Natur als eine in sich vielfältige Einheit; stärker als die Geschichte eines Findlings zielt die *Geschichte des Agathon* jedoch darauf ab, den »Karakter« des Titelhelden »in einem mannigfaltigen Lichte und von allen Seiten bekannt zu machen« (ebd., S. XI).

1.6 Blanckenburg und Wezel – Gleichrangigkeit von Roman und Epos / Konzentration auf die innere Geschichte

In seinem 1774 publizierten *Versuch über den Roman* baute der Königlich Preußische Premierlieutenant Christian Friedrich von Blanckenburg (1744-1796) das Erzählprogramm aus Wielands »Vorbericht« zu einer in ihrer Geschlossenheit und Konsequenz bis dato unerreichten Theorie der Gattung aus (vgl. Hiebel 1974, S. 250). Der *Agathon* erscheint dabei als Inbegriff des Romans. »Es ist die Art und Weise, wie der Dichter desselben, den Stoff, die Begebenheiten und Charaktere behandelt hat, die dies Werk so sehr über die anderen Werke dieser Art erhebt.« (Blanckenburg 1965, S. 9).

Der erste Teil des *Versuchs* handelt »Von dem Anziehenden einiger Gegenstände«; der zweite »Von der Anordnung und Ausbildung und dem Ganzen eines Romans«. Von seiner Thematik her erscheint der Roman bei Blanckenburg als historisches Pendant des Epos; strukturell soll er sich jedoch nicht nur am antiken Heldengedicht, sondern auch am Drama orientieren.

Zwar habe er nicht einmal die Schrift des Huet über den Ursprung der Romane gelesen, behauptet Blanckenburg im »Vorbericht« zu seinem Buch, aber das Studium der Wielandschen und

Fieldingschen Romane sowie des *Tristram Shandy* von Laurence Sterne (1713-1768) habe ihn auf die Idee gebracht, daß der Roman für die Gegenwart das werden könne, was einst die Epopöe für die Griechen gewesen sei. Es gibt seiner Ansicht nach also erstens eine gewisse Analogie zwischen zwei historischen Epochen sowie der für sie repräsentativen Gattungen und zweitens eine relative Gleichrangigkeit von Epos und Roman hinsichtlich ihrer gesellschaftlichen Bedeutung. Blanckenburg drückt diesen Sachverhalt folgendermaßen aus:

»Die Romane entstanden nicht aus dem Genie der Autoren allein; die Sitten der Zeit gaben ihnen das Daseyn. Gegenden, in welchen man keine Bürger brauchte; und Zeiten, in welchen keine Bürger mehr waren, verwandelten die Heldengedichte der Alten, eine *Iliade* oder *Odyssee*, in einen Roman.« (Blanckenburg 1965, S. XIII). So sehr sich Epopöe und Roman daher auch im einzelnen unterscheiden würden, ihre Eigenarten ließen sich allesamt »aus dem Unterschiede herleiten, der sich zwischen den Sitten und Einrichtungen der damaligen und der jetzigen Welt findet.« (Blanckenburg 1965, S. XIV).

Auffällig ist, daß Blanckenburg die jetzige Welt gerade nicht als bürgerlich empfindet. Besser gesagt: er wünscht nicht, daß man den Menschen auf sein bürgerliches Dasein reduziert. Der Romandichter soll den ganzen Menschen zeigen, so »wie er ihn, nach der eigenthümlichen Einrichtung seines Werks zu zeigen vermag.« (ebd., S. XV). Eben dies sei Wieland von allen am überzeugendsten gelungen, denn

»wenn wir den *Agathon* untersuchen: so findet es sich so gleich, daß der Punkt, unter welchem alle Begebenheiten desselben vereinigt sind, kein andrer ist, als das ganze jetzige moralische Seyn des Agathon, seine jetzige Denkungsart und Sitten, die durch alle diese Begebenheiten gebildet, gleichsam das Resultat, die Wirkung aller derselben sind, so daß diese Schrift ein vollkommen dichterisches Ganzes, eine Kette von Ursach und Wirkung ausmacht.« (Blanckenburg 1965, S. 10).

Vor allem »das Innre der Personen ist es, das wir in Handlung, in Bewegung sehen wollen, wenn wir bewegt werden sollen« (ebd., S. 58). Es kommt daher in den erzählten Geschichten nicht so sehr »auf die Begebenheiten der handelnden Person, sondern auf ihre Empfindungen« an (ebd., S. 60). Die affektive Beteiligung des Lesers gilt Blanckenburg als entscheidende Wirkungsbedingung für die kognitive Leistung der Gattung. Sie besteht darin »Vorstellungen und Empfindungen [zu] erzeugen, die die Vervollkommung des Menschen und seine Bestimmung befördern können.« (ebd. S. 252). Die Dichtung muß dazu vor dem inneren Auge der Einbildungskraft freilegen, was der Wahrnehmung für gewöhnlich verschlossen bleibt.

Der vertiefte Einblick in die menschliche Natur führt Blanckenburg folgerichtig dazu, das Kriterium der Anschaulichkeit bei der Beurteilung des Romans hervorzuheben: »Alles, was nicht zur anschauenden Verbindung des Zusammenhangs (innrer und äußrer Ursachen und Wirkungen) gehört, [...] ist in einem Roman üppiger Auswuchs, der weggeschnitten zu werden verdient.« (ebd., S. 284). Die Anschaulichkeit dient zum einen der Kohärenz der erzählten Geschichte, zum anderen aber auch der Konzentration von Erzähler und Leser auf das Wesentliche, zumal Begebenheiten, die Spuren hinterlassen und selbst die Merkmale der Ursachen an sich tragen, deren Wirkung sie sind, besser im Gedächtnis haften bleiben (vgl. ebd., 1965, S. 296 u. S. 319).

Letztlich laufen alle diese Spuren in der Entwicklungsbahn des Charakters zusammen, denn »nur vermöge dieser Formung der Charactere erhält sich der anschauende Zusammenhang in einem Werk [...]; nur auf diese Art können die Begebenheiten eines Menschen der Inhalt eines Romans seyn.« (ebd., S. 321). Gleichzeitig ist der Charakter jedoch die Bedingung aller Ereignisse, die einen prägenden Eindruck hinterlassen. Denn was in der Persönlichkeit nicht angelegt ist, kann unter dem doppelten Aspekt der Handlungs- und Charakterführung nicht hinreichend motiviert werden. »Der Mensch muß nichts thun, als was er, zufolge seines aus verschiedenen Eigenschaften zusammengesetzten Charakters tun muß, oder wenigstens thun kann.« (ebd., S. 491).

Aufgelöst wird die Widersprüchlichkeit, daß der Charakter zugleich Voraussetzung und Ergebnis der einzelnen Begebenheiten sein soll, durch den Begriff der Situation, die den der Person ergänzt, »so daß diese Situation so wohl, als die Denkungsart der Person die Ursache sind, von welcher diese Nothwendigkeit jetzt die Wirkung ist.« (ebd., S. 347). Zwischen der äußeren Lage und dem inneren Zustand, zwischen den situativen Umständen und der Charakteranlage gibt es also ein Wechselspiel. So wie die fiktive Geschichte der äußere Anlaß für die Selbstbesinnung und -aufklärung des lesenden Menschen ist, entfaltet sich der Charakter im Rahmen der gesellschaftlichen Interaktion.

Exemplarisch vorgeführt wird diese Interaktion in der Liebeshandlung. In diesem Sinne »sind in der Geschichte des *Agathon*, der ganze Charakter desselben, und seine ganze Denkungsart, Zeugen von dem Einfluß der Liebe auf den ganzen Menschen.« (ebd., S. 182). Im übrigen kritisiert Blanckenburg die allzu vornehme Zurückhaltung vieler Schriftsteller, wenn es um Intimes geht:

»In unsern Romanen erscheint die Liebe gewöhnlich so engelsrein, so unkörperlich, so geistig, daß nichts drüber gehen kann. Aber man rede noch so feyerlich von dauernder Unschuld, man platonisiere noch so zauberisch von den geistigen Glückseligkeit, die sie gewährt, der Roman endigt sich immer, und muß sich immer, bey den Voraussetzungen, daß wir Menschen sind, mit einer Hochzeitsnacht endigen. In der Natur führt die Liebe gewiß dahin; es ist Thorheit, dies läugnen zu wollen.« (ebd., S. 480).

Das sind klare Worte – sie zeigen, wie weit sich Theorie und Praxis des Romans zu diesem Zeitpunkt von der Mentalität eines Heidegger entfernt haben. Die Liebe ist zum Katalysator der Persönlichkeitsentwicklung geworden, zum Kristallisationspunkt der inneren Geschichte. Diese »innere Geschichte« (ebd. S. 392) ist nicht nur das thematische Zentrum des Romans; vielmehr reflektiert die exemplarische Vervollkommnung des Romanhelden den Perfektibilitätsgedanken der Aufklärung, die Idee, daß auch die Menschheit insgesamt eine bessere Gesellschaft werden kann, wenn jeder einzelne seine Humanität ausbildet. Wie in der *Geschichte des Agathon* findet der Roman seine eigentliche Bestimmung also darin, daß die Leser mit dem Helden wachsen.

Als Blanckenburg seinen *Versuch über den Roman* schrieb, gab es den Begriff des Bildungsromans noch nicht – er wurde erst 1803 von Karl Morgenstern (1770-1852) aufgebracht. Dennoch finden sich bereits bei ihm so gut wie alle Merkmale dieses Begriffs. (vgl. Selbmann 1984, S. 9). Kongenial ergänzt werden Blanckenburgs Bestimmungen des Romans aber auch durch den Begriff der ›bürgerlichen Epopöe‹, den Johann Carl Wezel (1747-1819) in der Vorrede zu seinem Roman *Hermann und Ulrike* (1780) geprägt hat. Der Roman, so heißt es dort, sei jene Dichtungsart, die am meisten verachtet und zugleich am meisten gelesen werde. Die Verachtung rühre zum Teil

»aus dem Vorurtheile, daß Werke, wovon die Griechen und Römer keine Muster, und worüber Aristoteles keine Regeln gegeben hat, unmöglich unter die edleren Gattungen der Dichtkunst gehören könnten: zum Teil wurde sie auch durch die häufigen Mißgeburten veranlaßt, die in dieser Gattung erschienen« sind. (Wezel 1970, S. 23). Demgegenüber glaubt Wezel, daß man diese Dichtungsart dadurch aus der Verachtung und zur Vollkommenheit bringen könne, wenn man sie auf der einen Seite der Biographie und auf der andern dem Lustspiel näherte: so würde »die wahre bürgerliche Epopöe entstehen, was eigentlich der Roman sein soll.« (ebd., S. 24).

Als zeitgemäße Kreuzung von Komödie und Lebensgeschichte also konzipiert Wezel den Roman – Fielding läßt grüßen. Zeitgemäß – das heißt bei Wezel ›bürgerlich‹. Sieht man einmal von der unterschiedlichen Begrifflichkeit bei ihm und Blanckenburg ab, zeigt sich die enge Verwandtschaft ihrer Gattungskonzepte. Hier wie dort wird der Roman als kontemporäre Analogiebildung zum Epos aufgefaßt; hier wie dort wird die Erzählkunst historisch relativiert und der Genrewechsel als Reflex des gesellschaftlichen Wandels betrachtet. Wezel äußert sich in seiner Vorrede auch zu dem, was Blanckenburg die Anordnung und Ausbildung der Teile genannt hatte. Wie sein Vorgänger kommt er dabei neben der »Zusammenkettung der Begebenheiten, der Bewegungsgründe und Handlungen« auch auf das Zusammenspiel von Erzählung und Dialog zu sprechen, »worunter man auch den Brief rechnen muß, der eigentlich ein Dialog zwischen Abwesenden ist« (ebd., S.26). Daß ein solcher Dialog immer in der Gefahr ist, zum Monolog, zur seelischen Isolation des Briefeschreibers von seiner Umwelt zu werden, hatte Johann Wolfgang Goethe (1749-1832) bereits fünf Jahre zuvor in den *Leiden des jungen Werther* (1775) demonstriert.

1.7 Madame de Staël und Goethe – Erzählkunst und Moral / Vergleich von Drama und Roman

Blanckenburg war Goethes Briefroman sofort aufgefallen, weil Goethe die von ihm geforderte Folgerichtigkeit der Charakterentwicklung besonders anschaulich und konsequent verwirklicht hatte.

»Die Empfindung, die Werthern forttreibt und ans endliche Ziel bringt, ist durch alle vorhergehenden Umstände und Zufälle so wahrscheinlich hervorgebracht, die Reihe der wirkenden Ursachen darin hängt so richtig zusammen [...], daß aus der Grundlage eines solchen Charakters und den angenommenen Zufällen nichts anderes erfolgen kann, als was wir sich zugetragen sehen.« (Blanckenburg 1970, S. 139f).

Auch den vorwiegend leidenden Helden, den Goethe später im Fünften Buch der »Lehrjahre« proklamieren sollte, hatte Blanckenburg mit seiner Bemerkung, die Personen sollten »in des Dichters kleiner Welt, (eben so wie in der größern, wirklichen) zu ihrer Besserung, zu ihrer Vervollkommnung leiden« (Blanckenburg 1965, S. 166) antizipiert.

Freilich gilt es bei solchen Übereinstimmungen im Auge zu behalten, daß weder der *Werther* noch der *Wilhelm Meister* umstandslos aus Blanckenburgs Romantheorie abgeleitet werden können. Daß es für Goethe noch andere Anregungen gab, beweist seine Übertragung eines Essays von Madame de Staël (1766-1817) *Sur les fictions*, die 1796 unter dem Titel »Versuch über die Dichtungen« in Schillers Zeitschrift *Die Horen* erschien.

Die Verfasserin beginnt ihre Erörterung mit einem Hinweis auf die kompensatorische Funktion der Einbildungskraft, deren Schöpfungen dem Menschen Vergnügen bereiten und so das Unglück lindern könnten, das im Leben für gewöhnlich vorherrsche. Darüber hinaus könnten die zum Vergnügen erfundenen Geschichten auch sehr lehrreich sein, »wenn sie das Herz bewegen, und dies Talent ist vielleicht das mächtigste Mittel, um aufzuklären oder Richtungen zu geben.« (De Staël in Goethe 1953, S. 335f). Ähnlich wie Blanckenburg setzt also auch Madame de Staël auf die Gemütserregung der Leser als Voraussetzung ihrer literarischen Bildung. Ihr *Essai* soll zeigen, »daß ein Roman, der mit Feinheit, Beredsamkeit, Tiefe und Moralität das Leben darstellt, wie es ist, die nützlichste von allen Dichtungen sei.« (ebd., S. 337).

Das war, selbst an Blanckenburgs fortschrittlicher Ansicht über die funktionale Gleichrangigkeit von Roman und Epos gemessen, eine kühne Behauptung – gerade, wenn man an Schillers fast zur gleichen Zeit geäußerte Bemerkung denkt, daß der Romanschreiber lediglich ein Halbbruder des Dichters sei; nachzulesen in seinem Aufsatz »Über naive und sentimentalische Dichtung« (1795f). Allerdings stand Madame de Staël für ihre These nicht in jeder Hinsicht ein. Abgelehnt wurden von ihr zum Beispiel jene pseudohistorischen Romane, die mit ihren amourösen Anekdoten den wahren Geschichtsverlauf verfälschten und den handelnden Menschen fiktive Beweggründe unterstellten (vgl. ebd., S. 347f).

Dagegen wirkt der Roman, der den Vorstellungen von Madame de Staël entspricht, »mit stiller Gewalt auf die Gesinnungen der Privatpersonen, aus denen nach und nach die öffentlichen Sitten sich bilden.« (ebd., S. 350). Das ist umso wichtiger, als dem non-fiktionalen Schrifttum das spezifische Wirkungspotential der Romane fehlt; »sie können nicht die Schattierungen einer zarten Seele verfolgen, sie können nicht zeigen, was alles in einer Leidenschaft liegt.« (ebd., S. 357). Es ist aber nicht nur die Subtilität der Schilderung, sondern vor allem die Handlungsbezogenheit der Romane, die positiv zu Buche schlägt, denn »man kann fast alle moralischen Wahrheiten fühlbar machen, wenn man sie in Handlung setzt.« (ebd., S. 355).

Worauf es ankommt, ist also die anschauliche Inszenierung und Dramatisierung der Empfindungen durch den Handlungsverlauf. Dabei bleiben gewisse Überzeichnungen ebenso wenig wie in der Malerei aus, welche »die Gegenstände nicht verändert, sondern sie nur fühlbarer darstellt« (ebd., S. 354). Diesen Gedanken dürfte Madame de Staël von Fielding übernommen haben, den sie dann auch sogleich lobend erwähnt.

»Zu zeigen, wie ungewiß das Urteil sich auf den äußeren Schein gründe, zu zeigen, welches Übergewicht die natürlichen Eigenschaften über jene Reputationen haben, denen nur die Rücksicht äußerer Verhältnisse zu Gute kommt, dieses hatte der Verfasser des *Tom Jones* vor Augen, und es ist einer der nützlichsten und mit Recht berühmtesten Romane.« (ebd., S. 355f).

Lobenswert findet de Staël am *Tom Jones* auch, daß in ihm die Liebe nur als ein Mittel erscheint, »damit das philosophische Resultat desto lebhafter hervortrete.« (ebd.) Hier kommt die weniger fortschrittliche Seite des »Versuchs über die Dichtungen« zum Vorschein. Was die Beurteilung der Liebesthematik betrifft, so fällt Madame de Staël hinter Blanckenburg auf eine Position zurück, die Heideggers Argumente in Erinnerung ruft. »Was man gegen die Romane, in welchem die Liebe behandelt wird, immer mit vielem Rechte sagen kann, ist, daß diese Leidenschaft darin so gemalt ist, daß sie dadurch erzeugt werden kann.« (ebd., S. 358).

Goethe selbst hat sich wiederholt zum Roman geäußert, meist im Stil einer Zwischenbilanz, die einzelne Beobachtungen und Überlegungen vorläufig zusammenfaßt. Das erste Resümee dieser Art findet sich in *Wilhelm Meisters Lehrjahren*, entstand also etwa zur gleichen Zeit wie die Übertragung von Madame de Staëls *Essai sur les fictions*. Zwei Jahre später hält Goethe das Ergebnis seiner Gespräche mit Schiller »Über epische und dramatische Dichtung« fest. Seine *Maximen und Reflexionen* schließlich enthalten auch einige aufschlußreiche Bemerkungen zum Roman. In allen drei Fällen spielt das Theater die Rolle einer Vergleichskulisse. So heißt es im *Wilhelm Meister* (5. Buch, 7. Kapitel), als der Erzähler das Resultat einer Unterredung zwischen dem Titelhelden und Serlo wiedergibt:

»Im Roman wie im Drama sehen wir menschliche Natur und Handlung. Der Unterschied beider Dichtungsarten liegt nicht bloß in der äußeren Form, nicht darin, daß die Personen in dem einen sprechen und daß in dem andern gewöhnlich von ihnen erzählt wird. [...] Im Roman sollen vorzüglich Gesinnungen und Begebenheiten vorgestellt werden; im Drama Charaktere und Taten.«

Das ist insofern ein neuer Gesichtspunkt, als der Akzent nun auf der Gesinnung des Romanhelden liegt. Zwar kann die Geschichte als dramatische Bewährungsprobe des Charakters angelegt sein; in erster Linie geht es im Roman laut Goethe jedoch um die allmähliche Entwicklung einer Geistes- und Gemütsverfassung. Entscheidend ist dabei, daß sich die Innenwelt der Gesinnung im Widerstand zur Außenwelt bildet:

»Der Roman muß langsam gehen, und die Gesinnungen der Hauptfigur müssen, auf welche Weise es wolle, das Vordringen des Ganzen zur Entwicklung aufhalten. Das Drama soll eilen, und der Charakter der Hauptfigur muß sich nach dem Ende drängen und nur aufgehalten werden. Der Romanheld muß leidend, wenigstens nicht im hohen Grade wirkend sein; von den dramatischen verlangt man Wirkung und Tat.« (ebd.).

In der Forschungsliteratur zum *Wilhelm Meister* wird gerne darauf hingewiesen, daß die Titelfigur dieser Bestimmung des Romanhelden weitgehend entspreche. Mindestens ebenso wichtig scheint jedoch der Hinweis auf die ironische Erzählanlage zu sein, derzufolge diese Bestimmung das Resultat einer Unterhaltung ausgerechnet zwischen dem Titelhelden und Serlo ist.

Überlagert wird dieser Zusammenhang von der Erörterung des *Hamlet*-Dramas in Goethes Roman. Shakespeares Held nämlich »hat eigentlich auch nur Gesinnungen; es sind nur Begebenheiten, die zu ihm stoßen, und deswegen hat das Stück etwas von dem Gedehnten eines Romans« (ebd.). Einerseits also motiviert die Auseinandersetzung mit dem *Hamlet*-Stück die im Gespräch getroffene Unterscheidung von Roman und Drama; andererseits stößt diese Unterscheidung mit dem Gegenstand der Erörterung an ihre Grenzen. Einerseits ist Wilhelm Meister bei der *Hamlet*-Inszenierung die treibende Kraft; andererseits rührt diese Energie von der Nähe seiner Empfindungen und Gesinnungen zu der Figur des Dänenprinzen her, die ihr Schicksal eher zu erleiden als zu verursachen scheint.

Aus alledem folgt, daß die Differenz des Dramatischen und des Epischen nicht mit der Gattungsgrenze zwischen dem Schauspiel und dem Roman übereinstimmt. Hier wie dort kann es theatralische Szenen und romanhafte Entwicklungen geben: »Leider viele Dramen sind nur dialogisierte Romane, und es wäre nicht unmöglich, ein Drama in Briefen zu schreiben« (ebd.); den Briefroman gibt es ja schon.

Welchen Stellenwert besitzen die Gattungsunterscheidungen dann überhaupt noch? Eine wiederum vorläufige Antwort auf diese Frage enthält der Aufsatz »Über epische und dramatische Dichtung« von 1797. Hatte Goethe seine Überlegungen zum Roman im *Wilhelm Meister* fiktiven Gestalten in den Mund gelegt und somit zumindest ansatzweise dialogisiert, so faßte er in diesem Aufsatz das Ergebnis seiner Gespräche mit Schiller gleichsam monologisierend zusammen.

»Der Epiker und Dramatiker sind beide den allgemeinen poetischen Gesetzen unterworfen«, heißt es einleitend; »ferner behandeln sie beide ähnliche Gegenstände und können beide Arten von Motiven brauchen; ihr großer wesentlicher Unterschied beruht aber darin, daß der Epiker die Begebenheiten als vollkommen vergangen vorträgt und der Dramatiker sie als vollkommen gegenwärtig vorstellt.« (Goethe 1970, S. 55).

Vom Roman ist dabei keine Rede – vielleicht, weil er genau diese Grenzziehung unterläuft. Auch die altertümliche Ausdrucksweise – Goethe spricht von Mimen und Rhapsoden – zeigt, daß in diesem Aufsatz ein historisches Problem behandelt wird. Seine formale Lösung konnte nur gelingen, weil der aktuelle Bezug auf das Romanhaftwerden von Epos und Drama fehlt, das im *Wilhelm Meister* angedeutet worden war.

Folgt daraus, daß der Roman hinsichtlich seiner Gegenstände und Verfahren einfach nur eine Mischform ist? Dann wäre er wie schon bei Fielding als »comic Epic-Poem in prose« oder als nacherzähltes Drama ausreichend beschrieben. Oder besagt die Hin- und Herbewegung zwischen epischen und dramatischen, poetischen und prosaischen Motiven, zwischen burlesken und seriösen, sentimentalen und ironischen Passagen, daß die Literatur insgesamt romanhaft geworden ist und daher mit den überkommenen poetologischen Maßstäben nicht mehr angemessen zu erfassen ist?

Goethe, dessen *Wahlverwandtschaften* gewiß alles andere als ein »comic Epic-Poem in prose« darstellen und sich aufgrund ihrer überaus komplexen Motivverkettung auch nicht mehr ohne weiteres wie ein leicht überschaubares Drama nacherzählen lassen, scheint, so sehr seine Romanpraxis für die zweite Deutung spricht, theoretisch an der ersten Option festgehalten zu haben. Jedenfalls erwekken seine *Maximen und Reflexionen* auf den ersten Blick einen solchen Eindruck. Erneut wird mit den Begrifflichkeiten von Drama und Epos operiert, um den Roman zu bestimmen.

»Der Romanheld assimiliert sich alles; der Theaterheld muß nichts Ähnliches in allem dem finden, was ihn umgibt.« (*Maximen und Reflexionen* Nr. 937). Wie paßt diese Bemerkung zu dem angeblich leidenden Charakter des Romanhelden, der im *Wilhelm Meister* herausgestellt worden war? Bezieht sich seine Weltaneignungs-Aktivität nur auf die Ausdifferenzierung der Gesinnung, während seine Passivität als Handlungsträger erhalten bleibt, oder geht die Akkomodation an die Verhältnisse gegebenenfalls bis zur Umgestaltung der vorherrschenden Lebensverhältnisse?

Die Frage nach dem Verhältnis von Assimilation und Akkomodation stellt sich auch deshalb, weil der Romanleser, der sich einen fremden Text aneignet, in mancher Hinsicht dem Romanhelden ähnelt. Schon Huet hatte ja darauf aufmerksam gemacht, daß der Romanleser die exemplarische Geschichte des Romanhelden auf sich beziehen muß, was schlecht geht, wenn sich bereits in der Lektüre das von Fielding geforderte Zusammenspiel von Urteilskraft und Einfühlungsvermögen ereignet. »Für den Leser, der nicht denkt, und nicht selbst denken will, ist nirgends etwas zu lernen« (Blanckenburg 1965, S. 336), heißt es bei Blanckenburg klipp und klar. Etwas ähnliches hatte wohl auch Goethe mit der Nr. 939 seiner *Maximen und Reflexionen* im Sinn. Sie lautet nämlich: »Der mittelmäßigste Roman ist immer noch besser als die mittelmäßigsten Leser, ja der schlechteste partizipiert etwas von der Vortrefflichkeit des ganzen Genres.«

Die Ergänzungsbedürftigkeit des Romans durch die Leser, die stets die Möglichkeit einer Fehlinterpretation einschließt, kommt auch im Grundatz Nr. 938 zum Ausdruck. Er lautet: »Der Roman ist eine subjektive Epopöe, in welcher der Verfasser sich die Erlaubnis ausbittet, die Welt nach seiner Weise zu behandeln. Es fragt sich also nur, ob er eine Weise habe; das andere wird sich schon finden.« Da die Leser nicht umhin können, auf diese Weise Rücksicht zu nehmen, wird sich ihre Lesart der Welt im Verlauf der Romanlektüre zwischen Assimilation und Akommodation bewegen und im Ergebnis eine Vermittlung der fremden und der eigenen Vorstellungen darstellen.

Im Prinzip gilt das für jede Konjektur, auch für die Auslegung der *Maximen und Reflexionen*. Unter diesem Vorbehalt kann man sagen: Goethe sieht im Roman eine Gattung, die der künstlerischen Individualität stärker als das Heldengedicht Rechnung trägt. Das Epos gilt ihm als quasi objektiver Ausdruck einer kollektiven Mentalität; der Roman als Ausdruck einer einzelnen Persönlichkeit. Diese Persönlichkeit gewinnt Profil, in dem sie dem Gegenstand des Romans, der Welt, Kontur verleiht. Der Roman wird so einerseits als Analogiedarstellung des schöpferischen Bewußtseins und andererseits als eine Welt-Anschauung vorgestellt.

Da sich die subjektive Erzählweise auf einen wenn nicht objektiven, so doch intersubjektiven Gegenstand – die von allen Menschen gemeinsam verfaßte Lebenswelt – bezieht, kann der Verfasser eines Romans darauf vertrauen, daß sich die Leser für sein persönliches Weltbild einen passenden Verständnisrahmen zurechtlegen werden. Alles weitere wird sich, wie der Verfasser des *Werther*, des *Wilhelm Meister* und der *Wahlverwandtschaften* offenbar aus eigener Erfahrung weiß, schon finden – in der Welt und im Bewußtsein des Romanschriftstellers. Das bedeutet, daß der Roman ein exploratives Medium ist. Sein Verfasser folgt nicht nur bestimmten Eingebungen, er findet etwas Neues über die Wirklichkeit heraus, indem er sich schreibend auf die Suche macht. Und die Leser können an dieser Entdeckungsreise zeitversetzt teilnehmen, wenn sie nur jene Unvoreingenommenheit mitbringen, die jeder haben sollte, der durch die Welt fährt, um Erfahrungen zu sammeln.

1.8 Herder und Jean Paul – Erkenntnis der weltbildnerischen Funktion / Der Romancier als Stellvertreter der Menschheit

Spätestens seit Furetière war es üblich, beim Erzählen Schriftstücke zu zitieren und Textsorten nachzuahmen. *Le Roman Bourgeois* enthielt neben Gerichtsakten Bücherverzeichnisse, Liebesepisteln und eine umfangreiche Liste mustergültiger Widmungsschreiben. Der von Samuel Richardson inaugurierte Briefroman, den neben Goethe auch Jean Jacques Rousseau mit *Julie ou La Nouvelle Héloise* (1761) und Choderlos de Laclos mit seinen *Liaisons dangereuses* (1782) fortgesetzt hatten, bestärkten die Autoren des 18. Jahrhunderts darin, sich mehr und mehr vom Modell des mündlichen Erzählers zu emanzipieren und dezidiert schriftliche Vermittlungsformen für ihre Romane zu benutzen. Umso häufiger der Roman als Geschichtsschreibung oder als Briefsammlung ausgegeben wurde und mit einem quasidokumentarischen Anspruch auftrat, desto undeutlicher wurden allerdings die Demarkationslinien zwischen den literarischen Gattungen, zwischen Poetik und Rhetorik, zwischen *fiction* und *non-fiction*.

Die spezifische Diskursivität des Romans als eines Schriftstücks, das andere Schriftstücke imitiert und parodiert, war etwas Neues, etwas, das sich so weder im Epos noch im Drama fand. Es ist daher wohl kein Zufall, daß Johann Gottfried Herder (1744-1803) die unbeschränkten Möglichkeiten der Poesie in Prosa ausgerechnet in einem für den Druck vorgesehenen Brief beschrieb. 1796 erschien der 99. seiner *Briefe zur Beförderung der Humanität*. In ihm heißt es:

»Keine Gattung der Poesie ist von weiterem Umfange, als der Roman; unter allen ist er auch der verschiedensten Bearbeitung fähig: denn er enthält oder kann enthalten nicht etwa nur Geschichte und Geographie, Philosophie und die Theorie fast aller Künste, sondern auch die Poesie aller Gattungen und Arten – in Prose. Was irgend den menschlichen Verstand und das Herz interessiret, Leidenschaft und Charakter, Gestalt und Gegend, Kunst und Weisheit, was möglich und denkbar ist, ja das Unmögliche selbst kann und darf in einen Roman gebracht werden, sobald es unsern Verstand oder unser Herz interessiret. Die größesten Disparaten läßt diese Dichtungsart zu: denn sie ist Poesie in Prose.« (Herder 1970, S.38).

Das ist ein neuer Begriff des Romans, eher an der Idee der Enzyklopädie als an den geläufigen Vorstellungen von Drama und Epos orientiert. Zwar hatte schon Blanckenburg von der kleinen Welt des Romans gesprochen und die alte Analogie von Mikro- und Makrokosmos auf das Verhältnis von Text und Kontext angewandt, doch dabei war immer noch das ästhetische Prinzip von der Vielfalt in der Einheit vorausgesetzt worden. Herder geht über diesen Gattungsbegriff und damit auch über das ihm korrespondierende ästhetische Prinzip hinaus, wenn er dem Disparaten das Recht zugesteht, poetisch zu sein. Auch dem Verhältnis von Dichtung und Geschichtsschreibung gibt Herder eine neue Wendung:

»Man sagt zwar, daß in ihren besten Zeiten die Griechen und Römer den Roman nicht gekannt haben; dem scheint aber nicht also. Homers Gedichte sind selbst Romane in ihrer Art. Herodot schrieb seine Geschichte, so wahr sie seyn mag, als einen Roman, als einen Roman hörten sie die Griechen.«

Während Blanckenburg und Wezel den Roman als zeitgemäßes Analogon des Epos dargestellt hatten, macht sich Herder mit Hilfe des Romans einen Reim auf das antike Heldengedicht und die Historie, die seit Aristoteles als Gegenstück zur dichterischen Gestaltung möglicher Geschichten galt. Offenbar redet Herder vom Roman im übertragenen Sinne, wenn er sagt:

»Überhaupt ist uns der Menschen Thun und Laßen selbst so sehr zum Roman worden, daß wir ja die Geschichte selbst beinah nicht anders als einen philosophischen Roman zu lesen wünschen. Wäre sie auch immer nur so lehrreich vorgetragen, als Fieldings, Richardsons, Sterne's Romane!«

Die Formulierung »beinah nicht anders als« macht klar, wie eng das Vergleichsmoment der Metapher und die Fiktionalität des Romans, den Herder zum geschichtsphilsophischen Medium erhebt, zusammen hängen. Während Goethe in seinen *Maximen und Reflexionen* einige Jahres später den individuellen Charakter der Schreibweise betonen sollte, die über den Kunstwert eines je besonderen Romans entscheidet, weist Herder den Roman als eine kollektive Lesart aus: die Gattung selbst ist bei ihm bereits eine allgemeine Form der Weltanschauung

Es empfiehlt sich allerdings, bei der metaphorologischen Betrachtung des Romans einen Unterschied zwischen dem Verständnisrahmen der Gattung und dem Weltbild des einzelnen Gattungsvertreters machen. Dazu gehört auch, daß man die ideologische Perspektive der Autoren und Kritiker nicht mit der weltbildnerischen Funktion des Genres verwechselt, wie das leider immer wieder geschehen ist. Herder jedenfalls hat diese weltbildnerische Funktion des Genres als erster auf den Punkt gebracht. Sein Brief bezeugt ein Doppelbewußtsein vom Roman, der das Bild einer Welt geben will, und der Welt, wie sie sich im Verständnisrahmen der Romangattung darbietet. Kein anderer hat daraus so weitreichende, aber auch so idiosynkratische Konsequenzen wie der Herder-Leser Jean Paul gezogen.

Jean Paul (1763-1825) schreibt im XII. Programm seiner *Vorschule der Ästhetik* 1804 *Über den Roman*: »Ursprünglich ist er episch; aber zuweilen erzählt statt des Autors der Held, zuweilen alle Mitspieler. Der Roman in Briefen, welche nur entweder längere Monologen oder längere Dialogen sind, grenzet in die dramatische Form hinein, ja wie in Werthers Leiden, in die lyrische.« (Jean Paul 1996, S. 248f). Angesichts dieser »Weite seiner Form, in welcher fast alle Formen liegen und klappern können«, fragt sich, was am Roman eigentlich nicht willkürlich oder austauschbar sei. Jean Pauls Antwort lautet:

»Das Unentbehrliche am Roman ist das Romantische, in welche Form er auch sonst geschlagen oder gegossen werde. Die Stilistiker forderten aber bisher vom Romane statt des romantischen Geistes den Exorzismus desselben; der Roman solle dem wenigen Romantischen, das etwa noch in der Wirklichkeit glimmt, steuern und wehren. Ihr Roman als ein universifiziertes Lehrgedicht wurde ein dickeres Taschenbuch für Theologen, für Philosophen, für Hausmütter.« (ebd., S. 250). Dagegen verwehrt sich Jean Paul mit einer äußerst aufschlußreichen Wendung: »was heißet denn Lehren geben? Bloße Zeichen geben; aber voll Zeichen steht ja schon die ganze Welt; das Lesen eben dieser Buchstaben fehlt; wir wollen ein Wörterbuch und eine Sprachlehre der Zeichen. Die Poesie lehrt lesen, indes der bloße Lehrer mehr unter die Ziffern als Entzifferungs-Kanzlisten gehört.« (ebd.).

Es ist das erste Mal in der Geschichte der Romantheorie, daß ein Autor semiologisch argumentiert. Wie Herder geht Jean Paul von der irreduziblen Pluralität der Romanformen aus. Die Pointe seiner Argumentation besteht jedoch darin, daß nicht erst der Roman, sondern bereits seine Bezugswelt als ein Zeichengebilde aufgefaßt wird, zu dem man sich entweder lesend oder entziffernd verhalten kann. »Ein Mensch, der ein Urteil über die Welt ausspricht, gibt uns seine Welt, die verkleinerte, abgerissene Welt, statt der lebendigen ausgedehnten, oder auch ein Fazit ohne Rechnung.« (ebd., S. 250f). Er ist ein Kanzlist, der lediglich festhält, was unter dem Strich übrigbleibt; der Dichter hingegen läßt die Leser an der Erfahrung teilnehmen, beschränkt sich also nicht nur auf den Merksatz oder die Moral von der Geschichte. Der Dichter schreibt zwar an einem persönlichen Werk, aber er erweitert mit jeder Metapher die Sprache des Menschen, die für Jean Paul ihrem Ursprung und Gehalt nach immer schon eine Bildersprache war.

»Die Metaphern aller Völker (diese Sprachmenschwerdungen der Natur) gleichen sich, und keines nennt den Irrtum Licht und die Wahrheit Finsternis. So wie es kein absolutes Zeichen gibt – denn jedes Zeichen ist auch eine Sache –, gibt es im Endlichen keine absolute Sache, sondern jede bedeutet und bezeichnet.« (ebd., S. 182f).

Demnach gibt es praktisch keinen Gegenstand auf der Welt, der nicht als Zeichen für etwas anderes aufgefaßt werden könnte. Zeichen sind für Jean Paul aber nicht nur allgegenwärtig, sie haben zudem auch noch eine pankulturelle Bedeutung, die in der gemeinsamen Natur aller Menschen gründet und die Grenzen der Nationalsprachen transzendiert. Die Metaphern der Völker sind reflexiv, sie stellen Gemeinschaftszeichen der Menschheit dar. Folgerichtig hängt der Gemeinschaftssinn für Jean Paul eng mit dem Verständnis bildlicher Ausdrücke zusammen.

Unter dieser Voraussetzung avanciert der Dichter, der ja ein Spezialist für Sprachbilder ist, zum Generalvertreter der Menschheit. »Im Dichter kommt die ganze Menschheit zur Besinnung und zur Sprache; darum weckt er sie wieder leicht in andern auf.« (ebd., S. 209). Eine den Sprachbildern vergleichbare Funktion haben im Roman dabei jene Redefiguren, die man Charaktere nennt.

»In jedem Menschen wohnen alle Formen der Menschheit, alle ihre Charaktere, und der eigne ist nur die unbegreifliche Schöpfung-Wahl ›einer‹ Welt unter der Unendlichkeit von Welten, der Übergang von der unendlichen Freiheit in endliche Erscheinung. Wäre das nicht: so könnten wir keinen anderen Charakter verstehen oder gar erraten als unsern von andern wiederholten.« (ebd., S. 208f).

Da es dem Menschen jedoch, wie die Dichtung zeigt, sehr wohl möglich ist, andere Menschen zu verstehen, muß jeder endliche Charakter im Prinzip über ein unendliches Einfühlungsvermögen verfügen. Man sieht: die Vielfalt der Romanformen und die Vielfalt der Charaktere bedingen einander; durch sie wird der Dichter zum Repräsentant der Menschheit. »Jeder Dichter gebiert seinen besonderen Engel und seinen besonderen Teufel; der dazwischenfallende Reichtum von Geschöpfen oder die Armut daran sprechen ihm seine Größe entweder zu oder ab.« (ebd., S. 212).

Der Kreis schließt sich, wenn Jean Paul das Problem, ob man den Roman von der Geschichte oder vom Helden her konzipieren soll, mit den Worten löst: »Wenigstens den Charakter des Helden schafft zuerst, welcher den romantischen Geist des Werks ausspricht [... denn:] Die Geschichte ist nur der Leib, der Charakter des Helden die Seele darin, welche jenen gebraucht, obwohl von ihm leidend und empfangend.« (ebd., S. 268). Der romantische Geist, die Seele des Romans, wird im Helden verkörpert; er ist – wie der gesamte Roman – ein Sprachleib, den der Lesers wieder in Bewußtsein verwandelt.

1.9 Zusammenfassung

Die Romantheorie der Neuzeit beginnt als Apologie. Am Ende der Aufklärung jedoch steht die Apotheose des Romanschriftstellers durch Jean Paul. Dazwischen liegt die Nobilitierung der subjektiven Epopöe zum zeitgemäßen Medium der menschlichen Welt-Behandlung und Charakterentwicklung. Abzulesen ist die Akzentverschiebung an der Bewertung der Liebesabenteuer, deren Darstellung zunächst als anstößig, ja ansteckend gilt, dann aber zum Bildungserlebnis erhoben und mit der didaktischen Funktion der Erzählkunst verknüpft wird. Schließlich erfährt der durch die antike Poetik nahegelegte Vergleich des Romans mit Epos und Drama eine Erweiterung durch das Konzept der Enzyklopädie, das bei Herder noch implizit, in der Romantik jedoch schon explizit zur Bestimmung des Romans herangezogen wird.

2. Von der Romantik bis zum noveau roman

2.1 Schlegel und Novalis – Lebensroman und Universalpoesie / Das Projekt der romantischen Mythologie

»Warum soll es nicht eine poetische Enzyklopdie, eine poetische Freiheit aller Freiheiten geben«, fragt Jean Paul in seiner *Vorschule der Ästhetik* (ebd., S. 249). Friedrich Schlegel (1772-1829) wendet die Idee vom enzyklopädischen Roman erst ins Biographische, dann ins Utopische. »Mancher der vortrefflichsten Romane ist ein Kompendium, eine Enzyklopädie des ganzen geistigen Lebens eines genialischen Individuums« (Lyceums-Fragmente Nr. 78). Anders als Herder, der sich für die weltbildnerische Funktion der Gattung interessiert hatte, geht es Schlegel also um den Lebensroman, der zugleich ein Kunstwerk und eine Daseinsform sein soll. Daher seine rhetorische Frage: »Sollte es nicht überflüssig sein, mehr als Einen Roman zu schreiben, wenn der Künstler nicht etwa ein neuer Mensch geworden ist?« (Lyceums-Fragmente Nr. 89).

Schlegel selbst hat bekanntlich nur einen halben Roman geschrieben und aus der Not des Fragmentarischen die Tugend der Unabschließbarkeit gemacht. Seine *Lucinde* (1789) sollte das Konzentrat der romantischen Dichtungsart werden, die ihrerseits als »progressive Universalpoesie« aufgefaßt wird.

»Ihre Bestimmung ist nicht bloß, alle getrennten Gattungen der Poesie wieder zu vereinigen, und die Poesie mit der Philosophie und Rhetorik in Berührung zu setzen. Sie will und soll auch Poesie und Prosa, Genialität und Kritik, Kunstpoesie und Naturpoesie bald mischen, bald verschmelzen, die Poesie lebendig und gesellig, und das Leben und die Gesellschaft poetisch machen [...] Die romantische Dichtart ist noch im Werden; ja das ist ihr eigentliches Wesen, daß sie ewig nur werden, nie vollendet sein kann.« (Athenäums-Fragmente Nr. 116).

Bisher hatte man den Roman als modernes Analogon des antiken Epos, als prosaische Komödie, als didaktische Form mannigfaltiger Inhalte und als epistemologische Metapher gesehen. All das fließt in Schlegels Konzeption ein, auch seine eigene Idee: »Die Romane sind die sokratischen Dialoge unserer Zeit.« (Lyceums-Fragmente Nr. 26). Unabhängig davon, wie man die progressive Universalpoesie beurteilt – ihre Konzeption ist zunächst einmal ein Indiz dafür, daß Schlegel sich weigert, den Roman auf eine einzige Traditionslinie festzulegen. Für die Zukunft der Gattung entwirft Schlegel das Projekt einer neuen, romantischen Mythologie:

»Es fehlt«, behauptet er 1800 in seiner »Rede über Mythologie«, »unsrer Poesie an einem Mittelpunkt, wie es die Mythologie für die Alten war, und alles Wesentliche, worin die moderne Dichtkunst der antiken nahesteht, läßt sich in die Worte zusammenfassen: Wir haben keine Mythologie. Aber setzte ich hinzu, wir sind nahe daran eine zu erhalten« (Schlegel 1970, S. 105). Geliefert wird sie Schlegel von der idealistischen Philosophie. »Kann eine neue Mythologie sich nur aus der innersten Tiefe des Geistes wie durch sich selbst herausarbeiten, so finden wir einen sehr bedeutenden Wink und eine merkwürdige Bestätigung für das, was wir suchen, in dem großen Phänomen des Zeitalters, im Idealismus.« (ebd., S. 106).

Gemeint ist damit vor allem die *Wissenschaftslehre* von Johann Gottlieb Fichte (1762-1814). Ihr zufolge nämlich arbeitet sich der Geist genau in der von Schlegel erwähnten Weise aus sich selbst heraus. Dabei stellt der Geist sich zunächst als »Ich« (These), dann als »Nicht-Ich« (Antithese) vor, um diese Gegensätze schließlich als Produkte seiner eigenen Tätigkeit zu reflektieren. Das Selbstbewußtsein des Geistes, das so entsteht, macht ihn zur absoluten Bestimmungsgröße der Welt. Anders gesagt: die Welt erscheint in der Relation von »Ich« und »Nicht-Ich« ausschließlich als Bewußtseinsgegenstand.

Ausgangspunkt für den Dreischritt von Roman, Romantik und Mythologie ist auch bei Schlegels Freund Friedrich von Hardenberg alias Novalis (1772-1801) die Metapher vom Lebensroman. »Das Leben soll kein uns gegebener, sondern ein von uns gemachter Roman seyn« (Novalis 1970, S. 113). Hinter diesem Gebot steht jedoch die wesentlich weitgehendere Forderung: »Die Welt muß romantisirt werden. So findet man den urspr[ünglichen] Sinn wieder.« (ebd.).

Wie für Schlegel eröffnet der Roman auch für Novalis die Möglichkeit einer neuen Mythologie. Er ist »gleichsam die Mythologie der Geschichte. (Mythol[ogie] hier in meinem Sinn, als freye poetische Erfindung, die die Wirklichkeit sehr mannichfach symbolisirt etc.).« (ebd. S. 122). Schlegel spricht hinsichtlich der romantischen Universalpoesie vom unabschließbaren »Werden«; Novalis nennt die Mythologie eine »freye Geschichte«. Beides ist eher eine platonische Idee als ein pragmatisches Gattungskonzept:

»Der Roman, als solcher, enthält kein bestimmtes Resultat – er ist nicht Bild und Factum eines Satzes. Er ist anschauliche Ausführung – Realisierung einer Idee. Aber eine Idee läßt sich nicht, in einen Satz fassen. Eine Idee ist eine unendliche Reihe von Sätzen – eine irrationale Größe – unsetzbar (musik[alisch]) – incommensurabel.« (ebd.).

2.2 Schelling und Solger – Die episierende Tendenz der Mythologie / Die Reflexion als Grundzug des Prosa-Romans

Das Projekt einer romantischen Mythologie hat auch Friedrich Wilhelm Joseph von Schelling (1775-1854) und seinen Schüler Karl Wilhelm Ferdinand Solger (1780-1819) beschäftigt. Schelling stellt in seiner *Philosophie der Kunst* (1802/03) die These auf, daß die Prosa ein Ausdruck der Gleichgültigkeit sei. Daher betont er den Rhythmus der Erzählung im *Don Quijote* und im *Wilhelm Meister*. Allein durch ihren Rhythmus nämlich entgingen diese beiden Werke der Indifferenz, die entsteht, wenn in der Dichtung Takt und Versmaß fehlen. Die ironische Behandlung, die Cervantes und Goethe ihren Helden angedeihen lassen, wertet Schelling als Ausdruck dieser Gleichgültigkeit. Bezeichnend für den romantischen Geist, der die *Philosophie der Kunst* beherrscht, ist jedoch die Idee der Mythologie, der Schelling folgende Wendung gibt: »Der Roman soll ein Spiegel der Welt, des Zeitalters wenigstens seyn, und so zur partiellen Mythologie werden.« (Schelling 1970, S. 126). Letztlich ist darunter zu verstehen, daß die Prosa durch ein »innerliches höheres Silbenmaß« wieder poetisch und der Roman durch »die letzte Läuterung des Geistes« erneut zum Epos wird. (ebd.).

Schellings Gedanke, daß sich die Entwicklungsgeschichte des Romans am Ende selbst aufhebt, daß aus dem modernen Abkömmling des antiken Heldengedichts schließlich wieder ein homerischer Gesang wird, hat von Hegel bis Lukács Schule gemacht. Dem Roman ist sozusagen die Erinnerung an eine verlorene Zeit eingeschrieben, die der Schriftsteller dadurch wiederzufinden sucht, daß er der prosaischen Realität etwas Ideelles in poetischer Form entgegensetzt. Das bedeutet zugleich, daß der Roman, solange er nicht vollends mythologisch geworden ist, eine im Vergleich zum Epos defizitäre Gattung bleibt.

Unter einem ganz ähnlichen Vorbehalt diskutiert auch Solger in seinen 1829 posthum veröffentlichten *Vorlesungen über Ästhetik* den Roman. Im Epos werde der Stoff nicht nur historisch aufgefaßt, sondern in die absolute Vergangenheit des Mythischen transponiert, wo sich Götter und Menschen begegnen. Daher weise sowohl die antike als auch die christliche Epopöe symbolische oder allegorische Züge auf (vgl. Solger 1962, S. 278ff). Der Roman habe mit dem Epos zwar mehr Verwandtschaft als jede andere neue Dichtungsart, richte sich in seiner Bedeutung aber stärker auf die Entwicklung eines besonderen, beispielhaften Charakters als auf das allgemeine Verhältnis von Gott- und Menschheit (vgl. ebd. S. 294f).

Ergänzt wird diese Darlegung von der Bemerkung: »Die vollendete Wirklichkeit hat der Roman vom Idyll, die Reflexion von der Satyre.« (ebd., S. 296). Das könnte auf Jean Paul gemünzt sein, bezieht sich jedoch auf Goethe und Cervantes, die Solger wie Schelling stets in einem Atemzug nennt. *Die Wahlverwandtschaften* seien »der erste rein tragische Roman« (ebd., S. 296), der *Don Quijote*, »beinahe der einzige komische Roman« (ebd.). In anderer Hinsicht steht die lustige Geschichte des Ritters von der traurigen Gestalt den *Lehrjahren* zur Seite: hier sind nach Solger die Bekenntnisse, dort die Begebenheiten am schönsten ausgeprägt.

Schlegel und Novalis, Schelling und Solger verbindet die Idee, daß die Erzählkunst insgesamt poetischer werden müsse. Man kann darin einen Hinweis auf die Unzulänglichkeit des Romans sehen; man kann diese Idee aber auch auf die Unzulänglichkeit der Kriterien zurückführen, an denen Prosatexte noch immer gemessen werden. Die Attraktivität von Hegels *Ästhetik*, in der Wezels Begriff der bürgerlichen Epopöe systematisch ausgeführt wird, beruht unter anderem darauf, daß ihr Verfasser das romantische Projekt als ein Symptom wertet und den Roman damit zum prosaischen Indikator eines Zeitalters macht, das sich nach dem ursprünglich poetischen Weltzustand des Epos zurücksehnt.

2.3 Hegel und Vischer – Das Orientierungsschema von Weltzustand, Konfliktsituation und Handlungsverlauf / Ironische Abbreviatur des Bildungsromans

Georg Wilhelm Friedrich Hegel (1770-1831) gilt als der einflußreichste Vertreter des Deutschen Idealismus. In seiner *Phänomenologie des Geistes* (1807), dem Pendant zu Fichtes *Wissenschaftslehre* und Schellings *Naturphilosophie*, wird die gesamte Weltgeschichte als ein Prozeß gedeutet, in dem sich das absolute Bewußtsein, von Hegel ›Geist‹ genannt, selbst erfährt und verwirklicht. Dazu dient dem Geist die Konfrontation mit der Materie, die im Verlauf der Geschichte verschiedene Formen annimmt. Auch die Kunstformen sind das Ergebnis einer solchen Auseinandersetzung und Vermittlung von Geist und Materie. In ihnen nimmt das Vorstellungsvermögen des Geistes, die Phantasie, gemäß dem Material der einzelnen Künste unterschiedliche Gestalten an. Die Lehre von den besonderen Erscheinungsformen der Kunst, die Ästhetik, ist somit für Hegel nicht nur eine notwendige Ergänzung, sondern ein integraler Bestandteil der allgemeinen Phänomenologie.

In den Vorlesungen zur Ästhetik, die Hegel 1817 und 1819 zunächst in Heidelberg, und dann von 1820 bis 1829 in Berlin gehalten, zu seinen Lebzeiten jedoch nicht als Buch veröffentlicht hat, spielt der Begriff der Handlung eine zentrale Rolle. Bezogen ist die Handlung zum einen auf die Situation, die ihrerseits als Anregung der Handlung bestimmt wird, und zum anderen auf den allgemeinen Weltzustand, als dessen jeweils besondere Ausprägung die Situation erscheint. Die eigentliche Handlung setzt die Auffassung der Situation durch die Subjektivität voraus und umfaßt den konkreten Verlauf der Konflikte, die in der Situation angelegt sind, während der Weltzustand die objektiven Rahmenbedingungen für bestimmte Situationen und Konflikte schafft. (vgl. Hegel 1985, Bd. I, S. 179).

»Die Darstellung nun der Handlung als einer in sich totalen Bewegung von Aktion, Reaktion und Lösung ihres Kampfes gehört vorzüglich der Poesie an, denn den übrigen Künsten ist es nur vergönnt, ein Moment im Verlaufe der Handlung und ihres Sichbegebens festzuhalten.« (ebd., Bd. I, S. 216). Zugleich ist die Handlung »die klarste Enthüllung des Individuums, seiner Gesinnung sowohl als auch seiner Zwecke« (ebd.).

Mit dem Handlungsverlauf, der Konfliktsituation und dem Weltzustand hat Hegel ein Schema entworfen, das er auf verschiedene historische Epochen und Kunstformen anwenden kann. Auf der ersten Stufe des Anfangs der Kunst bestand der Trieb der Phantasie danach in dem Aufstreben aus der Natur zur Geistigkeit. Auf der zweiten Stufe, in der klassischen Kunst, ist die Geistigkeit bereits die Grundlage und das Prinzip des Inhalts, während die Naturerscheinung im Leiblichen und Sinnlichen noch die äußere Form der Phantasietätigkeit prägt. Auf der dritten Stufe schließlich sucht der Geist in sich selbst die Inhalte und Formen zu finden, welche er zuvor im Äußerlichen und Sinnlichen suchen mußte (ebd., Bd. I, S. 498ff). Trotzdem geht diese dritte, romantische Entwicklungsstufe der Kunst nicht einfach in der Innerlichkeit auf. Es gibt im Romantischen nach Hegel vielmehr »zwei Welten, ein geistiges Reich, das in sich vollendet ist, das Gemüt« und »das Reich des Äußerlichen [...], das, aus der fest zusammenhaltenden Vereinigung mit dem Geist entlassen, nun zu einer ganz empirischen Wirklichkeit wird, um deren Gestalt die Seele unbekümmert ist.« (ebd., Bd. I, S. 507f).

Diese Entwicklung ist der Poesie insofern förderlich, als sie sich von allen Künsten am weitesten vom äußeren Material emanzipieren und auf das innere Vorstellen und Anschauen konzentrieren kann. »Die geistigen Formen sind es, die sich an die Stelle des Sinnlichen setzen und das zu gestaltende Material, wie früher Marmor, Erz, Farbe und die musikalischen Töne, abgeben.« (ebd., Bd. II, S. 331). Während es die Plastik, die Malerei und die Musik also mit einem jeweils ganz besonderen Material zu tun haben, an dem sich die Phantasie des Künstlers abarbeiten muß, kann die Dichtung zur allgemeinen Kunst werden, »welche jeden Inhalt, der nur überhaupt in die Phantasie einzugehen imstande ist, in jeder Form gestalten und aussprechen kann, da ihr eigentliches Material die Phantasie selbst bleibt.« (ebd., Bd. II, S. 334).

In dieser Allgemeinheit jedoch beginnt die Kunst zugleich, sich aufzulösen bzw. in die Prosa des wissenschaftlichen Denkens überzugehen. (ebd., Bd. II, S. 335). Belletristik und Wissenschaft, Poesie und Prosa verbindet nach Hegels Meinung zum einen das Vorstellen – die geläufigste Weise des Bewußtseins – und zum anderen die Notwendigkeit, den prinzipiell freien Vorstellungen einen sprachlichen Ausdruck zu verleihen. Soll die Poesie gleichwohl nicht in der Prosa aufgehen, hat sie demnach

»eine doppelte Pflicht zu übernehmen. Einerseits nämlich muß sie bereits ihr inneres Bild so einrichten, daß es sich der sprachlichen Mitteilung vollständig fügen kann; andererseits darf sie dies sprachliche Element selbst nicht so belassen, wie es von dem gewöhnlichen Bewußtsein gebraucht wird, sondern muß es poetisch behandeln, um sich sowohl in der Wahl und Stellung als auch im Klang der Wörter von der prosaischen Ausdrucksweise zu unterscheiden.« (ebd., Bd. II, S. 336f).

Es ist leicht einzusehen, daß all diese Bestimmungen für die Beurteilung des Romans in Hegels Ästhetik Konsequenzen haben müssen, da er die prosaischste aller Dichtungsarten darstellt und der wissenschaftlichen Weise des Vorstellens am nächsten kommt. Diese Ahnung bestätigt sich, wenn Hegel die epische Dichtung seinem Orientierungsschema von Weltzustand, Konfliktsituation und Handlung unterwirft. Das Epos erfordert seiner Ansicht nach »eine in die Totalität ihrer Zeit und nationalen Zustände verzweigte Handlung, welche deshalb nun auch nur innerhalb einer ausgebreiteten Welt zur Anschauung gelangen kann und die Darstellung dieser gesamten Wirklichkeit fordert.« (ebd., Bd. II, S. 413). Dem entsprechen bei Homer der heroische Weltzustand, die Konfliktsituation des Krieges und individuelle Handlungen, in denen sich der Geist des Helden tatkräftig bewährt (vgl. ebd., Bd. II, S. 415-424).

Entscheidend ist, daß der Dichter im Epos die poetische Mitte zwischen Natur und Kultur, zwischen Barbarei und Zivilisation hält und damit genügend Abstand zu der bloß verständigen Prosa eines geordneten Familien- und Staatslebens wahrt, in der heroische Handlungen keinen Sinn mehr machen. »In dieser Rücksicht liegt die Abrundung und Ausgestaltung des Epos nicht nur in dem besonderen Inhalt der bestimmten Handlung, sondern ebenso sehr in der Totalität einer Weltanschauung, deren objektive Wirklichkeit sie zu schildern unternimmt.« (ebd., Bd. II, S. 450).

Ganz anders verhält es sich dagegen mit dem Roman, der modernen bürgerlichen Epopöe, denn ihr fehlt der ursprünglich poetische Weltzustand, aus welchem das eigentliche Epos hervorgeht. »Der Roman im modernen Sinne setzt eine bereits zur Prosa geordnete Wirklichkeit voraus, auf deren Boden er sodann [...] der Poesie, soweit es bei dieser Voraussetzung möglich ist, ihr verlorenes Recht wieder erringt.«(ebd., Bd. II, S. 452).

Mit anderen Worten: der Roman steht der Wirklichkeit zwar nahe und knüpft mit der für ihn typischen Konfliktsituation auch an den allgemein prosaischen Weltzustand an, er soll diesen Weltzustand aber im Verlauf der besonderen Handlung, die er schildert, poetischer als im Alltag erscheinen lassen. »Eine der gewöhnlichsten und für den Roman passendsten Kollisionen ist deshalb der Konflikt zwischen der Poesie des Herzens und der entgegenstehenden Prosa der Verhältnisse [...].« (ebd. Bd. II, S. 452). Allerdings kann die angestrebte Aussöhnung von Poesie und Prosa, so wie die Dinge in der modernen Welt nun einmal liegen, nie vollständig gelingen. In dieser Hinsicht erscheinen Wilhelm Meister und seine Brüder bei Hegel als späte Nachfahren Don Quijotes, weil sie die Differenz zwischen ihrer romantischen Gesinnung und der Wirklichkeit nicht akzeptieren und in ihrem jugendlichen Ungestüm ein Loch in die Ordnung der Dinge hineinstoßen wollen. Doch

»das Ende solcher Lehrjahre besteht darin, daß sich das Subjekt die Hörner abläuft, mit seinen Wünschen und Meinen sich in die bestehenden Verhältnisse und die Vernünftigkeit derselben hineinbildet, in die Verkettung der Welt eintritt und in ihr sich einen angemessenen Standpunkt erwirbt. Mag einer auch noch soviel sich mit der Welt herumgezankt haben, umhergeschoben worden sein – zuletzt bekömmt er meistens doch sein Mädchen und irgendeine Stellung, heiratet und wird ein Philister so gut wie die andern auch.« (ebd., Bd. I, S. 567f).

Friedrich Theodor Vischer (1807-1887) hat diese ironische Abbreviatur des Bildungsromans in seiner *Ästhetik oder Wissenschaft des Schönen* (1846 – 1857) aufgegriffen und mit jener Vermittlungsfunktion des Helden in Verbindung gebracht, die bereits im *Wilhelm Meister* angedeutet worden war:

»Der Romanheld nun heißt wirklich nur in ironischem Sinne so, da er eigentlich nicht handelt, sondern wesentlich der mehr unselbständige, nur verarbeitende Mittelpunkt ist, in welchem die Bedingungen des Weltlebens, die leitenden Mächte der Kultursumme einer Zeit, die Maximen der Gesellschaft, die Wirkungen der Verhältnisse zusammenlaufen.« (Vischer 1923, S. 180).

Noch deutlicher als sein philosophischer Lehrmeister hat Vischer den privaten Charakter des Romantischen im Roman herausgestrichen. »Die Grundlage des modernen Epos, des Romans, ist die erfahrungsmäßig erkannte Wirklichkeit, also die schlechthin nicht mehr mythische, die wunderlose Welt. Gleichzeitig mit dem Wachstum dieser Anschauung hat die Menschheit auch die prosaische Einrichtung in die Welt gebracht.« (ebd., S. 176). Daher sucht der Roman »die poetische Lebendigkeit da, wohin sie sich bei wachsender Vertrocknung des öffentlichen Lebens geflüchtet hat: im engeren Kreise der Familie, dem Privatleben, in der Indiviudalität, im Innern« (ebd., S. 178). Anders als bei Hegel mutiert der Romanheld dadurch bei Vischer jedoch nicht zum Philister. »Der Herd der Familie ist der wahre Mittelpunkt des Weltbildes im Roman, und er gewinnt seine Bedeutung erst, wo Gemüter sich um ihn vereinigen, welche die harte Wahrheit des Lebens mit zarteren Saiten einer erweiterten geistigen Welt wiedertönen.« (ebd., S. 187f).

Wenn heute gerade diese bildungsbürgerliche Szenerie spießig anmutet, so zeigt sich daran, wie stark eine Bewertung des Romans, die sich auf die von Hegel und Vischer vorgetragene Sicht der Dinge einläßt, von weltanschaulichen Vorgaben abhängig ist. Aus der moralischen Frage des 17. und 18. Jahrhunderts, ob der Roman ein lasterhaftes oder tugendhaftes Sittengemälde sei, wird zumindest in der geschichtsphilosophisch inspirierten Ästhetik des 19. und 20. Jahrhundert mehr und mehr eine Ideologiedebatte um die Frage, ob das Weltbild des Romans politisch korrekt oder Ausdruck eines falschen Bewußtseins ist. Zugespitzt wurde diese Debatte vor allem durch Georg Lukács.

2.4 Lukács und Goldmann – Die Gesinnung zur Totalität als Grundzug des Romans / Die These von der Strukturhomologie zwischen Gesellschaftsystem und Romanliteratur

»Selig sind die Zeiten, für die der Sternenhimmel die Landkarte der gangbaren und zu gehenden Wege ist und deren Wege das Licht der Sterne erhellt.« (Lukács 1994, S. 21). Mit dieser Lobpreisung eröffnet Georg Lukács seine berühmte *Theorie des Romans*. Entstanden ist das schmale Werk 1914/15 unter dem Eindruck des Ersten Weltkriegs. 1916 wurde es zunächst in der »Zeitschrift für Ästhetik und Allgemeine Kunstlehre«, 1920 dann auch als Buch veröffentlicht.

Sein Untertitel lautet »Ein geschichtsphilosophischer Versuch über die großen Formen der Epik«. Diesem Ansatz entsprechen die zitierten Anfangszeilen, aber auch die anschließende Berufung auf Novalis, demzufolge die Philosophie eigentlich Heimweh sei (vgl. Lukács 1994, S. 21). Ihren Widerhall findet diese Behauptung an jenen Stellen der *Theorie*, an denen Lukács den Roman entweder als »Ausdruck der transzendentalen Obdachlosigkeit« (ebd. S. 32) oder als »Form der transzendentalen Heimatlosgkeit« (ebd. S. 107) bestimmt.

Lukács geschichtsphilosophische Leitidee besteht also darin, daß die seligen Zeiten, die der Vergangenheit angehören, im Menschen eine Sehnsucht nach dem verlorenen Paradies zurückgelassen haben, die sich in der Kunst Bahn bricht. Entwickelt wird diese Idee in zwei Abschnitten: zunächst werden die Formen der großen Epik in ihrer Beziehung zur Gesamtkultur reflektiert, daran anschließend entwirft Lukács eine Typologie der Romanform. Beschworen wird dabei eine Welt, in der die Seele noch ganz bei sich und eins mit ihrer Umgebung war; »sie weiß noch nicht, daß sie sich verlieren kann und denkt nie daran, daß sie sich suchen muß. Es ist das Weltzeitalter des Epos« (ebd., S. 22), wie es sich die Romantiker vorgestellt hatten, »eine homogene Welt«, ein »System des adäquaten Gleichgewichts«. (ebd. S. 24f.)

Dem Roman kommt nun bei Lukács die Aufgabe zu, eine Gegenwart zu reflektieren, in der diese »Totalität des Seins« (ebd., S.

26) nicht mehr stillschweigend vorausgesetzt werden kann. Die Welt des Romans weist einen Riß zwischen Innen und Außen, zwischen Seele und Umgebung auf. Das bedeutet einerseits, daß dem Romancier und seinen Zeitgenossen »die Lebensimmanenz des Sinnes zum Problem geworden ist«, andererseits aber auch, daß der Roman »dennoch die Gesinnung zur Totalität hat« (ebd., S. 47). Fast das gleiche hatte Hegel in seiner *Ästhetik* verkündet. Seiner Argumentation folgend konstatiert Lukàcs: »der Roman sucht gestaltend die verborgene Totalität des Lebens aufzudecken und aufzubauen« (ebd., S. 51), weshalb er »im Gegensatz zu dem in der fertigen Form ruhenden Sein anderer Gattungen als etwas Werdendes, als ein Prozeß« erscheint. (ebd., S. 62). Entsprechend unbefriedigend muß die Handlung des Romans ausfallen:

»Der Prozeß, als welcher die innere Form des Romans begriffen wurde, ist die Wanderung des problematischen Individuums zu sich selbst, der Weg von der trüben Befangenheit in der einfach daseienden, in sich heterogenen, für das Individuum sinnlosen Wirklichkeit zur klaren Selbsterkenntnis. Nach dem Erringen dieser Selbsterkenntnis scheint zwar das gefundene Ideal als Sinn des Lebens in die Lebensimmanenz hinein, aber der Zwiespalt von Sein und Sollen ist nicht aufgehoben und kann auch in der Sphäre, wo dies sich abspielt, in der Lebensphäre des Romans nicht aufgehoben werden.« (ebd, S. 70).

Folgt man Lukács' Typologie kennt dieser unaufhebbare Zwiespalt zwei Ausprägungen: »die Seele ist entweder schmäler oder breiter als die Außenwelt.« (ebd., S. 83). Unzweideutig scheint dagegen zu sein, »daß die Wege zu einer transzendentalen Heimat ungangbar geworden sind.« (ebd., S. 90). Schlimmer noch: Mit dem »zunehmenden Prosaisch-Werden der Welt« (ebd., S.91) wird der Abstand zwischen der poetischen Idee des Epos und der empirischen Erfahrung des Menschen immer größer. »Im Roman trennen sich Sinn und Leben und damit das Wesenhafte und das Zeitliche; man kann fast sagen: die ganze innere Handlung des Romans ist nichts als ein Kampf gegen die Macht der Zeit.« (ebd., S. 109). Das Wesentliche kann demnach nur gegen die Zeit, gegen den äußeren Verlauf der Weltgeschichte behauptet werden, die mit der Vertreibung des Menschen aus dem Paradies begann. Von daher ist es nur konsequent, daß Lukács' geschichtsphilosophischer Versuch im Gebetsstil beginnt und als Verdammungsurteil endet: »Der Roman ist die Form der Epoche der vollendeten Sündhaftigkeit, nach Fichtes Worten, und muß die herrschende Form bleiben, solange die Welt unter der Herrschaft dieser Gestirne steht.« (ebd., S. 137).

Einen Hoffnungsschimmer gibt es immerhin. Dostojewski nämlich hat, Lukács zufolge, keine Romane mehr geschrieben; in seinen Texten kündige sich eine neue Epoche an. »Ob er bereits der Homer oder der Dante dieser Welt ist, oder bloß die Gesänge liefert, die spätere Dichter, zusammen mit anderen Vorläufern, zur großen Einheit verflechten werden, ob er nur ein Anfang oder eine Erfüllung ist: das kann nur die Formanalyse seiner Werke zeigen.« (ebd., S. 137).

Zu der Formanalyse von Dostojewskis Werken, die Lukacs' Essay vorbereiten sollte, ist es jedoch nicht mehr gekommen – vor allem aus weltanschaulichen Gründen. Kurz nach der Niederschrift seiner *Theorie des Romans* vollzog Lukács eine geschichtsphilosophische Wende von Fichte und Hegel zu Marx und Engels, die er selbst als sein größtes Entwicklungserlebnis bezeichnet hat. (vgl. Lukács 1981a, S. 18). Lukács' zuvor veröffentlichte Arbeiten lassen jedoch eine klare Disposition für dieses Erlebnis erkennen. Sie enthalten nämlich bereits den Gedanken, daß die geistigen oder künstlerischen Anschauungsformen des Menschen als Analogiebildungen zu bestimmten Lebenslagen aufzufassen sind. Die für Lukács entscheidende Entwicklung bestand nun in der Übernahme der Marxschen Verknüpfung von Erkenntnislehre und Geschichtsphilosophie. Er selbst hat diese Verknüpfung folgendermaßen erläutert:

»Es ist nicht so, daß sich die Geschichte innerhalb des Kategoriensystems abspielt, sondern es ist so, daß die Geschichte die Veränderung des Kategoriensystems ist. Die Kategorien sind Seinsformen« (Lukács 1981a, S. 236), sie bestimmen das Denken und Erleben des einzelnen Menschen wie der Gesellschaft insgesamt. Dabei richten sich die Ideen (und Kunstformen) nicht mehr, wie im Idealismus, nach dem Geist, sondern nach den materiellen Bedingungen des Daseins, nach den ökonomischen Verhältnissen.

Lukács 1922 verfaßtes Buch *Geschichte und Klassenbewußtsein* ist das Ergebnisprotokoll seiner Hinwendung zum Historischen Materialismus. In seinem Mittelpunkt steht das Problem der »Verdinglichung aller menschlichen Beziehungen« (Lukács 1970, S.66), dessen Ursachen und Wirkungen Hegel nur unzureichend erkannt habe (vgl. ebd., S. 83). Überhaupt betrachte das bürgerliche Denken, dem der deutsche Idealismus verpflichtet gewesen sei, das ökonomische Leben stets vom Standpunkt des Einzelkapitalisten aus. Von dieser Warte aus ließen sich jedoch weder die ökonomischen noch die von ihnen abgeleiteten Konflikte lösen (vgl. ebd., S. 145).

Welche Rolle dem Roman in der Auseinandersetzung von Kapitalismus und Sozialismus zugedacht war, geht aus einem Referat hervor, das Lukács 1934 in Moskau gehalten hat. Es beginnt, recht apodiktisch, mit der Behauptung: »Der Roman ist die typischste Literaturgattung der bürgerlichen Gesellschaft.« (Lukács 1981b, S. 17). Erkannt habe das zwar schon Hegel, als typischem Vertreter des deutschen Idealismus sei ihm jedoch eine vollständige und zutreffende Erkenntnis der bürgerlichen Gesellschaft verschlossen geblieben. Erst Marx und Engels hätten es vermocht, »die Widersprüchlichkeit des Progresses auf reale ökonomische Gründe zurückzuführen, sie in der Geschichte der menschlichen Gesellschaft konkret darzustellen und auf solchen Wegen auf die Kunst im Allgemeinen und speziell auf den Roman richtig anzuwenden.« (ebd., S. 21).

Immerhin behielt Lukács von Hegel den Gedanken bei, in der Handlung des Menschen komme sein wirkliches Wesen, sein Bewußtsein und sein gesellschaftliches Sein zum Ausdruck (vgl. ebd., S. 26). Allerdings bezieht er die Kollisionen und Rahmenbedingungen, aus denen die Handlung folgt, nun gemäß der Methodik des historischen Materialismus auf die Idee des Klassenkampfes. Demzufolge unterscheidet sich der moderne Roman vom antiken Epos dadurch, daß die in ihm geschilderten »Charaktere, Taten oder Situationen von Individuen [...] nicht mehr unmittelbar die ganze Gesellschaft repräsentieren und dadurch typisch werden, sondern nur je eine der kämpfenden Klassen« vertreten können (ebd., S. 27).

Noch deutlicher als der bürgerliche kehrt der sozialistische Roman, Lukács zufolge, das Pathos dieser Kämpfe und seine eigene Parteilichkeit hervor. Im Ergebnis erwächst daraus für den sozialistischen Roman die gleiche »Tendenz zum Epos« (ebd., S. 54), die Schelling schon dem romantischen Buch unterstellt hatte. Der alte, bürgerliche Roman hingegen ist für Lukács in eine weltanschauliche und künstlerische Sackgasse geraten. Diese These soll auch der 1936 veröffentlichte Aufsatz »Erzählen oder beschreiben?« belegen. In ihm sucht Lukács eine Antwort auf die Frage,

»wie und warum aus dem Beschreiben, das ursprünglich eines der vielen Mittel der epischen Gestaltung und zweifellos ein untergeordnetes Mittel war, das entscheidende Prinzip der Komposition wird. Denn damit ändert die Beschreibung grundlegend ihren Charakter, ihre Aufgaben in der epischen Komposition.« (Lukács 1972, S. 203).

Erwartungsgemäß führt Lukács diesen keineswegs unstrittigen Wandel auf die veränderte Rolle des Schriftstellers in der kapitalistischen Gesellschaft zurück. Entscheidend für sein Urteil ist der Satz: »Das Erzählen gliedert, die Beschreibung nivelliert« (ebd., S. 214), denn daraus folgt für Lukács, daß ein nur beschreibender Schriftsteller die Verdinglichung aller menschlichen Beziehungen fortsetzt und vertieft. »Die Beschreibung zieht die Menschen auf das Niveau der toten Gegenstände herab. Damit geht die Grundlage der epischen Komposition verloren.« (ebd., S. 220).

Kurzum: eine Beschreibung, die der sozialistischen Perspektive entbehrt, ist für Lukács schlechterdings »unmenschlich« (ebd. S. 226). Daß der real existierende Sozialismus ebenfalls inhumane Züge trug, hat Lukács auch später zu keiner entscheidenden Revision seines Urteils über den bürgerlichen Roman und die Methode der Beschreibung veranlaßt. Seine Ansichten stießen daher im Westen vielfach auf Kritik. Vor diesem Hintergrund kann man die 1966 von Lucien Goldman entwickelte *Soziologie des Romans* als einen Versuch verstehen, die grundlegenden Einsichten der *Theorie des Romans*, von der sich Lukács distanziert hatte, zu übernehmen, ohne die weltanschauliche Entwicklung ihres Verfassers nachzuvollziehen:

Einerseits war es Goldmann unmöglich »die leninistisch verfaßte, disziplinierte und zentralisierte Partei mit Lukács als Verbindungsglied zwischen Theorie und Praxis zu akzeptieren« (Kaiser 1978, S. 184), andererseits bekannte sich Goldmann ausdrücklich zum Marxismus. Das entscheidende Verdienst der *Theorie des Romans* sah er in der Entdeckung homologer Strukturen zwischen Literaturgeschichte und Gesellschaftswandel, Wirtschaftssystem und Kulturprozeß. (vgl. Goldmann 1970, S. 297f). Grundsätzlich »besitzt jede menschliche Gegebenheit einen dynamischen Charakter und wird erst dann verständlich, wenn man sowohl ihre bereits durchlaufene Entwicklung als auch die inneren, konstitutiven, auf die Zukunft gerichteten Tendenzen ans Licht bringt.« (ebd. S. 283f).

Was sich in der Momentaufnahme als Gegebenheit ausnimmt, ist also zugleich »Entstrukturierung einer ehemaligen und Strukturierung einer neuen, im Entstehen begriffenen Struktur« (ebd.). Da nun sowohl die gesellschaftliche als auch die literarische Entwicklung dem gleichen Prozeß der Umstrukturierung unterworfen sind, besteht für Goldmann zwischen der Romanform »und der Struktur des Warentausches in der liberalen Marktwirtschaft, so wie sie von den klassischen Nationalökonomen beschrieben wurde, eine strenge Homologie.« (ebd., S. 26). Hier wie dort zeichnen sich seiner Ansicht nach die gleichen Tendenzen zur Verdinglichung ab.

Gerhard R. Kaiser hat zu dieser Konzeption angemerkt: »Die Eliminierung der zwischen sozioökonomischer und romanesker Struktur vermittelnden Momente zugunsten einer direkten homologischen Entsprechung beider führt, bezogen auf die methodologischen Postulate von Goldmann selbst, zu grundsätzlichen Versäumnissen bzw. Widersprüchen.« (Kaiser 1978, S. 199). Sowohl die zeitgenössische Mentalität als auch die historische Entwicklung sind insgesamt wesentlich komplizierter und differenzierter als es die einfache Analogisierung literarischer und gesellschaftlicher Strukturen vermuten läßt.

Ideengeschichtlich kann man Goldmanns Strukturhomologie bis auf Blanckenburgs *Versuch über den Roman* zurückführen. Seitdem dort die Gleichrangigkeit von Epos und Roman mit ihrer analogen Funktion für die zeitgenössische Gesellschaft begründet worden war, lag es nahe, Parallelen zwischen narrativen und sozialen Strukturen zu ziehen: So wie sich das Epos im heroischen Zeitalter zum ursprünglich poetischen Weltzustand verhalten hatte, verhielt sich der Roman im bürgerlichen Zeitalter zur prosaischen Wirklichkeit. Marx und Lukács konnten daran anknüpfen. Der Sündenfall des Bürgertums und der gleichzeitige Aufstieg des Romans waren demnach zwei Seiten ein und derselben Medaille. Beim Umtausch von der idealistischen in die materialistische Währung wurde daraus eine einfache Scheidemünze: hier der kapitalistische Zustand der Verdinglichung aller ursprünglich angeblich authentischen Lebensbeziehungen – dargestellt am Roman; dort die revolutionäre Bewegung – vorgestellt als neues Heldenepos.

Zurückzuführen ist diese prekäre Kunst- und Weltanschauung auf den letztlich eschatologischen Charakter einer Geschichtsphilosophie, die das biblische Schema von Paradies, Sündenfall und Erlösung übernommen hatte, um daraus im romantischen Überschwang ein Zukunftsprojekt für die gesamte Menschheit abzuleiten (vgl. Wohlfarth 1981, S. 269). Dieses Schema findet sich, wie David H. Miles gezeigt hat, nicht nur bei Lukács und Goldmann, sondern auch bei Benjamin, Auerbach und anderen namhaften Kritikern des modernen Romans (vgl. Miles 1979, S. 29ff). Stets wird die epische Welt mit den Zügen einer Idylle ausgestattet, um den Roman als Reflex zwischenmenschlicher Entfremdung erscheinen zu lassen. Und fast immer läuft diese Sicht der Dinge im Ergebnis auf eine Ablehnung des Romans hinaus.

2.5 Benjamin und Schirokauer – Der Mythos des mündlichen Erzählers / Der Roman im Spannungsfeld von Individualisierung und Kollektivierung

1930 veröffentlichte Walter Benjamin (1892-1940) in der Zeitschrift »Die Gesellschaft« eine Rezension zu Alfred Döblins *Berlin Alexanderplatz*. Er sieht in diesem Werk einen Ausweg aus der »Krisis des Romans«, die im Titel der Rezension diagnostiziert wird. Bezeichnend für Benjamins Einstellung ist seine Bemerkung: »nichts tötet den Geist des Erzählens so gründlich wie die unverschämte Ausdehnung, die in unser aller Existenz das Romanlesen annimmt.« (Benjamin 1966, S. 437). Während nämlich der Geist des Erzählens für Benjamin an den Gemeinschaftssinn des Menschen gekoppelt ist, besteht umgekehrt eine Wechselwirkung zwischen dem Roman und der Zunahme zwischenmenschlicher Entfremdung:

»Die Geburtskammer des Romans ist das Individuum in seiner Einsamkeit, das sich über seine wichtigsten Anliegen nicht mehr exemplarisch aussprechen kann, selbst unberaten ist und keinem Rat geben kann. Einen Roman schreiben heißt, in der Darstellung des menschlichen Daseins das Inkommensurable auf die Spitze zu treiben.« (ebd.).

Dank seiner Wiederbelebung der mündlichen Erzählkunst und der Montage von Dokumenten, die mit dem Alltagsverstand der Menschen sehr wohl kommensurabel seien, habe Döblin in der Geschichte des Franz Biberkopf die Isolation des Romanciers überwunden (vgl. ebd., S. 439). »Berlin ist sein Megaphon. Sein Dialekt ist eine von den Kräften, die sich gegen die Verschlossenheit des alten Romans kehren.« (ebd. S. 440).

Benjamin sah Döblins Romans als eine Befreiung des Erzählens vom Buch. Das ist eine keineswegs zwingende, von Benjamin jedoch mit äußerster Konsequenz vertretene Sicht. Ins Grundsätzliche gewendet erscheint sie 1935, als der Döblin-Rezensent seine Betrachtungen zum Werk Nikolai Lesskows publiziert. Voller Wehmut schildert Benjamin, wie »Der Erzähler« und seine Weisheit im Zeitalter des Romans aus dem Blickfeld geraten. »Immer seltener wird die Begegnung mit Leuten, welche rechtschaffen etwas erzählen können. Immer häufiger verbreitet sich Verlegenheit in der Runde, wenn der Wunsch nach einer Geschichte laut wird.« (Benjamin 1977, S. 385). Verloren gehe in der modernen Welt daher vor allem »das Vermögen, Erfahrungen auszutauschen.« (ebd.).

Ursprünglich war der Erfahrungsaustausch, Benjamin zufolge, auf die Interessenlage der Menschen abgestimmt. Die Erzählung »führt offen oder versteckt, ihren Nutzen mit sich [...] – in jedem Falle ist der Erzähler ein Mann«, der dem Hörer Rat weiß« (ebd., S. 388), weil die Geschichte »in den Stoff gelebten Lebens eingewebt« ist (ebd., S. 388). Indem die Erfahrung von Mund zu Mund geht, erhält die Welt eine Textur, die den Menschen Halt gibt und miteinander verbindet. »Geschichten erzählen ist ja immer die Kunst, sie weiter zu erzählen, und die verliert sich, wenn die Geschichten nicht mehr behalten werden. Sie verliert sich, weil nicht mehr gewebt und gesponnen wird, während man ihnen lauscht.« (ebd., S. 393). Mit dem Netzwerk der Geschichten, in die Erzähler und Zuhörer verstrickt sind, löst sich daher auch das soziale Band zwischen den Menschen auf.

Es ist offensichtlich, daß Benjamin die Gewebe-Metapher strapaziert, um einen Mythos des mündlichen Erzählers zu stiften. Diesem Mythos steht der Roman aufgrund seiner engen Verbindung mit der Schrift, die den unmittelbaren Kontakt von Erzähler und Zuhörer unterbricht, entgegen. »Das früheste Anzeichen eines Prozesses, an dessen Abschluß der Niedergang der Erzählung steht, ist das Aufkommen des Romans zu Beginn der Neuzeit. Was den Roman von der Erzählung (und dem Epischen im engeren Sinne) trennt, ist sein wesentliches Angewiesensein auf das Buch.« (ebd.. 389). Indem das Erzählen der Druckerpresse überantwortet wird, ändert es für Benjamin seinen Charakter, wird aus dem mündlichen, zeitlosen Rat eine schriftliche Information von geringer Haltbarkeit (vgl. ebd. S. 390).

Bei seiner Gegenüberstellung von mündlicher Erzählung und Roman, von Rat und Information, Zuhörergemeinschaft und Lesereinsamkeit ging es Benjamin allerdings weniger um die Medienevolution als vielmehr um eine metaphysische Pointe. Hinter der spezifischen Autorität des Erzählers steht nämlich eine Instanz, die unmöglich in Zweifel gezogen werden kann. »Der Tod ist die Sanktion von allem, was der Erzähler berichten kann. Vom Tode hat er seine Autorität geliehen.« (ebd. S. 396).

Daher hängt sowohl die Moral der Geschichte, die ein mündlicher Erzähler zu berichten weiß, als auch der Trost, den sie enthält, davon ab, daß die Menschen »mit der Gewalt des Todes ihren Frieden machen.« (ebd., S. 399). Das Mittel dazu ist das epische Gedächtnis, das durch die mündliche Tradition von einer Menschheitsgeneration zur nächsten übermittelt wird und so die Einzelexistenz transzendiert. Benjamin macht nicht wirklich klar, wie der Tod den mündlichen Erzähler autorisiert, und warum seine Ablösung durch den Romancier nicht nur den Charakter der Überlieferung, sondern auch die menschliche Haltung dem Tod gegenüber verändert (vgl. ebd. S. 399). Er behauptet jedoch, daß diese Veränderung dem Tod eine neue Gewalt über die Menschen verschafft. Einsam wie der Romanleser nun einmal sei, versuche er »sein fröstelndes Leben an einem Tod, von dem er liest, zu wärmen.« (ebd. S. 402).

Weit davon entfernt, den Romanfiguren Leben einzuhauchen, verschlingt der Leser den Sinn ihres papierenen Daseins nach Art eines Vampirs. Und da sich dieser »›Sinn‹ von ihrem Leben nur erst von ihrem Tode her erschließt«, muß der Leser »im voraus gewiß sein, daß er ihren Tod miterlebt. Zur Not den übertragenen: das Ende des Romans. Doch besser den eigentlichen.« (ebd.). Noch radikaler als Lukács versteht Benjamin den Roman als Reflex der zwischenmenschlichen Entfremdung, als Symptom einer Kultur, die zum Tod kein natürliches Verhältnis mehr finden kann. Es wäre daher verfehlt, nur nach einem politischen oder ideologischen Ausweg aus der Misere des Erzählens zu suchen. Aufgesprengt werden müsse vielmehr die Geburtskammer des modernen Romans, die Trennung von Privatsphäre und Öffentlichkeit, die das kollektive Eingedenken angeblich zerstört und den Tod zu einem rein individuellen Problem macht.

Im selben Jahr wie Benjamins Abhandlung »Der Erzähler« erschien in der Schweizer Zeitschrift »Maß und Wert« ein Aufsatz von Arno Schirokauer zum »Bedeutungswandel des Romans«, der ebenfalls auf das enge Verhältnis von Roman und Buchdruck sowie auf den Gegensatz zwischen mündlichen und schriftlichen Formen der Weltvermittlung eingeht. Nur scheinbar schweift Schirokauer vom Thema ab, wenn er drei distinkte Kommunikationssituationen miteinander vergleicht: die Kanzelpredigt, die Buchlektüre und die Parteiversammlung:

»Was der mittelalterliche Geistliche von der Kanzel herab an die Gemeinde gab, empfing nicht der einzelne, sondern die Gemeinde.« (Schirokauer 1965, S.15). Es handelt sich um eine monologische Kommunikationssituation, in der sich ein autorisierter Sprecher an ein Kollektiv wendet, zu dem es keine Alternative gibt: »Ausgestoßen von der Gemeinde konnte keiner leben.« (ebd.). Demgegenüber ermöglicht der Buchdruck eine individuelle Auseinandersetzung mit dem Text. Die Autorität der schriftlichen Mitteilung beruht einzig und allein auf ihrer freiwilligen Anerkenntnis durch den Leser, der sich den Sinn der Buchstaben in einem stummen Selbstgespräch zu eigen macht.

»Mit seinem Buch tritt jeder allein in seine Kammer. Das Buch spricht allein und mit privaten Worten zu ihm. Aus der Möglichkeit des Lesens kommt ihm allmählich die Gewißheit ein Individuum zu sein, einer, ein unteilbarer, ein, wenn wir an die Reimpaare denken, unvereinbarer. Unvereinbar ist Buch und Sozietät.« (ebd., S. 17).

Insofern ist die Renaissance, die ohne Gutenbergs Erfindung wohl kaum eine so breite Wirkung hätte entfalten können, »buchstäblich und genau Geburt, nämlich Entbindung. Die Entbindung aus alten Mitgliedschaften. Das entbundene Ich weiß mit den Bindungen des Verses nichts mehr anzufangen, seine Rede wird ungebunden und persönlich.« (ebd., S. 17). Dem entspricht der Prosaroman, der das kollektive Glaubensbekenntnis der Gemeinde durch die individuelle Konfession ersetzt: »Ein Ich erkennt sich und bekennt sich. Ein Leben führt eine Art Selbstgespräch. Der Roman ist ein Selbstverhör«

(ebd., S. 18), das dem Leser die Möglichkeit gibt, seine eigene Persönlichkeit im imaginären Dialog mit einem exemplarischen Anderen zu entdecken. Diese Möglichkeit jedoch wird in den totalitären Bewegungen des 20. Jahrhunderts wieder kassiert.

»Der eigentliche Held aller Romane, die Persönlichkeit, verliert die Gewißheit ihrer Sendung, das Vertrauen in ihr Recht, das Bewußtsein ihres höchsten Glücks. [...] Statt sich selbst zu organisieren, nämlich organisch zu bilden, sucht sie bei fertigen Organisationen Schutz, sie flüchtet aus dem unerträglich gewordenen Schlaglicht der Einzelexistenz in das Zwielicht der Kollektivismen und gibt als Entrée willig die Freiheit her. Das Individuum dankt ab und wird Parteimitglied. Fortan beginnt es, im Sprechchor zu sprechen wie das Mitglied der alten Kirche im Reim.« (ebd., S. 21).

Mit anderen Worten: das Zeitalter des Romans ist ein historisches Zwischenspiel. Schirokauer läßt offen, ob das ›principium individuationis‹ im Roman zu weit getrieben wurde, oder ob die Einzelexistenz aus anderen Gründen unerträglich geworden ist. Er läßt jedoch keinen Zweifel daran, daß der Abschied vom freien, aus allen Bindungen entlassenen Ich auch den Abschied vom traditionellen Roman bedeutet (vgl. ebd., S. 25).

Vordergründig betrachtet scheint die Geschichte, die Schirokauer vom Bedeutungswandel des Romans erzählt, Benjamins Sicht der Dinge auf den Kopf zu stellen. Die Buchlektüre, die bei ihm als Modell der freiheitlichen Selbstverwirklichung fungiert, war bei Benjamin der Katalysator zwischenmenschlicher Entfremdung. Bei genauerem Hinsehen erweist sich jedoch, daß die beiden Perspektiven darin übereinkommen, daß die Romanlektüre eine einsame Angelegenheit ist, die gewisse Kompensationen erfordert.

Am Ende schließlich nimmt der zeitgenössische Roman wieder mythische Züge an, um erneut zum Epos zu werden. Für Benjamin ist diese Tendenz bei Alfred Döblin, für Schirokauer bei Thomas Mann angelegt. »In Thomas Mann hat der Roman den Schritt gemacht vom individuellen zum mythischen Zeugnis, vom Roman zum Epos.« (ebd., S. 30). Sinngemäß heißt es in Benjamins Rezension zu *Berlin Alexanderplatz*: »Die Montage sprengt den ›Roman‹, sprengt ihn im Aufbau wie auch stilistisch, und eröffnet neue, sehr epische Möglichkeiten.« (Benjamin 1966, S. 439).

Benjamin und Schirokauer sind sich trotz ihrer unterschiedlichen Beurteilung der modernen Erzählkunst darin einig, daß die Laufbahn des Romans einer Hyperbel mit dem Epos als Asymptote gleicht. Am Scheitelpunkt der Kurve wird die zweideutige Rolle des Buchdrucks offenbar: einerseits trägt er entscheidend zur Binnendifferenzierung der literarisch gebildeten Persönlichkeit bzw. zur Verin-

nerlichung der Welt- und Lebensbezüge bei; andererseits entfremdet
er das Individuum dem Kollektiv, der Sprachgemeinschaft. Diese
Gemeinschaft kann zwar totalitäre Züge annehmen, verheißt ihrer
romantischen Idee nach jedoch Geborgenheit.

2.6 Camus und Adorno – Der Roman als Analogiebildung
der Vernunft / Kritik des bürgerlichen und sozialistischen
Realismus

Der Gegensatz zwischen der modernen Tendenz zur Ideolologisie-
rung und Kollektivierung auf der einen und der je individuellen
Selbst- und Welterfahrung, die im Kunstwerk geschieht, hat der No-
belpreisträger Albert Camus (1913-1960) eine gerade im Vergleich
mit Lukács höchst aufschlußreiche Wendung gegeben. Tatsächlich
geht Camus in seinen philosophischen Schriften von einem ganz ähnlichen Gedanken wie Lukács in der *Theorie des Romans* aus. Dort war
ja die Philosophie im Anschluß an Novalis als »Heimweh«, als »Trieb,
überall zu Hause zu sein« bestimmt worden (Lukács 1994, S. 21). Camus formuliert diesen Gedanken in *Der Mythos des Sisyphos* (1942) so:
»Die Welt verstehen heißt für einen Menschen: sie auf das Menschliche zurückzuführen.« (Camus 1984, S. 20).

Ganz im Gegensatz zu Lukács, der im Beschreiben einen un-
menschlichen Akt sah, erklärt Camus, es gehe in der zeitgenössischen Literatur »nicht mehr um Erklärungen und Lösungen, sondern um Erfahrungen und Beschreibungen.« (ebd., S. 80). Im Akt
des Beschreibens erfährt der Mensch nämlich »die unaufhörlichen
Anrufe eines quantitativ unerschöpflichen Universums. Hier, begreift man, liegt der Ort des Kunstwerks« (ebd.), insbesondere des
modernen Romans, in dem es darum geht, die Welt als Einheit, als
Universum, erfahrbar zu machen:

»Man erzählt nicht mehr ›Geschichten‹, man schafft sein Universum. Die
großen Romanciers sind philosophische Romanciers« (ebd. S. 84), denn
»Denken heißt vor allem: eine Welt erschaffen wollen (oder die eigene ab-
grenzen, was auf dasselbe herauskommt). Es heißt: von dem grundsätzlichen Mißverständnis ausgehen, das den Menschen von seiner Erfahrung
trennt, und seinem Heimweh entsprechend ein Gebiet des Einverständnis-
ses finden, ein von Vernunftgründen eingeengtes oder von Analogie erhell-
tes Universum, das eine Lösung des unerträglichen Zwiespalts erlaubt.«
(ebd. S. 83f).

In seiner Essay-Sammlung *Der Mensch in der Revolte*, in der sich Camus mit den totalitären Bewegungen des 20. Jahrhunderts, ihrer ge-

schichtsphilosophischen Vorbereitung durch Hegel, Marx und Engels sowie mit ihren inhumanen Folgen auseinandersetzt, wird über den Roman gesagt:

»Der Roman fertigt Schicksal nach Maß an. So macht er der Schöpfung Konkurrenz und triumphiert vorübergehend über den Tod. Eine eingehende Analyse der berühmtesten Romane würde in jedesmal verschiedener Perspektive zeigen, daß das Wesen des Romans in dieser unaufhörlichen Korrektur besteht, immer in gleicher Richtung verlaufend, und die der Künstler nach seiner eigenen Erfahrung vornimmt. Weit davon entfernt, moralisch oder rein formal zu sein, zielt diese Korrektur zuerst auf die Einheit und drückt damit ein metaphysisches Bedürfnis aus.« (Camus 1988, S. 214f).

Durchaus vergleichbar sind Camus' Ausführungen mit denen von Theodor W. Adorno (1903-1969) zum modernen Roman. Wo Camus von einem metaphysischen Bedürfnis spricht, sieht Adorno ein uneingelöstes Versprechen, als deren Statthalter in einer Welt, die alle Verheißungen der Aufklärung negiert, die Kunst fungiert. Im wahren Kunstwerk soll aufscheinen, was von den Blendwerken der bürgerlichen Kulturindustrie verdeckt und von den Machthabern in Ost und West unterdrückt wird: die Freiheit des Menschen. Für die Erzählkunst bedeutet dies unter anderem:

»Will der Roman seinem realistischen Erbe treu bleiben und sagen, wie es wirklich ist, so muß er auf einen Realismus verzichten, der, indem er die Fassade reproduziert, nur dieser bei ihrem Täuschungsmanöver hilft.« (Adorno 1974, S. 43).

So steht es in Adornos Aufsatz »Standort des Erzählers im zeitgenössischen Roman« von 1956. Für Adorno ist dieser Standort durch eine Paradoxie gekennzeichnet: »es läßt sich nicht mehr erzählen, während die Form des Romans Erzählung verlangt.« (ebd. S. 41). »Etwas erzählen heißt ja, etwas ›Besonderes‹ zu sagen haben, und gerade das wird von der verwalteten Welt, von Standardisierung und Immergleichheit verhindert.« (ebd. S. 42). Anders als Benjamin verwirft Adorno dennoch nicht die Möglichkeit des Romans, aufklärerisch zu wirken. Im Gegenteil:

»Die Verdinglichung aller Beziehungen zwischen den Individuen, die ihre menschlichen Eigenschaften in Schmieröl für den glatten Ablauf der Maschinerie verwandelt, die universale Entfremdung und Selbstentfremdung, fordert beim Wort gerufen zu werden, und dazu ist der Roman qualifiziert wie wenig andere Kunstformen.« (ebd. S. 43).

Adornos Warnung vor einer Erzählkunst, die ihrem Hang zur bildlichen Verklärung des Gegebenen nachgibt, erinnert nicht von ungefähr an Lukács' Verurteilung der Beschreibung als Kapitulation. Im Unterschied zu Lukács hat Adorno jedoch auch den Sozialistischen Realismus als Täuschungsmanöver betrachtet. Unter der Überschrift »Erpreßte Versöhnung« setzte er sich 1958 mit Lukács' Buch *Wider den mißverstandenen Realismus* auseinander. Der Verfasser lasse nach seiner Teilnahme am Ungarn-Aufstand zwar insofern eine veränderte Haltung erkennen, als er die Verbrechen der Stalin-Ära kritisiere, vertrete im Kern aber nach wie vor die dogmatische Ansicht, daß die gesamte Literatur, soweit auf sie nicht die Formel des Sozialistischen Realismus zutreffe, abzulehnen sei; »es wird ihr ohne Zögern das Odium der Dekadenz angehängt, ein Schimpfwort, das nicht nur in Rußland alle Scheußlichkeiten von Verfolgung und Ausmerzung deckt.« (ebd. S. 255).

So entschieden sich Adorno und Camus gegen eine Einvernahme der Kunst entweder durch die Parteiideologie oder durch die Kulturindustrie aussprechen, so klärungsbedürftig bleibt bei ihnen das Verhältnis von Roman und Wirklichkeit. Beide wenden sich gegen eine letztlich totalitäre Rationalisierung aller Lebensbereiche. Unklar bleibt, ob sich der Roman, der die Welt, Camus zufolge, als Einheit erscheinen lassen soll und seinem Grundimpuls nach bei Adorno darauf abzielt, »das Rätsel des äußeren Lebens zu dechiffrieren« (ebd., S. 43) der allgemeinen Rationalisierung entziehen kann, und wie das gegebenenfalls geschehen soll, ohne umgekehrt in die nicht weniger gefährliche Haltung des Irrationalismus zurückzufallen.

Ausschau zu halten ist mithin nach Alternativen zu Lukács' *Theorie des Romans.* Wie können Romanautoren- und Leser, symbolisch gesprochen, vom Baum der Erkenntnis essen, ohne daß das Medium ihrer Verständigung von vornherein als Schwundstufe des Epos inkriminiert oder gar als Ausdruck der zwischenmenschlichen Entfremdung mit der Wurzel allen Übels, der Verdinglichung von Mensch und Kunst, gleichgesetzt wird?

2.7 Auerbach und von Kahler – Vereinigung von Alltäglichkeit, Ernst und Geschichtsbewußtsein im Roman / Verinnerung des Erzählens in der Gegenwart

Es ist das historische Verdienst von Erich Auerbach und Erich von Kahler, eine alternative Geschichte der literarischen Mimesis erzählt zu haben – eine Geschichte, in der die Romankunst nicht den Verlust einer heilen Welt, sondern eine Erweiterung des menschlichen Bewußtseins von Wirklichkeit bedeutet. Diese Lesart ist umso bemerkenswerter, als zumindest Auerbach in seinem 1946 erstmals veröffentlichten Buch *Mimesis. Dargestellte Wirklichkeit in der abendländischen Literatur* von einem Wirklichkeitsbegriff ausgeht, der Hegels *Ästhetik* entstammt.

In einer Reihe von Einzelinterpretationen, die von Homer bis zu Virginia Woolf reichen, wird die Nachahmung der Wirklichkeit von ihm als zunehmende »Nachahmung der sinnlichen Erfahrung des irdischen Lebens, zu dessen wesentlichen Merkmalen doch seine Geschichtlichkeit« (Auerbach 1964, S. 183) gehört, beschrieben. Tatsächlich entspricht dieses Mimesis-Konzept weitgehend Hegels Bestimmung der klassischen Kunstformen (vgl. Miles 1979, S. 32).

Nicht von ungefähr erwähnt Auerbach Hegel daher im Rahmen seiner Dante-Interpretation. Sie nämlich bildet insofern den Dreh- und Angelpunkt seiner Untersuchung, als in ihr die soeben zitierte Mimesis-Konzeption entwickelt wird. Gemäß dieser Konzeption versucht Auerbach zu zeigen, daß die geschichtliche Erfahrung des irdischen Lebens in seiner Alltäglichkeit zunächst nur in den komischen Gattungen der niederen Erzählkunst, etwa im *Satyricon* des Petronius (gest. 66 n. Chr.) auftaucht, um dann schrittweise auf seriöse Genres überzugreifen. Ihren Höhepunkt erreicht die Entwicklung im realistischen Roman des 19. Jahrhunderts.

»In der modernen Literatur kann jede Person, gleichviel welchen Charakters und welcher sozialen Stellung, jedes Ereignis, gleichviel ob sagenhaft, hochpolitsch oder beschränkt häuslich, durch die nachahmende Kunst ernsthaft, problematisch und tragisch gefaßt werden, und wird es zumeist. Das aber ist in der Antike ganz ausgeschlossen.« (ebd. S. 35).

Zwar greifen schon die *Metamorphosen* des Apuleius mit ihren erotischen Eskapaden auf die Tabubereiche des menschlichen Lebens aus, aber ihnen »fehlt das Seelische und Menschlich-Vertrauliche vollkommen« (ebd. S. 63). Auch die Selbstdarstellung des feudalen Rittertums in der mittelalterlichen Epik trägt noch idealtypische Züge (vgl. ebd. S. 127). Ihre Welt enthält nach Auerbach nichts, was nicht unmittelbar mit ›aventure‹ und ›minne‹ zusammenhängt (vgl. ebd. S. 132). Erst Rabelais nähert sich durch »das Prinzip des Durcheinanderwirbelns der Kategorien des Geschehens, des Erlebens, der Wissensbezirke, der Proportionen und der Stile« (ebd., S. 259) einer erfahrungskonformen Weise der erzählerischen Weltaneignung. Die »Vereinigung von Alltäglichkeit und tragischem Ernst« (ebd. S. 269), in der Auerbach den realistischen Kern der modernen Erzählkunst erblickt, findet in seinem Romanzyklus *Gargantua et Pantagruel* jedoch noch nicht statt.

Einen Schritt weiter geht Cervantes im *Don Quijote*: »alle handelnden Personen werden in einer aktuellen Wirklichkeit und in ihrer lebendig-alltäglichen Existenz vorgeführt.« (ebd., S. 326). In Stendhals Roman *Le Rouge et le Noir* (*Rot und Schwarz* 1830) schließlich ist das realistische Tableau nahezu perfekt. »Die Charaktere, Haltungen und Verhältnisse der handelnden Personen sind [...] aufs engste mit den zeitgeschichtlichen Umständen verknüpft« (ebd. S. 425). Für die Kunst Balzacs' endlich gilt, daß jeder Lebensraum in seiner konkreten Alltäglichkeit beschrieben wird (vgl. ebd. S. 440f). Auerbachs Fazit lautet daher:

»Die ernsthafte Behandlung der alltäglichen Wirklichkeit, das Aufsteigen breiterer und sozial tieferstehender Menschengruppen zu Gegenständen problematisch-existentieller Darstellung einerseits – die Einbettung der beliebig alltäglichen Personen und Ereignisse in den Gesamtverlauf der zeitgenössischen Geschichte, der geschichtlich bewegte Hintergrund andererseits – dies sind, wie wir glauben, die Grundlagen des modernen Realismus, und es ist natürlich, daß die breite und elastische Form des Prosaromans sich für eine so viele Elemente zusammenfassende Wiedergabe immer mehr durchsetzte.« (ebd., S. 458f).

Daß diese Auffassung der realistischen Erzählkunst Auerbach gewisse Schwierigkeiten bereitet, als es im letzten Kapitel seines Buches um die Eigentümlichkeiten des modernen Romans geht, kann kaum verwundern. Denn auch wenn diese Eigentümlichkeiten einerseits das Ergebnis einer konsequenten Fortsetzung des mimetischen Impulses sind, muß die Verlagerung der erzählerischen Aufmerksamkeit von der Außenwelt der Erfahrung auf die Innenwelt des Bewußtseins andererseits doch das Erscheinungsbild der Romane grundlegend verändern. Die Nachahmung der sinnlichen Erfahrung des irdischen Lebens führt die Erzähler des 20. Jahrhunderts nämlich dazu, die Formen der Erfahrung zu untersuchen und gleichsam unterhalb der erzählten Geschichten nach den Anschauungsformen von Raum und Zeit zu fahnden, die ein geschichtliches Bewußtsein überhaupt erst entstehen lassen. Nicht so sehr der Zeitverlauf des gemeinschaftlichen Lebens, sondern der jeweils einzigartige Augenblick steht daher im Vordergrund der Romane von James Joyce oder Virginia Woolf, die Auerbach bespricht.

Diese Romane veranschaulichen somit zwar »die Wirklichkeitsfülle und Lebenstiefe eines jeden Augenblicks, dem man sich absichtslos hingibt« (ebd. S. 513), aber das, was die einzelnen Momente der subjektiven Erfahrung verbindet, ist nicht mehr der Sinn-Zusammenhang einer allen gemeinsamen Weltordnung. Auerbach macht aus seiner Not, diese Verlagerung des erzählerischen Schwerpunkts mit seinem Mimesis-Konzept zu vereinbaren, eine Tugend, wenn er erklärt:

»es ist noch ein langer Weg bis zu einem gemeinsamen Leben der Menschen auf der Erde, doch das Ziel beginnt schon sichtbar zu werden; am sichtbarsten, konkretesten erscheint es schon jetzt in der absichtslosen, genauen, inneren und äußeren Darstellung des beliebigen Lebensaugenblicks der verschiedenen Menschen.« (ebd., S. 514).

Ein Grund für Auerbachs Schwierigkeiten ist der relativ statische Wirklichkeitsbegriff, den er seiner Untersuchung zugrunde gelegt hat. Dieses Manko wurde zuerst von Erich von Kahler erkannt.

»Wir müssen die Realität durchgehend dynamisch sehen lernen. Der Fehler des schönen und bedeutenden Buches von Erich Auerbach *Mimesis* liegt in seiner Grundannahme, daß es eine stabile, für alle Zeitalter und Personen völlig gleich geltende Realität gibt, der sich die verschiedenen Dichter nur in verschiedener Weise angenähert haben; während die jeweilige Realität doch das Ergebnis des kämpfenden und vordringenden Bewußtseins ist.« (von Kahler 1970, S. 55).

Die Wirklichkeit ist für von Kahler nichts anderes als das Ergebnis einer Wechselwirkung zwischen Mensch und Umwelt (vgl. ebd., S. 10). Dieser Wechselwirkung entspricht die zeitgenössische Metamorphose der Erzählkunst, die er 1952 als »Untergang und Übergang der epischen Kunstform« beschrieben hat. Dem Untergang entsprechen der »Zerfall der sinnlichen Realität« (ebd. S. 34) und die »Entwertung dessen, was die Amerikaner ›fiction‹ nennen, der erfundenen Geschichte« (ebd. S. 36); dem Übergang die Zunahme der »philosophischen«, ja wissenschaftlichen Erörterungen« und »die Entwicklung, ja die Wucherung einer inneren, subjektiven Zeit, einer Erlebniszeit innerhalb der äußeren Lebenszeit, der Ereigniszeit« im Roman (ebd., S. 39), wie sie Auerbach durchaus zutreffend beschrieben hatte. Diese »Verinnerung des Erzählens«, der von Kahler in einem weiteren Essay (1957/58) nachgeht, setzt bereits mit jenen Erzählformen ein, die das kollektive Glaubensbekenntnis durch die individuelle Konfession ersetzen:

»Das Ich des Bekenntnisses und des Briefes bezeichnet geradezu den ersten Ruck einer Verlagerung des erzählerischen Schwergewichts von außen nach innen, die sich von nun an im wachsenden Maße vollzieht: der Beobachtungsposten, das Standortquartier des Erzählers wird im Innern, im Innersten des Menschen aufgeschlagen, und mehr und mehr verschiebt sich auch das Geschehen selbst in das erzählende Ich hinein« (ebd. S. 172).

2.8 Robbe-Grillet und Butor – Vorbehalte gegenüber der welt-bildnerischen Funktion des Romans / Die Stimmenvielfalt im Erzählwerk

Die Essays, die von Kahler in den fünfziger Jahren schrieb, ratifizie-ren in theoretischer Hinsicht, was die Praxis der Erzählkunst in der ersten Hälfte des 20. Jahrhunderts bestimmt hatte. Die zweite Jahr-hunderthälfte war jedoch von anderen Entwicklungen bestimmt. Zu ihnen zählt u.a. der ›nouveau roman‹, der von Natalie Sarraute, Alain Robbe-Grillet und Michel Butor begründet und poetologisch reflektiert worden ist.

Ein frühes Dokument der Auffassungen, die zur Entwicklung ei-nes Neuen Romans führten, ist der Aufsatz »Das Zeitalter des Arg-wohns«, den Natalie Sarraute 1950 veröffentlichte. Der Verfasserin geht es um eine nüchterne Bestandsaufnahme der Vertrauenskrise, in die der herkömmliche Roman ihrer Meinung nach geraten war. Sie konstatiert:

»Allem Anschein nach fällt es nicht nur dem Autor schwer, an seine Figu-ren zu glauben – auch dem Leser gelingt es nicht mehr. Daher sieht man die Romanfigur, die so das Vertrauen des Autors wie des Lesers verloren hat (das sie aufrechthielt und die ganze Last der Geschichte auf ihre starken Schultern nehmen ließ), schwanken und schwinden.« (Sarraute 1965, S. 41f).

Doch »nicht nur der Romanfigur mißtrauen sie beide, sondern durch sie hindurch – auch einander.« (ebd., S. 43). Sarraute emp-fiehlt dem zeitgenössischen Romanschriftsteller, der dem nach wie vor stark ausgeprägten Hang der Leser, Handlungen und Charaktere zu typisieren, entkommen will, sich am modernen Maler ein Bei-spiel zu nehmen:

»Der moderne Maler [...] entreißt seinen Gegenstand dem Weltbild des Be-schauers und deformiert ihn, um aus ihm das malerische Element herauszu-lösen. Durch eine analoge Bewegung verfolgt der Roman – der ja nur für eine mindere Kunstgattung gehalten wird, weil er hartnäckig an überholten Techniken festhält – mit seinen eigenen Mitteln seinen eigenen Weg: er überläßt anderen Künsten – wie bekanntlich dem Film –, was nicht wirk-lich sein Eigentum ist.« (Sarraute 1965, S. 54f).

Die Argumente *Pour un nouveau roman*, die Alain Robbe-Grillet dann in den fünfziger Jahren zusammengetragen und 1963 in einem Sammelband veröffentlicht hat, setzen diesen Weg fort. Auch Rob-be-Grillet geht es um die Deformation der gewohnten, weltanschau-lich kontaminierten Anschauungsformen. Was ihn am herkömmli-chen Roman vor allem stört, sind die Erklärungen und Bedeutungen, mit denen seine Gegenstände und Gesten immer schon angereichert sind, bevor sie in Erscheinung treten, denn: »Es handelt sich nicht mehr darum, sie sich anzueignen oder das Geringste auf sie zu übertragen.« (Robbe-Grillet 1965, S. 74). Im Mittelpunkt von Robbe-Grillets' Kritik am herkömmlichen Roman steht folgerichtig die weltbildnerische Funktion der Metapher:

>»Die Metapher ist in der Tat nie eine harmlose Redefigur«, behauptet er, denn, »die Wahl eines analogen, wenngleich einfachen Vokabulars bewirkt schon etwas anderes als die Mitteilung reiner physischer Gegebenheiten, und das, was es zusätzlich enthält, kann schwerlich nur der Belletristik zugeschrieben werden. [...] Fast in unserer ganzen zeitgenössischen Literatur wiederholen sich diese anthropomorphistischen Analogien viel zu beharrlich, viel zu kohärent, um nicht ein ganzes metaphysisches System zu verraten.« (ebd., S. 55f).

Die Anteilnahme, die eine Metapher dank ihrer Anschaulichkeit bewirke, also die emphatische Mimesis des Betrachters, sei immer mit der Gefahr verbunden, »die Vorstellung einer verborgenen Einheit« (ebd., S. 56f) herbeizuführen. Anders als Camus betrachtet es Robbe-Grillet also nicht als Aufgabe des Romanciers, die Welt zumindest im übertragenen Sinne abzurunden. Er lehnt nicht nur das Universum der ideologischen Welterklärungen, sondern auch das Universum der anthropomorphen Bilder und Vergleiche ab. »Der Mensch betrachtet die Welt, und die Welt erwidert seinen Blick nicht.« (ebd., S. 61). Das ist für ihn kein absurdes Drama, sondern die stets vernünftige Ausgangsbasis des neuen Romans. Was auf diese Weise allerdings immer noch nachgeahmt wird, ist das menschliche Orientierungsverhalten unter den erschwerten Bedingungen der Moderne:

>»Seit zwanzig Jahren beschleunigt sich der Gang der Dinge zweifellos, aber, und jeder wird da zustimmen, nicht nur im Bereich der Kunst allein. Wenn sich der Leser manchmal nur schwer in modernen Romanen zurechtfinden kann, dann entspricht dies durchaus dem, daß er sich in der Welt, in der er lebt, gleichfalls verliert, in einer Welt, in der alle alten Konstruktionen und Normen schwinden.« (ebd., S. 85).

Der Roman, der auf der Höhe seiner Zeit ist und bleiben will, muß daher das Schwinden der Konstruktionen und Normen im Bereich der Erzählkunst reflektieren. »Der Roman mit Helden gehört der Vergangenheit an« (ebd., S. 29); der neue Roman konzentriert sich anstelle der Geschichte auf die Schreibweise (vgl. ebd., S. 30), die ihrerseits auf bestimmte Lesarten bezogen ist:

>»Der zeitgenössische Autor ist weit davon entfernt, den Leser zu vernachlässigen, er verkündet im Gegenteil, daß er seiner Mithilfe unbedingt bedarf,

seiner aktiven, bewußten, schöpferischen Mithilfe. Er verlangt von ihm nicht, daß er eine abgeschlossene, sinnerfüllte, um sich selbst geschlossene Welt entgegennehme, sondern daß er an einer Schöpfung teilhabe, daß er seinerseits das Werk – und die Welt – erfinde und damit lerne, sein eigenes Leben zu erfinden.« (ebd., S. 107).

Wie Robbe-Grillet betont auch Michel Butor in seinem dreibändigen *Repertoire* (1963-65) das Erfinden der Welt durch Romanautoren und Leser. Der erste Essay seiner Aufsatzsammlung trägt daher den programmatischen Titel »Der Roman als Suche«. Ihren Sinn erhält diese Suche dadurch, daß die Bedeutung des Berichtens

»weit über den Bereich der Erzählkunst hinausgeht, es bildet ein wesentliches Element für unser Verständnis der Wirklichkeit. Von dem Zeitpunkt an, da wir in der Lage sind, Wörter zu verstehen, bis zu unserem Tod sind wir ständig von Berichten umgeben, zunächst in der Familie, dann in der Schule, bei der Begegnung mit anderen Menschen und schließlich durch unsere Lektüre.« (Butor 1963, S. 7).

Bei all diesen Gelegenheiten werden wir mit narrativen oder anderen Diskursen konfrontiert, und »jede dieser Mitteilungsformen verbindet uns mit einem besonderen Ausschnitt der Wirklichkeit.« (ebd.). Was all diese Alltagsberichte im mündlichen Gespräch, in der Zeitung oder auch in den Rundfunk- und Fernsehnachrichten vom Roman unterscheidet, ist, daß ihre Informationen zumindest theoretisch überprüfbar sind. Ganz anders als Benjamin leitet Butor daraus jedoch weder die Minderwertigkeit der Information gegenüber dem ursprünglich epischen Erzählen noch die gesellschaftliche Unzulänglichkeit des Romans ab. Vielmehr bildet die Erzählkunst »einen prädestinieren Bereich, um zu untersuchen, auf welche Weise uns die Wirklichkeit erscheint oder erscheinen kann. Der Roman ist daher das Laboratorium des Berichtens.« (ebd., S.9).

Der Romancier hat sozusagen ein Vorschlagsrecht: seine Wortwahl kann als hilfreich, seine Textfassung als alternative Welt-Konstruktion angesehen und in einer Art Feldversuch vom Laboratorium des Berichtens auf die Erfahrung der Wirklichkeit übertragen werden. »Der Romancier ist dann derjenige, der bemerkt, daß eine Struktur sich in seiner Umgebung abzuzeichnen beginnt, der dieser Struktur nachgeht, sie zum Wachsen bringt, sie vervollständigt, sie untersucht bis zu dem Augenblick, da sie für alle lesbar wird.« (Butor 1965, S. 37).

Indem der Roman den unaufhörlichen Prozeß der gesellschaftlichen De- und Rekonstruktion von Wirklichkeit veranschaulicht, die Lesarten der Welt ändert und die Menschen mit dem Bewußtsein ihrer eigenen Wandlungsfähigkeit ausstattet, setzt er sich, Butor zufolge, vom Epos ab. »Das Epos zeigt uns – in einer Zeit, als sich Zweifel erhoben –, daß die Gesellschaft durchaus so organisiert war, wie sie erschien; der Roman dagegen stellt der offen zutageliegenden Hierarchie eine andere geheime gegenüber.« (ebd. S. 46). Das funktioniert allerdings nur, weil der Roman sowohl mit der noch unabgeschlossenen Entwicklung der Gesellschaft als auch mit der ebenso unabgeschlossenen Geschichte der einzelnen Leser rückgekoppelt ist. »Das Individuum im Roman kann niemals völlig determiniert werden, es bleibt offen, es ist für mich offen, damit ich mich an seine Stelle setzen oder zumindest mich in bezug auf es situieren kann.« (ebd. S. 59).

Butor geht es allerdings nicht nur um eine dynamische Sicht der Gesellschaft, sondern vor allem darum, daß sie als Sprachgemeinschaft verfaßt ist. Das bedeutet, daß ihre Entwicklung ebenso wie die jedes einzelnen Menschen im Dialog geschieht.

»Jede Sprache ist zunächst Dialog, das heißt, daß sie nicht Ausdruck eines isolierten Individuums sein kann. [...] Die Gesellschaft, der ich angehöre, ist eine Gesamtheit von Dialog, das bedeutet, daß irgend jemand etwas (aber nicht irgend etwas) zu irgend jemand anderem sagen kann; doch diese Gesamtheit teilt sich und ordnet sich zu Untereinheiten: ich spreche nicht auf die gleiche Weise zu allen ihren Gliedern; es gibt manche Worte, die dieser oder jener nicht kennt oder nicht versteht; manche Anspielungen, Bezugnahmen, Resonanzen werden nur bei manchen wirksam, insbesondere bei jenen, die die gleiche Lektüre gehabt haben wie ich.« (ebd. S. 55).

Es gibt also eine soziolinguisische Differenzierung der Gesellschaft, zu der die Literatur einerseits beiträgt, die aber andererseits auch in der Literatur reflektiert wird. Gerade den Roman versteht Butor als »eine Gruppe von möglichen Dialogen, da seine Personen, seine Ereignisse ebensoviele Referenzen und Beispiele darstellen, die seinen direkten Lesern oder auch seinen indirekten (jenen, die eine Besprechung davon gelesen haben oder von ihm erzählen hören) zur Verfügung gestellt werden.« (ebd. S. 56).

Da das Diskursuniversum der menschlichen Rede in jedem einzelnen Gesellschaftsmitglied einen anderen Widerhall findet und von der Interferenz zahlreicher Einzelstimmen lebt, muß der Roman, der eine Gesellschaft im Dialog darstellen will, polyphone Züge annehmen. »Alle großen Romane des XIX. Jahrhunderts fügen eine Polyphonie des sozialen Hintergrund hinzu« (ebd., S. 58), wenn sie die milieubedingte Entwicklung ihrer Helden zeigen. Die Romanfiguren, könnte man sagen, artikulieren sich durch Redefiguren, die auf die Sprachgemeinschaft zurückverweisen. Polyphonie – das besagt aber auch, daß die Textur eines Romans einer Orchesterpartitur mit diversen Leitmotiven gleicht, wobei das Thema der sich wandelnden Gesellschaft immer wieder von neuem variiert wird.

Sowohl der Begriff der Polyphonie als auch die von Butor deutlich akzentuierte Verzahnung des Romans mir dem dialogischen Charakter des gesellschaftlichen Redeverkehr lassen aufhorchen. Sie wirken wie ein unmittelbares Echo auf die romantheoretischen Äußerungen des russischen Literaturwissenschaftlers Michail M. Bachtin, dessen Name im *Repertoire* jedoch nirgends erwähnt wird. Überhaupt kennt sich Butor bestens in der Erzählforschung aus. Seine Bemerkungen zur Raum- und Zeitgestaltung im Roman sowie zum Verhältnis von Autor, Leser und Held belegen, daß er auch die zeitgenössischen Bemühungen um eine universale Grammatik des Erzählens bemerkt hat (vgl. ebd. S. 76). Schon der Begriff des Repertoires verweist ja auf die Elemente, die für den narrativen Diskurs auszuwählen und zu verknüpfen gilt.

2.9 Zusammenfassung

Seitdem der Roman mit dem romantischen Projekt einer neuen Mythologie assoziiert und mit der problematischen Gesinnung zur Totalität identifiziert wurde, lag es nahe seine weltbildnerische Funktion mit Weltanschauung gleichzusetzen. Kampfbegriffe wie Entfremdung und Verdinglichung, Vereinsamung und Ratlosigkeit bestimmen folglich die Äußerungen von Lukács, Benjamin und anderen Romantheoretiker, die in der Nachfolge Hegels stehen und das Zeitalter des Mißtrauens vorbereiten, in dem der *nouveau roman* entsteht. Während sich Robbe-Grillet grundsätzlich gegen die Metapher ausspricht, hält Butor an der weltbildnerischen Funktion des Romans fest. Adornos Aufsatz über den »Standort des Erzählers im zeitgenössischen Roman« verdient besondere Beachtung, weil er die Ideologiedebatte wieder an die poetologische Diskussion der narrativen Optik bindet. Diese Diskussion hat sich zwar zeitgleich, aber doch weitgehend losgelöst von der Ideologiedebatte entwickelt. Ihr historischer Ausgangspunkt ist die Spiegel-Metapher von Stendhal; ihre kontemporäre Ausprägung das Focus-Konzept.

III. Von der Spiegel-Metapher zum Focus-Konzept – Diskussion der Erzählperspektive

1. Die Spiegel-Metapher

1.1. Die Funktion des Spiegelbilds bei Stendhal und Balzac

In *Le Rouge et le Noir*, einer fiktiven Chronik aus dem Jahr 1830 schrieb Stendhal (1783-1842): »ein Roman ist ein Spiegel, der sich auf einer Landstraße bewegt. Bald spiegelt er das Blau des Himmels wider, bald den Schlamm und die Pfützen des Weges.« Die Metapher des Spiegels läßt, so akzentuiert, wenigstens zwei Deutungen zu: Sie kann als Bild für eine realistische Erzählweise genommen werden, die neben den schönen auch die häßlichen, neben den erhabenen auch die niedrigen Seiten der Welt darstellt. Wichtig am Spiegel ist, so gesehen, daß er keine blinden Flecken hat, und daß man ihm nicht vorwerfen kann, wie die Welt in ihm ausschaut. Tatsächlich wird die Spiegelmetapher genau in diesem Sinne von Stendhal gebraucht. Er fährt nämlich an jenen Leser gewandt, der den Romancier der Immoralität bezichtigt, fort: »Klagen Sie lieber die Straße an, auf der sich die Pfütze befindet, oder besser den Straßeninspektor, der das Wasser sich aufstauen und die Pfütze sich bilden ließ.«

Der andere Aspekt der Metapher kommt in den Blick, wenn man bedenkt, daß ein Spiegel immer nur einen Ausschnitt der Welt auf einmal reflektieren kann, daß er nach oben oder unten geschwenkt, um die eigene Achse gedreht und durch die Gegend getragen werden muß, um nach und nach all das zu erfassen, was es links und rechts der Landstraße zu sehen gibt. Gerade dadurch, daß der Roman die Welt stets in bestimmten Einstellungen und Brechungen widerspiegelt, ähnelt er der menschlichen Wahrnehmung und dem Umstand, daß sich ihr die Welt immer nur in dieser oder jener Perspektive vor dem Hintergrund kontingenter Betrachtungsweisen zu erkennen gibt.

Tatsächlich wurden das Erkenntnisvermögen und die Sprache des Menschen lange Zeit mit Spiegeln verglichen und darauf hin untersucht, wie wirklichkeitsgetreu sie die Welt abbilden (vgl. Rorty 1987). Erst allmählich wurde diese Vorstellung ebenso wie die Forderung nach einer objektiven Darstellung der Welt im Medium der Kunst in Zweifel gezogen und revidiert. Umso mehr Blickwinkel und Brechungsmomente Forscher und Philosophen, Schriftsteller und Leser im Verhältnis von Mensch und Umwelt entdeckten, desto fragwürdiger wurde die Leitidee einer 1:1 – Entsprechung zwischen den Gegenständen der Wahrnehmung und ihrer bestenfalls intersubjektiven Auffassung.

Die Spiegelmetapher setzt ja, naiv verstanden voraus, daß sich das Bewußtsein nach den Dingen richtet, daß der Spiegel nichts an der Sache, die er zeigt, ändert. Mit dieser Ansicht hatte bereits Kant gebrochen. Er meinte, die Gegenstände müßten sich, unabhängig davon, wie sie an sich beschaffen wären, immer nach der menschlichen Erkenntnis richten, die auf die beiden Anschauungsformen von Raum und Zeit sowie auf die Begriffe oder Verständnisrahmen angewiesen seien. Kant machte klar, daß die Welt dem Menschen nur so erscheint, wie er sie nach Maßgabe seiner Anschauungsformen und Verstandesbegriffe auffassen kann.

Dreh- und Angelpunkt der zwischenmenschlichen Verständigung über die Welt im Medium des Romans bildet dabei die sogenannte Erzählperspektive, die ebenfalls niemals eine einfache Widerspiegelung der realen Verhältnisse ist. Das wußten selbstverständlich schon Stendhal und Balzac (1799-1850), für den der Roman ein konzentrischer Spiegel, also ein Brennglas der Verdichtung war.

1.2 Flauberts Ideal der »impassibilité«

Auf ein neues Reflexionsniveau wurde der Roman als Sittengemälde oder Weltspiegel dann von Gustave Flaubert (1821-1880) gehoben, als um seine *Madame Bovary* 1857 ein publizistischer und juristischer Streit enstand. Die Auseinandersetzung drehte sich, vordergründig betrachtet, um die vermeintliche Unmoral der erzählten Geschichte. Genau genommen, betraf sie jedoch das Novum einer scheinbar gänzlich unparteiischen Darstellung.

Flaubert hatte die Spiegelmetapher zugleich radikalisiert und relativiert. Einerseits verzichtete er darauf, sein Sittengemälde explizit in einen bestimmten Verständnisrahmen einzuordnen und mit Kommentaren zu versehen, die irgendeinen Aufschluß über die Moral der Geschichte lieferten; andererseits intensivierte das Werk gerade dadurch die perspektivische Mimesis des Lesers, der gleichsam mitten in die Szenerie des Landlebens versetzt wurde, die der Roman schildert.

Aufschlußreich ist, daß der Verfasser der *Bovary* vor Gericht freigesprochen wurde, weil es ihm und seinem Verteidiger gelang, das inkrimimierte Verfahren als zeitgemäße und konsequente Fortführung des alten Erzählprogramms mit neuen Mitteln auszugeben (vgl. Ley 1996, S. 97). Ihre Argumentation lief, kurz gefaßt, darauf hinaus, daß ein Roman nicht durch den erhobenen Zeigefinger des Erzählers, sondern dadurch moralisch wird, daß die Veranschaulichung des Lasters abschreckend wirke. Daß diese abschreckende Wirkung umso nachhaltig sei, als sie sich aus der selbständigen Schlußfolgerung der Leser und nicht aus dem Erzählkommentar ergäbe, war die eigentliche Pointe dieser dezidiert rezeptionsästhetischen Argumentation.

Angelegt war diese Argumentation in der produktionsästhetischen Maxime, die Flaubert bereits 1852 in einem Brief an Louise Colet aufgestellt hatte. Ein Autor solle in seinem Werk wie Gott im Universum sein: immer anwesend, aber niemals sichtbar. Die Kunst sei eine zweite Natur, denn ihr Schöpfer wende analoge Verfahren an. Und dann fällt das Stichwort der »impassibilté«, der Leidenschaftslosigkeit oder Unparteilichkeit, die den Hersteller des fiktiven Analogieuniversums mit dem Welterzeuger verbindet. In zwei 1866 an George Sand adressierten Schreiben hat Flaubert noch einmal seine Überzeugung bekräftigt,

»daß ein Romancier nicht das Recht hat, seine Meinung über irgend etwas auszudrücken. Hat der liebe Gott jemals seine Meinung gesagt?« Überhaupt soll er nicht »seine Persönlichkeit in Szene setzen. Ich glaube, daß die große Kunst wissenschaftlich und unpersönlich ist. Man muß sich durch eine geistige Anstrengung in die Personen versetzen, nicht aber sie zu sich heranziehen.« (Flaubert / Sand 1982, S. 101 u. S. 104).

Allein diese wenigen Zeilen lassen erkennen, wie weit gespannt das Feld der erzählerischen Möglichkeiten ist. Gottgleich kann ein Autor in seiner Schöpfergewalt, in seiner Unparteilichkeit oder in seiner Allwissenheit sein. Zugleich ähnelt er in seiner Teilnahmslosigkeit jedoch einem wissenschaftlichen Beobachter, der nicht in die Verhältnisse eingreift und von seiner persönlichen Befindlichkeit absieht. Neben der unpersönlichen Erzählweise, die Flaubert favorisiert, gibt es aber offenbar auch die Möglichkeit, den Verfasser selbst oder die Erzählfiguren, denen er sich bedient, mit ihren Empfindungen ins Spiel zu bringen und als Persönlichkeiten zu inszenieren. In diesem Fall muß sich der Leser nicht nur in die dramatis personae der Geschichte, sondern auch in die Lage ihrer Vermittlungsinstanzen versetzen und damit auf zwei Ebenen die geistige Anstrengung des Autors nachvollziehen, der entweder hinter den Kulissen oder auf offener Bühne Regie führt.

2. Der »point of view«

2.1 Henry James' »scenic method«

Es ist der in Amerika geborene und später in Frankreich und England lebende Henry James (1843-1916) gewesen, der Flauberts Idee der »impassibilité« aufgegriffen und eine neue, folgenreiche Wendung gegeben hat. Für ihn war die szenische Methode sowohl auf das äußere Geschehen als auch auf das Bewußtsein der Beobachter bezogen, die vom Autor als Berichterstatter oder Augenzeugen eingesetzt werden. Erst unter diesem Gesichtspunkt läßt die szenische Methode des Verfassers, der auf persönliche Kommentare verzichtet und die Erzählung an eine im Mittelpunkt oder am Rande des Geschehens stehende Figur delegiert, den dramatischen Charakter des äußeren und inneren Lebens hervortreten. Daß die szenische Methode für James in der »ut pictura poiesis«-Tradition stand, wird klar, wenn es in seinem Aufsatz »Die Kunst des Romans« heißt:

»die Analogie zwischen der Kunst des Malers und der Kunst des Romanschriftstellers ist, soweit ich sehen kann, vollkommen. Ihre Inspiration ist dieselbe, ihr Schaffensprozeß (die unterschiedliche Qualität ihrer Ausdrucksmittel berücksichtigend) ist derselbe, ihr Gelingen ist dasselbe. Sie können voneinander lernen, sie können einander erklären und unterstützen.« (James 1984, S. 7f).

Im selben Aufsatz betont James die Abhängigkeit aller Weltbilder von bestimmten Blickwinkeln und Standorten sowie die Notwendigkeit verschiedene Erzählperspektiven auszuprobieren und zu vergleichen:

»Kunst lebt von Diskussion, vom Experiment, vom Wissensdrang, von der Variation der Versuche, vom Austausch der Ansichten und dem Vergleich der Standpunkte.« (ebd. S. 6).

Indem sich Henry James in seinen Romanen und Erzählungen auf ein persönliches Medium und dessen beschränkte Sicht der Dinge einließ, sorgte er dafür, daß sich auch seine Leser so unmittelbar wie möglich auf das äußere und innere Drama der Figuren einstellen. Die einzige Verpflichtung des Romans liege darin, interessant zu sein, meinte James. Nimmt man den Ausdruck »interessant« wörtlich als »mitten drin sein«, wird klar, warum James stets darauf bedacht war, seine Erzählung auf den Blickwinkel eines Handlungsträgers oder den Standort eines Augenzeugen zu fokussieren, denn: »Ein Roman ist in seiner weitesten Bestimmung ein persönlicher, ein unmittelbarer Eindruck vom Leben.« (ebd. S. 13).

Der Preis für den Facettenreichtum der persönlichen Erfahrung und die damit verbundene Illusion der Unmittelbarkeit besteht also darin, die Grenzen eines einzelnen Bewußtseins oder die Beschränkungen einiger weniger Reflexionsinstanzen unter den dramatis personae zu akzeptieren. Entscheidend ist, daß die Weltdarstellung, sobald sie in dieser Art und Weise an das menschliche Wahrnehmungs- und Vorstellungsvermögen gebunden ist, unabschließbar wird. Henry James war sich darüber vollkommen im klaren. Er schrieb:

»Erfahrung ist nie begrenzt und nie abgeschlossen, sie ist eine unermeßliche Sensibilität; eine Art riesiges Spinnengewebe aus feinster Seide durchzieht schwebend die Kammer des Bewußtseins und fängt jedes in der Luft befindliche Teilchen in seinem Netz.« (ebd. S. 16).

Einerseits war der Bereich des Erzählbaren für James durch das menschliche Empfindungs- und Fassungsvermögen beschränkt; andererseits mußte die Auswahl, die das Bewußtsein des Erzählers trifft, seiner Meinung nach »sinnbildlich« sein (ebd. S. 25). In James' Erzählungen und Romanen geht es folglich um das Wechselspiel zwischen einer möglichst differenzierten Wahrnehmung und der künstlerischen Integration der einzelnen Erfahrungsmomente, um das Problem einer Reduktion der Weltkomplexität durch Bewußtseinsfilter, die auf den Einschluß des Typischen und den Ausschluß des Untypischen bedacht sind. Ausgefiltert wird dabei auch, was unanschaulich ist, was über die Formen der Zeit und des Raums nicht vermittelt werden kann. Daher erklärte James in seinem Aufsatz über »Die Zukunft des Romans«:

»Der Roman ist von allen Bildern das umfassendste und elastischste. Er wird sich überall hin erstrecken, er wird absolut alles in sich aufnehmen. Alles, was er benötigt, sind ein Gegenstand und ein Maler. Und zum Gegenstand hat er großartigerweise das gesamte menschliche Bewußtsein.« (ebd. S. 37).

2.2 Lubbocks *Craft of Fiction*

Ob die Weltausschnitte nun als Bewußtseinsszenen oder als Spiegelbilder eingerichtet sind – in der Erzählkunst werden, wie Percy Lubbock im Anschluß an James befand, alle methodischen Probleme vom »point of view« aus gelöst, denn aus der Antwort auf die Frage, in welcher Beziehung der Erzähler zur Geschichte steht, ergebe sich alles weitere (vgl. Lubbock 1921, S. 251). Es war diese Zuspitzung, die den Ausdruck »point of view«, der bereits seit 1866 belegt ist, zur Kardinalkategorie der modernen Erzählforschung gemacht hat. Dabei ist der Gegensatz von »showing« und »telling«, den Lubbock mit ihr verbindet, nicht so aufzufassen, daß das eine ein jederzeit kunstvolles und das andere stets ein kunstloses Erzählverfahren ist.

Die Kunstfertigkeit eines Erzählers, die Lubbock 1921 in seinem Buch *The Craft of Fiction* beschreiben wollte, beruht eher darin, »showing« und »telling« so auszutarieren, wie es die Geschichte erfordert. Die als »showing« und »telling« bezeichneten Verfahren lassen sich auch nicht einfach mit dem verrechnen, was Lubbock »picture and drama« nannte, wenn man diese Begriffe mit Standbild und Geschehensdarstellung wiedergibt. Offenbar hat Lubbock nicht hinreichend zwischen dem Gegenstand und der Art und Weise der Darstellung unterschieden. In einem Roman kann es statische und dynamische Situationen, beschauliche Szenen, turbulente Ereignisse und dramatische Dialoge geben, die sich allesamt ebensogut raffend oder zusammenfassend nacherzählen wie beschreibend vergegenwärtigen lassen. Es kommt bei der Entscheidung für ein bestimmtes Vermittlungsverfahren stets darauf an, welchen Eindruck der Erzähler erzeugen will und welchen Stellenwert die entsprechende Partie im Bedeutungsaufbau seiner Geschichte haben soll.

Lubbocks Erörterung des »point of view« erinnert in mancher Hinsicht an die antike Unterscheidung von »mimesis« und »diegesis«. Dort nämlich, wo in einem Erzähltext das »showing« das »telling« so überwiegt, daß der Leser die Anwesenheit des Erzählers vergißt und die dargestellte Szene wahrnimmt, als ob sie sich unmittelbar vor seinen Augen abspielen würde, liegt eine Mimesis der natürlichen Einstellung vor. Wird der Zuhörer oder Leser dagegen von der Szene zurückgerufen und auf den Autor und seine Behauptungen gestoßen, hat er es mit einer diegetischen Darstellung zu tun (vgl. ebd. S. 251).

An der gleichen Stelle weist Lubbock darauf hin, daß manche Erzähler in der Geschichte, die sie vortragen, selbst eine Rolle spielen. In diesem Fall spricht er von einem ›dramatisierten Autor‹. Das ist insofern keine glückliche Wortwahl, als der Erzähler ja nicht unbedingt der Verfasser oder Urheber der Geschichte sein muß. Gleichwohl macht die Unterscheidung von dramatisierten und nicht dramatisierten Erzählern Sinn. Zu bedenken ist dabei jedoch, daß eine Dramatisierung nicht unbedingt bedeuten muß, daß der Erzähler auf der Ebene der dargestellten Handlung mit den Figuren seiner Geschichte interagiert. Seine dramatische Funktion kann auch auf der Ebene der Darstellung bzw. Vermittlung liegen. Cervantes zum Beispiel spielt seinen Haupterzähler im *Don Quijote* immer wieder gegen den fiktiven Chronisten Sidi Hamét Benengelí aus, der die

Geschichte des traurigen Ritters angeblich überliefert hat, weshalb sich der eigentliche Erzähler schon in der Vorrede zum ersten Teil des Romans nur als Stiefvater des Titelhelden bezeichnet.

2.3 Booths *Rhetorik der Erzählkunst*

Die Vorrede des *Don Quijote* ist ein gutes Beispiel für einen dramatischen Dialog, der den rhetorischen Charakter aller Erzählkunst veranschaulicht. Sie beginnt mit einer Anrede des Lesers, dem sogleich im Text ein Double, der Gesprächspartner des erzählenden Ich, zur Seite gestellt wird. Mit diesem Partner unterhält sich der Stiefvater des *Don Quijote* über die Schwierigkeiten, eine Vorrede zu verfassen, die den empirischen Interpreten auf die nachfolgende Geschichte einstimmt.

Der Vorredenschreiber ist nun tatsächlich das, was man einen dramatisierten Autor nennen könnte. Im weiteren Verlauf des *Don Quijote* tritt er zwar noch als Kommentator, aber nicht mehr als Mitglied des Figurenensembles auf. Er mutiert also an der Schwelle zwischen Vorrede und Haupttext zu jenem implizierten Autor, von dem sich der Leser des Romans dank seiner Erzählweise zwar ein gewisses Bild macht, dessen Personalität im Text aber nicht explizit beschrieben wird. Der Ausdruck »implied author« stammt von Wayne C. Booth, der dazu in seinem Buch *The Rhetoric of Fiction* ausführt:

»Selbst ein Roman, in dem kein Erzähler dramatisiert ist, läßt implizit das Bild von einem Autor entstehen, der hinter den Kulissen steht – sei es als Regisseur, Marionettenspieler oder indifferenter Gott – und sich schweigend die Fingernägel schneidet. Dieser implizierte Autor unterscheidet sich immer – für was wir ihn auch halten mögen – von dem ›realen Menschen‹« (Booth 1974, S. 156), der den Roman verfaßt hat.

Während Flauberts indifferenter Gott vollkommen unsichtbar bleibt, hat Cervantes das Verhältnis von Marionette und Puppenspieler im *Don Quijote* anschaulich in Szene gesetzt, indem er Gines de Pasamonte zunächst als verlogenen Schelm und dann als Schausteller und Puppenspieler auftreten läßt. Ähnlich wie Gines lassen sich im Prinzip alle Figuren, die eine narrative Funktion ausüben, anhand ihrer Zuverlässigkeit oder Unzuverlässigkeit charakterisieren. Während der Schelm stets ein »unreliable narrator« ist, sind die meisten Novellenerzähler im *Don Quijote* »reliable«. Zumindest kann man von ihnen nicht sagen, daß sie ihre Zuhörer vorsätzlich hinters Licht führen.

Bemerkenswert ist, daß die Unterscheidung zwischen zuverlässigen und unzuverlässigen Erzählern ebenso wie die Unterscheidung zwischen dramatisierten und nicht dramatisierten Erzählern unabhängig davon gilt, ob die Geschichten in der Ich- oder in der Er/Sie-Form dargeboten werden (vgl. ebd. S. 160). In jedem Fall ist bei einer Erzähltextanalyse jedoch das Verhältnis der einzelnen Vermittlungsinstanzen zueinander sowie ihre Distanz den handelnden Figuren gegenüber zu bestimmen (vgl. ebd. S. 161). Dabei lohnt es sich unter Umständen auch, einen Blick auf die ›Privilegien‹ der Erzähler zu werfen. Einige von ihnen genießen das Vorrecht, die Gedanken und Empfindungen der dramatis personae lesen zu können, andere vermögen lediglich zu beschreiben, was auch jeder Normalsterbliche an ihrer Stelle sehen würde (vgl. ebd. S. 166).

Die vielfältigen Gestaltungsmöglichkeiten, die Booth erwähnt, sollten von vornherein zu einer gewissen Skepsis gegenüber allen Versuchen führen, die dynamischen Verfahren der Erzählkunst auf einige typische Situationen festzulegen, die an mehr oder weniger statisch definierte Blickwinkel und Standorte gebunden sind. Wichtig ist vielmehr, daß jeder Erzähler eine bestimmte Vermittlerrolle spielt, die rhetorischen Zwecken dient und sich im Verlauf des narrativen Diskurses erheblich wandeln kann. Im übrigen ändert sich am rhetorischen Charakter aller Erzählkunst nichts, wenn der Verfasser mehrere Erzähler auftreten und einander widersprechen läßt. Im Gegenteil: Sobald ein Text mehrere Versionen von einer Geschichte anbietet, wird offensichtlich, daß seine narrativen Instanzen den Leser bewußt oder unbewußt zu beeinflussen suchen.

Die Pointe der Erzählrhetorik besteht natürlich darin, daß dem Rollenspiel des Verfasses, der die diversen Masken des implizierten Autor, der dramatisierten oder nicht-dramatisierten, der zuverlässigen oder unzuverlässigen Erzähler aufsetzen kann, auf der Seite des Lesers ein ähnlich differenzierter Part entspricht. Der implizierte Leser ist dem Text gewissermaßen wie ein Platzhalter für den empirischen Interpreten eingeschrieben, der natürlich längst nicht immer die Idealbesetzung darstellt. Überall dort, wo sich der Haupterzähler von einer untergeordneten Instanz vertreten läßt, findet auch der Leser einen entweder dramatisierten oder nicht-dramatisierten Adressaten, in dessen Lage er sich vorübergehend versetzt. Im *Don Quijote* ist dies häufig die Hauptfigur selbst, der eine Novelle oder Räuberpistole erzählt wird. Da sich kaum ein realer Leser vorbehaltlos mit der traurigen Gestalt des fahrenden Ritters identifizieren mag, fällt es dem empirischen Interpreten leicht, eine Lesart der Geschichte zu entwickeln, die jene Fehlinterpretationen vermeidet, zu denen Don Quijote neigt.

Man sieht: Die Möglichkeiten der Lesersteuerung sind überaus vielfältig und oft sehr subtil. So anregend die *Rhetoric of Fiction* allerdings auch in dieser Hinsicht ist, Booth selbst ging es zunächst einmal darum, den von Lubbock genährten Eindruck zu korrigieren, Henry James wäre es um die Abschaffung des Autors bzw. um die Schaffung einer gänzlich unrhetorischen Erzählkunst gegangen. Was er wirklich im Sinn gehabt habe, sei eine intensive Illusionsbildung gewesen, ohne deswegen in der Fiktion auf die Komplexität der geistigen und moralischen Realität verzichten zu müssen (vgl. ebd. S. 58). Es könne jedoch »keine Intensität der Illusion geben, wenn der Autor gegenwärtig ist und uns ständig an seine natürliche Allwissenheit erinnert. Ja, ohne Ungewißheit kann die Illusion, es handle sich um Wirklichkeit, nicht entstehen« (ebd. S. 49); erst diese Ungewißheit nämlich verleiht dem Text die Illusion des Alltäglichen und Menschlichen, die der gottgleiche Erzähler zerstört. James ging häufig sogar so weit, ein trübes Medium zu verwenden, das, wie Booth sagt, »selbst keinen klaren Blick hat.« (ebd. S. 20).

2.4 Friedmans Stufenskala des »point of view«

Es liegt nahe, die verschiedenen Ausprägungen, die der ›point of view‹ erfahren kann, auf einer Stufenskala abzutragen, die von der Allwissenheit bis zur Bewußtseinstrübung, von der absoluten Distanz eines teilnahmslosen Er-Erzählers bis zur ausweglosen Verstrickung eines Ich-Erzählers in seine eigene Geschichte reicht. Eine solche Stufenskala hat Norman Friedman in seinem Aufsatz »Point of View in Fiction. The Development of a critical concept« 1955 entwickelt. Seiner Ansicht nach gibt jede Erzählperspektive Antwort auf drei Fragen. Die erste lautet: wer wendet sich in welcher grammatikalischen Person an den Leser – ist es der Autor oder eine Figur der Geschichte, handelt es sich um eine Ich- oder um eine Er-Erzählung? Die zweite Frage betrifft die Position, von der aus die Geschichte in den Blick kommt. Liegt diese Position innerhalb oder außerhalb der Figurenwelt, in ihrem Zentrum oder an ihrer Peripherie, ist sie starr oder veränderlich? Drittens muß geklärt werden, ob dem Leser die Worte, Gedanken, Wahrnehmungen und Empfindungen des Autors oder die einer Figur übermittelt werden bzw. in welchem Verhältnis sich ihre Blickwinkel überschneiden. Im Ergebnis führt die Auswahl und Verbindung einiger dieser Möglichkeiten, dazu, daß sich die Leser jeweils in einer bestimmten Art und Weise auf die Geschichte und die Figuren der Erzählung einstellen. Der ›point of view‹ bestimmt also die perspektivische und emphatische Mimesis des Textinterpreten.

Friedman beschränkte seine Stufenskala auf acht Ausprägungen. Die höchste Stufe nannte er »editorial omniscience«. Diese Form der Allwissenheit zeichnet all jene gottgleichen Er-Erzähler aus, deren Stimme im Text allgegenwärtig ist, die einen souveränen Einblick in die Innen- und Außenwelt der Figuren haben und die Handlung unter übergeordneten Gesichtspunkten kommentieren. Hält sich der Erzähler mit seinen Kommentaren zurück, ohne auf das Privileg der Allwissenheit zu verzichten, liegt »neutral omniscience« vor. Gehört der Erzähler hingegen der erzählten Welt auch in dem Sinne an, daß er nicht mehr als jeder andere Normalsterbliche wissen und nur für sich sprechen kann, so gibt es grundsätzlich zwei Möglichkeiten: Entweder der Ich-Erzähler ist nur ein Zeuge des Geschehens oder er ist selbst eine Hauptperson der Geschichte. Friedman unterschied daher »I as witness« und »I as protagonist«. Wenn nicht eindeutig zu entscheiden ist, ob die Geschichte aus der Sicht einer der dramatis personae oder aus dem Blickwinkel einer dem Geschehen enthobenen Vermittlungsinstanz erzählt wird, hat es der Leser mit der sog. »selective omniscience« zu tun. Diese eingeschränkte Allwissenheit, die sowohl mit der Ich- als auch mit der Er/Sie-Form vereinbar ist, kann wiederum zwei Ausprägungen annehmen, je nachdem ob sie auf den Standort einer einzigen Figur bezogen oder – wie bei der »multiple selective omniscience« auf mehrere Figuren verteilt ist. Auf jeden Fall lassen diese beiden Erzählweisen Rückschlüsse sowohl auf die Innen- als auch auf die Außenwelt der Figuren zu. Jene Art der Darstellung, die sich auf die zumeist szenische Schilderung der Außenwelt konzentriert und die Innenwelt weitgehend ausspart, bezeichnete Friedman als »dramatic mode«. Im Unterschied zu der dramatischen Anordnung der Vorfälle, auf die es bei diesem Erzählverfahren ankommt, verzichtet »the camera« scheinbar selbst noch auf diese Gestaltungsmöglichkeit. In dieser Erzählperspektive wird nur registriert, was in einem bestimmten Blickfeld geschieht, d.h. der Spielraum des Erzählers ist auf den Radius der Kamera reduziert und somit denkbar weit von der höchsten Stufe der Allwissenheit, der »editorial omniscience«, entfernt (vgl. Friedman 1955, S. 1168-1179).

So plausibel Friedmans Stufenskala auf den ersten Blick auch wirkt – sie stellt weder die einzig mögliche noch eine in jeder Hinsicht unproblematische Differenzierung dar. Bedenklich ist vor allem, daß Friedman an der Idee einer ›simple narration‹ festhielt und daher meinte, den allwissenden Erzähler mit dem Autor der Geschichte gleichsetzen zu dürfen. Es empfiehlt sich daher, seinen Ansatz durch Booths Unterscheidungen zwischen dem realen Verfasser, dem implizierten Autor und den dramatisierten oder nicht-dramatisierten Erzählern zu ergänzen. Und selbstverständlich kann man die acht Stufen einer weiteren Gliederung unterziehen, wenn es darum geht, die Feinheiten einer bestimmten Erzählperspektive herauszuarbeiten.

Zusammen genommen bieten Friedman und Booth jedoch eine Terminologie, die sich relativ undogmatisch handhaben läßt. Gerade weil Booth auf den rhetorischen Charakter der Auswahl eines bestimmten ›point of view‹ hingewiesen hat, ist durch die Berücksichtigung seiner Argumentation gewährleistet, daß Friedmans Stufenskala nicht nur zur Klassifikation, sondern auch zur Sensibilisierung für die unterschiedlichen Gestaltungs- und Wirkungsmöglichkeiten der narrativen Optik eingesetzt wird.

Zu bedenken ist auch, daß die thematischen Vorentscheidungen, die eine Erzählperspektive für den Leser trifft, stets an bestimmte Werthaltungen gebunden sind. Wie immer die Rollenverteilung zwischen dem implizierten Autor, den Haupt- und Nebenerzählern sowie den verschiedenen Handlungsträger im einzelnen geregelt ist – sie generiert unterschiedliche Auffassungsperspektiven, die selbst dann, wenn sie im Text nicht ausdrücklich beschrieben werden, auslegungsrelevant werden können. Gerade dann, wenn es die Leser mit einem unzuverlässigen Ich-Erzähler zu tun haben, verständigen sie sich, wie im Schelmenroman, oft über dessen Kopf hinweg mit dem implizierten Autor, der die Sicht seines Sprachrohrs mit gewissen Vorbehalten versieht.

Aber auch zuverlässige Erzähler sind niemals gänzlich neutral. Jede Darstellung läßt aus und verkürzt, akzentuiert und fokussiert (vgl. Baumgart 1970, S. 31). Das Dargestellte erhält dadurch ein interessantes, d.h. von bestimmten Erkenntnisinteressen und Wertvorstellungen geprägtes Profil. Ein kritischer Leser wird diese Konturen bemerken und sich mit ihrer Hilfe ein Bild vom Standort des Erzählers machen. Tatsächlich bedeutet ›point of view‹ ja nicht nur ›standpoint‹, sondern auch ›opinion‹ und ›outlook‹. Daher umfaßt jede Erzählperspektive mit ihren Voreinstellungen auch Meinungen und Auffassungen – zumindest erschöpft sie sich nicht darin, die Welt vollkommen interesselos zu erfassen.

Von Bertil Romberg, der auf diese Begriffsimplikationen hingewiesen hat (vgl. Romberg 1962, S. 12), stammt eine mit Friedmans Stufenskala vergleichbare Liste, den ›point of view‹ zu gestalten. Danach kann der Autor erstens allwissend und allgegenwärtig, zweitens in seiner Darstellung auf den Bewußtseinsumfang eines Charakters oder mehrerer Figuren und deren Innenleben eingeschränkt und drittens wie ein behavioristischer Beobachter oder eine Filmkamera darauf ausgerichtet sein, lediglich zu protokollieren, was man von außen sehen kann (vgl. ebd. S. 27). Die olympische Perspektive der Allwissenheit läßt sich als heuristische Fiktion verstehen: Autor und Leser einigen sich in diesem Fall stillschweigend, die Welt einmal so zu betrachten, als ob es für sie keine Geheimnisse gäbe. Alles liegt vor ihnen wie ein aufgeschlagenes Buch, in dem man mühelos auch die Gedanken und Empfindungen anderer Menschen lesen kann.

3. Ich- und Er-Romane

3.1 Rombergs Definition des Ich-Romans

Während der teilnahmslose Beobachter und die Kameraeinstellung konsequenterweise eine Erzählung in der Er/Sie-Form verlangen, gibt es dort, wo sich der Autor auf die beschränkte Sicht einer oder mehrerer Figuren einläßt, rein grammatikalisch betrachtet, zwei Möglichkeiten. Der Verfasser kann die 3. Person Singular beibehalten, er kann aber auch die 1. Person Singular wählen. Romberg definiert die ›first person novel‹ als einen Roman, der die ganze Zeit von einer Romanfigur erzählt wird, so daß der eigentliche Urheber der Geschichte aus dem Blickfeld des Lesers verschwindet (vgl. Romberg 1962, S. 4). In dieser Definition grenzen die Worte »die ganze Zeit« den Ich-Roman von jenen narrativen Texten ab, in denen Ich-Erzähler zwar als untergeordnete Vermittlungsinstanzen auftreten, mit ihren Geschichten aber in eine Er- oder Sie-Erzählung eingebettet sind. Zu unterscheiden sind nach Romberg ferner Ich-Romane, in denen der Erzähler eine Haupt- und Ich-Romane, in denen der Erzähler nur eine Nebenrolle spielt. Dabei entspricht die Nebenrolle häufig der des Zeugen, so daß diese Unterscheidung an Friedmans Distinktion von »I as protagonist« und »I as witness« erinnert.

Unabhängig von der Frage nach der Ich- oder Er/Sie-Form ist die Frage nach der epischen Situation zu beantworten. Während der ›point of view‹ die Auffassung der Geschichte durch den Erzähler betrifft, gibt ›the epic situation‹, Romberg zufolge, Auskunft darüber, ob die Geschichte mündlich oder schriftlich vermittelt wird, und ob der Standort des Erzählers außerhalb oder innerhalb der erzählten bzw. fiktiven Welt liegt (vgl. ebd. S. 33). Ich- und Er-Roman unterscheiden sich also sowohl im Hinblick auf den ›point of view‹ als auch im Hinblick auf die epische Situation. Während im Ich-Roman eine personale Identität zwischen dem erzählenden und dem erzählten Ich besteht, gibt es im Er- oder Sie-Roman scheinbar keine personale Identität zwischen dem Erzähler und irgendeiner Figur (vgl. ebd. S. 35). Dieser Eindruck ist jedoch nicht immer stichhaltig, da es durchaus Erzähltexte in der Er- oder Sie-Form geben kann, bei denen sich der Erzähler von seiner eigenen Person mit Hilfe der 3. Person Singular distanziert. Ein bekanntes Beispiel dafür ist die *Blechtrommel* von Günter Grass. Man darf die epische Situation und die Erzählperspektive mithin nicht nur grammatikalisch betrachten. Vielmehr gehört die Wahl der grammatischen Person bereits zu den auch psychologisch markanten Strukturmomenten einer jeden narrativen Optik bzw. Erzählrhetorik.

So wie die Allwissenheit eine heuristische Fiktion darstellt, die eine imaginäre Verständigung über die Welt von einem gleichsam archimedischen Punkt aus ermöglicht, fördert die Ich-Erzählung in der Regel die Illusion, es mit einer wahren Geschichte zu tun zu haben. Das Problem der Erzählperspektive berührt somit den gesamten Bereich der narrativen Illusionsbildung und ihrer Glaubwürdigkeit. Ein Ich-Erzähler dient zumeist der Authentifizierung des Erzählten, d.h. er erfüllt eine strategische Funktion im Rahmen der ›rhetoric of dissimulation‹ (Booth), die den simulatorischen Charakter der Fiktion verschleiern und als wahr oder wahrscheinlich ausgeben soll, was bloß erfunden ist.

Demgegenüber ist die relative Künstlichkeit zumindest jener Er-Erzähler, die alles wissen, oft mit der metafiktionalen Demonstration des inauthentischen Charakters der erzählten Geschichte verbunden. Auch in dieser Hinsicht muß man sich jedoch vor einfachen Gegensätzen hüten. Nicht nur Fieldings Er-Erzähler im *Tom Jones*, auch der Ich-Erzähler von Sternes *Tristram Shandy* läßt kaum eine Gelegenheit zur autoreflexiven Thematisierung seiner Erzählakte aus.

3.2 Forsters Konzept des Standortwechsels

Die Unmöglichkeit, alle Spielarten der Fiktion und das gesamte Spektrum der narrativen Optik in einen binären Schematismus zu überführen, lehrt, daß es beim Erzählen wie bei der Romanlektüre darum geht, die Dynamik jedes Vermittlungsvorgangs zu beachten. Standorte werden gewechselt, Blickwinkel verändert und Meinungen ausgetauscht. So wie sich die Auffassungen der Figuren im Verlauf der Geschichte wandeln, stellt auch die epische Situation keine statische Einrichtung dar. Bezeichnenderweise war es denn auch ein Praktiker, der Romanschriftsteller E. M. Forster, der gerade die Beweglichkeit des ›point of view‹ hervorgehoben hat. In seinen *Ansichten des Romans* schrieb er:

»Ich halte die Fähigkeit, die Wahrnehmung zu weiten und zu verengen (wofür der Standortwechsel symptomatisch ist), dieses Recht auf zeitweilig aussetzende Erkenntnisfähigkeit, für einen der großen Vorteile der Romanform; es hat seine Parallele in unserer Wahrnehmung des Lebens.« (Forster 1962, S. 87).

Diese Parallele beutet nicht nur der realistische Roman aus, der die Art und Weise, wie die Menschen sich und ihre Welt wahrnehmen, so lebensecht wie möglich nachahmt. Auch dort, wo nicht realistisch erzählt wird, würde ein gänzlich unbeweglicher ›point of view‹ den Leser rasch ermüden und den Text steril erscheinen lassen. Man kann daher die Unterscheidung zwischen runden und flachen Charakteren, die Forster zur Beschreibung der Handlungsträger vorgeschlagen hat, auch auf die Perspektivträger oder Erzähler anwenden. »Das Kennzeichen für einen runden Charakter ist, ob er uns in überzeugender Weise zu überraschen vermag. Überrascht er uns nie, ist er flach.« (ebd. S. 84). In ähnlicher Weise wird auch eine Darstellung, die keine neuen Blickwinkel und keine überraschenden Einsichten eröffnet, als flach empfunden, während ein interessanter Erzähler seine Gegenstände aus wechselnden Perspektiven umkreist und immer wieder nach neuen Ansichten Ausschau hält.

3.3 Spielhagens Plädoyer für den Er-Roman

Ein wichtiges Ergebnis der bisherigen Erörterung zum ›point of view‹ lautet, daß die grammatikalische Differenz von Ich- und Er-Form nicht automatisch Rückschlüsse auf die psychologische Position des Erzählers und die kognitive Dimension der epischen Situation zuläßt. Das betrifft insbesondere den Gegensatz von Subjektivität und Objektivität, den der Romanschriftsteller Friedrich Spielhagen (1829-1911) für die Unterscheidung von Ich- und Er-Roman in Anspruch genommen hatte. Rein formal betrachtet, nahm Spielhagen Rombergs Beschreibung dieser Unterscheidung vorweg, als er »einen Roman, dessen Held als Selbsterzähler auftritt, einen Ich-Roman« nannte und damit von den Romanen absetzte, »in welchen der Held eine dritte Person ist, dessen Schicksale uns von dem Dichter erzählt werden« (Spielhagen 1883, S. 131). Da Spielhagen vom epischen Dichter jedoch, »die strikteste Observanz des Gesetzes der Objektivität« (ebd. S. 62) verlangte, sprach er sich gegen die Subjektivität aus, die ein Ich-Erzähler nun einmal nicht vermeiden kann.

Diese Verurteilung des Ich-Romans beruhte auf vier Grundsätzen der Romankunst, die Spielhagen für unabänderlich hielt. Der erste von ihnen besagte, daß der Gegenstand der epischen Phantasie nichts Geringeres als die Welt sei, daß also der epische Erzähler danach strebe, seinen Lesern ein möglichst umfassendes Weltbild zu geben. Der Gegensatz dazu lautete zweitens, daß dieses maßlose Streben der notwendigen Begrenzung aller Kunstwerke auf das Machbare widerstreite. Daraus folgte für Spielhagen drittens, daß ein Text diese Gegensätze immer nur annähernd aufheben könne. Als Schlußsatz ergab sich für ihn aus dem stets prekären Gleichgewicht von Welt- und Kunstanspruch, daß dieses Gleichgewicht nur zu erreichen bzw. aufrecht zu erhalten sei, wenn der epische Dichter die Welt so objektiv wie möglich schildert (vgl. ebd. S. 133f).

Während sich Henry James etwa zur gleichen Zeit für die szenische Methode entschied, um die Fülle des subjektiven Welterlebens intersubjektiv nachvollziehbar zu gestalten, sprach sich Spielhagen für jene »Methode der Beobachtung« (ebd. S. 158) aus, die sich von Vorfall zu Vorfall bewegt und daher durch und durch »induktorisch« sei (vgl. ebd. S. 168). Das bedeutet nun keinesfalls, daß der Roman ein absolut objektives Weltbild installiert. Spielhagen erklärte vielmehr: »›Ich war immer der Meinung ‹ – das ist der recht eigentliche Anfang für den Roman.« (ebd. S. 174). Nur müsse diese Meinung eben im Roman, der ein Kunstwerk sein wolle, objektiviert werden. Genau dieser Objektivierung diene die Verwandlung des ›Ich‹ in ein ›Er‹. »Verwandelt sich nun das Er wieder zurück in ein Ich, so kann es selbstverständlich das alte, erfahrungsmäßige, naive, enge und beschränkte Ich nicht mehr; so muß es ein neues, künstlich seiner Beschränkung enthobenes, reflektiertes sein.« (ebd. S. 203).

Wo diese doppelte Verwandlung der persönlichen Meinung erst in die Objektivität der Erzählkunst und dann in die Subjektivität eines fiktiven Bewußtseins gelingt, bietet der Ich-Roman gegenüber dem Er-Roman den Vorteil einer Vermittlungsinstanz, die zugleich in Aktionen und in Reflexionen verstrickt ist (vgl. ebd. S. 208f) und insofern James' Ideal einer möglichst intensiven Vergegenwärtigung des Welterlebens äußerst nahekommt. Dieser mögliche Vorteil kann dem Kunstwerk, wie Spielhagen meinte, allerdings rasch zum Nachteil ausschlagen – zum einen wegen »des Mißbrauchs der dem Dichter-Subjekt durch den Ich-Roman gewährten Freiheit« (ebd. S. 235), und zum anderen aufgrund der relativen Unnatürlichkeit einer perspektivischen Verknüpfung der unbeschränkten dichterischen Verfügungsgewalt mit der Beschränktheit einer jeden natürlichen Person:

»Auch der Ich-Roman kommt ohne die Allgegenwart und Allwissenheit des Dichters nicht zustande; aber – und dies ist der verhängnisvolle Unterschied – der Dichter, der zugleich Held, d.h., ein Mensch ist und nicht an eine Gottheit oder abstrakte göttliche Kraft appellieren darf – muß diese seine Gegenwart, dieses sein Wissen in jedem Fall legitimieren.« (ebd. S. 236).

3.4 Die Mittelbarkeit allen Erzählens

Das Problem des Ich-Romans lag für Spielhagen in seiner mangelhaften Glaubwürdigkeit. Sinnvoll ist diese Kritik nur, wenn man die gottgleiche Erzählperspektive trotz ihrer offensichtlichen Künstlichkeit für das natürliche Vorrecht der Dichtung hält, wenn man also davon ausgeht, daß sich der Kunstanspruch des Romans nur dort verwirklichen läßt, wo sein Urheber seine Schöpfergewalt nicht an ein abhängiges Geschöpf delegiert. Geht man jedoch davon aus, daß auch der Autor den üblichen Beschränkungen des menschlichen Bewußtseins unterworfen ist, dem die Dinge nicht an sich, sondern immer nur im Rahmen der von Kant untersuchten Anschauungsformen und Verstandesbegriffe gegeben sind, erweist sich die vermeintliche Objektivität des Er-Romans als Illusion.

Von dieser Warte aus symbolisiert jeder Erzähler, wie Käte Friedemann 1910 gegen Spielhagen eingewendet hat, »die uns seit Kant geläufige erkenntnistheoretische Auffassung, daß wir die Welt nicht ergreifen, wie sie an sich ist, sondern wie sie durch das Medium eines betrachtenden Geistes hindurchgegangen« (Friedemann 1965, S. 26). Jede Erzählung sagt daher nicht nur etwas über ihre Objekte, sondern auch über die Subjekte aus, die diese Gegenstände so oder so auffassen. Ob die Vermittlungsinstanz sich der Ich- oder Er/Sie-Form bedient, sie einen persönlichen oder einen unpersönlichen Eindruck hinterläßt – ihren medialen Charakter kann sie unter keinen Umständen verleugnen.

Sowohl innerhalb als auch außerhalb der Erzählkunst gilt daher die Einsicht, daß der Mensch keine Welt unabhängig von irgendeiner Beschreibungsweise oder Lesart haben kann, daß er sich immer nur mittelbar über bestimmte Versionen und nie unmittelbar auf die Welt an sich bezieht. Das Mittel dieser Bezugnahme sind die zumeist sprachlichen Zeichen, die der Erzähler verwendet – Zeichen, die jeweils eine Fremd- und eine Selbstreferenz aufweisen, weil sie etwas über das mit ihnen Bezeichnete und über die Art und Weise der Bezeichnung aussagen. Und da diese Art und Weise auch den Zeichenbenutzer kennzeichnet, fällt jede narrative Welt-Vermittlung auf den Vermittler, den Erzähler, zurück.

4. Typische Vermittlungssituationen

4.1 Stanzels *Theorie des Erzählens*

Die Mittelbarkeit jeder narrativen Welt-Gestaltung ist seit Käte Friedemanns Abhandlung *Die Rolle des Erzählers in der Epik* (1910) das Datum, von dem die Erforschung dieser Rolle ausgehen muß.

> »Wo eine Nachricht übermittelt, wo berichtet oder erzählt wird, begegnen wir einem Mittler, wird die Stimme eines Erzählers hörbar. Das hat bereits die ältere Romantheorie als Gattungsmerkmal, das erzählende Dichtung vor allem von dramatischer unterscheidet, erkannt.« (Stanzel 1991, S. 15).

Folgerichtig kommt Franz K. Stanzel, von dem diese Formulierung stammt, in seiner *Theorie des Erzählens*, die 1979 als Summa seiner seit 1955 in zahlreichen Aufsätzen vorgetragenen Überlegungen zum ›point of view‹ erschien, sofort auf Friedemanns Einspruch gegen Spielhagens Verurteilung des Ich-Romans zu sprechen, um sodann drei seiner Ansicht nach typische Erzählsituationen zu beschreiben. Jede dieser Situationen zeichnet sich dadurch aus, wie die Vermittlungsrolle des Erzählers gestaltet ist:

> »Für die Ich-Erzählsituation ist kennzeichnend, daß die Mittelbarkeit des Erzählens ihren Ort ganz in der fiktionalen Welt der Romanfiguren hat: der Mittler, das ist der Ich-Erzähler, ist ebenso ein Charakter dieser Welt wie die anderen Charaktere des Romans. Es besteht volle Identität zwischen der Welt der Charaktere und der Welt des Erzählers. [...]
> Für die auktoriale Erzählsituation ist charakteristisch, daß der Erzähler außerhalb der Welt der Charaktere steht; seine Welt ist durch eine ontische Grenze von jener der Charaktere getrennt. Der Vermittlungsvorgang erfolgt daher aus der Position der Außenperspektive, was weitreichende Konsequenzen für die Interpretation des so Erzählten im Vergleich zu einer Ich-Erzählung hat.
> In einer personalen Erzählsituation schließlich tritt an die Stelle des vermittelnden Erzählers ein Reflektor: Eine Romanfigur, die denkt, fühlt, wahrnimmt, aber nicht wie ein Erzähler zum Leser spricht. Hier blickt der Leser mit den Augen der Reflektorfigur auf die anderen Charaktere der Erzählung. Weil nicht ›erzählt‹ wird, entsteht in diesem Fall der Eindruck der Unmittelbarkeit der Darstellung. Die Überlagerung der Mittelbarkeit durch die Illusion der Unmittelbarkeit ist demnach das auszeichnende Merkmal der personalen Erzählsituation.« (ebd. S. 16f).

Bereits bei dieser ersten Beschreibung der Erzählsituationen fällt deren Unschärfe auf. Das betrifft zum einen die Unterscheidung eines Ich-Erzähler, der doch auch denkt, fühlt, wahrnimmt und den Leser die anderen Figuren mit seinen eigenen Augen sehen läßt, von der Reflektorfigur, und zum anderen ihre Unterscheidung vom auktorialen Erzähler, für den Stanzel ausdrücklich die Außenperspektive und damit genau jene Einstellung reklamiert, die auch verhindert, daß sich ein Ich-Erzähler oder Reflektor wirklich in andere Menschen hineinversetzen kann.

Die ontische Grenze, die den auktorialen Erzähler von der Welt der Figuren trennt, zu der Ich-Erzähler wie Reflektor gehören, hat für Stanzel offenbar nichts mit der grammatikalischen Unterscheidung zwischen Erzählungen in der ersten und in der dritten Person Singular zu tun, obwohl Stanzels Terminologie suggeriert, daß die Ich-Form die Ich-Erzählsituation definiert. Tatsächlich können Ich-Erzähler und Reflektorfiguren ebensogut Geschichten in der Er/Sie-Form erzählen, wie der auktoriale Erzähler – z.B. im *Tom Jones* – fähig ist, sich mittels der 1. Person Singular sowie der entsprechenden Pronomina auf die eigene Vermittlerrolle zu beziehen. Im übrigen ist nicht nur die auktoriale Erzählsituation durch die »Anwesenheit eines persönlichen, sich in Einmengungen und Kommentaren zum Erzählten kundgegebenden Erzählers« (ebd. S. 17) gekennzeichnet, bilden die Reflexionen und Kommentare, wie bereits Spielhagen bemerkte, doch auch ein Charakteristikum des Ich-Romans, der stets einen persönlichen Erzähler hat.

Einige der angedeuteten Schwierigkeiten entstehen durch Stanzels Zusammenfassung höchst unterschiedlicher Kategorien zu typischen Erzählsituationen, die einerseits terminologisch gegeneinander abgehoben werden müssen und andererseits alle nur denkbaren Möglichkeiten der narrativen Optik abdecken sollen. Im einzelnen handelt es sich dabei um die Kategorien der ›Person‹, des ›Modus‹ und der ›Perspektive‹:

Die Kategorie ›Person‹ betrifft den Gegensatz zwischen der Identität und der Nicht-Identität der Seinsbereiche von Erzähler und Charakter, die der ›Perspektive‹ die Opposition von Innen- und Außenperspektive und die des ›Modus‹ den Unterschied zwischen ›telling‹ und ›showing‹ (vgl. Stanzel 1978, S. 561). Ein nicht unerhebliches Problem ergibt sich bereits daraus, daß die Kategorie ›Person‹, die bei Stanzel per definitionem eine ontologische ist, nicht ohne weiteres grammatikalisch interpretiert und mit der Unterscheidung zwischen Erzählungen in der Ich- und in der Er/Sie-Form gleichgesetzt werden kann, obwohl Stanzel die Identität der Seinsbereiche zur differentia specifica der Ich-Erzählsituation erklärt. Dadurch entsteht der eigenartige Sachverhalt, daß es Ich-Erzählsituationen in der Er-Form geben kann. Ein solcher Sachverhalt liegt vor, wenn eine Figur, die zum Ensemble der Handlungsträger gehört, ihre eigene Geschichte oder die eines anderen Handlungsträgers in der 3. Person Singular vorträgt. Kaum weniger merkwürdig sind die Implikationen der Opposition von Innen- und Außenperspektive, die Stanzel folgendermaßen erklärt:

»Innenperspektive herrscht vor, wenn der Standpunkt, von dem aus die erzählte Welt wahrgenommen oder dargestellt wird, in der Hauptfigur oder im Zentrum des Geschehens liegt. Demnach findet sich Innenperspektive in der autobiographischen Form der Ich-Erzählung, im Briefroman, im autonomen inneren Monolog und im Bereich der personalen Erzählsituation. Außenperspektive herrscht vor, wenn der Standpunkt, von dem aus die erzählte Welt wahrgenommen oder dargestellt wird, außerhalb der Hauptfigur oder an der Peripherie des Geschehens liegt. Hierher gehören Erzähltexte mit auktorialer Erzählsituation oder mit einem peripheren Ich-Erzähler.« (Stanzel 1991, S. 150).

Aus dieser Explikation folgt, daß die Opposition von Innen- und Außenperspektive für Stanzel nichts mit der Frage zu tun hat, ob der Erzähler das Innenleben einer Figur, die nicht mit ihm identisch ist, schildern kann oder nicht. So kommt es zu der höchst unglücklichen Überkreuzung von Innenperspektive und Außensicht einerseits und Außenperspektive und Innensicht andererseits. Der auktoriale Erzähler nimmt die Figurenwelt zwar von außen wahr, kann dem Leser aber dank seiner Allwissenheit Einblick in das Gefühlsleben und in die Gedankenwelt der Figuren verschaffen. Umgekehrt schildert der Memoiren- oder Briefeschreiber, der als Ich-Erzähler auftritt, die Figurenwelt laut Stanzel aus der sogenannten Innenperspektive ohne die anderen Figuren anders als von außen beschreiben zu können.

Die Opposition ›Modus‹ wird von Stanzel auf den Gegensatz zwischen einer Erzähler- und einer Reflektorfigur zugespitzt (vgl. ebd. S. 194). Der Hauptunterschied liegt dabei darin, »daß sich die Erzählerfigur immer bewußt ist, daß sie erzählt, während der Reflektorfigur ein solches Bewußtsein fehlt.« (ebd. S. 197). Auch hier läuft Stanzels Terminologie dem Sprachgebrauch zuwider, da der Reflektor sich vom Erzähler gerade dadurch unterscheidet, daß er seine Vermittlerrolle nicht reflektiert.

4.2 Kritik an Stanzels Kategorienbildung

Selbst wenn man sich auf Stanzels Begrifflichkeit einläßt, erheben sich jedoch Zweifel hinsichtlich ihrer analytischen Brauchbarkeit und logischen Notwendigkeit. Wolfgang Lockemann zum Beispiel befand, daß die Opposition der Übereinstimmung oder Nicht-Übereinstimmung der Seinsbereiche, die den auktorialen vom Ich-Roman unterscheidet, eigentlich keine dritte Ausprägung zulasse.

Der personale Roman sei daher bloß eine Sonderform des Er-Romans, was zugleich bedeute, daß die Polarität von Ich- und Er-Form der übergeordnete Gegensatz und die entweder auktoriale oder personale Ausprägung des Er-Romans den untergeordneten Gegensatz bilde (vgl. Lockemann 1978, S. 294ff). So gesehen wäre die Unterscheidung von auktorialem und Ich-Roman, anders als Stanzel wollte, gar nicht ontologisch, sondern grammatikalisch bedingt.

An der Abgrenzung von auktorialem, personalen und Ich-Roman hat sich auch Hermann Wiegmann gestoßen. Erstens sei die Fähigkeit zum metafiktionalen Illusionsbruch, die Stanzel dem auktorialen bzw. allwissenden Erzähler zuschreibe, auch nicht-allwissenden Erzählern wie Tristram Shandy möglich. Tatsächlich tritt der Illusionsbruch sogar noch deutlicher zutage, wenn er in einem Ich-Roman vorgenommen wird, da dieser ja stärker als der auktoriale Roman zur Authentifizierung der Geschichte neigt. Zweitens kritisiert auch Wiegmann die irreführende Charakteristik der auktorialen Erzählsituation durch die Verwendung der Außen- und den Ausschluß der Innenperspektive. Drittens weise längst nicht jeder Ich-Roman die von Stanzel behauptete Identität der Seinsbereiche von Erzähler und Charakteren auf, und viertens könnten sowohl Er- als auch Ich-Romane personal gestaltet sein (vgl. Wiegmann 1981, S. 178ff).

Im übrigen schloß sich Wiegmann der Kritik von Robert Weimann an, der schon vor ihm die werkimmanente Methode und den ahistorischen Ansatz von Stanzels Theorie verworfen hatte. »Eine Romantheorie, die den ästhetischen Zusammenhang zwischen fiktiver Welt und historischer Wirklichkeit zerstört, kann das komplexe Phänomen des Erzählerstandpunktes nicht ergründen.« (Weimann 1966, S. 121). Um sowohl die technischen als auch die werthaltigen und weltanschaulichen Aspekte der Erzählperspektive in ihrer Geschichtlichkeit zu erfassen, schlug Weimann eine terminologische Differenzierung von ›Standpunkt‹ und ›Blickwinkel‹ vor: Während der Standpunkt die sozialen und ethischen Einstellungen des Autor-Erzählers zur Wirklichkeit betrifft, läßt sich sein Blickwinkel anhand der optischen, linguistischen und stilistischen Eigenarten seiner Vermittlungstechnik beschreiben (vgl. ebd. S. 124).

Unter diesem Gesichtspunkt könne man z.B. die ›Objektivität‹ des antiken und mittelalterlichen Epos und die ›Subjektivität‹ des neuzeitlichen Romans mit der Zugehörigkeit bzw. der Nicht-Zugehörigkeit des Autor-Erzählers zu einer homogenen Gemeinschaft mit stabilen Weltbildern und Werten erklären (vgl. ebd. S. 126f). Mehr und mehr komme es im Verlauf der Moderne zu einer weltanschaulichen Differenzierung der Gesellschaft, so daß die kollektive und die individuelle Sicht der Dinge auseinander treten. Während die Sozialperspektive die vorherrschende Ideologie der Epoche reflektiere, hänge ihre Umsetzung in eine künstlerische Schreibweise von der historischen Persönlichkeit des Autor-Erzählers ab (vgl. ebd. S. 129f). Ausführlich äußerte sich Weimann zur Metaphorologie der narrativen Optik:

»Das Schaffen des Schriftstellers ähnelt im Grunde ja nicht einem Spiegel, sondern – wenn wir schon das Bild im Bereich des Optischen zeichnen wollen – viel eher einem Prisma oder einer Linse. [...] Wollte man das Bild weiter veranschaulichen, so könnte die Brechkraft der Linse mit der dichterischen Erkenntnisschärfe, ihr Durchmesser mit der künstlerischen Perzeptionsweite, ihre optische Achse mit der Blickrichtung des Künstlers usw. verglichen werden. Ein solcher Vergleich mag hier einmal im Interesse der Anschaulichkeit tragbar sein. Seine prinzipielle Unzulänglichkeit besteht indessen darin, daß er gerade den spezifischen Charakter des künsterischen ›Okulars‹ verwischt; er verkennt die ihm eigene Menschlichkeit und Aktivität, die in der Praxis geborene, in den Wechselbeziehungen zum Gegenstand gefestigte Individualität usw.« (Weimann 1962, S. 380f).

Das ist eine wichtige Klarstellung, die den interaktiven Charakter der narrativen Optik unterstreicht. Rückhalt findet sie unter anderem in der Wahrnehmungspsychologie und Kognitionswissenschaft, von denen das Verhältnis eines Beobachters zu seiner Umwelt als ein dynamischer Prozeß der Einstellungsveränderung und Informationsentnahme beschrieben wird (vgl. Gibson 1982). Weimann selbst war in seiner Auffassung der modernen Erzählkunst allerdings noch stark von jener älteren, sozialistisch inspirierten Kritik des bürgerlichen Romans geprägt, die nicht wahrnehmungspsychologisch oder kognitionswissenschaftlich, sondern ideologisch argumentierte und in der Zurücknahme der menschlichen Perspektive – ähnlich wie Lukács – die Zerstörung der Erzählkunst sah (vgl. ebd. S. 416).

Ein alternativer, eher neutraler Blickwinkel bestimmt Stanzels Aufsatz über die »Wandlungen des narrativen Diskurses in der Moderne«, der auch als eine Antwort auf die Kritik von Weimann und anderen an der ahistorischen Konzeption der Erzählsituationen verstanden werden kann. Zunächst habe der moderne Roman die Grenze zwischen dem Bereich des auktorialen Erzählers und dem der fiktionalen Charaktere deutlicher als die Tradition markiert und sich dabei immer mehr der neuartigen Reflektorfiguren bedient (vgl. Stanzel 1981, S. 371). Da im Reflektormodus die Unterscheidung zwischen dem Ich- und dem Er/Sie-Bezug der Erzählung ohnehin an Bedeutung verliere, sei daraus eine zunehmende Aufhebung dieser Unterscheidung sowie die vereinzelte Inanspruchnahme der 2. Person im narrativen Diskurs entstanden. Während die Hinwendung zum Reflektormodus zunächst eine verstärkte Fokalisierung des Geschehens auf einzelne Beobachter bewirkt habe, könne man mittlerweile eine gegenläufige Tendenz zur Defokalisierung bemerken, so daß die Geschichten nun ebenso in scharfer wie in unscharfer Einstellung präsentiert würden. Zu der relativen Verschwommenheit mancher Darstellungen trage auch der Umstand bei, daß oft nicht mehr zu entscheiden sei, ob sich der narrative Diskurs auf Gedachtes oder auf Gesprochenes beziehe (vgl. ebd. S. 372–377).

In der Tat lassen sich für diese Analyse in der Gegenwartsliteratur einleuchtende Beispiele finden. Daß die Ausrichtung der Narration auf ein personales Medium, das per definitionem keine auktoriale Erzählinstanz sein kann, von Henry James bis zu William Faulkner zugenommen hat, ist schlechterdings nicht zu bestreiten. Auch nicht, daß dieser Fokalisierung und der vereinzelten Erprobung der 2. Person – etwa in Michel Butors Roman *La Modification* – nach 1945 eine gewisse Defokalisierung entgegengesetzt wurde, die den Unterschied zwischen Wahrnehmung und Vorstellung, Narration und Reflexion aufzuheben scheint. In Wolfgang Hildesheimers *Tynset* etwa sind Tagtraum und Wirklichkeit, Vorstellung und Nacherzählung, Gedankenflucht und Welterfahrung so ineinander verwoben, daß der Ich-Erzähler ebensogut im personalen Modus zu reflektieren wie mit auktorialem Gestus zu erzählen vermag.

Auffällig an diesen und anderen Texten ist, daß die Erzählsituation, wie es – nun wieder in der *Theorie des Erzählens* – heißt, von Kapitel zu Kapitel oder von Absatz zu Absatz Modifikationen unterworfen ist, denen Stanzel mit den Begriffen der Dynamisierung und Schematisierung beizukommen versucht, ohne seine Typologie grundsätzlich in Frage stellen zu müssen (vgl. Stanzel 1991, S. 69). Dadurch wird aus jedem der drei Oppositionspaare ein Kontinuum unterschiedlicher Gestaltungsmöglichkeiten, die von der auktorialen Vermittlung bis zum Reflektor (Modus), von der Identität bis zur Nicht-Identität der Seinsbereiche von Erzähler und Charakteren (Person) und von der Divergenz bis zur Konvergenz von Innen- und Außenperspektive reicht (vgl. ebd. S. 76). Gleichwohl bleibt es bei den drei typischen Erzählsituationen und ihrer Bestimmung als auktorial (Dominanz der Außenperspektive), als personal (Dominanz des Reflektormodus) oder als Ich-Erzählsituation (Dominanz der Identität der Seinsbereiche von Erzähler und Charakteren) (vgl. ebd. S. 81).

Das bedeutet freilich auch, daß die grundsätzlichen Mängel dieser Typologie erhalten bleiben. Die Ausführlichkeit, mit der diese Mängel in der Forschungsliteratur diskutiert worden sind (vgl. Hansen 1975; Gnutzmann 1977; Baur 1981; Lanser 1981; Nünning 1990), zeigt, wie umstritten und zugleich wie dringlich das Problem der narrativen Optik ist. Dabei sind im Verlauf der Zeit immer mehr Facetten dieses Problems zutage getreten und zahlreiche, miteinander oft unvereinbare Lösungsansätze formuliert worden. Die meisten von ihnen laufen auf eine Reduktion der Oppositionspaare hinaus, die den drei typischen Erzählsituationen zugrundeliegen.

So meint Erwin Leibfried, Stanzel habe sich im Prinzip auf die Unterscheidung von Innen- und Außenperspektive beschränken können, da der personale Roman nur eine historische Variante der Innenperspektive, der auktoriale Roman durch die Dominanz der Außenperspektive und der Ich-Roman durch die Möglichkeit zur Kombination von Innen- und Außenperspektive gekennzeichnet sei. Der Ich- und der Er/Sie-Bezug sind nach Leibfried einfach alternative grammatische Möglichkeiten, die Außen- oder Innenperspektive sprachlich zu gestalten (vgl. Leibfried 1970, S. 245f). Im übrigen könne Stanzel nicht hinreichend zwischen den verschiedenen Einstellungen ein und derselben Figur und den entweder einheitlichen oder uneinheitlichen Einstellungen unterschiedlicher Figuren differenzieren.

Wilhelm Füger wiederum befand, Leibfried habe seinerseits zwei Momente der Erzählperspektive zusammengefaßt, die besser getrennt betrachtet würden: die Position des Erzählers, die entweder innerhalb oder außerhalb des Geschehens angesiedelt wäre, und der Umfang seiner Informationen über das Geschehen (vgl. Füger 1972, S. 271). Fügers Vorschlag, der Begriffsverwirrung Herr zu werden, läuft darauf hinaus, eine außengesteuerte Erzählhaltung, die ihrerseits, wie im *Tom Jones*, in einen auktorialen und in einen neutralen Teil zerfiele, von der innengesteuerten Erzählhaltung abzugrenzen, für die eine originale und eine personale Ausprägung denkbar seien (vgl. ebd. S. 281). ›Original‹ ist die Narration eines Ich-Erzählers, personal der Bericht im Reflektormodus, neutral hingegen jene Sonderform des auktorialen Diskurses, der auf wertende Kommentare verzichtet und somit Friedmans »neutral omniscience« entspricht.

5. Alternative Erzählmodelle

Die beiden umfassendsten Revisionen der *Theorie des Erzählens* haben Dorrit Cohn und Jürgen H. Petersen vorgelegt. Während sich Cohn, ähnlich wie Ulrich Broich, bemüht, Stanzels Ansatz zu optimieren, möchte ihn Petersen durch ein alternatives Modell ersetzen, in dem nicht mehr von typischen Vermittlungssituationen, sondern von Erzählsystemen die Rede ist.

5.1 Cohns Korrekturvorschlag

Cohn führt die Opposition von Erzähler und Reflektor, die Stanzels Kategorie des Modus ausmacht, auf die platonische Unterscheidung von »diegesis«, verstanden als »pure narration«, und »mimesis«, verstanden als »pure imitation« zurück, um diese Gegensätze dann mit denen von »telling« und »showing« bzw. »summary« und »scene« gleichzusetzen (vgl. Cohn 1981, S. 170). Das entspricht zwar der angloamerikanischen Begriffstradition im Anschluß an James und Lubbock, unterschlägt aber den Umstand, daß sich der Erzähler für Stanzel der Vermittlerrolle bewußt ist, über die sich das personale Medium der Reflektorfigur keinerlei Rechenschaft abgibt.

Sodann führt Cohn aus, daß die grammatikalische Differenz zwischen dem Ich- und dem Er/Sie-Bezug, die Stanzel der Kategorie ›Person‹ subsumiert, eine absolute Grenze markiert, die anders als die übrigen Unterschiede zwischen Innen- und Außenperspektive sowie zwischen Erzähler und Reflektor keine Übergangsformen zuläßt. Tatsächlich kann man ja nicht behaupten, daß die Zweite Person Singular eine Zwischenstufe zwischen der Ersten und der Dritten sei. Demgegenüber kann man die Außen- in eine Innenperspektive überführen und den Erzähler zum Reflektor oder den Reflektor zum Erzähler mutieren lassen.

Darüber hinaus meint Cohn, die Kategorien der Perspektive und des Modus seien so eng miteinander verwandt, daß man einerseits nicht unbedingt zwischen dem Narrator und seiner Außenperspektive und andererseits zwischen dem Reflektor und seiner Innenperspektive unterscheiden müsse (vgl. ebd. S. 160). Überhaupt sei die ›inside / outside‹-Dichotomie, die Stanzel auf die Kundgabe eigener und die Wiedergabe fremder Gedanken anwende, schwer zu operationalisieren, weil es in kaum einem Erzähltext entsprechende Festlegungen gäbe (vgl. ebd. S. 178). Im Ergebnis führt Cohns Korrekturvorschlag zu einer zweifachen Unterscheidung zwischen der Ersten und der Dritten Person sowie zwischen der externen Perspektive eines Narrators und der internen Perspektive eines Reflektors.

Auch Ulrich Broich beschränkt sich auf die Oppositionen von Innen- und Außenperspektive sowie Ich- und Er/Sie-Form. Darüber hinaus kann das Erzählermedium, wie schon Booth erkannte, entweder dramatisiert oder nicht-dramatisiert sein. Ist es dramatisiert, stellt sich die Frage nach der Identität oder Nicht-Identität der Seinsbereiche von Erzähler und Figuren. Unabhängig von ihrer Beantwortung läßt sich von dramatisierten wie von nicht-dramatisierten Erzählern sagen, daß sie entweder auf die Außenperspektive beschränkt sind oder neben der Außensicht auch über eine gewisse Innensicht verfügen. Jede Eigenschaft, die sich aus der Entscheidung für eine dieser Optionen ergibt, läßt sich, Broich zufolge, sowohl in der Ich- als auch in der Er/Sie-Form verwirklichen (vgl. Broich 1983, S.140f).

Ferner merkt Broich an, daß es zum Beispiel im Kriminalroman der amerikanischen ›hard-boiled school‹ eine kameraähnliche Erzählperspektive gibt, die weder auktorial noch personal genannt werden kann (vgl. ebd. S. 133). Um Erzählwerke wie Dashiell Hammetts *The Maltese Falcon* angemessen klassifizieren zu können, plädiert Broich dafür, Texten mit einem auktorialen Erzähler, der seine Anwesenheit kundgibt, jene Texte entgegen zu stellen, in denen eine solche Anwesenheit kaum spürbar ist. Diese, den Akt der erzählerischen Vermittlung gleichsam kaschierenden Texte können mit oder ohne Reflektor ausgestattet sein (vgl. ebd. S. 138). Keinesfalls muß ein nicht-auktorialer Er-Roman also unbedingt ein personaler Roman mit einer Reflektorfigur sein.

5.2 Petersens *Erzählsysteme*

Für Jürgen H. Petersen gibt es keine feste Relation zwischen der Außen- und der Innensicht auf der einen und dem auktorialen, personalen oder neutralen Erzähler auf der anderen Seite. Anstatt einer auf diese Relationen festgelegten Erzählsituation habe es der Leser eines Romans daher mit einem flexiblen Erzählverhalten zu tun (vgl. Petersen 1977, S.187). Stanzel hatte ja versucht, dieser Flexibilität mit dem Konzept der Dynamisierung gerecht zu werden; Petersen hingegen will die Bandbreite der Verhaltenssysteme ausloten, zu denen er die verschiedene Möglichkeiten der narrativen Optik zusammenfaßt. In mehreren Aufsätzen, die sein Buch *Erzählsysteme* vorbereitet haben, hat er diese Möglichkeiten zunächst ohne Einbindung in ein Gesamtkonzept beschrieben. Tatsächlich ist der Begriff des »Erzählverhaltens« wesentlich besser als das reduktionistische Modell von Stanzel geeignet, sowohl die Komplexität als auch die Flexibilität der Standorte, Blickwinkel und Auffassungsperspektiven in einem narrativen Text zu erfassen. Dem Erzählverhalten entsprechen aber nicht nur bestimmte Vermittlungsrollen, sondern auch bestimmte Haltungen dem Stoff, dem Figurenensemble und dem Publikum gegenüber.

Während die Haltung des Erzählers kritisch oder unkritisch, ironisch-distanziert, emphatisch oder sachlich sein kann, läßt sich das Erzählverhalten, sofern es nicht auktorial oder personal ist, als neutral bezeichnen. Als ›neutral‹ klassifiziert Petersen zum Beispiel das

Verhalten eines Erzählers, der sich auf das Protokoll einer Dialog-Szene in direkter Rede beschränkt, der diese Szene also weder auktorial kommentiert noch aus der personalen Sicht der Dialogpartner schildert.

Neben der Haltung und dem Verhalten des Erzählers gibt es die ›Erzählform‹. Dieser Terminus bezeichnet »das nur scheinbar äußerliche Bild eines epischen Textes, nämlich ob er in der Ich-Form oder in der Er-Form geschrieben ist.« (Petersen 1977, S. 171). Nur scheinbar äußerlich ist die Erzählform für Petersen, weil sie den fundamentalen Unterschied zwischen einem Erzähler, der als Person auftritt und einem Erzähler, der nicht als Person greifbar wird, betrifft. Um die Bedeutung dieses Unterschieds zu erfassen, genügt es, Petersen zufolge, nicht, wie Stanzel darauf hinzuweisen, daß der Er-Erzähler außerhalb des erzählten Geschehens steht, da dies auch insofern für den Ich-Erzähler gilt, als die Retrospektive das erzählende Ich aus dem Geschehniszusammenhang heraushebt, in den das erzählte Ich verstrickt ist. Entscheidend sei vielmehr die Identität dieses Ich in seiner Differenz von Erlebnis- und Erzählsubjekt, da es eine solche Identität in der Er-Erzählung nicht gibt. »Diese Identität zeigt sich zunächst darin, daß der Ich-Erzähler (auch) von sich selbst erzählt, der Er-Erzähler hingegen grundsätzlich von anderen.« (ebd. S. 175).

So grundsätzlich ist das jedoch gar nicht, denn erstens gibt es Ich-Erzähler wie Oskar Matzerath, die vom Ich- auf den Er-Bezug umschalten und über sich selbst in der dritten Person reden können; und zweitens kann auch ein Er-Erzähler, der scheinbar nur von fremden Schicksale erzählt, sehr wohl »ich« sagen und, wie Fieldings Gründer einer neuen Provinz der Schriftstellerei, Auskunft über das eigene Verhalten geben. Gewiß: Fieldings auktorialer Erzähler ist, anders als *Tom Jones*, kein Erlebnissubjekt. Er gewinnt aber doch durch die Art und Weise, in der er das Geschehen vor Augen führt, kommentiert und die eigene Erzählkunst reflektiert, ein spezifisches Profil, das ihn deutlich vom den auktorialen Erzähler der Gebrüder Grimm und anderen Narrationen in der Er-Form unterscheidet. Insofern ist es nicht ganz richtig, vom Er-Erzähler kategorisch zu behaupten: »Er hat keine Personalität.« (ebd. S. 176).

Eher schon gilt gerade für jene auktorialen Erzähler, die sich als Urheber der Geschichte gebärden und so der Rolle des implizierten Autors (in Booths Sinn) Kontur verleihen, daß sie beim Leser sehr wohl den Eindruck einer gewissen Personalität erzeugen, ohne daß diese mit der historischen Person des Romanverfassers identisch wäre. Vielleicht sollte man den Unterschied von Ich- und Er/Sie-Erzählern anders als Petersen nicht ontologisch, sondern rollentheoretisch fassen. Bei jeder Erzählform handelt es sich, wie Michail Bachtin erkannte, um eine Genreform-Maske (vgl. Bachtin 1989, S. 95) mit bestimmten dramaturgischen Funktionen; ihre Wahl und Ausführung hat vermittlungstechnische Gründe. Die ontologische Differenz zwischen der Welt der dramatis personae und der Welt des Narrators respektive des implizierten Autors, die sich daraus im Einzelfall ergeben kann, ist somit die Wirkung und nicht die Ursache einer dramaturgisch bedingten Entscheidung für einen Ich- oder Er/Sie-Erzähler.

Wie Petersen selbst bemerkt, gibt es keine vollkommen unsinnliche Medialität. Überall dort, wo eine narrative Vermittlung stattfindet, ist auch eine Erzählstimme mit einem eigenen Tonfall zu hören – und oft hängt es mehr vom Interesse und von der Phantasie des Lesers als allein von dieser Stimmführung ab, wie personalistisch sich der Interpret die Figur des Erzählers oder den Part des implizierten Autors vorstellt. Fragwürdig erscheint daher Petersens Abgrenzung der Er-Erzählung von der Ich-Erzählung anhand ihrer vermeintlichen Eindimensionalität. Petersen meint, das, was ein Er-Erzähler sage, könne nur das Erzählte selbst betreffen. »Dies ist, bezüglich des Erzählten formuliert, dessen Eindimensionalität; mit Blick auf den Rezipienten gesagt, weist das Erzählen nur noch einen Aspekt auf.« (Petersen 1993, S. 57).

Den vielfältigen Möglichkeiten, die Genreform-Maske des Er/Sie-Erzählers zu gestalten und ggf. auch mit persönlichen Zügen auszustatten, wird diese Sicht nicht gerecht. Tatsächlich kann Petersen selbst sie nicht konsequent durchhalten, wenn er auf die Zweidimensionalität der Ich-Erzählung zu sprechen kommt. Hier nämlich zeigt sich, daß auch der Ich-Erzähler seine Geschichte entweder subjektivistisch – die eigene Personalität betonend –, oder neutral bzw. objektivierend – seine Personalität zurückstellend –, darbieten kann:

»Legt er durchgängig ein neutrales Erzählverhalten an den Tag, so bleiben die Sätze zwar bipolar, aber seine ›Persönlichkeit‹ entbehrt dann stark der Plastizität, die diese Bipolarität nachdrücklich ins Leserbewußtsein treten läßt. Das gilt in den Grenzen, welche die Erzählform zieht«, schreibt Petersen nun, »auch für den Er-Erzähler: Zwar besitzt der Narrator hier keine Personalität, das Erzählen daher keinen Doppelaspekt; aber auch sein individueller Zuschnitt, seine Eigentümlichkeiten treten leuchtender hervor, wenn er sich auktorial gebärdet, eine kritische Erzählhaltung annimmt etc. als wenn er neutral berichtet, in Dialogen zurücktritt und mit seiner Meinung ganz und gar hinter dem Berge hält.« (ebd. S. 59).

Folgt man dieser Beschreibung, läßt sich die rigide Unterscheidung zwischen der bipolaren Ich-Erzählung und der eindimensionalen Er-Erzählung nicht aufrecht erhalten. Jeder Erzähler charakterisiert sich durch seine Erzählweise, die entweder nach Neutralität oder nach Parteilichkeit streben und die eigene Rolle mehr oder weniger plastisch gestalten kann. Anders gesagt: Jede Erzählform hat das Potential zur Zweidimensionalität – nur muß dieses Potential nicht immer aktualisiert werden.

Wie bereits angedeutet, ergibt sich Petersens reduktionistische Sicht aus seiner ontologisierenden Betrachtung der Erzählkunst. Sein Buch *Erzählsysteme* beruht auf einem sprachontologischen Ansatz (vgl. ebd. S. 171), der im Anschluß an Käte Hamburger einen prinzipiellen Unterschied zwischen fiktionalen Sätzen und Wirklichkeitsaussagen postuliert. Danach besitzen die Wirklichkeitsaussagen im Unterschied zu den fiktionalen Sätzen »ihre Eigenart nicht nur darin, daß sie temporal, lokal, personal etc. fixierbar, zudem auch noch begründbar sind, sondern vor allem auch in ihrer kommunikativen Funktion« (ebd. S. 9) im Rahmen einer ebenfalls temporal, lokal und personal fixierbaren Kommunikationssituation. Demgegenüber bilden fiktionale Sätze ein Erzählsystem zur Erstellung der Welt, der sie angehören (vgl. ebd. S. 10f).

Doch wiederum erweist sich das, was ein rigider ontologischer Gegensatz sein soll, als eine relative, pragmatische Unterscheidung. Zunächst einmal beziehen sich die sog. Wirklichkeitsaussagen nicht auf die Wirklichkeit schlechthin. Vielmehr bilden auch sie insofern ein System von Sätzen, als ihre Verbindung zu einem Diskurs eine bestimmte Version der wirklichen Welt erzeugt. Umgekehrt stellen die fiktionalen Erzählsysteme ihrerseits Welt-Versionen dar, die sich letztlich nicht auf irgendetwas völlig Irreales, sondern auf die Wirklichkeit und die in ihr angelegten Möglichkeiten beziehen. Es gibt nicht auf der einen Seite reale Aussagen und auf der anderen Seite fiktive Sätze, es gibt lediglich Sätze, die entweder im Rahmen einer fiktionalen oder einen non-fiktionalen Satzfolge als mündlicher oder schriftlicher Diskurs geäußert werden, und bestimmte Vorstellungen hervorrufen. Ob diese Vorstellungen eine reale oder eine fiktive Welt-Version betreffen, wird nicht anhand ihrer sprachlichen Gestalt, sondern pragmatisch nach Maßgabe dessen entschieden, was der Interpret zu einem bestimmten historischen Zeitpunkt über die Wirklichkeit weiß.

6. Die Mehrdimensionalität des »point of view«

6.1 Uspenskijs *Poetik der Komposition*

Während Petersen den »point of view«-Begriff einzig und allein auf das raumzeitliche Verhältnis des Erzählers zu den Personen und Ereignissen, die er schildert, beschränkt wissen will (vgl. ebd. S. 65), plädiert der Bachtin-Schüler Boris Uspenskij genau umgekehrt dafür, sich die Mehrdeutigkeit dieses Begriffs bei der Textinterpretation zunutze zu machen. Dazu unterscheidet er in seiner *Poetik der Komposition* einen ideologischen, einen phraseologischen, einen psychologischen und den raum-zeitlichen (= chronotopologischen) Gesichtspunkt der Erzählperspektive. Alle vier Aspekte wirken zusammen, um die erzählte Welt in einem bestimmten Licht erscheinen zu lassen (vgl. Uspenskij 1975, S. 13).

Der ideologische Aspekt betrifft die Bewertung des Erzählten durch den Erzähler, also seine weltanschauliche Einstellung der Geschichte gegenüber. Unter dem phraseologischen Gesichtspunkt geht es hauptsächlich um das Verhältnis von Autoren- und Figurenrede. Der Verfasser kann sich in seiner Ausdrucksweise der Redensart seiner Figuren annähern, er kann sich von ihr im Kommentar distanzieren, er kann sie wertneutral im Wortlaut wiedergeben, und er kann sie in eine Sprache übersetzen, die keine Rücksicht auf den je eigenen Tonfall der Figurenstimmen nimmt. Im Hinblick auf das raum-zeitliche Verhältnis ergeben sich verschiedene Bestimmungen des ›point of view‹: er kann mobil oder immobil, im Lebensbereich der Figuren oder außerhalb davon sowie uni- oder multiperspektivisch angelegt sein. Auch der psychologische Aspekt erlaubt verschiedene Differenzierungen, je nachdem, ob der Erzähler auf die Außensicht beschränkt ist oder auch die Innensicht der Figuren kennt, ob er eher subjektiv oder objektiv berichtet und selbst ein klares oder trübes Medium der Geschichte ist.

Kompliziert wird die Sachlage dadurch, daß unterschiedliche Formen der Konvergenz und Divergenz entstehen können. So kann es, um nur zwei Beispiele zu nennen, ein multiperspektivisches und dennoch immobiles Erzählen geben, wenn ein und derselbe Vorfall von mehr als einem Zeugen geschildert wird. Umgekehrt läßt sich ein zwar uniperspektivisches, aber mobiles Erzählen vorstellen, bei dem die Welt-Darstellung auf die Sicht einer Figur beschränkt ist, die sich als wandernder Blickpunkt durch das imaginäre Gelände bewegt. Grundsätzlich müssen die diversen Aspekte des ›point of view‹ also jeweils einzeln untersucht, dann aber auch in ihrem Zusammenspiel bestimmt werden, um die Gesamtwirkung der facettenreichen Optik erfassen.

Wichtig ist, daß alle vier Momente des ›point of view‹ – der ideologische, der phraseologische, der psychologische und der chronotopologische Aspekt – eine soziologische Relevanz besitzen, da die weltanschauliche Bewertung, die sprachliche Gestaltung, die seelische Vertiefung und die raum-zeitliche Ordnung des Erzählten Rückschlüsse auf die gesellschaftlichen Verhältnisse bzw. die soziale Position entweder des Erzählers oder des implizierten Autors zulassen. So ist zum Beispiel die sprachliche Hochstapelei eines Felix Krull, die darauf abzielt, sich mittels einer von Thomas Mann parodistisch überspitzen Wortwahl, die Krull unfreiwillig als Maulhelden entlarvt, über seinen Geburtsstand zu erheben, ein phraseologisches Kabinettstück, das Aufschluß über die gesellschaftlichen Ambitionen des Titelhelden und die blinden Flecken in seiner Selbstwahrnehmung liefert. Auch die Aussparung fast aller gesellschaftlichen Räume und Zeitverläufe, die nicht zu jener Scheinwelt gehören, in der ein Hochstapler reüssieren kann – also der chronotopologische Aspekt des ›point of view‹ – wird im *Krull*-Roman soziologisch bedeutsam.

6.2 Neuhaus' *Typen multiperspektivischen Erzählens*

Besondere Beachtung verdient das sog. ›multiperspektivische Erzählen‹, dessen typische Erscheinungsformen Volker Neuhaus beschrieben hat. Ein solches Erzählen liegt dann vor, wenn ein Autor dem Leser verschiedene Perspektiven entweder in der Ich- oder in der Er/Sie-Form eröffnet, wenn er also den Standpunkt, den Blickwinkel, die Weltanschauung usw. des Erzählers wechselt (vgl. Neuhaus 1971, S. 1). Als Prototyop des multiperspektivischen Erzählens kann Platons *Symposion* gelten. In diesem Text berichtet ein Erzähler wie er durch einen Mittelsmann Nachricht von insgesamt sieben Reden erhalten hat, die während eines Gastmahls gehalten wurden. Auch der Berichterstatter kennt diese Reden jedoch nur vom Hörensagen. Weder der Rahmenerzähler noch sein Gewährsmann und auch keiner der sieben Redner kann, wie Neuhaus betont, einfach »als Sprachrohr des Autors« (ebd. S. 10) verstanden werden. Vielmehr dienen die einzelnen Positionen dazu, unterschiedliche Aspekte der Thematik zu erörtern. Der Leser muß also selbst eine Konjektur der einzelnen Gesichtspunkte veranstalten und seine Sicht der Dinge aus dem Wechselspiel der Blickwinkel und Standpunkte entwickeln.

Eine andere Form des multiperspektivischen Erzählens ist der dialogisch verfaßte Briefroman, da der Rollentausch von Sender und Empfänger bzw. die Einbeziehung weiterer Korrespondenten stets einen Wechsel des ›point of view‹ erfordert. Selbst der monologische Briefroman umfaßt nach Neuhaus insofern eine zeitlich bedingte Multiperspektivik als sich die Welt- und Selbstwahrnehmung des Absenders von Brief zu Brief ändert (vgl. ebd. S. 42). Mit dem gleichen Recht kann man dann allerdings fast jede Ich-Erzählung als multiperspektivisch einstufen, weil sie neben der Differenzierung von erzählendem und erzählten Ich auch eine zeitliche Differenzierung der einzenen Blickwinkel und Standpunkte erlaubt, die das erzählte Ich im Verlauf der Geschichte einnimmt.

Damit aber wird die analytische Brauchbarkeit der Unterscheidung von uni- und multiperspektivischem Erzählen zweifelhaft. Sinnvoll ist diese Unterscheidung offenbar nur, wenn sie nicht mit dem Prinzip der Retrospektive verquickt wird, wenn es also nicht um die unterschiedlichen Standpunkte einer Erzähler-Figur, sondern um die Blickwinkel verschiedener Figuren oder Erzähler geht. Ein anschauliches Beispiel dafür sind die vielen Detektivromane, die zur Hauptsache in der Er/Sie-Form verfaßt sind, dabei jedoch eine Reihe von Zeugenaussagen in der Ich-Form enthalten, durch die das aufzuklärende Verbrechen in mehr als einer Perspektive erscheint. Der Leser und sein Double, der Detektiv, können diese Erzählausschnitte, falls es sich um ein klassisches Kriminal-Puzzle handelt, zu einem lückenlosen Tathergang zusammensetzen (vgl. ebd. S. 110).

Ein weiterer Unterschied ergibt sich je nachdem, ob die einzelnen Perspektivträger distanziert über das Geschehen berichten und ihre eigene Vermittlerrolle reflektieren, oder ob ihre Verstrickung in das Geschehen eine solche Haltung nicht erlaubt. Als weitere Variante des multiperspektvischen Erzählens führt Neuhaus den Romanzyklus auf, wie ihn die *Simplizianischen Schriften* von Grimmelshausen (1621-1676) repräsentieren. Hier werden in mehreren Büchern eine Reihe von Lebensgeschichten in der Ich- und in der Er/Sie-Form so miteinander verknüpft, daß einzelne Episoden aus komplementären Blickwinkeln beleuchtet werden.

Die Tendenz zum multiperspektivischen Erzählens hängt offenbar mit der zunehmenden Ausdifferenzierung der neuzeitlichen Gesellschaft und ihrer einzelnen Berufszweige, Erfahrungsfelder usw. zusammen. Diese Differenzierung führt einerseits zur Spezialisierung bestimmter Beobachter, und läßt es andererseits immer schwieriger und schließlich unmöglich werden, einen gemeinsamen Nenner für alle Erfahrungen zu finden. Der Romanschriftsteller, der diese Entwicklung darzustellen versucht, kann eigentlich gar nicht umhin, entweder multiperspektivisch oder so zu erzählen, daß der fragmentarische Charakter seiner uniperspektivischen Narration deutlich wird.

Festzuhalten ist als weitere Zwischenbilanz jedenfalls, daß die idealtypischen Erzählsituationen und Vermittlungssysteme, auf die es Stanzel und die meisten seiner Kritiker abgesehen haben, in ihrer Zurückführung aller narrativen Möglichkeiten auf einige wenige Oppositionspaare dem poetischen Spektrum der narrativen Optik nicht gerecht werden, und dort, wo sie mit ontologischen Grenzziehungen einhergehen, eher Verwirrung als Klarheit stiften. Demgegenüber läßt sich der von Uspenskij aufgezeigte Facettenreichtum des ›point of view‹ sehr wohl mit den Ansätzen von Booth und Friedman verbinden, deren Konzepte genauso flexibel zu handhaben und gegebenenfalls zu erweitern sind wie die Erzählperspektive selbst. Eine ebenfalls bedenkenswerte Erweiterung stellt das Focus-Konzept dar, auf das sich vor allem narratologisch orientierte Romantheoretiker stützen.

7. Das Focus-Konzept

7.1 Pouillons Modell der narrativen Optik

Während die angloamerikanische und die im deutschen Sprachraum entstandene Erzählforschung das ›point of view‹-Konzept eng mit der unaufhebbaren Mittelbarkeit allen Erzählens verknüpft und die Auswirkungen der Erzählperspektive auf den Leser untersucht hat, sind viele im französischen Sprachraum lehrende Wissenschaftler stärker auf das Verhältnis zwischen dem Erzähler und den Figuren der Geschichte eingegangen. Einer der ersten, der aus diesem Forschungsansatz ein kohärentes Modell der narrativen Optik entwickelt hat, war Jean Pouillon. Von ihm stammt eine Klassifikation der Erzählperspektiven, die drei Ausprägungen kennt:

Wenn der Erzähler auf einer Ebene mit den Figuren steht und nicht mehr sieht und weiß als sie, hat es der Leser mit einer »vision avec« zu tun, die der Formel »narrateur = personage« entspricht. Diese Sicht kann entweder als Ich- oder als Er/Sie-Erzählung ausgeführt werden.

Steht der Erzähler über der Welt, von der er im Prinzip alles weiß und berichten kann, so verfügt er über die »vision par derrière«, die ihm auch einen umfassenden Einblick in die Innenwelt der Figuren eröffnet und der Formel »narrateur › personage« entspricht.

Taucht dagegen nur die Außenwelt im Blickfeld des Erzählers auf, gilt für ihn die Formel »narrateur ‹ personage«, die als »vision du dehors« bezeichnet wird (vgl. Pouillon 1946, S. 74, S. 85 u. S. 102).

Pouillons Klassifikation macht deutlich, daß man nicht unbedingt wie Stanzel eine ontische Grenze postulieren muß, um die unterschiedliche Konstellationen, die sich aus dem Verhältnis eines Erzählers zur Figurenwelt ergeben, auseinander dividieren zu können. Nicht als ontologische, wohl aber als narratologische Systematisierung versteht Gérard Genette seine zwar nicht sehr eingängig formulierte, aber dennoch aufschlußreiche Differenzierung der narrativen Instanzen:

7.2 Die Instanzen der Erzählung

Als ›heterodiegetisch‹ bezeichnet Genette jede erzählerische Vermittlung durch eine narrative Instanz, die nicht zur erzählten Welt gehört. Gehört der Erzähler hingegen zum Figuren-Ensemble der erzählten Welt, hat es der Leser mit einer homodiegetischen Narration zu tun. Fungiert der homodiegetische Erzähler nicht nur als Berichterstatter oder Statist, sondern als Protagonist der Geschichte, handelt es sich um eine ›autodiegetische‹ Form der Selbst- und Welt-Vermittlung.

Sind verschiedene Geschichten ineinander verschachtelt, so kann man weiterhin eine Unterscheidung zwischen extra- und intradiegetischen Erzählungen treffen, je nachdem, ob mit dem Einschub auch eine andere narrative Instanz eingesetzt wird oder nicht. Bedeutsamer als diese Differenzierung ist jedoch die Distinktion zwischen der narrativen Instanz und dem Fokus der Narration, den Genette unternimmt. Sie geht auf Cleanth Brooks und Robert Penn Warren zurück, die schon 1943 vorschlugen, die Frage, wer erzählt, von der Frage, welche Figur das Geschehen wahrnimmt, zu trennen.

Genette geht es beim Fokus um die Grenzen des Blickfelds eines Erzählers. Ist dieser allwissend, so gibt es prinzipiell keine Beschränkungen; läßt sich der Erzähler dagegen vom Olymp herab auf die beschränkte Sicht einer Figur ein, so schrumpft sein Blickfeld auf deren Gesichtskreis zusammen. Neben der Fokussierung der Narration auf eine Figur kann es natürlich auch den Wechsel zwischen verschiedenen subjektiven Perspektiven sowie jene quasi-objektive Beschränkung des Blickfelds geben, die an den Blickwinkel einer Kamera erinnert. Grundsätzlich muß der Standort des Erzählers also nicht mit dem Blickwinkel oder Fokus der Narration übereinstim-

men. Wird in einer Erzählung nur die Außenwelt der Figuren ange-
peilt, spricht Genette von einer externen Fokalisierung; teilt der Leser den Einblick des Erzähler in die Innenwelt der Figuren, hat er es
mit einer internen Fokalisierung zu tun, während die unfokalisierte
Sicht an keinen bestimmten Blickwinkel gebunden ist (vgl. Genette
1994, S. 134f).

So wie Genette das Konzept der Fokalisierung versteht, besteht
es nicht etwa darin, daß die Narration an eine Figur der Geschichte
delegiert wird. Der Leser vernimmt nicht neben der Stimme des Erzählers auch noch die einer anderen literarischen Gestalt, er stellt
sich höchstens mit dem Erzähler auf die spezifische Wahrnehmung
eines beteiligten oder unbeteiligten Beobachters ein (vgl. Lanser
1981, S.142). Genette selbst hat dies noch einmal ausdrücklich klar
gestellt (vgl. Genette 1994, S. 241f), nachdem Mieke Bal sein Konzept der Fokalisierung aufgegriffen und so umformuliert hat, daß
bei einigen Kritikern der Eindruck entstanden war, die fokalisierende Figur habe in der Erzählung selbst ein Stimmrecht. Zumindest
für Genette, dem es nur um den Umfang der Erzählperspektive
geht, gibt es lediglich fokalisierte oder nicht fokalisierende Narrationen. Wenn X erzählt, wie Y den Vorfall Z sieht, ist der Blickwinkel,
von dem aus dieser Vorfall wahrgenommen wird, zwar der von Y,
dargestellt wird seine Wahrnehmung aber allein von X.

7.3 Narrateur, Fokalisateur und Akteur

Das Focus-Konzept ist auch bei Mieke Bal integraler Bestandteil einer umfassenen Narratologie, die den Erzählakt im Anschluß an
Genette als Hervorbringung einer Äußerungsfolge begreift, durch
die wiederum eine bestimmte Ereignisfolge bezeichnet wird (vgl. Bal
1977, S. 4f). Da jedes Ereignis von Bal als Übergang von einem Zustand in einen anderen Zustand definiert wird, ist die Ereignisfolge
an die Gesetze der Chronologie gebunden, die in der Narration beibehalten oder umgestellt werden kann. Neben der Ereignisfolge ist
allerdings auch die Ereignisdauer und ihre Bindung an bestimmte
Schauplätze und Umstände zu bedenken, so daß die chronologische
Betrachtung des Geschehens durch eine topologische Betrachtung
ergänzt werden muß.

Da es die Narratologie nun zum einen mit der chronologischen
und topologischen Ordnung der Geschichte und zum anderen mit
der Art und Weise ihrer erzählerischen Vermittlung zu tun hat, gilt
Bals Aufmerksamkeit jenen Instanzen und Figuren, die als Handelnde, als Wahrnehmende oder als Erzähler in Erscheinung treten. Da

Genette ihrer Meinung nach nicht hinreichend zwischen dem Subjekt und dem Objekt der Fokalisierung unterschieden hat, setzt Bal nicht nur den ›narrateur‹ vom ›focalisateur‹, sondern diese beiden auch noch vom ›acteur‹ der Geschichte ab. Das führt zu einer Matrix, in der sich ›to see‹ auf alle Vorgänge der Wahrnehmung, Empfindung oder Erkenntnis und ›to do‹ auf alle verbalen und non-verbalen Handlungen bezieht. Insgesamt ergeben sich so fünf Möglichkeiten der Koordination von Narration, Fokalisation und Aktion, nämlich:

1. *X relates that Y sees that Z does.* In diesem Fall ist der Narrateur weder mit dem Fokalisateur noch mit dem Akteur identisch.
2. *X relates that X' sees that Z does.* In diesem Fall ist der Narrateur zwar mit dem Fokalisateur, aber nicht mit dem Akteur identisch.
3. *X relates that X' sees that X'' does.* In diesem Fall ist der Narrateur sowohl mit dem Fokalisateur als auch mit dem Akteur identisch.
4. *X relates that Y sees that Y'' does.* In diesem Fall ist zwar der Akteur mit dem Fokalisateur, aber nicht mit dem Narrateur identisch.
5. *X relates that Y sees that X' does.* In diesem Fall ist der Narrateur zwar nicht mit dem Fokalisateur, aber mit dem Akteur identisch. (vgl. Bal 1981a, S.45).

Wie man sieht, betrachtet Bal den Erzählakt als einen Vorgang, bei dem eine narrative Instanz berichtet, was ein Wahrnehmungssubjekt vor Augen hat. Erzählungen sind für sie Wahrnehmungsberichte, die sich auf Handlungen respektive Gegenstände, Sachverhalte und andere Objekte beziehen. Man kann gegen diese Konzeption einwenden, daß auch Erzählungen und Wahrnehmungen in gewisser Weise Handlungen sind, denn in der Tat kann man ja erzählen, wie jemand beim Wahrnehmen beobachtet wird oder wie sich ein Erzähler verhält. Dieser Vorbehalt ändert jedoch nichts an der Stichhaltigkeit der Unterscheidung von Narrateur, Fokalisateur und Akteur.

W. Bronzwaer hat wie Genette davor gewarnt, im Fokalisateur eine eigenständige pragmalinguistische Instanz zu sehen, wie sie der Erzähler darstellt (vgl. Bronzwaer 1981, S. 195). Bal hat darauf erwidert, sie habe nie behauptet, daß die Fokalisation eine unabhängige linguistische Tätigkeit sei (vgl. Bal 1981b, S. 206). Insofern bedurfte es auch nicht der Klarstellung von Pierre Vitoux, daß der Narrateur zwar seine Wahrnehmung, aber nicht die Vermittlung der Geschichte an eine Figur abtreten könne (vgl. Vitoux 1982, S. 360f). Es fragt sich jedoch, ob diese Klarstellung der Sachlage entspricht. Zu denken ist dabei weniger an die Ich-Erzählung, in der eine Figur zugleich als Narrateur und als Fokalisateur auftritt, denn auch das erzählte Ich stellt im Gegensatz zum erzählenden Ich ja keine narrative Instanz dar. Zu denken ist eher an das Phänomen der Stimmeninterferenz, bei dem sich die Ausdrucksweise des Erzählers und die Redensart einer Figur überlagern. Der narrative Diskurs weist dann nämlich einen doppelten Akzent auf, weil er einerseits die Werthaltung und die Stimmführung des Erzählers, andererseits aber auch die An- und Einsichten der Figur in einem ihrem Denkstil angepaßten Sprachgestus vermittelt. In solchen Fällen ist durchaus nicht immer eindeutig auszumachen, wessen Stimme den Ton der Erzählung bestimmt.

Hilfreich ist das Focus-Konzept, um die beiden im ›point of view‹ zusammengefaßten Aspekte des Erzählerstandorts und des Blichwinkels auseinanderzuhalten. Man kann dabei ganz im Sinne der ursprünglichen Distinktion von Brooks und Warren ›narrator-focalizer‹ und ›character-focalizer‹ unterscheiden, wenn man bedenkt, daß die einen nur als Subjekt der Erzählung, die anderen in der Ich-Erzählung sowohl als Subjekt wie auch als Objekt der Narration in Erscheinung treten können.

Attraktiv ist das Focus-Konzept nicht zuletzt deswegen, weil es sich mit Friedmans Stufenskala vereinbaren läßt, die ihrerseits mit Booths rhetorischem Ansatz und seiner Unterscheidung von dramatisierten und nicht dramatisierten Erzählern kompatibel ist. Ergänzt oder neu formuliert worden ist diese Unterscheidung von Seymour Chatman, der den Gegensatz zwischen verborgenen (›covert‹) und nicht-verborgenen (›overt‹) Erzählern hervorgehoben hat. Bei den verborgenen Erzählern meint der Leser zwar eine Stimme zu vernehmen, die ihm Bericht erstattet, er kann diese Stimme anders als bei den nicht-verborgenen Erzählern jedoch keiner bestimmten Instanz oder Person zuordnen (vgl. Chatman 1978, S. 197).

8. Die narrative Stimme

8.1 Das Problem der Tempus-Paradoxien

Umso intensiver sich die Forscher mit den diversen Spielarten der fokalisierten Erzählung auseinandergesetzt haben, desto deutlicher trat auch unter diesem Gesichtspunkt die Mittelbarkeit allen Erzählens bzw. die Unhintergehbarkeit der narrativen Stimme hervor. Theoretisch bedeutsam wird dies vor allem deshalb, weil es das Problem der Tempus-Paradoxien lösen hilft, das eng mit dem ›point of view‹ verbunden ist.

Auffällig ist zunächst, daß es in fiktionalen Texten Satzgebilde geben kann, die Verben in der Vergangenheitsform mit Adverbien wie »bald« oder »morgen« verbinden, die sich auf die Zukunft beziehen. Wolfgang Kayser hat diese merkwürdigen Konstruktionen recht einleuchtend damit erklärt, daß der betreffende Vorgang zugleich vom Standpunkt der erzählten Zeit und von jenem Zeitpunkt aus geschildert wird, an dem die Erzählung stattfindet. Sein Beispiel lautet: »Morgen ging der Zug.« Dazu führt Kayser aus:

»Der Sprechende lebt in zwei Zeitordnungen, in der seiner Gestalten, und da liegt die Abfahrt voraus; und er lebt irgendwo weit voraus in seiner Erzählgegenwart, und von daher ist alles vergangen.« (Kayser 1965, 211f).

Auch Franz K. Stanzel führt den Umstand, daß sich die Leser von Romanen in solchen und anderen Satzgebilden zumeist mühelos zurechtfinden, darauf zurück, daß sie sich nicht nur an die einzelnen Verbformen, sondern auch an die Erzählsituation halten, von der aus betrachtet selbst die Zukunft der Figuren in der Vergangenheit liegt, die erzählerisch vergegenwärtigt wird (vgl. Stanzel 1965, S. 324).

Stanzel und Kayser widerlegen mit ihren Ausführungen Käte Hamburgers *Logik der Dichtung*, derzufolge das epische Präteritum im fiktionalen Text »seine grammatische Fähigkeit, das Vergangene zu bezeichnen, verliert.« (Hamburger 1980, S. 65). Das epische Präteritum ist zwar auf die Erzählsituation und die erzählte Situation hin zu relativieren, es ist jedoch keineswegs atemporal und daher auch nicht per se ein Fiktionssignal, wie Hamburger meinte (vgl. ebd. S. 273).

Tatsächlich finden sich auch in nicht fiktionalen Texte Tempus-Paradoxien. Es lassen sich sogar alltägliche Gesprächssituationen denken, in denen Sätze wie »Schon am nächsten Tag fand die Bescherung statt« vorkommen können: Wenn sich zwei Menschen am Sylvesterabend über reale Vorgänge unterhalten, die genau eine Woche zurückliegen, könnte zum Beispiel der eine zum anderen sagen: »Ich bin erst an Heilig Abend dazu gekommen, Geschenke zu kaufen. Das war ganz schön knapp, denn *schon am nächsten Tag fand die Bescherung statt.*« Das Argument, daß die Verbindung zwischen einem in der Vergangenheitsform stehenden Verb und einer adverbialen Konstruktion, die sich auf die Zukunft bezieht, ein Fiktionssignal sei, hält einer eingehenden Betrachtung ebensowenig stand, wie die Behauptung, daß das epische Präteritum atemporal sei.

8.2 Hybride Erzählperspektiven

Man kann sich den Satz »Schon morgen war die Bescherung« und seine Temporalität auch mit Hilfe der Unterscheidung von Erzähler- und Figurenperspektive verständlich machen: »›Morgen‹ wird vom Standpunkt der erzählten Sache (des Handelnden) gesprochen: für ihn ist es morgen. Das Vergangenheitsmorphem in ›war‹ gelangt durch den Standort des Erzählers in den Text. Für ihn liegt das Erzählte in der Vergangenheit, denn er berichtet es.« (Leibfried 1973, S. 249).

Die perspektivische Erklärung verdient Beachtung, weil sie zwei wichtige Punkte der Erzählkunst betrifft: die Unmöglichkeit, von der Vermittlung einer Erzählinstanz abzusehen, und die Notwendigkeit, zwischen dem Standort des Erzählers und dem Blickwinkel der Darstellung zu unterscheiden, der entweder der des Erzählers oder der einer Figur sein kann, die nicht selbst erzählt. In dem Beispiel »Morgen ging der Zug«, in dem die Verbform dem retrospektiven Standort des Erzählers und das Adverb dem prospektiven Blickwinkel der Figur(en) entspricht, liegt also eine besondere Form der hybriden Konstruktion vor, die gleichzeitig zwei temporale Positionen zum Ausdruck bringt: die der Figur und die des Erzählers.

Die narrative Stimme bringt also eine doppelte Optik ins Spiel, deren Pointe darin besteht, daß man die adverbiale Bestimmung der Figurensicht nur nachvollziehen kann, wenn man sich auf die Zeit der Erzählsituation bzw. der Narration einstellt. Man kann dann mit Paul Ricœur sagen, »daß das Präteritum seine grammatische Form und seine Vorzugsstellung bewahrt, weil die Gegenwart der Narration für den Leser nach der erzählten Geschichte kommt« (Ricœur 1991, S. 167f), die im Fokus der hybriden Erzählperspektive steht.

9. Zusammenfassung

Nachdem sich Stendhal und Balzac, Flaubert und Henry James in ihren poetologischen Reflexionen immer wieder mit den Problemen der narrativen Optik beschäftigt hatten, wurde der ›point of view‹ von der Romantheorie und Erzählforschung zum Dreh- und Angelpunkt der epischen Situation erklärt. Stärker als ihre rhetorischen und ideologischen Implikationen wurden dabei die technologischen Aspekte der Erzählperspektive diskutiert, weil es die Wissenschaftler zumeist auf typische Vermittlungssituationen abgesehen hatten. Allerdings hat vor allem die Kontroverse um Franz K. Stanzels *Theorie des Erzählens* gezeigt, daß die Zusammenfassung heterogener Analysekategorien nicht nur zu terminologischen Schwierigkeiten, sondern häufig auch zu einer reduktionistischen Sicht der darstellerischen Möglichkeiten führt, die ja eigentlich erst in der Vorstellung des Lesers »optische Eindrücke« erzeugen. Auch seine Ableitung aus der »ut pictura poiesis«-Tradition macht deutlich, daß der »Begriff« der Erzählperspektive auf einer Metapher beruht. Spezifiziert werden kann der ›point of view‹ durch das Focus-Konzept, das die perspektivische Mimesis des Interpreten an die Instanzen von Narrator, Fokalisator und Aktor bindet.

IV. Untersuchungsansätze der Erzählforschung

Wenn es überhaupt einen gemeinsamen Nenner für die diversen Ansätze der Erzählforschung gibt, die im folgenden referiert werden, so scheint es ihre Beeinflussung durch den »linguistic turn« der modernen Literaturwissenschaft zu sein. Zwar haben sich die Morphologen und Phänomenologen nicht in demselben Maße wie die Strukturalisten auf die allgemeinen Grundlagen der Sprachwissenschaft berufen, die Ferdinand de Saussure (1857-1913) entwickelt hatte, aber die Weiterentwicklung ihrer Arbeiten ist ebenso wie das narratologische Konzept einer universalen Erzähl-Grammatik, das dem Strukturalismus wesentliche Impulse verdankt, ohne diese Grundlagen kaum denkbar. Erst recht gilt dies für den dialogischen, den pragmatischen und den semiologischen Ansatz der Erzählforschung, die de Saussures Modell der Linguistik erweitern. Daher beginnt dieser Überblick mit einer knappen Zusammenfassung des *Cours de linguistique generale*, dessen erste Nutznießer die Formalisten waren.

1. Der formalistische Ansatz

1.1 Allgemeine Grundlagen der Linguistik

Ferdinand de Saussure erkannte, daß man die Sprache entweder in ihrem historischen Wandel betrachten oder unter systematischen Gesichtspunkten untersuchen kann, wie sie sich zu einem bestimmten Zeitpunkt ihrer Entwicklung darstellt. Dem Sprachwandel entspricht die diachrone, der Momentaufnahme die synchrone Betrachtungsweise. Hier geht es um die Beziehungen zwischen gleichzeitigen Erscheinungen, dort um ihre Geschichte (vgl. Saussure 1967, S. 119). Die synchrone Betrachtung führte de Saussure zu der Erkenntnis, »daß es in der Sprache nur Verschiedenheiten gibt. [...] Was ein Zeichen an Vorstellung oder Lautmaterial enthält, ist weniger wichtig als das, was in Gestalt der anderen Zeichen um dieses herum gelagert ist.« (ebd. S. 143f). Mit anderen Wort: Der Wert eines Zeichens ergibt sich aus seiner Unterscheidung von den anderen Zeichen, denen gegenüber es selbst wiederum als Unterschied auftritt.

In seiner Eigenschaft als ein System von Differenzen weist die Sprache nun zwei Formen der Anordnung auf, die de Saussures Nachfolger ›Syntagma‹ und ›Paradigma‹ genannt haben: einerseits werden die Zeichen in der mündlichen oder schriftlichen Rede aneinandergereiht, wodurch sich Sätze, Absätze und andere syntagmatische Einheiten ergeben; andererseits werden die Zeichen im Gedächtnis derjenigen, die sie senden oder empfangen mit anderen Zeichen assoziiert, die gemeinsam ein Paradigma bilden. Man kann auch von einer Ordnung des Nacheinander und von einer Ordnung des Statteinander sprechen und diesen Gegensatz für die Literaturwissenschaft fruchtbar machen:

Wenn man zum Beispiel die Gattung der Detektivgeschichte betrachtet, so läßt sich ihr Erzählgerüst einmal syntagmatisch und einmal paradigmatisch beschreiben. In aller Regel beginnt eine Detektivgeschichte mit der Entdeckung eines Verbrechens, dem erst die Ermittlung des Tathergangs und dann die Überführung des Täters folgt; erzählt wird das alles zumeist von einem Freund oder Gehilfen dessen, der das Rätsel löst. Innerhalb dieser syntagmatischen Anordnung der einzelnen Erzählabschnitte, kann die Rolle des Ermittlers von verschiedenen Figuren (Auguste Dupin, Sherlock Holmes, Father Brown, Hercule Poirot usw.) übernommen werden, die gemeinsam das klassische Paradigma des Detektivs bilden. Und so, wie man die Elemente dieses Paradigmas trotz ihrer Ähnlichkeit anhand gewisser Unterschiede charakterisieren kann, läßt sich auch das idealtypische Syntagma der Detektivgeschichte von dem des Kriminalromans abheben, in dem nicht die Aufklärung, sondern die Vorbereitung und Durchführung eines Verbrechens aus der Sicht des Täters oder des Opfers geschildert werden (vgl. Alewyn 1971).

Selbstverständlich sind die realen Verhältnisse wesentlich komplizierter, aber wie bei allen Gattungsmustern nimmt man auch in diesem Fall aus Gründen der Übersichtlichkeit eine gewisse Reduktion der literarischen Komplexität in Kauf. Hat man sich mittels der syntagmatischen und paradigmatischen Analyse erstmal eine grobe Orientierung über das Gebiet der Verbrechensliteratur verschafft, kann man sie in weitere Subgenres auffächern und für die Untersuchung der einzelnen Texte genauer differenzieren. Insgesamt erscheinen die Gattungen der Detektivgeschichte und des Kriminalromans jedoch als Zeichensysteme mit einer je eigenen Semantik und Grammatik. Der einzelne Text stellt in diesem Sinne eine sprachliche Äußerung dar, die dadurch entsteht, daß der Verfasser aus dem Lexikon der Gattung bestimmte Elemente auswählt (Selektion) und regelgerecht zu einer mehr oder weniger originellen Geschichte zusammenfügt (Kombination). Verbindet man diese synchrone Betrachtung mit der diachronischen Perspektive, so läßt sich die Genreentwicklung als fortlaufende Auswechselung, Ergänzung oder Umstellung dieser Elemente begreifen.

Zu bedenken ist freilich, daß sowohl der einzelne Text als auch die Entwicklungsreihe in literarischen und außerliterarschen Kontexten stehen, daß also das gesamte System der sich entwickelnden Verbrechensliteratur im Zusammenhang mit einer sich ebenfalls entwickelnden Umwelt zu sehen ist. Berücksichtigt man den Prozeßcharakter der Interaktion von System und Umwelt, wird klar, daß die Karriere des Detektivs eng mit der Wissenschaftsgeschichte verbunden ist; umgekehrt muß die Krise der aufklärerischen Vernunft Auswirkungen auf die Gattung haben. Der historische Wandel der Gattung wird durch diese Krise zwar nicht im Detail determiniert, aber eben doch in dem Sinne reflektiert, daß der klassische »puzzle«-Roman, in dem ein »mastermind« alle Indizien zu einem schlüssigen Gesamtbild vereint, heutzutage entweder anachronistisch oder unrealistisch wirkt.

Es ist daher nicht richtig, wie Fredric Jameson zu behaupten, daß man die diachrone und die synchrone Sicht der Dinge nicht mehr miteinander verbinden könne, wenn man sie erst einmal von einander getrennt hat (vgl. Jameson 1972, S. 18). Richtig ist allerdings, daß ihre Unterscheidung insofern den eigentlichen Gründungsakt der Linguistik darstellt, als de Saussures Beschreibung des sprachlichen Systems nur eingeschränkte Gültigkeit besitzt und gewisser Ergänzungen bedarf, wenn man neben der Infrastruktur des Systems auch verstehen will, wie es die geschichtliche Welt des Menschen modelliert. Da de Saussure diese für die Beschäftigung mit Sprachkunstwerken entscheidende Frage aus methodischen Gründen nicht berücksichtigt hat, kann man sie mit Hilfe seiner Linguistik auch nicht beantworten. Der Zusammenhang von Welt und Sprache ist ein metalinguistisches Problem; seine Lösung verlangt neben der Beschäftigung mit den syntagmatischen und paradigmatischen Achsen der Sprache auch eine Theorie der Bezugnahme.

De Saussure selbst war sich über die Ergänzungsbedürftigkeit seiner Linguistik vollkommen im klaren. Sie war für ihn nur ein Teil jener umfassenden Wissenschaft vom Leben der Zeichen im Rahmen des sozialen Lebens, die er Semeologie nannte (vgl. de Saussure 1967, S. 19). Es hatte also im wesentlichen ökonomische Gründe, daß sich de Saussure zunächst nur mit der Beziehung zwischen dem Laut und dem Vorstellungsbild, das er wecken oder ausdrücken soll, nicht jedoch mit der vorstellungsmäßigen Gestaltung der Welt und ihrer sprachlichen Darstellung, also mit der weltbildnerischen Funktion der Zeichen, beschäftigt hat. Gleichwohl macht es Sinn, sich auf seine eingeschränkte Sicht der Dinge einzulassen, da die Metalinguistik auf seiner Linguistik aufbauen kann.

Eine der grundlegenden Unterscheidungen von de Saussure betrifft das Verhältnis der einzelnen Worte, die im Rahmen einer konkreten Rede geäußert werden – de Saussure nennt sie ›parole‹ – zu dem linguistischen System, das de Saussure als abstraktes Regelwerk begriffen und ›langue‹ genannt hat. (vgl. ebd., S. 10 u. S. 17). Jede Äußerung aktualisiert das Potential der ›langue‹, jede ›parole‹ ist ein Akt. Das linguistische System wird durch sprachliche Aktionen geformt, die unter Umständen zwar gegen seine Grammatik verstoßen und auch seine Lexik verändern können, bestimmt mit seinen Regeln aber für gewöhnlich den sozialen Redeverkehr. »Die Sprache ist erforderlich, damit das Sprechen verständlich sei und seinen Zweck erfülle. Das Sprechen aber ist erforderlich, damit die Sprache sich bildet«, heißt es daher in den *Allgemeinen Grundfragen der Sprachwissenschaft* (ebd. S. 22).

Darüber hinaus vertrat de Saussure die Auffassung, daß die Verbindung von Laut und Vorstellungsbild im Prinzip willkürlich oder arbiträr sei. Daß ›Brot‹ im Französischen ›pain‹ und im Englischen ›bread‹ heiße, daß also ein und derselbe Gegenstand der Vorstellung nicht immer mit dem gleichen Wort bezeichnet wird, läßt sich so erklären. Hat sich eine Sprachgemeinschaft jedoch erst einmal auf eine bestimmte Bezeichnung verständigt, kann man sie nicht mehr willkürlich ändern. Das Verhältnis des Bezeichnenden zum Bezeichneten stellt dann eine soziale Konvention, eine gesellschaftliche Übereinkunft, dar, deren Mißachtung zu Mißverständnissen führen muß (vgl. ebd. S. 79).

Inzwischen weiß man, daß nicht alle, sondern nur die sogenannten symbolischen Zeichen arbiträre Vereinbarungen sind. Neben ihnen gibt es aber auch noch ikonische und indexikalische Zeichen. Die ikonischen Zeichen, zu denen u.a. die sogenannte Wortgemälde (Onomatopoetika) gehören, sind, wie das Wort ›Kuckuck‹, durch eine gewisse Ähnlichkeit von Laut und Vorstellungsbild motiviert, die selbst dort noch durchscheint, wo die Lautschrift zu gewissen Differenzierungen von Ausdruck und Bedeutung führt (vgl. das französische ›coucou‹ und das englische ›cuckoo‹). Die indexikalischen Zeichen beruhen auf dem Zusammenhang von Ursache und Wirkung; Beispiele dafür wären etwa Schmerzlaute wie ›Au‹ oder Gebilde wie der Wetterhahn, der sich stets mit dem Wind dreht und dadurch dessen Richtung anzeigt.

Zweifellos haben die allermeisten sprachlichen Zeichen, die ein Wörterbuch auflistet, symbolischen Charakter. Man muß aber sehen, daß ihre Arbitrarität auch dadurch eingeschränkt wird, daß sie nicht beliebig miteinander kombiniert werden können, da ihre Auswahl und Verknüpfung zu relationalen Gebilden führt, die ihrerseits keineswegs willkürlich, sondern durch den Wunsch des Sprechers motiviert sind, sich und anderen ein Bild von den Sachverhalten zu machen, auf die er sich mittels der einzelnen Symbole bezieht. Der Text, der so entsteht, weist also nicht nur eine bestimmte Textur auf, er konfiguriert die Gegenstände der Vorstellung und veranschaulicht die entsprechenden Sachverhalte auf eine ganz bestimmte Art und Weise. Jede Veranschaulichung steht zwar vor dem Hintergrund alternativer Darstellungen, das ändert aber grundsätzlich nichts an der weltbildnerischen Funktion der Sprache, die sich aus der spezifischen Anordnung der einzelnen Zeichen zu einem Text ergibt. Auch wenn die Zuordnung von Wortlaut und Vorstellungsbild, rein linguistisch betrachtet, unmotiviert erscheint, die Wortfolge setzt diese einzelnen Bilder also zu einem komplexen und keineswegs willkürlichen Zeichen zusammen, das als Anschauungsschema oder auch als Weltmodell bezeichnet werden kann.

Einzuschränken ist auch die Abwertung der schriftlichen gegenüber der mündlichen Sprache, die de Saussure in seinen *Cours de linguistique generale* vorgenommen hatte. Sprache und Schrift waren für ihn zwei verschiedene Zeichensysteme; »das letztere besteht nur zu dem Zweck, um das erstere darzustellen« (ebd., S. 28), das den eigentlichen Gegenstand der Sprachwissenschaft bildet. Gemäß dieser Vorstellung verhält sich die Schrift zur Sprache wie die Kopie zum Original. Wollte man an der Kopie die Eigenarten der Sprache studieren, wäre dies, de Saussure zufolge, so, »als ob man glaubte, um jemanden zu kennen, sei es besser, seine Photographie als sein Gesicht anzusehen.« (ebd.). Die Schrift verschleiere die Entwicklung der Sprache, befand de Saussure, sie sei »nicht deren Einkleidung, sondern ihre Verkleidung.« (ebd. S. 35).

1.2 Erforschung der poetischen Sprache

Ferdinand de Saussure starb 1913. Als seine Vorlesungen, von denen lediglich Mitschriften existieren, 1916 gedruckt und der Nachwelt in dieser doppelten »Verkleidung« überliefert wurden, meinten viele Sprach- und Literaturwissenschaftler mit den *Cours de linguistique generale* ein Begriffsinstrumentarium in den Händen zu halten, das frei von weltanschaulichen Obertönen eine vorurteilsfreie Untersuchung sowohl der alltäglichen als auch der künstlerischen Rede gestatten würde. Von epochaler Bedeutung waren dabei der 1915 in

Moskau gegründete ›Linguistenkreis‹ und die ein Jahr später in Petersburg konstituierte ›Gesellschaft zur Erforschung der poetischen Sprache‹ (Opojaz), deren Mitglieder von ihren Gegnern schon bald als Formalisten bezeichnet wurden, weil sie sich weniger mit dem Inhalt oder dem Bedeutungsgehalt der Dichtung als mit den Verfahren der phonetischen Distinktion, der Sujetführung, der Verfremdung und der literarischen Reihenbildung beschäftigten.

Anknüpfen konnten die Formalisten auch an das Werk von Aleksandr Potebnja (1835-1891), der die Dichtung bereits als eine Redeweise sui generis bezeichnet und damit die Idee vorbereitet hatte, Sprachkunstwerke nicht nur als linguistische Phänomene, sondern als autonome Gebilde zu betrachten. Die Formalisten führten diese Idee aus, und einige von ihnen spitzten sie zu der These zu, daß die Poesie eine eigene Sprache, also nicht nur eine spezifische Form der ›parole‹, sondern eine selbständige ›langue‹ sei. Diese These wurde später von den Strukturalisten in Prag und Paris aufgegriffen, obwohl sie schon in Rußland zwei Gegenthesen hervorgerufen hatte. Die eine stammte von den orthodoxen Kommunisten, die in der formalistischen Ästhetik eine unzulässige Abkehr von jener ideologischen Bestimmung der Kunst sahen, die sich auf Hegel, Marx und Engels sowie Lenin und Trotzki berief. Der andere Einwand stammte aus dem sogenannten Bachtin-Kreis, dessen Mitglieder entweder gar keiner Partei angehörten oder innerhalb der kommunistischen Partei als Abweichler galten. Sie kritisierten an der Linguistik von de Saussure und an der formalen Methode, daß diese Ansätze weder die gesellschaftliche Bedeutung und Wirkungsweise der Sprache noch die Eigenart und den Eigenwert der Erzählkunst erfassen könnten.

Man muß jedoch zunächst einmal sehen, daß sich die formale Methode ihrerseits gegen die voreilige Gleichsetzung der Bedeutung von Kunstwerken mit der Gesinnung ihrer Urheber richtete, die stets eine Gefahr des biographischen Zugangs zu ihnen war. Um die Kunstwerke von einer solchen Betrachtung zu befreien, forderten die Formalisten eine Untersuchung der poetischen Verfahren, als deren Summe das Sprachkunstwerk ihrer Meinung nach anzusehen war.

Dazu machten die Formalisten – allen voran Roman Jakobson (1896-1992), Viktor Šklovskij (1893-1984), Boris Ejchenbaum (1886-1959), Jurij Tynjanov (1894-1943) und Boris Tomaševskij (1890-1957) – einen metaphorischen Gebrauch von de Saussures' Begriffsinstrumentarium (vgl. Jameson 1972, S. VIII): »Ausgangspunkt ihrer Lehre von der prinzipiellen Andersartigkeit eines Elements im alltagssprachlichen und im literarischen Bereich ist die

These de Saussures von der Beliebigkeit des Zeichens« (Strohmair 1977, S. 12), deren Relativität bereits dargelegt wurde. Für die formalistische Theorie, die davon ausging, daß die Zuordnung von Bezeichnendem und Bezeichneten in der Dichtung stets motiviert sei, folgt daraus, daß die These von der Arbitrarität des Zeichens keine ausreichende Grundlage bietet, um die Poesie kategorial von der prosaischen Rede der Alltagssprache abzugrenzen.

Nichts desto trotz hat die Annahme der Formalisten, daß Kunstwerke Dinge sind, »die mit Hilfe besonderer Kunstgriffe geschaffen werden« (Sklovskij 1984, S. 9), und daß diese Kunstgriffe dazu dienen, die alltägliche, gewohnheitsmäßig abgestumpfte Wahrnehmung des Menschen zu desautomatisieren, einiges für sich.

»Das Ziel der Kunst ist es, uns ein Empfinden für das Ding zu geben, ein Empfinden, das Sehen und nicht Wiedererkennen ist. Dabei benutzt die Kunst zwei Kunstgriffe: die Verfremdung der Dinge, und die Komplizierung der Form, um die Wahrnehmung zu erschweren und ihre Dauer zu verlängern.« (ebd. S.13).

Sklovskij und andere Formalisten gingen also davon aus, daß gewohnheitsmäßige Handlungen zu automatischen und automatisierte Wahrnehmungen zu blinden Flecken führen (vgl. ebd. S. 11). Aber auch die Kunstgriffe können abgenutzt und dann nur noch parodistisch verwendet werden (vgl. ebd. S. 45). Infolge dessen müssen sich auch die künstlerischen Verfahren der Verfremdung, der Erschwerung und Verlängerung der Wahrnehmung laufend ändern. Sie sind nicht nur auf die stumpf gewordenen Dinge der gegenwärtigen Lebenswelt, sondern auch auf die funktionslos gewordenen Kunstgriffe der Vergangenheit bezogen. Daraus folgt für die Betrachtung der Kunst: »ein Kunstwerk wird vor dem Hintergrund anderer Kunstwerke und im Zusammenhang mit ihnen wahrgenommen« (ebd. S. 31), es steht in einer diachronen Reihe und in einem synchronen Feld.

Kunst- und Literaturgeschichte zu betreiben, heißt daher vor allem, bestimmte Wahrnehmungsreihen und -felder miteinander zu vergleichen. Im Mittelpunkt der Betrachtung stehen dabei die Anschauungsformen, die den eigentlichen Gehalt der Kunstwerke bilden und den Inhalt, so gesehen, nur brauchen, um an irgendeinem mehr oder weniger beliebigen Material sinnfällig vorgeführt werden zu können. In einem Erzähltext ist die Handlung demnach nicht so wichtig wie die Art und Weise ihrer Behandlung durch den Erzähler.

Jameson hat bemerkt, daß die Verfremdung oder Defamiliarisierung, wie sie auch zuweilen genannt wird, im Formalismus eine doppelte Funktion erfüllt: zum einen unterscheidet der verfremdende Sprachgebrauch die poetische Rede insgesamt vom alltäglichen Sprechen, zum anderen schafft sie innerhalb der Literatur eine Binnendifferenzierung, da das Ausmaß der Verfremdung von Text zu Text verschieden sein kann. Diese Binnendifferenzierung wiederum kann sowohl unter dem Gesichtspunkt der Diachronie als auch unter dem Gesichtspunkt der Synchronie betrachtet werden (vgl. Jameson 1972, S. 52).

Jameson kritisiert am Verfremdungskonzept, daß es seiner Idee nach ein lyrisches Verfahren sei und relativ wenig Aufschluß über die Machart vor allem umfangreicher Erzählwerke liefern könnte. Zwar gäbe es, wie Sklovskijs Tolstoij-Studien zeigten, auch in Prosatexten zahlreiche Passagen, in denen das Verfahren der poetischen Defamiliarisierung auf einzelne Wörter oder Ausdrücke angewandt werde, die narrativen Eigenarten des Romans würden damit jedoch nicht erfaßt (vgl. ebd. S. 70f).

Ein weiterer entscheidender Mangel von Sklovskijs Ansatz besteht darin, daß man mit seiner Hilfe kaum bestimmen kann, was einen Prosaroman überhaupt zum Kunstwerk macht. Indem man die poetische Stilisierung der Sprache untersucht, kommt man dem Roman, der ja gerade auf die alltäglichen Erscheinungsformen der Sprache abstellt, nicht bei. Dieser Einwand, der seinerzeit vor allem von Michail M. Bachtin erhoben wurde, richtet sich auch gegen die Vorstellung, daß es in der alltägliche Rede eigentlich überhaupt keine künstlerisch bemerkenswerten Verfahren geben kann, wenn sie den Gegenpol zum poetischen Sprechen darstellt. Es ist jedoch offensichtlich, daß auch die prosaische Rede von Stilfiguren und Redensarten durchsetzt ist und viele Verfahren – etwa die Metapher oder die Metonymie – mit der Sprachkunst teilt.

Es ist daher nur folgerichtig, daß die formalistische Dichotomie von Alltagssprache und Sprachkunst, von prosaischer und poetischer Rede inzwischen von vielen Wissenschaftlern als irreführend angesehen wird. Stellvertretend sei hier die Kritik von Mary L. Pratt erwähnt. Auch sie weist darauf hin, daß es zwischen literarischen und nicht-literarischen Äußerungen mehr Gemeinsamkeiten als Unterschiede gibt (vgl. Pratt 1977, S. 16f). Für den formalistischen Trugschluß, daß es eine eigene poetische Sprache gäbe, macht sie de Saussure verantwortlich: Seine Linguistik habe Sklovskij und andere dazu verführt, Sprachkunstwerke nicht als komplexe Äußerungen (paroles), sondern als Beiträge zur Schaffung eines selbständigen Systems (langue) zu betrachten. Diese Sicht hing sicherlich auch mit dem Wunsch zusammen, der Kunst eine autonome Stellung in der Gesellschaft zu verschaffen (vgl. ebd. S. 17f). Es fragt sich jedoch, ob nicht gerade die angebliche Sonderstellung der Kunst der von den Formalisten behaupteten Rückkopplung zwischen den Kunstgriffen und der Alltagswahrnehmung zuwider läuft. Welche Relevanz soll eine Rede, die sich radikal vom Alltagsdiskurs unterscheidet, für diesen Diskurs haben? Im übrigen ergibt sich aus dem formalistischen Ansatz auch für Pratt die überflüssige Schwierigkeit, poetische Vorkommnisse außerhalb der Literatur erklären zu müssen (vgl. ebd. S. 32ff).

Ein weiteres Problem stellt die kompositorische Komplexität des Romans dar, den Sklovskij bezeichnenderweise als Fortführung der Novellensammlung, ihrer Einbettung in einen Erzählrahmen und dessen Erweiterung durch Abschweifungen, verstanden wissen wollte. Die Verfahren der Aneinanderreihung und Verbindung entsprechen dabei dem parataktischen, die Verfahren der Rahmung und Abschweifung dem hypotaktischen Bau der Sprache. In seinem Aufsatz »Wie Don Quijote gemacht ist«, der diese Thesen aus dem Aufsatz »Der Aufbau der Erzählung« für den Roman fortschreibt, werden die beiden Verfahren auch als Reihen- und Rahmenkomposition bezeichnet. Nun hat Cervantes zwar in der Tat Novellen verfaßt und auch seine Geschichte vom fahrenden Ritter durch novellistische Einlagen aufgelockert, aber die Komplexität des modernen Romans läßt sich dann doch nicht einfach als Fortsetzung und Erweiterung der Novellensammlung durch Abschweifungen verstehen.

Sklovskijs eigene Beschreibung der Zwecke, denen Abschweifungen dienen, zeigt nämlich, daß sie neue Formen der Komposition entstehen lassen. Abschweifungen schieben erstens neues Material in den Roman ein, sie hemmen zweitens die Handlung und schaffen drittens Kontraste (Sklovskij, S. 148f). Durch Abschweifungen gehemmt werden kann jedoch nur eine durchgehende Handlung, die zugleich als Vergleichsfolie der Kontrastbildung fungiert. Zumindest der traditionelle Roman widerlegt mit seinem Materialreichtum Sklovskijs Behauptung, »daß die Kunst nicht zur Zusammenfassung, sondern zur Zerlegung neigt.« (ebd. S. 33).

Ein mit dieser Idee verwandter Gedanke betrifft die für Sterne charakteristische Bloßlegung des Kunstgriffs, die den *Tristram Shandy* für Sklovskij zum typischsten Roman der Weltliteratur macht (vgl. ebd. S. 115 u. S. 143) und seine These unterstützen soll, daß nicht nur die Parodie, sondern jedes Kunstwerk als Parallele und Antithese zu irgendeinem Muster geschaffen wird (vgl. ebd. S. 31). Mit dieser Bemerkung hat Sklovskij sehr wohl die intertextuelle Machart vieler Romane und ihren oft parodistischen Charakter erfaßt. Gleichwohl erschöpfen sich die Werke von Cervantes oder Furetière, Sterne oder Joyce nicht in ihrer Polemik gegen den Ritterroman, den bürgerlichen Roman, die lineare Lebensgeschichte oder das homerische Epos. Vielmehr treten sie mit diesen Bezugstexten in einen Dialog, der auch die unterschiedlichen Mentalitäten ins Spiel bringt, die in den verschiedenen Genres Ausdruck finden. Man kann die Intertextualität der Literatur und die Bloßlegung der traditionellen Kunstgriffe also nicht von ihrem gesellschaftlichen Kontext trennen.

1.3 Dynamische Rede-Konstruktion

Das ändert nichts daran, daß die Formalisten der Romantheorie und Erzählforschung wichtige Impulse vermittelt haben. Es ist nicht notwendig, ihre Leitdifferenz von (prosaischer) Alltagsrede und poetischer Sprache zu übernehmen, um auf die hilfreichen Begriffe der Verfremdung, der Reihen- und Rahmenkomposition oder der genealogischen Funktion der Parodie zurückgreifen zu können, mit der sich auch Jurij Tynjanov intensiv beschäftigt hat. Seine Grunderkenntnis »Literatur ist dynamische Rede-Konstruktion« (Tynjanov 1967, S. 18) kann bereits als Relativierung der soeben kritisierten Leitdifferenz interpretiert werden. Zumindest spricht nichts dagegen, in der Dynamik und Konstruktivität der literarischen Rede Eigenschaften zu sehen, die sie mit der Alltagssprache verbinden. Tatsächlich ergibt Tynjanovs Bermerkung nur Sinn, wenn man literarische Texte nicht als ›langue‹, sondern als ›parole‹, als historisch situierte Äußerungen versteht, die vom Leser auf andere Zusammenhänge übertragen werden können.

Dynamisch konstruiert wird für Tynjanov mit der Rede auch ihr Gegenstand. Sowohl die Handlung als auch seine Behandlung sind dem narrativen Diskurs und seiner Lektüre also nicht einfach als feste Größen vorgegeben; vielmehr entwickeln und entfalten sie sich im Verlauf der erzählerischen Darstellung, der die Vorstellung des Lesers folgt. Kennzeichnend für den Roman ist nun, daß er als eine aus Erzähler- und Figurenrede zusammengesetzte Konstruktion begriffen werden muß. Der Leser hat es daher mit verschiedenen Konstrukten und Konstruktionsverfahren zu tun, deren Korrelation ein dynamischer Vorgang ist. Auslegungsrelevant ist am Roman folglich nicht nur, was auf der Ebene der dargestellten Handlung geschieht; auslegungsrelevant ist auch, was in der Vorstellung der handelnden Figuren, was auf der Ebene der Figurenrede und was auf der Ebene der narrativen Vermittlung all dieser Vorgänge geschieht.

Zusätzlich kompliziert wird die Lage dadurch, daß jedes Geschehen auf intra-, inter- und kontextuelle Zusammenhänge bezogen werden kann. Tynjanov hat gerade diesen Aspekt der Erzählliteratur am Beispiel der ironischen Art und Weise untersucht, in der Dostojewski in seinen Romanen Gogols Stil verwendet hat. Seiner Meinung nach erfüllt die Parodie eine doppelte Funktion: »Sie mechanisiert erstens einen bestimmten Kunstgriff, und sie organisiert zweitens neues Material: wobei dieses Material nichts anderes ist als der mechanisierte Kunstgriff.« (ebd. S. 102). Das klingt erneut, als bewege sich die literarische Entwicklung in einem geschlossenen Kreis; bedenkt man jedoch, daß Kunstgriffe stets auf Wahrnehmungsweisen bezogen sind, betrifft die Stilparodie sowohl die weltbildnerische Funktion des Romans als auch die alltäglichen Anschauungsformen, gegen deren Mechanisierung sich der Kunstgriff richtet.

Abgeleitet von dem Modell, als das sich die Parodie für jede dynamische Rede-Konstruktion erweist, ist der von Tynjanov gemeinsam mit Jakobson entwickelte Vorschlag, die literarische Evolution systematisch und das literarische System evolutionär zu begreifen. Überwunden werden sollte damit der Gegensatz zwischen der synchronen und der diachronen Betrachtungsweise, der auf de Saussure zurückgeht (vgl. Tynjanov/Jakobson 1973, S. 379). Hans Robert Jauß hat diese produktionsästhetische Sicht später um den rezeptionsästhetischen Blickwinkel ergänzt: »die Evolution der Literatur ist wie die der Sprache nicht nur immanent durch das ihr eigene Verhältnis von Diachronie und Synchronie, sondern auch durch ihr Verhältnis zum allgemeinen Prozeß der Geschichte zu bestimmen« (Jauß 1970, S. 167), wobei sich die besondere Geschichtlichkeit der Literatur aus dem Verhältnis der einzelnen Werke zu ihrem sich wandelnden Publikum ergibt.

Wesentliche Anregungen verdanken Jauß und andere Rezeptionsästhetiker dem tschechischen Strukturalismus. Stärker als ihre Vorgänger, die Formalisten, haben die dem 1926 gegründeten »Cercle de linguistique de Prague« angehörenden Literaturwissenschaftler nämlich die Rolle des sozialen Kollektivs betont, die erklären kann, warum individuelle Lesarten intersubjektiv nachvollziehbar sind. Unterschieden wird dabei grundsätzlich zwischen dem Artefakt und dem ästhetischen Objekt, das gewissermaßen die gesellschaftliche Objektivierung der subjektiven Vorstellungen darstellt, die das Kunstwerk, der Artefakt, auslöst.

Während das ästhetische Objekt stets einen transitorischen Status besitzt und sich im Grunde genommen mit jeder Interpretation ändert, stellt der Artefakt die stabile Bezugsgröße all der unterschiedlichen Lesarten dar, die gemeinsam Aufschluß über seinen kulturellen Wert geben. Dieser Wert ist sowohl auf die zeitgenössische Gesellschaft als auch auf den historischen Zeitpunkt seiner

Feststellung zu relativieren. Die Relativierung erfolgt also einerseits aus dem Blickwinkel der diachronen und andererseits aus dem der synchronen Betrachtung. Mit dem Hinweis auf den kulturellen Wert der Kunst entfernte sich Jan Mukarovský, von dem die Unterscheidung zwischen Artefakt und ästhetischem Objekt stammt, aber auch von de Saussures Linguistik, die ja ausdrücklich als wertfreie Untersuchung der Sprache angelegt war. Für Mukarovský ist die Dichtkunst denn auch kein rein linguistisches Phänomen mehr, sondern ein ›semiologisches Faktum‹, ein aus Zeichenhandlungen resultierendes gesellschaftliches Konstrukt, dem bestimmte Werthaltungen korrespondieren. Zugleich stellt Mukarovskýs Sicht der Dinge einen Kompromiß zwischen dem Gedanken der künstlerischen Autonomie und der Forderung dar, die gesellschaftliche Wirkung der Kunst zu berücksichtigen: Der Artefakt ist eine Äußerung, die im Kontext anderer Äußerungen steht; seine Bedeutung ist Gegenstand der gesellschaftlichen Verhandlung und eben deshalb ein semiologisches Faktum (vgl. Brockman 1971, S. 94).

Mündliche oder schriftliche Verhandlungen bestehen aus dialogisch orientierten Äußerungen. Ein echter Dialog muß nach Mukarovský vier Kriterien erfüllen:

1. Die Sprecher- und die Hörerolle müssen im Rahmen einer raumzeitlichen Situation von mehr als einer Person besetzt werden können.
2. Die situativen Bedingungen des Gesprächs müssen den Gesprächspartnern gegenwärtig sein.
3. Ihre Vorstellungswelten müssen einander wechselseitig ›durchdringen‹.
4. Der Dialog trägt zur Entwicklung der sprachlichen Regeln bei, die als Verständigungsgrundlage des Gespräches dienen.

Wichtig ist darüber hinaus, daß es keinen starren Gegensatz zwischen monologischen und dialogischen Äußerungen gibt, und daß auch schriftliche Äußerungen im Prinzip den dynamischen und energetischen Charakter der mündlichen Verständigung aufweisen:

»Auch in deutlich monologischen Äußerungen können wir oft einen latenten dialogischen Charakter feststellen und umgekehrt; das betrifft nicht nur dichterische Äußerungen, sondern Sprachäußerungen überhaupt.« (Mukarovský 1974, S. 192).

Daß es sogar im Selbstgespräch Spannungen und Widersprüche, unerwartete Wendungen und einen gewissen Wechsel zwischen der Hörer- und der Sprecherrolle gibt, hängt offenbar damit zusammen, daß unser Denken zumindest in Teilen ein inneres oder verinnerlichtes Sprechen ist. »Die offenkundige und potentielle Dialogizität von Sprachäußerungen hat ihre Wurzel im verdeckten ›dialogischen‹ Ablauf des geistigen Lebens.« (ebd. S. 193). Das erklärt zugleich den energetischen und dynamischen Charakter der Wechselrede. Selbst schriftliche Texte können in diesem Sinne als ein von Spannungen und Widersprüchen durchzogenes Geschehen verstanden werden.

Obwohl Mukarovský bereits als Strukturalist gelten muß, wurden seine Ansichten hier als Überleitung vom formalistischen zum dialogischen Ansatz der Romantheorie und Erzählforschung eingefügt. Das Konzept der dynamischen Rede-Konstruktion und der dialogische Charakter der Parodie, den bereits Tynjanov hervorgehoben hatte, sowie das Gespür für die soziale Dimension aller sprachlichen Äußerungen, das Mukarovskýs Einlassungen auszeichnet, verbinden nämlich die formale Methode und ihre Revision durch den Prager Strukturalismus mit den Ansichten von Michail M. Bachtin. Allerdings ging Bachtin zunächst nicht von de Saussure, sondern von Kant und dessen architektonischem Prinzip der Verantwortung aus, bevor er die Dialogizität in den Mittelpunkt seiner zahlreichen Veröffentlichungen zum Roman rückte.

2. Der dialogische Ansatz

2.1 Das architektonische Prinzip

In der Einleitung zu seiner *Kritik der reinen Vernunft* unterschied Immanuel Kant (1724-1804) zwei Stämme der menschlichen Erkenntnis: die Sinnlichkeit und den Verstand (vgl. Kant 1993, S. 58 B). Die Sinnlichkeit vermittelt dem Menschen die Gegenstände seiner Erfahrung in den Anschauungsformen von Raum und Zeit; der Verstand ermöglicht es ihm, die Mannigfaltigkeit der Erscheinungen unter bestimmten Begriffen zusammenzufassen. Daraus folgt zum einen, daß der Mensch die Dinge nicht so wahrnimmt und erkennt, wie sie an sich sein mögen; vielmehr macht er sich von ihnen immer nur im Rahmen der Anschauungsformen und Verstandesbegriffe ein Bild, über die sein Vorstellungsvermögen verfügt; zum anderen ergibt sich aus Kants Beschreibung, daß es für den Menschen keine Erkenntnis ohne Sinn und Verstand geben kann: »Der Verstand vermag nichts anzuschauen, und die Sinne vermögen nichts zu denken. Nur daraus, daß sie sich vereinigen, kann Erkenntnis entspringen.« (ebd. S. 95).

Bedeutsam ist, daß die Anschauungsformen von Raum und Zeit auch im übertragenen Sinne auf alle bloß vorgestellten Gegenstände angewandt werden können, und daß der Verstand nicht nur verschiedene Modalitäten unterscheiden, sondern die Gegenstände auch gemäß dieser Modalitäten beurteilen kann. Eine entscheidende Rolle spielt in diesem Zusammenhang die Einbildungskraft, die Kant als das Vermögen bestimmt, »einen Gegenstand auch ohne dessen Gegenwart in der Anschauung vorzustellen« (ebd. S. 166b). Es liegt auf der Hand, daß die Einbildungskraft bei jeder Textlektüre mit den Anschauungsformen von Raum und Zeit im Bunde steht, um dem Verstand Erkenntnisgegenstände zuzuführen. Der Verstand beurteilt diese Gegenstände dann hinsichtlich ihres Realitätsgehaltes sowie aufgrund der sogenannten Kategorien, die gleichsam die Muster sind, nach denen sich alle Erscheinungen richten müssen (vgl. ebd. S. 183 b).

Um nun aber die Erscheinungen auf bestimmte Muster beziehen und mit ihrer Hilfe erfassen zu können, muß der Mensch neben den Kategorien selbst auch gewisse Verfahren der Bezugnahme kennen, die Kant Schemata nennt (vgl. ebd. S. 197). Diese Schemata vermitteln zwischen Anschauung und Begriff, sie lassen in der Einbildung gleichsam Schaubilder der Sachverhalte entstehen. »Das Schema ist an sich selbst jederzeit nur ein Produkt der Einbildungskraft«, erklärt Kant, das dazu dient, »einem Begriff sein Bild zu verschaffen.« (ebd. S. 199). Es ist weder die Sache selbst noch sein (photographisches) Abbild, sondern eine Art Diagramm, das die Sache eben nicht konkret, sondern in ihren abstrakten Grundzügen veranschaulicht.

Neben der Bezugnahme (Referenz) untersuchte Kant die Schlußfolgerung (Inferenz), dank der die Vernunft zu prinzipiellen Erkenntnissen über die Gegenstände gelangt. Der Vernunft, die gewissermaßen auf die Vorleistungen der Sinnlichkeit und des Verstandes rekurriert, geht es dabei um den systematischen Zusammenhang der Gegenstände bzw. darum, die einzelnen Erkenntnisse in ein Ideengebäude zu überführen. Das Verhältnis von Sinnlichkeit, Verstand und Vernunft läßt nach Kant also eine gewisse »Architektonik« (vgl. ebd. S. 748) erkennen, deren Aufbau sich an bestimmten Leitideen orientiert. Um diesen Bauplan auszuführen bedarf es wiederum jener Schemata, die eine architektonische Funktion erfüllen. Im Gegensatz zu den bloß technischen Schemata, die zufälligen Absichten dienen, vermitteln die architektonischen Schemata grundlegende Einsichten. Da der Mensch nicht nur ad hoc handeln und sich dem Zufall überlassen, sondern sein Verhalten an vernünftigen Regeln ausrichten soll, deren Geltung keine Frage der Gelegenheit darstellt, sondern aus der jederzeit gültigen Übernahme der persönlichen Verantwortlichkeit folgt, hat die Architektonik für Kant vor allem eine ethische Dimension. Niemand kann wider besseres Wissen und Gewissen handeln, ohne sich vor dem Richterstuhl der eigenen Vernunft schuldig zu machen.

2.2 Verantwortlichkeit und Einfühlungsvermögen

Für die Romantheorie und Erzählforschung ist das architektonische Prinzip, das man auch als das Prinzip der Verantwortung bezeichnen könnte, aus wenigstens drei Gründen relevant: grundsätzlich gilt, daß auch die Literaturwissenschaftler dem von Kant untersuchten Schema der sinnlich-begrifflichen Welterfassung verpflichtet und dabei an Leitideen orientiert sind, deren Vernünftigkeit zu erörtern eine ihrer Aufgaben darstellt. Insofern sie es stets mit Sprachkunstwerken zu tun haben, wird für sie, zweitens, jene Entwicklung bedeutsam, die von Kant zur modernen Semiotik führt. Diese nämlich knüpft, da sich alle Zeichen zugleich an die Sinnlichkeit und an den Verstand des Menschen wenden und Schlußfolgerungsreihen in Gang setzen, die der gemeinsamen Vernunftkritik aller Zeichenbenutzer unterliegen, unmittelbar an Kant an. Abzulesen ist dies an den Werken von Charles Sanders Peirce (1839-1914), der, von Kants Kategorientafel ausgehend, der erkenntnistheoretischen, pragmatischen und ästhetischen Bedeutung der Zeichen nachging, mit deren Hilfe sich die Menschen über die Welt verständigen.

Drittens schließlich war Michail M. Bachtin (1895-1975), von dem die wohl bedeutsamsten Beiträge zur Romantheorie des 20. Jahrhunderts sowie zahlreiche, wichtige Überlegungen zur Erzählforschung stammen, nachhaltig von Kant und seinem architektonischen Prinzip beeinflußt. Eine seiner ersten Veröffentlichungen trägt den programmatischen Titel »Kunst und Verantwortung«. Obwohl Kants Name in diesem kurzen Aufsatz nicht erwähnt wird, stellt er doch auf den Kerngedanken der Architektonik ab. Schon der erste Satz bringt die Leitidee, die Bachtin mit Kant verbindet, ex negativo zum Ausdruck, wenn es heißt:

»Ein Ganzes wird dann mechanisch genannt, wenn seine einzelnen Elemente nur in Raum und Zeit durch äußere Verbindung vereinigt und nicht von der inneren Einheit des Sinns durchdrungen sind.« (Bachtin 1979, S. 93).

Man könnte auch sagen: Wo keine architektonischen, sondern bloß technische Schemata verwandt werden, ergibt sich auch nur ein mechanischer Zusammenhang. Positiv folgt daraus im Umkehrschluß, daß die drei Bereiche der menschlichen Kultur – Wissenschaft, Kunst und Leben – nur dank der menschlichen Persönlichkeit einen Sinnzusammenhang bilden, wobei sich die Integrität der Person wiederum aus der Einheit ihrer Verantwortung ergibt (vgl. ebd.). Anders formuliert: der Sinnzusammenhang des Lebens ist dem Menschen nicht einfach vorgegeben, sondern aufgegeben. Er selbst muß die Prinzipien und damit den Bauplan für das architektonische Projekt seiner je persönlichen Selbst- und Weltdeutung entdecken.

Diese Sicht der Dinge entspricht ziemlich genau der Kant-Auslegung von Hermann Cohen (1842-1918), der seinerzeit die sogenannte Marburger Schule des Neukantianismus begründet hatte. Cohen hatte Kant dahingehend verstanden, daß es ihm »um eine operative Rechtfertigung des theoretischen, ethischen und ästhetischen Gegenstandes gegangen sei« (Ollig 1979, S. 31). Seiner Meinung nach durfte dem Denken, Wollen und Fühlen des Menschen nichts zugrundegelegt werden, was sich nicht aus dem Denken, Wollen und Fühlen selbst ableiten ließ. In der Ästhetik, Ethik und Erkenntnistheorie geht es daher darum, die Bedingungen ihrer eigenen Möglichkeit aufzuzeigen. Zwischen der Welt, dem Gegenstand des Bewußtseins, und dem menschlichen Bewußtsein, das aus dem Denken, Wollen und Fühlen besteht, klafft demnach eine Lücke, die zu schließen dem Menschen aufgetragen ist. Daraus resultiert seine Verantwortung. Daß der Mensch diese Verantwortung überhaupt wahrnehmen kann, liegt wiederum daran, daß ihm mit den Zeichen, den Anschauungsformen von Raum und Zeit, mit der Wissenschaft und mit der Kunst architektonische Möglichkeiten gegeben sind, um die Kluft zwischen der Welt und seinem Bewußtsein zu überbrücken (vgl. Holquist 1986, S. 61). Insgesamt geht es also um eine Gestaltungsaufgabe, an der die Kunst dank ihrer spezifischen Anschauungsformen und Werte maßgeblich beteiligt ist.

Man weiß, daß Bachtin mit dem Ideengut der Marburger Schule durch seinen Freund Matvej Isaevic Kagan (1889-1937) in Berührung kam, der bei Cohen studiert hatte. Denkbar ist aber auch, daß Bachtin, der zweisprachig aufgewachsen war, schon zuvor mit den auf Deutsch publizierten Werken Hermann Cohens vertraut war. Aus ihnen übernahm er unter anderem den Begriff der ›Einfühlung‹ (Empathie), der für seine frühe Romantheorie grundlegend werden sollte (vgl. Shukman 1984, S. 243). Diese frühe Romantheorie entstand zwischen 1920 und 1923, blieb jedoch unvollendet. Der wissenschaftlichen Öffentlichkeit wurde sie erst 1979 unter dem Titel *Autor und Held in der ästhetischen Tätigkeit* zugänglich gemacht. Ihre Verbindung zu dem 1919 gedruckten Aufsatz »Kunst und Verantwortung« ergibt sich vor allem daraus, daß die ästhetische Tätigkeit zwischen dem Autor und seinem Helden ein ethisches Verhältnis begründet, das seinerseits ein theoretisches Modell für die zwischenmenschlichen Beziehungen darstellt, die im Rahmen der praktischen Tätigkeit entstehen. Wie bei jedem Modell kommt es dabei neben den analogen Zügen auch auf die spezifischen Differenzierungsmomente an.

Bachtin geht von der Überlegung aus, daß jeder Mensch nicht nur Held, sondern Urheber seiner Lebensgeschichte sein will, daß er also nicht von anderen gesteuert werden, sondern sein Schicksal selbst bestimmen möchte. Umgekehrt darf er auch die anderen Subjekte nicht zu Objekten seiner Handlungen reduzieren. Der Romanheld ist nun für den Autor einerseits eine Möglichkeit, das eigene Dasein in eine kritische Distanz zu rücken; andererseits muß er sich in den Helden einfühlen. Die Spannung zwischen diesem emphatischen Moment und dem, was Bachtin die ›Außerhalb-Befindlichkeit‹ des Autor nennt, strukturiert die ästhetische Tätigkeit: In der Beziehung von Autor und Held werden zwei einander eigentlich ausschließende Formen des Begehrens vermittelt: Die Ergänzungsbedürftigkeit des Menschen durch andere, die als soziale Abrundung der eigenen Psyche erfahren wird, und das Bedürfnis, in der eigenen Entwicklung nicht abgeschlossen und von außen festgelegt zu werden.

Indem sich der Romanschriftsteller einen Helden schafft, dem er emphatisch verbunden bleibt, ohne dadurch seine Position der Außerhalb-Befindlichkeit aufzugeben, der er bedarf, um mit seinem Geschöpf schöpferisch umgehen zu können (vgl. Todorov 1979, S. 505), tritt an ihn die Herausforderung heran, seine Autorität nicht willkürlich, sondern so einzusetzen, wie es die ›ästhetische Liebe‹ von ihm fordert: Sie zielt auf eine Koevolution zwischen dem Autor und seinem Helden, zwischen dem Subjekt, das seine Integrität durch den anderen erfährt, und dem Subjekt, das diese Integrität verbürgt, ab. Dieser koevolutionäre Charakter macht die ästhetische Tätigkeit zum Modell des gesellschaftlichen Umgangs der Menschen miteinander.

Zugleich ist die Außerhalb-Befindlichkeit oder Exotopie des Autors mit der Fiktion verknüpft, das Bewußtsein des Helden einsehen zu können. Auch in der Wirklichkeit stehen die Menschen einander ja exotopisch gegenüber. Dort führt diese Außerhalb-Befindlichkeit jedoch dazu, daß ein jedes Bewußtseinssystem für andere Bewußtseinssysteme undurchdringlich bleibt. Der Roman hingegen bietet die spezifische Möglichkeit, die Position der Außerhalb-Befindlichkeit mit einer endogenen Perspektive zu verbinden. Diese für fiktionale Erzählwerke insgesamt charakteristische Verbindung von Innen- und Außensicht führt zum einen dazu, daß das Bewußtsein des Autor das seines Helden umfaßt, vervollständigt und abrundet (vgl. Bachtin 1990, S. 5 u. S. 12); zum anderen verleiht es dem literarischen Werk seine ganzheitliche Gestalt. Was den Autor daran hindert, seinen Helden reduktionistisch zu behandeln, ist das eigene Selbstbewußtsein bzw. das Empfinden, daß niemand dem anderen seine Verantwortlichkeit abnehmen kann, daß es im Leben schlechterdings kein Alibi gibt, wie Bachtin sagt (vgl. ebd. S. 206).

Die spezifische Rückkopplung, die das Verhältnis von Autor und Held kennzeichnet, hat infolge dessen auch eine politische Dimension: Wo dem einzelnen die Möglichkeit entzogen wird, zum Urheber seines eigenen Schicksals zu werden, entsteht ein totalitäres System, das den Begriff des Menschen, der – ganz im Sinne Kants – das Prinzip der Eigenverantwortlichkeit voraussetzt, vernichtet. Niemand hat diese Bedeutungsdimension klarer zum Ausdruck gebracht als der ungarische Schriftsteller Imre Kertész mit seinem *Roman eines Schicksallosen*. Es ist daher höchst aufschlußreich, daß Kertész Bachtin auch in seinem *Galeerentagebuch* erwähnt, das die Entstehung dieses Romans reflektiert.

Damit die Beziehung von Autor und Held nicht nur ein technisches, sondern ein architektonisches – und das heißt letztlich ein humanes – Modell der zwischenmenschlichen Verständigung wird, darf die Analogiebildung also nicht über die entscheidende Differenz zwischen der intra- und der interpersonalen Verständigung hinwegtäuschen: während der Autor gegenüber seinem Helden stets das letzte Wort behält und seine Gestalt durch den Tod endgültig abschließt (vgl. ebd. S. 130), können sich die Menschen nur im Modus der Unabschließbarkeit auf einander beziehen (vgl. ebd. S. 143).

An diese Erkenntnis schließt die weitere Entwicklung von Bachtins Romantheorie an: ihre Leitidee besteht, kurz gefaßt, darin, daß der Roman den dialogischen Charakter der im Prinzip unabschließbaren Selbst- und Weltverständigung des Menschen reflektiert. Das setzt einerseits eine gemeinsame Verständigungsgrundlage, andererseits aber auch widersprüchliche Ansichten über den Menschen und seine Welt voraus. Da die Einheit der Sprache dem Menschen ebensowenig wie die Einheit der Welt gegeben ist und dort, wo sie vollständig erreicht würde, die Freiheit, alternative Ansichten zu äußern, tilgen würde, kann der Roman nur dann ein angemessenes Bild von der Sprachgemeinschaft entwerfen, wenn er die irreduzible Pluralität der Ausdrucksmöglichkeiten, der Redeweisen und Lesarten beschreibt, die sie kennzeichnen.

»Der Roman orchestriert seine Themen, seine gesamte abzubildende und auzudrückende Welt der Gegenstände und Bedeutungen mit der sozialen Redevielfalt und der auf ihrem Boden entstehenden individuellen Stimmenvielfalt.« (Bachtin 1979, S. 157).

Dieses Zitat stammt aus Bachtins Abhandlung *Das Wort im Roman*, die in den Jahren 1934 und 1935, also über zehn Jahre nach seiner Arbeit über die Beziehung von *Autor und Held in der ästhetischen Tätigkeit* verfaßt wurde. In der Zwischenzeit hatte sich Bachtin intensiv mit de Saussures Grundlagen der Sprachwissenschaft, mit den Arbeiten der Russischen Formalisten und denen ihrer marxistischen Widersacher beschäftigt. Im Mittelpunkt seiner Forschungen standen jedoch die Werke von Francois Rabelais und Fjodor M. Dostojewski. Als Ergebnis dieser Forschungen entstanden eine Reihe von Veröffentlichungen, die jedoch nicht alle unter Bachtins eigenem, sondern unter dem Namen seiner Freunde Pavel N. Medvedev (1891-1941) und Valentin N. Voloshonov (1895-1936) erschienen sind. Ob diese Texte tatsächlich von Bachtin verfaßt und autorisiert oder nur von ihm inspiriert wurden, ist eine bis heute umstrittene Frage. Die Quellenlage ist widersprüchlich; den Texten selbst sind keine eindeutigen Hinweise zu entnehmen.

Die Ironie der Geschichte liegt natürlich darin, daß die Frage der Urheberschaft, die vermutlich nie endgültig zu klären sein wird, ausgerechnet bei einem Wissenschaftler auftaucht, der sich ein Leben lang mit dem Prinzip der Verantwortlichkeit und ihrem literarischen Analogon, der Urheberschaft, befaßt hat. Im folgenden werden die beiden Bücher von Medvedev über *Die formale Methode in der Literaturwissenschaft* und von Voloshinov über *Marxismus und Sprachphilosophie* wie Meinungsbeiträge zu einer Diskussion innerhalb des Bachtin-Kreises behandelt, aus denen Bachtin bestimmte Schlußfolgerungen abgeleitet hat, die in jenen Texten nachzulesen sind, die tatsächlich unter seinem eigenen Namen publiziert wurden.

Sicher ist, daß Bachtin die in Petersburg lebenden Formalisten, unter ihnen Tynjanov, Ejchenbaum und Jakubinsky, persönlich kannte. Mit Sklovskij verband ihn noch im Alter, als beide in der Nähe von Moskau lebten, ein reger Gedankenaustausch. Im übrigen waren es Sklovskij und Jakobson, die Bachtin, der unter Stalin in der Verbannung gelebt hatte, 1956 und 1957 wieder ins Gespräch brachten und so in der Sowjetunion wie im westlichen Ausland dafür sorgten, daß seine Arbeiten zunehmende Beachtung erfuhren. Sicher ist auch, daß Bachtin die formale Methode weder einfach abgelehnt noch unverändert übernommen hat. Wie seinem 1924 verfaßten Aufsatz »Das Problem von Inhalt, Material und Form im

Wortkunstschaffen« zu entnehmen ist, lehnte er lediglich eine Betrachtung ab, die ausschließlich in der Form den Inhalt der Kunst erblickt. Gleichzeitig betonte er jedoch wie die Formalisten, daß die Literatur ihr Material nicht nur außerhalb, sondern auch innerhalb ihrer eigenen Traditionen findet:

»Außer der vom Wortkünstler vorgefundenen Wirklichkeit von Erkennen und Handeln wird von ihm auch die Literatur vorgefunden: es gilt, gegen oder für alte literarische Formen zu kämpfen, sie sind zu benutzen und zu kombinieren, ihr Widerstand ist zu überwinden oder in ihnen ist Unterstützung zu suchen.« (Bachtin 1979, S. 120).

Bezeichnend ist, daß Bachtin in der formalen Methode offenbar eine rein technologische Untersuchung der Form sah, die, wie schon Kant gefordert hat, durch eine architektonische Untersuchung ergänzt werden müsse, in der es um den Wert von Material, Form und Inhalt geht (vgl. ebd. S. 139). Die spezifische Architektonik der Dichtung wird dabei als Erlebniszusammenhang aufgefaßt:

»Im Erdichten nehme ich mich als ein den Gegenstand Erdichtender intensiver wahr, ich spüre meine durch die Außerhalb-Befindlichkeit bedingte Freiheit, das Ereignis ungehindert zu formen und zu vollenden.« (ebd. S. 143).

2.3 Sozialer Redeverkehr und ideologisches Milieu

Während Bachtin in seinem Aufsatz die persönliche Bedeutsamkeit des Kunstwerks herausstellte, das eben nicht nur ein technisches Gebilde, sondern ein architektonisches Wertgefüge darstellt, betonte Medvedev in seinem Buch den gesellschaftlichen Charakter der Kunst. Sie übt seiner Meinung nach nicht nur eine soziale Funktion aus, sie wird überhaupt erst durch bestimmte Formen der Interaktion konstituiert und anhand der Klassenunterschiede in ihrer Bedeutung spezifiziert (vgl. Medvedev 1976, S. 12). Man muß den Wert der Kunstwerke daher auf das »ideologische Milieu« (ebd. S. 16) relativieren, in dem sie produziert und rezipiert werden. Erst dank dieser Relativierung wird es Medvedev zufolge möglich, im Kunstschaffen des einzelnen Menschen eine gesellschaftsrelevante Tätigkeit zu sehen (vgl. ebd. S. 33).

Ganz im Gegensatz zu den Formalisten, die eine autonome, weder biographisch noch soziologisch fundierte Poetik anstrebten, geht es Medvedev also um den Zusammenhang von Kunst und Milieu. Das muß nicht unbedingt bedeuten, daß die einzelnen Kunstwerke nur als Beiträge zur allgemeinen Ideologiedebatte betrachtet werden.

Medvedevs Einwand gegen die formalistische Methode besagt vielmehr, daß die Kunstausübung zu einer bedeutungslosen Angelegenheit verkümmert, wenn man sie nicht als politische Tätigkeit, sondern lediglich als Handwerk, als Summe von Kunstgriffen, beschreibt (vgl. ebd. S. 80ff).

Verfehlt war daher nach Medvedev auch die für den Formalismus typische Gegenüberstellung von poetischer und alltäglicher Sprache, von Kunst und Kommunikation. Wenn die Aufgabe der Kunst in der Verfremdung der gewöhnlichen Rede und in der Desautomatisierung der zur Gewohnheit erstarrten Wahrnehmung bestehe, könne sie dem gesellschaftlichen Redeverkehr und den üblichen Anschauungsformen gegenüber nicht wirklich autonom sein (vgl. ebd. S. 112-116).

Am formalistischen Konzept der Sujetführung, demzufolge bestimmte Motive aneinandergereiht, eingerahmt oder zur Parallelismen angeordnet werden, kritisiert Medvedev, daß es »nicht nur der Beziehung dieser Motive zur Wirklichkeit, sondern auch ihrer ideologischen Bedeutung gegenüber indifferent« sei (ebd. S. 142). Anstatt die Kunstwerke vom Leben zu isolieren und nur anhand ihrer internen Relationen zu beschreiben, müßten sie als Äußerungen im Rahmen von gesellschaftlichen Situationen, also anhand ihrer externen Signifikanz interpretiert werden (vgl. ebd. S. 156). Da jedoch keine Situation den Sinn der Kunstwerke vollständig ausschöpft und selbst gewissen Beschränkungen unterliegt, kann ihre Wahrnehmung und Deutung umgekehrt auch durch das Kunstwerk verändert werden (vgl. ebd. S. 159). Anders gesagt: die Kunstwerke treten mit ihrer Umwelt in einen Dialog, weil sie zum einen im Rahmen bestimmter, historisch differenzierter Situationen begriffen werden, und zum anderen die Anschauungsformen prägen, mit deren Hilfe sich der Mensch ein Bild von seiner Umwelt macht.

Jede literarische Form bietet dem Menschen »Mittel zum Sehen und Verstehen der Wirklichkeit« (ebd. S. 174), auf die er sich allerdings immer wieder von neuem einstellen muß. »Um einen Roman produzieren zu können, muß man lernen, das Leben so zu sehen, daß es zur Fabel eines Romans werden kann.« (ebd. S. 177). Entscheidend an den Verfahren, auf die der Formalismus die Aufmerksamkeit gelenkt hatte, war für Medvedev also ihre weltbildnerische Funktion und deren Verbindung mit dem ideologischen Milieu ihrer Entstehung und Bewertung. So wie das einzelne Wort dient auch das einzelne Sprachkunstwerk der zwischenmenschlichen Verständigung, weil es eine informative und eine kommunikative bzw. soziale Aufgabe erfüllt. Dazu merkte Medvedev präzisierend an:

»Nicht Werke kommen miteinander in Berührung, sondern Menschen, aber sie treten miteinander in Kontakt durch das Medium der Werke, und dadurch stellen sie auch zwischen diesen indirekte Wechselbeziehungen her.« (ebd. S. 197).

Wie aus diesen Ausführungen ersichtlich ist, bezeichnet der Begriff der Ideologie bei Medvedev nicht etwa ein zwangsläufig falsches Bewußtsein, sondern den Umstand, daß Ideen in dem sozialen Redeverkehr entstehen und verhandelt werden, zu dem auch die Kunstwerke mit ihren weltbildnerischen Möglichkeiten beitragen. Die Ideologie stellt also kein frei schwebendes Gedankengebäude dar, sie manifestiert sich in verbalen und non-verbalen Äußerungen, d.h. sie gibt sich als Haltung in allen denkbaren Handlungen kund. Für Voloshinov, der diese Auffassung teilt, fällt daher der Begriff der Ideologie mit dem der Semiologie zusammen. Es gibt für ihn keine unschuldigen Zeichenhandlungen, da alle Zeichen einem bestimmten ideologischen Milieu verhaftet sind (vgl. Voloshinov 1975, S. 56ff). Jedes Zeichen entsteht »bei gesellschaftlich organisieren Menschen im Prozeß ihrer Wechselbeziehungen« (vgl. ebd. S. 68); jede Zeichenhandlung ist ein sozialer Akt. Ändern sich die Formen der Wechselbeziehung bzw. die Formen der Interaktion, ändert sich auch die Bedeutung der Zeichen.

Voloshinov folgert daraus, daß sowohl die Zeichen der intra- wie der interpersonellen Verständigung dialogisch strukturiert und jeweils auf konkrete Situationen bezogen sind (vgl. ebd. S. 89f). »Die abgeschlossene monologische Äußerung ist eigentlich eine Abstraktion« (ebd. S. 135), sie setzt die künstliche Isolation der Äußerung aus der natürlichen Abfolge von Rede, Gegenrede und Widerrede voraus.

»Eigentlich ist das Wort ein zweiseitiger Akt. Es wird in gleicher Weise dadurch bestimmt, von wem es ist, als auch, für wen es ist. Es ist, als Wort, genau das Produkt der Interaktion von Sprechendem und Zuhörendem. Jedes Wort drückt den ›einen‹ in Beziehung zum ›anderen‹ aus.« (ebd. S. 146).

Es ist vor allem dieses dialogische Konzept der sozialen Rede, die Bachtin zu seiner Kritik an de Saussure und an der traditionellen Stilistik und Poetik veranlaßt hat, der zufolge das Kunstwerk eine monologisch Äußerung ist. Von den zahlreichen Gedanken, die seine Romantheorie mit Voloshinovs Sprachphilosophie verbindet, verdienen zwei besondere Aufmerksamkeit. Sie betreffen das Phänomen der Stimmeninterferenz und die Ausbildung der sog. Redegenres.

Redegenres beziehen sich auf Typen von Situationen, die im Alltag regelmäßig wiederkehren, so daß man in ihnen immer wieder

auf die gleichen sprachlichen Verfahren und Diskursmuster zurückgreifen kann (vgl. ebd. S. 160f). In der arbeitsteiligen Gesellschaft
bildet praktisch jedes ideologische Milieu eine eigene Diskursivität
aus – vom Fachjargon bis zum Slangausdruck, vom Formularwesen
bis zur Grußformel. Schon Rabelais und Furetière hatten Redegenres in ihren Werken parodiert und so den narrativen Diskurs an das
ideologische Milieu bestimmter Klassen gekoppelt. Anstatt eine rea-
litätsferne Kunstsprache oder einen esoterischen Stil auszubilden,
veranstalteten sie in ihren Romanen subversive Spiele mit dem Material der alltäglichen Sprache.

Die Parodie besteht dabei vor allem in der hyberbolischen Imitation der einzelnen Redegenres und ihrer Stile, so daß sich in ihr die
alltägliche Redensart und die spezifische Schreibweise des Romans
überlagern. Wer eine Parodie liest, meint daher häufig, zwei Stimmen zu hören: eine, die zitiert wird, und eine zweite, die sich über
die erste mokiert. Die Parodie stellt, so gesehen, einen interessanten
Grenzfall zwischen der direkten und der indirekten Redewiedergabe
dar, wie sie Voloshinov beschrieben hat. Danach ist die direkte Redewiedergabe bemüht, nicht nur den Gehalt, sondern auch die Gestalt der fremden Rede zu überliefern, während sich die indirekte
Redewiedergabe ihres Gegenstandes so annimmt, daß der Gehalt
der fremden Rede in der Gestalt erscheint, die ihr der Berichterstatter verleiht. Das ist einerseits eine gewisse Verkleidung der fremden
Rede, offenbart andererseits aber auch, wie sich der Berichterstatter
zu ihr verhält. Bei der direkten Redewiedergabe wird im mündlichen Dialog zuweilen sogar der Tonfall der fremden Stimme imitiert; bei der indirekten Rede kann man aus der Intonation die Intention des Berichterstatters heraushören. Klar ist, daß sowohl die
direkte als auch die indirekte Rede auf den Urheber der Äußerung
Bezug nehmen, und daß dieser Urheber wiederum im Dialog mit
anderen Rednern steht. Dasselbe gilt auch für die Parodie, die immer einen polemischen Akzent besitzt und mit ihrer hyberbolischen
Imitation zwischen dem Zitat und dem ironischen Kommentar des
Zitats schwankt. Der Leser läuft daher bei der Parodie, die eine
fremde Stimme evoziiert, beständig zwischen dem originären Kontext und dem parodierenden Text hin und her. Und genau dieser
diskursive Charakter der Lektüre macht die hybride, intertextuelle
Konstruktion für ihn so interessant.

2.4 Linguistik und Metalinguistik

Wer immer die Bücher, die unter dem Namen von Medvedev und Voloshinov erschienen, wirklich verfaßt hat, Bachtin hat ihre Kerngedanken in fast allen seinen späteren Werken aufgegriffen. Wichtig ist dabei vor allem die metalinguistische Erweiterung der Sprachwissenschaft. Betont wird von Bachtin – ähnlich wie von Mukarovský – zum einen, wie dynamisch und dramatisch sich das konfliktträchtige Sprachgeschehen vollzieht (vgl. Stewart 1986, S. 43), zum anderen aber auch die dialogische Konstruktion der einzelnen Äußerungen.

Außer an die Werke von Medvedev und Voloshinov bzw. seine eigenen Überlegungen konnte Bachtin dabei an Jakubinskij anknüpfen, der schon 1923 den Zusammenhang zwischen der sozialen Interaktion und dem mündlichen Dialog herausgestellt hatte (vgl. Grübel 1979, S. 43). Die Rede ist dabei nur ein Moment im kommunikativen Prozeß, der auch mimische, gestische und andere motorische Signale umfaßt (vgl. Hansen-Löve 1978, S. 297). Diese non-verbalen Signale können im schriftlichen Diskurs zwar verbalisiert werden, in der Regel werden sie dort aber ausgespart oder durch graphische Signale (Kursivschreibung, Fettdruck, Unterstreichungen, Ausrufungszeichen etc.) ersetzt. Das Fehlen solcher Signale sollte jedenfalls nicht darüber hinweg täuschen, daß auch schriftliche Äußerungen dialogisch strukturiert sind. Sie fallen nicht etwa aus dem allgemeinen Redeverkehr heraus, sie sind vielmehr durch die Besonderheit der doppelten Diskurs-Situation gekennzeichnet: weil ihr Entstehungskontext selten mit den Umständen übereinstimmt, in denen die schriftlichen Äußerungen wahrgenommen und interpretiert wird, haben es die Leser mit mindestens zwei Bezugsfeldern zu tun.

Alle dialogischen Beziehungen erfordern aus Bachtins Sicht eine metalinguistische Analyse, die sich auch um das Verhältnis der Sprache zur Welt kümmert, das Ferdinand de Saussure aus dem Gegenstandsbereich der Linguistik ausgeklammert hatte. Zu untersuchen sind nicht nur die Mittel des Redeverkehrs, die Zeichen, sondern der Redeverkehr selbst, also die Zeichenhandlung (vgl. Bachtin 1971, S. 203f). Überhaupt ist das Sprachsystem für Bachtin eine Abstraktion, konkret erfährt der Mensch die Sprache anhand von Sprechakten, die Einzel- oder Gruppenmeinungen artikulieren und bei aller Stimmenüberlagerung doch immer einen Urheber haben, der sie verantworten muß. Dialogische Beziehungen bestehen daher nicht nur zwischen verschiedenen Äußerungen und ihren Urhebern, sondern auch auf der untergeordneten Ebene der einzelnen Worte, aus denen eine Äußerung zusammengesetzt ist, sowie auf der übergeordneten Ebene der Äußerungsfolgen. Dem Mikrodialog der Worte steht der Makrodialog der Diskurse entgegen (vgl. ebd. S. 205f).

Die Linguistik hat es in aller Regel mit Sätzen zu tun, deren Wortlaut sich jederzeit reproduzieren läßt; die Metalinguistik untersucht dagegen Äußerungen, die sich niemals identisch wiederholen lassen (vgl. Morson / Emerson 1990, S. 126). Insofern die Textlektüre ein Diskursereignis ist, ändert sich auch die Bedeutung eines Textes mit jeder neuen Rezeptionssituation, mit jedem Kontext. Dialogische Beziehungen und Diskursereignisse können folglich weder auf logische noch auf linguistische Relationen reduziert werden; sie sind pragmatischer Natur und zeigen, daß Zeichenhandlungen, die aufeinander bezug nehmen, synreferentielle Bezirke stiften. Mit diesen Vorstellungen befindet sich Bachtin nicht nur im Einklang mit der Semiologie, sondern auch mit der Phänomenologie. So heißt es bei Merleau-Ponty: »In der Erfahrung des Dialogs konstituiert sich zwischen mir und dem anderen ein gemeinsamer Boden.« (Merleau-Ponty 1974, S. 405).

Zu ähnlichen Ergebnissen wie Bachtin gelangte etwa zur gleichen Zeit auch Lew S. Wygotski, der sich mit dem kindlichen Spracherwerb befaßte. In seinem Buch *Sprache und Denken* schildert er, wie sich die Rede- und Denkfähigkeit in der Interaktion des einzelnen mit seiner Umwelt entwickelt. Das Kind lernt weniger die lexikalische Bedeutung als den praktischen Sinn der Worte, d.h. es lernt, was man mit bestimmten Worten in bestimmten Situationen machen kann. Seine Schule ist nicht das Wörterbuch, sondern der zwischenmenschliche Dialog, das Gespräch der anderen, das ein Kind in sich aufnimmt, bevor es selbst in den Kreis der Gesprächspartner aufgenommen wird. »Pschologisch ist die dialogische Sprache tatsächlich die ursprüngliche Sprachform« (Wygotski 1991, S. 337), an ihr orientiert sich das Sprachverhalten des Kindes. Die Fähigkeit zum Selbstgespräch ist, so gesehen, nicht die Grundlage, sondern das Ergebnis einer zunehmenden Individualisierung der sozialen Kommunikation, gegenüber der sich das Kind gleichsam mimetisch verhält.

Bachtin selbst war zu seiner Metalinguistik vermutlich durch Leo Spitzers 1923 erstmals veröffentlichten *Untersuchungen zur italienischen Umgangssprache* angeregt worden (vgl. Grübel 1979, S. 45). Hinweise auf den sozialen und dramatischen Charakter des Dialogs, den man auch als interaktive Rede beschreiben kann, weil er aus bilateralen Sprechakten besteht (vgl. Lodge 1990, S. 21f), konnte er jedoch nicht nur der aktuellen Forschungsliteratur und der akademischen Tradition – etwa den sprachphilosophischen Schriften Wilhelm von Humboldts – entnehmen. Ausschlaggebend für seine Sprach- und Romantheorie waren vielmehr die polyphonen Romane Dostojewkis. Sie warfen ein neues Licht auf das Verhältnis von Autor und Held, sie rückten dieses Verhältnis in die Nähe des ideologischen Milieus, auf das sich Medvedev bezogen hatte, und sie unterstrichen den dramatischen Charakter des dialogischen Zeichenhandelns, wie es von Voloshinov beschrieben worden war.

2.5 Der polyphone Roman

Während Bachtin seine erste Romantheorie auf das Privileg des Autors abgestellt hatte, dem Helden eine abschließende Gestalt geben zu können, wurde nun die Lebensnähe jener Figuren herausgestellt, die sich ihrem Urheber, dem Romanschriftsteller gegenüber, behaupten. Der Autor eines polyphonen Romans inszeniert einen Dialog, in den er selbst einbezogen ist, in dem seine eigene weltanschauliche Position zur Disposition gestellt wird. Das verlangt auch vom Leser die Bereitschaft, sich durch den Text in Frage stellen zu lassen. Die Figuren werden also mit einem eigenen Stimmrecht ausgestattet und von der Autorität und Stimmgewalt ihres Urhebers entbunden. Mit dem traditionellen Part des Autors, der seine Leser nicht mehr mit vorgefaßten Meinungen und Bekenntnissen traktiert, sondern zur Diskussion einlädt, ändert sich zwangsläufig die Rolle der Fabel. Der polyphone Roman handelt weniger von Lebensgeschichten und Heldentaten als vielmehr von den Bewußtseinskrisen seiner Figuren – er schildert ihre Schwierigkeiten, sich angesichts der Vielzahl einander widersprechender Meinungen eine eigene Überzeugung zu bilden. Das literarische Vorbild für den polyphonen Roman ist daher auch nicht das homerische Epos, sondern der sokratische Dialog und die menippeische Satire, die ihrerseits als Parodie des platonischen Symposions aufgefaßt werden kann (vgl. Bachtin 1971, S. 125).

Dostojewski hat diesen Ansatz der Erzählkunst allerdings noch radikalisiert, in dem er in seinen Romanen »die Polyphonie kämpfender und innerlich gespaltener Stimmen« gestaltet hat (Bachtin 1971, S. 282). Dargestellt wurden von ihm strittige Leitideen und Wertvorstellungen in ihrem oft dämonischen Einfluß auf einzelne Menschen, die nicht darauf hoffen können, daß der Streit von einer übergeordneten Autorität entschieden wird. »Kein einziges Element des Werkes ist aus der Perspektive eines unbeteiligten ›Dritten‹ konstruiert« (ebd., S. 23), und daher liegt die Haupteigenschaft des polyphonen Romans in der »Vielfalt selbständiger und unvermischter Stimmen« (ebd. S. 10). Bachtin weist jedoch sogleich darauf hin, daß er die Begriffe des »homophonen« und des »polyphonen« Romans metaphorisch gebraucht (vgl. ebd. S. 27f). Gemeint sind Gestaltungstendenzen, die, wie in der Musik, die Stimmführung oder die Technik der Komposition betreffen. Das bedeutet zugleich, daß der polyphone Roman genauso bewußt komponiert ist wie der homophone Roman. Zudem behauptet Bachtin keineswegs, wie ihm zuweilen unterstellt wird, daß Dostojewski die beste aller möglichen Romanwelten geschaffen habe. Statt dessen heißt es:

»Die außerordentliche künstlerische Fähigkeit Dostojewskis, alles in Koexistenz und Wechselwirkung zu sehen, ist seine größte Stärke, aber auch seine größte Schwäche. Sie machte ihn blind und taub für Vieles und sehr Wesentliches« (ebd. S. 36) – zum Beispiel für die Geschichtlichkeit der sprachlich verfaßten Welt, deren künstlerische Veranschaulichung Goethes besonderes Verdient gewesen sei. Der polyphone Roman ist zwar durch und durch dialogisch (vgl. ebd. S. 48), er repräsentiert die soziale Stimmen-, Rede- und Sprachenvielfalt aber nur im Rahmen einer bestimmten historischen Situation, nicht im Wechsel der Generationen. Charakteristisch für den polyphonen Roman ist daher in erster Linie »daß der Autor nicht über, sondern mit dem Helden spricht.« (ebd. S. 72). Sein Leitmotiv besteht in der Unabschließbarkeit des sozialen Dialogs: »das letzte Wort der Welt und das letzte Wort über die Welt sind noch nicht gesprochen, die Welt ist offen und frei.« (ebd. S. 187).

Der Umstand, daß es in Dostojewkis Romanen relativ häufig zu Sprechakten kommt, in denen eine Figur auf Überlegungen zu sprechen kommt, die ihr Gesprächspartner zwar angestellt, aber gar nicht ausgesprochen hat – ein Umstand, den Bachtin selbst bemerkt – (vgl. ebd. S. 290), wird von manchen Kritikern als mit dem polyphonen Prinzip nicht vereinbar gewertet. So heißt es bei Matthias Friese unter Bezug auf ähnliche Überlegungen von Albert Camus:

»Dostojewski läßt die Dramen, die sein Innerstes zerreißen, mit verteilten Stimmen auf der Bühne abrollen. Das erklärt die – realistisch reichlich unmotivierte – schlafwandlerische Sicherheit, mit der die Helden einander einschätzen, wunde Punkte treffen und im Gespräch die den Anderen quälenden metaphysischen Fragen stellen.« (Friese 1993, S. 278).

Diesem Einwand kann man zunächst entgegenhalten, daß es auch ›im wirklichen Leben‹ durchaus vorkommen kann, daß Menschen einander ›durchschauen‹ oder unbewußt den Finger auf die offene Wunde im Seelenleben eines anderen legen. Entscheidend für ihren polyphonen Charakter ist jedoch, daß Dostojewski

»in seinen Romanen und Erzählungen nie klar und eindeutig erkennen [läßt] mit welcher seiner Gestalten er sich am meisten identifiziert hat, welches sein eigener Standpunkt jeweils gewesen ist.« (Schleißheimer 1996, S. 229).

Ein anderer Einwand, der in die gleiche Richtung zielt, besagt, daß die Figurenrede bei Dostojewski gar nicht so individuell gestaltet sei, daß man tatsächlich von mehreren Stimmen, geschweige denn von einer Polyphonie sprechen könne. Ausschlaggebend für jene Mehrstimmigkeit, die Bachtin im Sinn hatte, ist jedoch nicht die phraseologische, sondern die ideologische Differenzierung der einzelnen Figuren. So stellt es auch Boris Uspenskij in seiner *Poetik der Komposition* dar (vgl. Uspenskij 1975, S. 24). Seine Definition lautet daher: Wenn in einem Roman »die verschiedenen Standpunkte einander nicht untergeordnet, sondern prinzipiell gleichberechtigt dargeboten werden, haben wir es mit einem polyphonen Werk zu tun.« (ebd., S. 19).

Aufgehoben ist im mehrstimmigen, weltanschaulich differenzierten Roman also die Schwerkraft des autoritären Wortes, das alle Figurenreden in seinen Bann zieht und so im Text eine zentripetale Funktion ausübt. Doch ebenso wenig wie im homophonen Roman alle Äußerungen in einer apodiktischen Formel zusammengefaßt werden, führt die zentrifugale Dynamik des polyphonen Romans zur Kakophonie. Der Autor macht hier nicht etwa keinen Gebrauch von seiner Gestaltungskraft, sondern er »macht – ähnlich wie Einstein in der Physik – die Gültigkeit jeder Aussage abhängig vom Standpunkt dessen, der die Betrachtung anstellt.« (Chvatik 1987, S. 221). Das schließt nicht aus, daß der Autor seinerseits wie ein Dirigent bestimmte Werkakzente bzw. Akkorde setzt (vgl. ebd. S. 224).

Es verhält sich demnach nicht so, daß der polyphone Roman der Homophonie aller übrigen poetischen Gattungen gegenübersteht. Der polyphone löst den homophonen Roman auch nicht einfach ab. Vielmehr setzen diese beiden Spielarten der Erzählkunst den mimetischen Agon fort, von dem der Roman lebt, seitdem sich Cervantes gegen den Ritter- und Schelmenroman gewandt hatte (vgl. Reed 1981). Die Dialektik von Genre und Countergenre, die damals begann und bei Richardson, Fielding und Sterne ihre Fortsetzung erfuhr, tritt mit dem Gegensatz von Tolstoi und Dostojewski in eine neue Runde (vgl. Bachtin 1971, S. 303). Während der homophone Roman oft besser geeignet ist, die zeitliche Dimension des Daseins zu erfassen, läßt sich die Spracharena, die der polyphone Roman erzeugt, eher an räumlichen Koordinaten festmachen. Allerdings kann man das gleichsam synchrone Diskursuniversum der Polyphonie dadurch in eine diachrone Betrachtungsweise rücken, daß man es wie im *Ulysses* durch intertextuelle Bezüge mit einem doppelten Boden versieht. Joyce' Roman gewinnt vor dem Hintergrund des homerischen Epos eine Geschichtlichkeit, wie sie in dieser Form weder bei Tolstoi noch bei Dostojewski vorliegt.

»Jedenfalls gibt es kaum einen anderen Text, dem Bachtins Terminologie und Auffassung von der ›Polyphonie‹ im Roman so auf den Leib geschnitten ist wie gerade dem *Ulysses* – wenn auch Joyce' Roman in Bachtins Untersuchungen keine Rolle spielt.« (Zmegaz 1990, S. 314).

Es ist allerdings wichtig, auch die Verbindung zwischen Bachtins Essay über die Beziehung von *Autor und Held in der ästhetischen Tätigkeit*, seinem Konzept des innerlich überzeugenden Sprechens und dem Phänomen der Polyphonie zu sehen: ein Thema des modernen Romans besteht ja in der Frage nach der Verantwortlichkeit des einzelnen, der sich einer Vielzahl von Einflüssen ausgesetzt sieht und eine eigene Weltanschauung bilden muß. Das ist eine architektonische, an den gesellschaftlichen Dialog gebundene Aufgabe, die nicht an fremde Instanzen und Autoritäten delegiert werden kann.

Von den Schwierigkeiten dieser Selbstbestimmung handelt unter anderem »Die Geschichte des Franz Biberkopf«, die Alfred Döblin in seinem Roman *Berlin Alexanderplatz* (1929) erzählt. Der Titelheld muß sich hier gegen zahlreiche Einflüsterungen aus seiner Umwelt behaupten. Erst läuft er mehr oder weniger orientierungslos im Zick-Zack-Diskurs durch die Metropole, um seiner Verantwortung auszuweichen. Dann holt ihn das Schicksal ein, untergräbt sein Selbstbewußtsein und läßt Biberkopf beinahe gänzlich verstummen. Erst im qualvollen Zwiegespräch mit dem Tod hört er endlich auf die Stimme der Vernunft. Dieser Geschichte entspricht die Struktur des Romans, den Döblin selbst als homophon bezeichnet hat, weil die Berliner Metropole zwar den vielstimmigen Chor, die Person des Titelhelden aber die zentrale Gestalt des Dramas bildet. Der Alexanderplatz, der metonymisch für die moderne Massengesellschaft steht, ist der stimmgewaltige, vielköpfige Antagonist des Protagonisten – eine polyphone Geräuschkulisse, ein ideologischer Marktplatz, eine Kampfarena von Weltanschauungen. Der Leser muß sich in dieser künstlerisch organisierten Rede-, Stimmen- und Sprachenvielfalt ebenso orientieren wie die Hauptperson, auch er muß das chaotische Diskursuniversum durchschreiten, um zu einer schlüssigen Lesart der Geschichte zu gelangen. So gesehen laufen in *Berlin Alexanderplatz* die beiden stilistischen Linien des Romans zusammen, die Bachtin folgendermaßen unterschieden hatte:

»Die Romane der ersten stilistischen Linie treten mit dem Anspruch auf, die Redevielfalt der Umgangssprache und der alltäglichen und halbliterarischen Schriftgattungen zu organisieren und stilistisch zu ordnen. Die Romane der zweiten Linie jedoch verwandeln diese organisierte und veredelte Alltags- und Hochsprache in das substantielle Material der Orchestrierung und die Menschen dieser Sprache, d.h. die ›literarischen Menschen‹ mit ihrem literarischen Denken und literarischen Handeln, in ihre Helden.« (Bachtin 1979, S. 265).

Biberkopf ist zuweilen ein lautstarker Angeber, zuweilen aber auch nur ein kleinlauter Maulheld, der mal als Mitläufer, mal als Quertreiber auftritt und von den zentrifugalen und zentripetalen Kräften des verbal-ideologischen Lebens hin und hergestoßen wird, bis er schließlich erkennt, daß es im Leben kein Alibi gibt.

Die Unterscheidung zwischen den zentripetalen und den zentrifugalen Kräften des verbal-ideologischen Lebens geht auf Bachtins Studie *Das Wort im Roman* zurück. Sie betrifft neben der Linguistik auch die traditionelle Stilistik, an der Bachtin bemängelt, daß sie der Eigenart des Prosawortes nicht gerecht geworden sei, weil sie es entweder am Ideal des einheitlichen Stils und dem Anspruch einer künstlerisch veredelten Schrift- und Hochsprache gemessen oder bloß moralisch beurteilt habe. Vor allem mit der Vielschichtigkeit der verbalen Romankomposition seien viele Interpreten des Romans nicht zurecht gekommen. Diese Vielschichtigkeit läßt sich nach Bachtin in fünf Grundtypen gliedern:

1. das direkte literarisch-künstlerische Erzählen des Autors (in allen seinen vielfältigen Varianten),
2. die Stilisierung verschiedener Formen des mündlichen, alltäglichen Erzählens;
3. die Stilisierung verschiedener Formen des halbliterarischen (schriftlichen) alltäglichen Erzählens (Briefe, Tagebücher etc.);
4. verschiedene Formen der literarischen, nicht-künstlerischen Autorrede (moralische, philosophische, wissenschaftliche Erörterungen, rhetorische Deklamationen, ethnographische Beschreibungen, protokollarische Informationen etc.);
5. stilistisch individualisierte Reden der Helden. (Bachtin 1979, S. 156).

Dank seiner Fähigkeit, die unterschiedlichsten Redegenres und Sprecherrollen zu kombinieren, steht der Roman in einem besonders engen Kontakt zu den alltäglichen Erscheinungsformen: »die innere Aufspaltung jeder Sprache im je einzelnen Moment ihres geschichtlichen Daseins ist die notwendige Voraussetzung für die Romangattung« (ebd. S. 157); demgegenüber ist die einheitliche Sprache »immer ein Projekt und steht in jedem Augenblick des sprachlichen Lebens der tatsächlichen Redevielfalt gegenüber.« (ebd. S. 164). Bachtin ordnet das Projekt der Nationalsprache, der Hochlautung und Lexikalisierung ebenso wie die normative Poetik und die traditionelle Stilistik den zentripetalen Kräften der verbal-ideologischen Vereinheitlichung, und die Stimmen-; Rede- und Sprachenvielfalt, die der Roman reflektiert, den zentrifugalen Kräften des sprachlichen Lebens zu. Während die zentripetalen Kräfte zum Monolog tendieren, halten die zentrifugalen Kräfte den sozialen Dialog offen und anschlußfähig für weitere Äußerungen, alternative Meinungen und neue Lesarten der Welt.

Man sollte sogleich hinzufügen, daß es natürlich monologisierende Prosawerke wie den Thesenroman oder dialogisch strukturierte Werke im Bereich der Lyrik und Dramatik gibt. Im übrigen sind die zentripetalen und die zentrifugalen Kräfte der Sprache dialektisch als Integrations- und Differenzierungsmomente zu verstehen. »Sprachen stellen monumentale Kompromisse dar, ihr Gleichgewicht ist instabil, da sie dem Lauf der Zeit mit gegesätzlichen Zwängen unterliegen.« (Hagège 1987, S. 54). Einerseits muß die Mannigfaltigkeit der Erscheinungen, damit man sich über sie verständigen kann, begrifflich geordnet werden; andererseits darf diese Komplexitätsreduktion nicht zum Ausschluß kontingenter Deutungsmöglichkeiten führen.

Im Zweifelsfall votiert Bachtin freilich für die zentrifugalen Kräfte. Hinter diesem Votum steht seine Erfahrung des stalinistischen Terrors, der mit seiner pluralistischen Gesinnung nicht vereinbar war. Die totalitären Züge der verbal-ideologischen Monologisierung, die auch die nationalsoziaistische Sprachlenkung bestimmten und in der Sowjetunion ebenso wie im 3. Reich erst zur Buchzensur und dann zur Liquidation Andersdenkender geführt haben, machen die politische Dimension des Dialogs deutlich, ohne den es weder eine Freiheit der Meinung noch eine offene Gesellschaft geben kann.

Die unzähligen Worte und Widerworte, die den sozialen Redeverkehr in einer offenen Gesellschaft auszeichnen, erzeugen »im Rahmen der abstrakt einheitlichen Nationalsprache eine Vielzahl konkreter Welten« (Bachtin 1979, S. 185); und verhelfen dem Roman, der diese dialogische Weise der Welterzeugung vor Augen führt, zu seiner spezifischen Poetik:

»Der Entwurf des Gegenstandes durch das Wort ist dialogisch. Aber darin erschöpft sich die innere Dialogizität des Wortes keineswegs. Nicht nur im Gegenstand trifft das Wort auf ein fremdes, Jedes Wort ist auf eine Antwort gerichtet [...]; es provoziert die Antwort, nimmt sie vorweg und formt sich auf sie hin.« (ebd. S. 172).

Bachtin erweitert also das traditionelle Konzept der Mimesis: Die Sprachkunst imitiert nicht einfach die Form der Gegenstände, sie ist zugleich Nachahmung und Vorahmung des Dialogs, der den Dingen ihre sprachliche Gestalt verleiht. Anders als der Ideologe, dem es darum geht, seine Weltanschauung durchzusetzen, vertreibt der Romancier

»die fremden Intentionen nicht aus der rededifferenzierten Sprache seiner Werke [...] Deshalb werden die Intentionen des Prosaschriftstellers *gebrochen*, und zwar *unter verschiedenen Winkeln*, je nachdem, wie stark die sozioideologische Fremdheit, Intensität und Objekthaftigkeit der brechenden Sprache der Redevielfalt ist.« (ebd. S. 190f).

Die Erzählperspektive ist also nicht nur eine Sammellinse, die verschiedene Aspekte der Welt zusammenfaßt, sie erfüllt auch die komplementäre Funktion des Prismas, da die narrative Optik so facettenreich wie die menschliche Sprache sein kann und ein breites Meinungsspektrum erzeugt.

2.6 Der Roman als hybride Konstruktion

Im Brennpunkt von Bachtins Interesse stehen dabei vor allem die bereits erwähnten hybriden Äußerungen, »die ihren grammatischen (syntaktischen) und kompositorischen Merkmalen nach zu einem einzigen Sprecher gehört, in der sich in Wirklichkeit aber zwei Äußerungen, zwei Stile, zwei ›Sprachen‹, zwei Horizonte von Sinn und Wertung vermischen.« (ebd. S. 195). Hybride Äußerungen gibt es auf der Ebene der Figurenrede, wo jeder Charakter von einer Dialogzone umgeben ist, es gibt sie auf der Beziehungsebene von Autor und Held, zwischen Held und Erzähler, Erzähler und Autor sowie auf der intertextuellen Ebene – Stichwort: Parodie. Kurzum:

»Jeder Roman ist in seiner Gesamtheit, vom Standpunkt der in ihm verkörperten Sprache und des Sprachbewußtseins aus betrachtet, eine *Hybride*.« (ebd. S. 251).

Eine weitere wichtige Anmerkung betrifft das innerlich überzeugende Wort, das Bachtin von der autoritären Rede, die von außen auf den Menschen eindringt, unterscheidet (vgl. ebd. S. 229). Das autoritäre Wort zielt auf die Unterwerfung des einzelnen unter eine fremde Stimme und ihren Monolog; es dient dem Führerprinzip; dagegen bildet sich das innerlich überzeugende Wort im sozialen Dialog und im persönlichen Zwiegespräch. Der Leser kann nun nicht nur die Romanfiguren und die Rolle der Ich- und Er/Sie-Erzähler anhand dieser Unterscheidung beurteilen, er kann sie auch auf sich selbst beziehen und auf seine Interaktion mit dem Text anwenden: das stumme Lesen, das der Romanrezeption eigen ist, rückt sie in die Nähe des Zwiegesprächs. Die Romanlektüre bewegt sich sozusagen auf der Grenze zwischen der interpersonalen und der intrapersonalen Verständigung, sie stellt eine Selbst-Vermittlung von Bedeutung auf der Grundlage einer Äußerungsfolge dar, die ein anderer entworfen hat. Obwohl also Zwiegespräch und Romanlektüre auf den ersten Blick monologisch anmuten, erweist eine nähere Betrachtung den dialogischen Charakter dieser Diskursformen.

Don H. Bialostosky sieht das Spezifikum der Dialogizität, wie sie Bachtin beschrieben hat, darin, daß es eine rigide Trennung von Person und Idee, Meinung und Urheber verbietet. Weil alle Äußerungen von Menschen stammen und damit auf das ideologische Milieu und das Feld der zwischenmenschlichen Kontakte verweisen, kann man sie nicht auf einen wertneutralen Aussagekern reduzieren. Eine Proposition von ihrem Autor und der Diskurssituation zu isolieren, heißt, den Sinn der Äußerung um wesentliche Bedeutungsmomente zu amputieren (vgl. Bialostosky 1986, S. 788f). Der dialogische und ideologische Wert einer Äußerung läßt sich also nur bestimmen, wenn man den Gesprächsverlauf, die Positionen und Rollen der Gesprächspartner und den Kontext ihrer Auseinandersetzung kennt. Dabei ist das Gespräch eine kreative Tätigkeit, die immer wieder zu gewissen Akzentverschiebungen führt. Das Modell dieser Tätigkeit ist das *Symposion*, der sokratisch-platonische Dialog, in dem die Teilnehmer ihre Vor-Einstellungen im Meinungsaustausch überwinden und zu einer vertieften Erkenntnis des Gegenstandes gelangen. Nicht die restlose Übereinstimmung, sondern die wechselseitige Ergänzung der Betrachtungsweisen, die Kreation einer überlegenen Lesart, bildet die Leitidee des Symposions (vgl. ebd. S. 790). Dabei kann ein jeder zur Hebamme der Gedanken eines anderen werden – eine Aufgabe, die bei Platon vor allem Sokrates übernimmt. John H. Smith hat darauf hingewiesen, daß es die von Sokrates für sich reklamierte Hebammenkunst der Gedankenführung auch bei Kant gibt. In der *Methodenlehre zu seiner Metaphysik der Sitten* aus dem Jahr 1797 heißt es:

»wenn jemand der Vernunft des Anderen etwas abfragen will, so kann es nicht anders als dialogisch, d.i. dadurch geschehen: daß Lehrer und Schüler einander wechselseitig fragen. Der Lehrer leitet durch Fragen den Gedankengang seines Lehrjüngers dadurch, daß er die Anlage zu gewissen Begriffen in demselben durch vorgelegte Fälle bloß entwickelt (er ist die Hebamme seiner Gedanken).« (zitiert nach Smith 1985, S. 209).

Auch wenn sich die Mitglieder der Sprachgemeinschaft nicht in jeder Gesprächssituation als Lehrer und Schüler gegenüberstehen –

der private und öffentliche Diskurs hat immer etwas von einem Symposion, von einer wechselseitigen Aufkärung, in der eine gemeinsame Kritik der Vorurteile betrieben wird. Allerdings kann die Dialektik der Aufklärung die Sprach- und Forschungsgemeinschaft auch in ihr Gegenteil, also in eine Gesellschaft verwandeln, deren Mitglieder sich wechselseitig in ihren Vorurteilen bestärken. Eine dem Ideal der Aufklärung verhaftete Romantheorie, wie sie zum Beispiel Blanckenburg vorgelegt hatte, läßt den Roman als eine kommunikative Handlung erscheinen, in der dem Leser bestimmte (Vor-) Fälle – d.h. in aller Regel: Geschichten – vorgelegt werden, damit er die in ihm angelegten Begriffe entwickeln kann. Eine eher skeptische Lesart würde zumindest in Rechnung stellen, daß nicht jeder Roman diesem didaktischen Konzept verpflichtet ist. Wird der Leser, wie im Thesenroman, auf eine bestimmte Weltanschauung verpflichtet und vom Autor gleichsam bevormundet, kann er sich nicht zu dem »Selbst-Denker« (Lichtenberg) entwickeln, auf den es Sokrates, Kant und Bachtin abgesehen haben.

Demgegenüber werden die Leser im dialogisch orientierten Roman für die relative Gleichrangigkeit und Gleichzeitigkeit der Ansichten und Meinungen sensibilisiert. »Jedes literarische Wort spürt mehr oder weniger deutlich seinen Zuhörer, Leser und Kritiker und spiegelt seine antizipierbaren Einwände, Urteile und Gesichtspunkte wider. Außerdem spürt das literarische Wort ein anderes Wort, einen anderen Stil neben sich.« (Bachtin 1971, S. 219).

Ein anschauliches Beispiel dafür stellt der Briefroman dar, der selbst dann, wenn er sich nur auf die Wiedergabe der Briefe eines Absenders konzentriert, nicht aus in sich abgeschlossenen Monologen, sondern aus dialogischen Sprachzügen besteht. Dabei stellt sich der Verfasser auf den Empfänger der Briefe ein, d.h. der Romanschriftsteller schlüpft in die Genreform-Maske des Briefeschreibers, einer Sonderform des Ich-Erzählers; der Leser, der seine Sicht der Dinge auf diese Erzählperspektive einstellt, läuft wie der Romanschriftsteller beständig zwischen den einzelnen Briefen und ihren (ausgesparten) Antwortschreiben hin und her – er nimmt die einzelnen Äußerungen der Figur, die als Briefautor fungiert, also dialogisch wahr. Unter diesem Blickwinkel wird die Ausdrucksweise der Figur in mehr als einer Hinsicht auslegungsrelevant: im Hinblick auf ihren Gegenstand, im Hinblick auf das Bild des Empfängers, das sich der Briefschreiber macht, und im Hinblick auf das Selbstporträt, das er freiwillig oder unfreiwillig von seiner eigenen Person liefert, indem er sich so oder so artikuliert.

2.7 Der Chronotopos

Die Kategorie des Chronotopos, die Bachtin von Aleksey Alekseevich Uchtomsky (1875-1942) übernahm und in seinem Buch *Formen der Zeit im Roman* (1937/38) verwandte, ist mit den Konzepten der Dialogizität und des ideologischen Milieus abgestimmt und ein weiterer Eckstein seiner architektonischen Romantheorie. Dabei erfüllt der ›Chronotopos‹ (von griech. ›chronos‹ = Zeit und ›topos‹ = Ort) in einem Erzählwerk gleich mehrere Funktionen: Er ist zum einen, produktionsästhetisch betrachtet, für das Genre, die Handlung und das Bild der handelnden Menschen, das ein solches Werk vermittelt, konstitutiv. Zum anderen dient er aus rezeptionsästhetischer Sicht dazu, daß sich die Leser im Rahmen der Anschauungsformen von Raum und Zeit ein Bild von den erzählten Ereignissen und ihrer Bedeutung machen können.

Grundlage der chronotopischen Anlage aller Geschichten ist, daß sich Ereignisse stets an bestimmten Orten zu bestimmten Zeitpunkten abspielen, daß die Schauplätze und die historischen Rahmenbedingungen die Handlungsmöglichkeiten des Menschen bestimmen, und daß der Mensch die Welt immer nur ausschnittsweise erlebt. »Im Chronotopos werden die Knoten des Sujets geschürzt und gelöst« (ebd. S. 200), er ist keine rein analytische oder abstrakte, sondern eine sehr konkrete, Raum und Zeit synthetisierende Anschauungsform (vgl. ebd. S. 8).

Mit dem Prinzip der Dialogizität ist diese hybride Anschauungsform dadurch verbunden, daß sich der Mensch, wie jedes Lebewesen immer in einer Umgebung aufhält, auf die er sich mit seinem Verhalten einstellen muß, daß er an die anderen Lebewesen in seiner Umgebung Signale sendet und auch von ihnen Signale empfängt. Der Chronotopos ist, mit anderen Worten, immer eine Kontaktzone und dort, wo es um menschliche Kontakte geht, mit dem ideologischen Milieu der einzelnen Interaktionspartner verbunden.

Grundsätzlich kann man davon ausgehen, daß Chronotopoi geschichtsträchtige Schauplätze mit einer situativen Bedeutung sind. Sie offenbaren, wie menschliche Beziehungen, Handlungen und Bewußtseinsvorgänge in ihre Umwelt eingebettet sind und auf diese Umwelt wirken (vgl. Morson / Emerson 1990, S. 367). In der Literatur erweisen sich der Chronotopos, das Figurenensemble, das Handlungsgerüst und das Genre häufig als relationale Größen. So hat zum Beispiel Agatha Christie viele Kriminalromane, um den Kreis der Verdächtigen zu begrenzen und ihre Lebensgeschichten miteinander zu verflechten, in den abgesonderten Lebensräumen einer geschlossenen Gesellschaft spielen lassen, zu der sich der Detektiv wie ein randständiger Beobachter verhält. Auch das Motiv und der Tathergang sind dabei häufig milieubedingt, so daß sich der gesamte Roman chronotopologisch aufschlüsseln läßt. An einem anderen Schauplatz hätte der Leser andere Figuren mit anderen Lebenseinstellungen und Werthaltungen angetroffen.

Zuweilen können bestimmte Umgebungen ein metonymischer oder metaphorischer Ausdruck des Charakters sein (vgl. Wellek / Warren 1972, S. 239); neben der Figur, die durch ein Milieu geprägt ist, finden sich solche, die ihrerseits ein Milieu prägen. Oft verhält es sich so, daß die Hauptfigur den Chronotopos, dieser jedoch die Nebenfiguren bestimmt. Auch der ›point of view‹ umfaßt natürlich räumliche und zeitliche Aspekte, d.h. er ist historisch lokalisiert und auf bestimmte Weltausschnitte fokussiert. Dieser Spezifikation der Erzählhaltung entspricht zumeist auch eine bestimmte Werthaltung des Erzählers, der als Kind seiner Zeit aufgewachsen ist und einem bestimmten ideologischen Milieu entstammt. Infolgedessen kann Bachtin die Form-Inhalt-Kategorie des Chronotopos in seinem Buch *Formen der Zeit im Roman* (1937/38) benutzen, um die Geschichte der abendländischen Erzählkunst am Leitfaden ihrer Fähigkeit, den Menschen und seine Welt im Prozeß des Werdens zu schildern, abzuwickeln.

Ausgangspunkt von Bachtins historischer Poetik ist der antike Roman, der bereits »eine gewisse enzyklopädische Allseitigkeit anstrebt« (Bachtin 1989, S. 12) und den Abenteuerchronotopos in die Erzählliteratur einführt. Die einzelnen Momente der Zeitreihe sind dabei noch umkehrbar, die Räume, an denen das Abenteuer stattfindet, weitgehend austauschbar (vgl. ebd. S. 26). Der Mensch erlebt zwar Abenteuer, er wandelt sich durch sie jedoch nicht wirklich (vgl. ebd. S. 31).

Erst der sogenannte Prüfungsroman realisiert, daß sich der Held wandeln muß, um die ihm gestellte Lebensaufgabe zu lösen. Lange Zeit ist der Held dabei jedoch noch kein individueller Charakter, sondern ein Typus, beispielhafter Vertreter eines sozialen Kollektivs, das in seiner Treue oder Tapferkeit Gemeinschaftswerte sieht (vgl. ebd. S. 33f). Eine echte Verwandlung, eine Charakter-Metamorphose findet erst dort statt, wo die Abenteuerzeit mit dem Raum der alltäglichen Erfahrung verknüpft und gewöhnliche, in der Gegenwart von Autor und Leser lebende Menschen die Heroen der Vorzeit ablösen. Das ist zuerst nur im satirischen Roman, etwa bei Apuleius, der Fall (vgl. ebd. S. 38f). In seinem *Goldenen Esel* wird ein Menschenleben anhand seiner Krisenmomente interpunktiert, wird gezeigt, wie ein Mensch ein anderer wird – wobei die Verwandlung durchaus noch wunderbare Züge trägt (vgl. ebd. S. 43). Die Metamorphosen enden mit einer Konversion, sie verbinden den Typ des abenteuerlichen Alltagsromans mit dem Genre der Bekenntnisliteratur, dessen Paradigma die *Confessiones* des Hl. Augustinus bilden. In ihnen geht es bereits ausdrücklich um die Verantwortlichkeit des Menschen, in erster Linie um die Verantwortung seines Lebens vor Gott; später dann – wie bei Rousseau – auch um seine Rechtfertigung vor den Zeitgenossen und der Nachwelt.

Der Schelmenroman verbindet das Erzähl-Modell der Bekenntnisliteratur, die Lebensbeichte, mit dem Chronotopos des bürgerlichen Alltagsromans, der schon bei Apuleius eine gesellschaftskritische Funktion hatte. Er schildert, wie ein Mensch durch die Gesellschaft zum Schelm gemacht wird und seiner Umwelt den satirischen (Zerr-) Spiegel vorhält. Während die einzelne Widersacher des Schelms eine Typenrevue nach Art der Ständesatire bilden, verweist sein Erzählverhalten auf die Ahnengalerie der Hofnarren und Eulenspiegel.

Aus dem Schelm wird im Verlauf der Neuzeit ein Hochstapler, ein Emporkömmling, manchmal auch ein Philister, aus seinem Sittengemälde eine Comédie humaine. Eingebettet ist diese Entwicklung in die Ausdifferenzierung der modernen Gesellschaft, durch die ihre Lebenswelt immer komplexer, das Schicksal des einzelnen jedoch immer kontingenter wird. Nach wie vor bildet sich das Selbst des Romanhelden in der Auseinandersetzung mit seiner Um- oder Mitwelt, nach wie vor bildet die Form-Inhalt-Kategorie des Chronotopos den Verständnisrahmen der vorgestellten Wirklichkeit. Der Akzent scheint sich jedoch vom dargestellten Abenteuer auf das Abenteuer der Darstellung zu verlagern; der Roman wird zum Laboratorium des Erzählens, zum großangelegten Gedankenexperiment, zum Versuch, die Außenwelt über die Innenwelt des Helden erfahrbar zu machen. Am vorläufigen Schlußpunkt der Entwicklungsreihe steht bei Bachtin der polyphone Roman, aus heutiger Sicht vielleicht die Metafiktion, die von den historischen Bedingungen der Möglichkeit, eine Geschichte zu erzählen, handelt.

Nur als Fragment erhalten geblieben ist Bachtins Essay über den Bildungsroman, der den historischen Verlauf etwas anders akzentuiert, um das besondere Verdienst von Goethe um den historischen Chronotopos herauszustreichen. Der Roman zeigt zunächst vergleichsweise statische Helden in einer ahistorischen Welt, entwickelt dann einen dynamischen Handlungsbegriff, der auch sein Menschenbild als wandelbare Größe erweist. Der allmählichen Entdeckung der weiten Welt korrespondiert die psychologische Vertiefung der Lebensreise und Charakterbildung, dem allmählichen Abbau der Tabuzonen folgt das Eindringen in die Intimsphäre des Menschen.

An Goethe nun schätzte Bachtin vor allem die Fähigkeit, ›die Zeit im Raum‹ zu sehen‹, die zugleich die Fähigkeit ist, den Lesern den organischen Zusammenhang zwischen dem Werden des Menschen und dem Werden der Welt vor Augen zu führen. Goethes Romane veranschaulichen Zeit-Räume im Wandel, zeigen Menschen, die sich im gleichen Ausmaß wie ihr ideologisches Milieu ändern (vgl. Bachtin 1986, S. 25ff). Die Zeit selbst erscheint in Goethes Bildungsromanen als eine kreative Kraft, die Gegenwart ist hier eine von Menschen hergestellte Wirklichkeit, die als Schnittstelle von Vergangenheit und Zukunft, d.h. als ein Ereignis begriffen wird (vgl. ebd. S. 33f).

2.8 Literatur und Karneval

Offensichtlich ist, daß Bachtins historische Poetik, so wie in seiner Studie zum Chronotopos und in seinem Essay zum Bildungsroman zum Ausdruck kommt, zahlreiche Paralellen zum *Mimesis*-Buch von Erich Auerbach aufweist, in dem es ja ebenfalls um die Nachahmung der alltäglichen Erfahrungswelt in ihrer Geschichtlichkeit geht. Was nun den karnevalesken Chronotopos anbelangt, so muß man dazu nicht nur Bachtins Buch über die *Formen der Zeit im Roman*, sondern auch seine umfangreiche Monographie über *Rabelais und seine Welt* sowie den Aufsatz »Epos und Roman« heranziehen.

Rabelais' Werk entstand in der Renaissance, die als historische Epoche insofern einmalig ist, als sie einen tiefgreifender Einstellungswandel vor dem Hintergrund einer allgemeinen Zweisprachigkeit bewirkt hat. Für Bachtin war es daher alles andere als ein Zufall, daß just zu dieser Zeit der moderne Roman entstand. In *Gargantua et Pantagruel* verbindet sich das enzyklopädische Wissen des Mittelalters mit der Gesinnung des Humanismus, wird die lateinische Hochkultur mit den volkssprachlichen Mitteln des Karnevals parodiert, in dem die feudalen Unterschiede aufgehoben oder in ihr Gegenteil verkehrt werden (vgl. Bachtin 1987, S. 511).

Der Chronotopos der Karnevals ist der Marktplatz, an dem die Maskenumzüge zusammenlaufen, an dem der Narrenkönig, der die verkehrte Welt regiert, gekürt und das tolle Treiben, das maßlose Essen und Trinken, das Ausleben der Sexualtriebe, die Geste der Entblößung und die Erniedrigung alles Erhabenen auf die Spitze getrieben werden. Gefeiert wird im Karneval die Fruchtbarkeit der Natur, die sich im Kreislauf der Jahreszeiten regeneriert und das makrokosmische Pendant zum Mikrokosmos des menschlichen Leibes darstellt, der seinerseits wiederum einen integralen Bestandteil des

Volkskörper bildet. Die närrische Verkleidung und groteske Gestaltung dieser Körperschaften ist auch eine ironische Kontrafaktur der christlichen Gemeinde mit ihrem kirchlichen Oberhaupt und ihrem weltlichen Arm.

Während der Gottesstaat in seinen hierarchischen Verhältnissen erstarrt, ist der groteske Leib in einer unaufhörlichen Metamorphose begriffen: »er ist nie fertig und abgeschlossen, [...] er verschlingt die Welt und läßt sich von ihr verschlingen.« (ebd. S. 358). Das soziale Lachen, das dabei entsteht, befreit den Menschen von der inneren wie von der äußeren Zensur und vertreibt die Angst, die dem einzelnen von den krichlichen und weltlichen Autoritäten eingeflößt wird (vgl. ebd. S. 143).

Weder Bachtins Rabelais-Interpretation noch seine Auffassung vom Karneval sind unwidersprochen geblieben. Morson und Emerson meinen, daß die radikale Unabschließbarkeit des Karnevals die übrigen Konzepte Bachtins zugleich ergänze und unterminiere (vgl. Morson / Emerson 1990, S. 452). Andere halten seine Idee der Lachkultur für unkritisch und ahistorisch (vgl. Bernstein 1986, S. 113f) oder für allzu optimistisch.

»Bachtin deutet hin und wieder an, daß der Karneval eng mit dem Marktleben und den Marktgesetzen liiert ist. Er hätte bedenken sollen, daß die aus dem Karnevalsgeschehen hervorgehenden Gattungen nicht nur die demokratische Kritik, sondern auch die destruktive Wirkung der Marktgesetze und der Vermittlung durch den Tauschwert in sich aufnehmen.« (Zima 1991, S.122).

Relativieren läßt sich Bachtins Konzept des Karnevals auch anhand der funktionalen Gleichrangigkeit von Narrenkönig und Sündenbock, die René Girard festgestellt hat (vgl. Girard 1987,S. 214f), sowie anhand der historischen Studien von Emanuel Le Roy Ladurie zum Karneval in Romans (vgl. Le Roy Ladurie 1989).

Offenbar ist Bachtins Karneval ein idealtypisches, um nicht zu sagen utopisches Konzept mit kompensatorischen Funktionen. Es wäre jedoch verfehlt, die Gründe dafür einzig und allein im persönlichen Leben Bachtins zu suchen – etwa darin, daß die Beschreibung des grotesken Leibes, der sich im Kreislauf der Natur erneuert, von einem Mann stammt, der seit seinem sechzehnten Lebensjahr an Osteomylitis litt, häufig ans Bett gefesselt war und 1938 das rechte Bein amputiert bekam. So sehr dieses Leiden Bachtins Sensibilität für die somatische Semiotik geschärft haben dürfte – die Lachkultur ist in ihrer Disziplinlosigkeit zunächst einmal ein Gegenmodell zum stalinistischen Terrorregime. Das schließt nicht aus, daß sich die beiden Extreme in ihrer Tendenz zum Totalitären berühren. Im Karneval gibt es keine Trennung zwischen Zuschauern und Mitspielern; das tolle Treiben läuft auf eine restlose Vereinnahmung des einzelnen durch das enthemmte Kollektiv hinaus. Insofern sind die Parallelen zwischen dem Gesellschaftszustand der verkehrten Welt und dem Zustand der fanatisierten Masse kaum von der Hand zu weisen.

Für die Karnevalisierung der Literatur finden sich zu Beginn der Neuzeit nicht nur bei Rabelais einleuchtende Beispiele: Dazu gehören Sancho Pansas Statthalterschaft über eine »Insel auf dem festen Lande«, die Hanauer Narreninitiation des Simplicius Simplicissimus, die Inthronisation des Hahnenkönigs in Quevedos *Vida del Buscón* oder die Erzählung des Slawkenbergius im *Tristram Shandy*. Abzulesen ist an diesen Beispielen aber auch eine allmähliche Literarisierung des Karnevals, die von der Physiologie des grotesken Körpers zum humoristischen Roman führt (vgl. Montigel 1987).

2.9 Bachtin versus Lukács

Sowohl das Buch über *Rabelais und seine Welt* als auch die anderen Schriften von Bachtin verdeutlichen, daß er im Roman, ähnlich wie Lukács, ein komplexes Modell der geschichtlichen Welt sah, das Anlaß zu weitreichenden philosophischen und methodologischen Überlegungen gab. Clark und Holquist berichten, Bachtin habe Lukács' *Theorie des Romans* ins Russische übersetzen wollen, dann jedoch von diesem Vorhaben Abstand genommen, als er von der Konversion des Verfassers zum Kommunismus und seiner Selbstkritik an diesem Buch erfuhr (vgl. Clark / Holquist 1984, S. 99). In seinem Aufsatz »Epos und Roman«, der nicht zuletzt auch eine Auseinandersetzung mit Lukács' These darstellt, daß der Roman wieder zum Epos werden müsse, vertritt Bachtin die Auffassung, daß es im Gegenteil gerade die Überwindung des Epos durch den Roman sei, die einen wirklichen Fortschritt der Menschheit bewirkt habe. Während das formvollendete Epos in einer absoluten Vergangenheit angesiedelt sei, die keine Verbindung zur zeitgenössischen Gesellschaft besitze, beziehe sich der Roman stets auf die unabgeschlossene Gegenwart, die ihn zu immer neuen Formexperimenten zwinge (vgl. Aucoutrier 1983, S. 237). Charakteristisch für den Roman und seine relative bzw. perspektivische Welterfassung ist daher, daß er »keiner seiner Spielarten die Möglichkeit gibt, sich zu stabilisieren« (Bachtin 1989, S. 213), und daß diese »Neigung zur Selbstkritik [...] den Roman als ein im Werden begriffenes Genre auszeichnet.« (ebd. S. 214).

In der epischen Welt hingegen gibt es keinen Raum für das Un-abgeschlossene, Ungelöste und Problematische (vgl. ebd. S. 224). Während der Held des Epos in seiner Rolle aufgeht, gesteht der Roman seinen Figuren Charaktereigenschaften zu, die nicht durch ihre dramatische Funktion determiniert sind. In ihnen scheint die Kontingenz, die Zufälligkeit der menschlichen Schicksale, aber auch die Freiheit der modernen Person auf, die immer wieder gegen totalitäre Gesinnungen und Machenschaften verteidigt werden muß (vgl. Emerson 1986, S. 34). Anstatt dem Roman wie Lukács eine Gesinnung zur Totalität zu unterstellen, soll er nach Bachtin ein offenes Kunstwerk, ein Modell der Unabschließbarkeit sein. Geteilt wird diese Ansicht u.a. von Milan Kundera, bei dem es heißt: »Der Roman als Modell dieser auf der Relativität und Ambiguität der menschlichen Dinge beruhenden Welt ist mit dem totalitären Universum unvereinbar.« (Kundera 1992, S. 22). Sein Gegner ist jede Ideologie, »in der es nur ein Wort, eine Wahrheit, einen Sinn gibt, und dessen Absurdität darin gipfelt, daß sie dieses einzige Wort in den Mund eines Menschen legt.« (Chvatik 1987, S. 229f).

Die Verspätung, mit der Bachtins Romantheorie sowohl im post-stalinistischen Rußland als auch im Westen aufgenommen wurde, hat dazu geführt, daß viele Ansätze der Erzählforschung, die zunächst ohne die Kenntnis seiner Werke entstanden waren, Berührungspunkte mit dem dialogischen Ansatz, der chronotopologischen Analyse und der pragmatischen Erweiterung der Linguistik zur Metalinguistik aufweisen. Diese Berührungspunkte sind so offensichtlich, daß sie im folgenden nicht immer eigens benannt werden müssen. Das betrifft neben den Ausführungen von Butor insbesondere den pragmatischen Ansatz der Sprechakttheorie und den semiologischen Ansatz des Bachtin-Schülers Jurij M. Lotman.

3. Der pragmatische Ansatz

3.1 Anfangsgründe der Sprechakttheorie

In seinen Grundlagen der Zeichentheorie (1938) unterteilt Charles William Morris (1901-1971) die Semiotik in drei Teildisziplinen. Die Semantik beschäftigt sich mit den Beziehungen zwischen den Zeichen und den Gegenständen, die sie bedeuten; die Syntaktik geht den Beziehungen der Zeichen untereinander nach und achtet dabei insbesondere auf die Regeln, nach denen Zeichenfolgen gebildet werden – also auf die Grammatik. Die Pragmatik schließlich untersucht die Beziehungen zwischen den Zeichen und den Zeichenbenutzern, von denen viele auf Gewohnheiten beruhen (vgl. Morris 1988, S. 24). »Aus der Perspektive der Pragmatik ist die Struktur einer Sprache ein Verhaltenssystem« (ebd. S. 56). Dabei geht es zum einen um die Frage, was Menschen mit Zeichen machen; zum anderen aber auch darum, was Zeichen mit Menschen machen.

Es liegt auf der Hand, daß die semantischen, syntaktischen und pragmatischen Relationen einander wechselseitig modifizieren: Ein Zeichenbenutzer wählt, je nachdem, welchen Zweck seine Zeichenhandlung erfüllen soll, ganz bestimmte Bedeutungsträger aus; umgekehrt nimmt ihre Verknüpfung Einfluß darauf, unter welchem Aspekt die Gegenstände, auf die sich die Zeichen beziehen, erscheinen. Menschen, denen etwas mitgeteilt wird, stellen sich auf die Bedeutung der Zeichen ein; Menschen, die etwas mitteilen wollen, machen von den Zeichen einen spezifischen Gebrauch. Der Sprachphilosoph Ludwig Wittgenstein (1889-1951) hat das Verhältnis von Semantik und Pragmatik daher folgendermaßen beschrieben:

»Man kann für eine große Klasse von Fällen der Benützung des Wortes ›Bedeutung‹ – wenn auch nicht für alle Fälle seiner Benützung – dieses Wort so erklären: Die Bedeutung eines Wortes ist sein Gebrauch in der Sprache.« (Wittgenstein 1975, S. 41).

Die Sprechakttheorie hat diesen Gedanken aufgegriffen. Sie untersucht, wie Menschen Handlungen vollziehen, indem sie einzelne Äußerungen oder Äußerungsfolgen kundtun. *How to do things with words* lautet denn auch der Titel jenes 1962 erstmals veröffentlichten Buches, das die Überlegungen von John Langshaw Austin zu diesem Thema zusammenfaßt.

Von zentraler Bedeutung ist für Austin das Verb ›to perform‹. Es bedeutet zum einen ›eine Handlung vollziehen‹; zum anderen aber auch ›etwas auf- oder vorzuführen‹. Austin ging zunächst davon aus, daß es konstative und performative Äußerungen gibt: solche, die etwas feststellen oder behaupten, und solche, die dem Vollzug einer Handlung gleichkommen. Während konstative Äußerungen entweder wahr oder falsch sind, können performative Äußerungen gelingen oder mißlingen. Wenn jemand ein Schiff tauft, macht es wenig Sinn, in dieser Situation zu sagen: »Aber es ist doch gar nicht wahr, daß dieses Schiff so heißt.«

Nun stellt aber der Sprechakt der Namensverleihung – eben weil er behauptet, daß das Schiff nunmehr so und nicht anders heißt – in gewisser Weise auch eine Feststellung dar. Austin erkannte daher bald, daß seine einfache Unterscheidung zwischen den konstativen und den performativen Äußerungen einer näheren Betrachtung nicht standhält. Offenbar vollzieht man manchmal auch dadurch, daß man etwas behauptet oder feststellt, eine bestimmte Handlung. Ist die Behauptung »Es ist kalt« zum Beispiel als Aufforderung gedacht, die Heizung anzuschalten, kann sie wie jede performative Äußerung gelingen oder mißlingen. Zumindest erschöpft sich ihr Zweck nicht einfach darin, eine Tatsache festzustellen.

Aus all dem folgt, daß man den Akt, etwas zu sagen, und den Akt, etwas zu tun, indem man etwas sagt, theoretisch auseinander halten muß, auch wenn diese beiden Aktionen in der Praxis mit nur einer Äußerung vollzogen werden. Der ›lokutionäre Akt‹ besteht darin, etwas zu sagen; er ist also der eigentliche Äußerungsakt; durch die Äußerung wird der ›illokutionäre Akt‹ vollzogen, also das, was man tut, indem man einen Befehl oder ein Urteil, eine Erklärung oder eine Beschreibung, eine Feststellung oder Behauptung äußert. Der ›perlokutionäre Akt‹ betrifft die Rolle, die der illokutionäre Akt im Rahmen einer bestimmten Situation spielt. Befehle und Urteile sollen zum Beispiel ausgeführt, Erklärungen und Beschreibungen sollen nachvollzogen, Feststellungen und Behauptungen sollen anerkannt und gegebenfalls in Taten umgesetzt werden. Die perlokutionäre Kraft einer Äußerung bemißt sich folglich an ihrer Wirkung (vgl. Austin 1979, S. 112-118).

Zu beachten ist, daß der lokutionäre, der illokutionäre und der perlokutionäre Akt nicht nacheinander vollzogen werden. Sie bilden keine Handlungsfolge, sondern die Einheit des Sprechaktes, der somit stets unter drei Gesichtspunkten betrachtet werden muß: daß etwas gesagt wird; was getan wird, indem es gesagt wird; und was dadurch bewirkt werden soll. Erweitert, verändert und auf das Problem der fiktionalen Rede angewendet wurde die Sprechakttheorie durch John R. Searle. Auch für ihn ist alles Sprechen eine Form des regelgeleiteten Verhaltens (vgl. Searle 1977, S. 24). Anders als Austin unterscheidet Searle beim Sprechakt vier Dimensionen: der lokutionäre Akt der Äußerung von Worten, Sätzen usw., der Akt der Bezugnahme, der sich nicht einfach aus der Bedeutung der einzelne Wörter und Sätze ergibt, sowie den illokutionären und den perlokutionären Akt.

Wörter und Sätze zu artikulieren, die eine bestimmte Bedeutung haben, ist also nicht dasselbe, wie mittels dieser Wörter und Sätze auf Dinge, Personen und Ereignisse zu referieren. Die Semiotik differenziert daher auch – über Morris hinaus gehend – zwischen Semantik und Sigmatik: die Semantik betrifft die Beziehung zwischen dem Zeichen und seiner Bedeutung; die Sigmatik die Beziehung zwischen Zeichen und Bezugsgegenstand (vgl. Landwehr 1975, S. 60). Searle selbst spricht hinsichtlich der Proposition von Prädikation und Referenz. Der Bedeutungsgehalt einer Äußerung ergibt sich demnach aus zwei Sprechakten: der Bezugnahme auf einen Gegenstand und seiner Kennzeichnung durch eine Eigenschaft, die dem Gegenstand zu- oder abgesprochen wird. Darüber hinaus ist der Bedeutungsgehalt der sprachlichen Äußerung von dem außersprachlichen Sachverhalt zu unterscheiden. Diese Unterscheidung ist deshalb so wichtig, weil es offenbar Äußerungen mit einem propositionalen Gehalt gibt, die sich auf keinen wirklichen Sachverhalt beziehen, bei denen also der Akt der Bezugnahme lediglich ›vorgegeben‹ ist (Searle 1982, S. 87). Genau diese vorgebliche Bezugnahme kennzeichnet laut Searle den logischen Status der fiktionalen Rede.

Searle betont, daß man nur wissentlich oder vorsätzlich etwas zu tun vorgeben kann. Das Verb ›vorgeben‹ (engl. ›to pretend‹) meint also einen intentionalen Akt. Daraus folgt zum einen, daß Dichtung, die ihre Fiktionalität zu erkennen gibt, keine Täuschung, keine Lüge, keine Vorspiegelung falscher Tatsachen sein kann. Zum anderen ergibt sich daraus im Rahmen der Sprechakttheorie, daß bei der fiktionalen Rede nicht der Äußerungsakt, sondern der illokutionäre Akt der Behauptung oder Feststellung vorgegeben ist (vgl. ebd. S. 90). Die fiktionale Rede besteht zweifellos aus echten Äußerungen; zweifelhaft ist, ob der Akt der Bezugnahme vorgegeben ist, weil sich die Rede auf keine wirklichen Sachverhalte bezieht, oder weil der propositionale Gehalt selbst dann, wenn ihm ein Sachverhalt entspricht, nicht als Behauptung und Feststellung aufgefaßt wird.

Denkbar ist beides: Der Satz »Sherlock Holmes wohnt in London« gibt einerseits vor, eine Aussage über Sherlock Holmes zu sein, der gar nicht existiert. Andererseits kann man diese Äußerung auch als eine Aussage über London verstehen, eine Stadt, die tatsächlich existiert. Zusätzlich kompliziert wird das Problem dadurch, daß die fiktionale Rede auch Äußerungen umfaßt, die offenbar wahr sind. Wenn in einer Geschichte von Sherlock Holmes behauptet wird, daß die Themse durch London fließt, wird diese Feststellung ja nicht deshalb falsch, weil es gar keinen Sherlock Holmes in London gibt. Es scheint, daß fiktionale Texte hybride Konstruktionen aus Sätzen, die buchstäblich falsch, und Sätzen, die eigentlich richtig sind, darstellen. Dadurch wird die fiktive in die reale Welt eingebettet, wird es möglich, die buchstäblich falschen Sätze im übertragenen Sinne zu verstehen und auf die Wirklichkeit des Lesers zu beziehen.

Thomas Pavel hat diese hybriden Konstruktionen als Doppel-Strukturen beschrieben, weil es im Text neben den Zeichen, denen in der Wirklichkeit ein Referent entspricht, solche Elemente gibt, die keine Korrespondenz mit irgendeinem Faktum aufweisen. So stimmt das »London« in den Erzählungen von Conan Doyle weitgehend mit der zeitgenössischen City überein, ohne daß die Figuren, von denen Dr. Watson (einschließlich seiner eigenen Person) berichtet, historisch sind (vgl. Pavel 1986, S. 57). Nun kann man zwar sagen, daß die Existenz der Figuren vorgegeben wird, die Existenz Londons wird jedoch nicht etwa prätendiert, sondern präsupponiert, um die Figuren wahrscheinlich zu machen. Ähnlich wie bei der von Bachtin analysierten Stimmeninterferenz hat es der Leser also auch hier mit der Überlagerung einer aktuellen durch eine virtuelle Welt zu tun: Die erzählten Gestalten sind nicht einfach fiktiv, sondern aus Eigenschaften zusammengesetzt, die zum einen Teil frei erfunden, zum anderen Teil jedoch echten Menschen nachempfunden sind. So stellt Sherlock Holmes insofern eine hybride Konstruktion dar, als er die natürlichen Eigenschaften seines historischen Vorbilds, Dr. Joseph Bell, mit den Eigenschaften einer bestimmten Kunstfigur, nämlich des Chevalier Auguste Dupin verbindet, der schon bei Edgar Allan Poe zum einen alle Insignien des genialen Aufklärers und zum anderen die typischen Merkmale eines dekadenten Bohémiens trug.

3.2 Abgrenzungs- und Integrationstheoretiker

Wenn diese Überlagerung von aktuellen und virtuellen Welten, von historischen Phänomenen und literarischen Phantomen, wie Pavel meint, wirklich ein Spezifikum fiktionaler Rede ist, und wenn es keine saubere Demarkationslinie zwischen Fiktion und Realität gibt, dann steht es schlecht um die sogenannten Abgrenzungstheoretiker, denen zufolge die fiktionale Rede eine grundsätzlich andere Form des Sprechens als die Alltagsrede darstellt. Man muß nämlich nur daran erinnern, daß auch im Alltag häufig von hypothetischen Sachverhalten, von heuristischen Fiktionen und bloßen Möglichkeiten die Rede ist, ohne daß jemand deshalb auf die Idee kommt, den gesamten Diskurs für irreal zu halten. Pavel steht denn auch den sog. Integrationstheoretikern nahe (vgl. ebd. S.11), die das Augenmerk auf die funktionale Äquivalenz von Alltagserzählungen und Sprachkunstwerken lenken.

Richard Ohmann gehört noch zu den Abgrenzungstheoretikern. Wie die anderen Sprechakttheoretiker setzt er im Anschluß an de Saussure voraus, daß sich alle illokutionären Akte auf gewisse Vereinbarungen innerhalb der Sprachgemeinschaft stützen (vgl. Ohmann 1972, S. 51). Auch die fiktionale Rede beruht demnach auf einem Kontrakt, der regelt, wie sie funktioniert. Die wichtigste

Klausel in diesem ungeschriebenen Vertrag besagt, daß sich die fiktive Welt nicht auf Tatsachen, sondern auf Annahmen stützt. Erzeugt wird die fiktive Welt mittels Äußerungen, die zwar die Form, aber nicht den Bedeutungsgehalt von Behauptungen und Feststellungen besitzen. Der Schriftsteller ahmt diese Form nach, ohne für den Inhalt seiner Äußerungen zur Rechenschaft gezogen werden zu können. Die fiktionale Rede bildet, so gesehen, die Ausnahme von der Regel, daß ein Sprecher seine Behauptungen und Feststellungen belegen können muß, wenn er sich nicht der Falschaussage oder der Unaufrichtigkeit bezichtigen lassen will.

Eine etwas andere Position vertritt Barbara Herrnstein Smith in ihrem Buch *On the Margins of Discourse* (1979). Auch sie betont, daß sich die fiktionale Rede nicht durch ihre Form, sondern anhand ihrer Funktionen und Konventionen von nicht-fiktionalen Äußerungen unterscheidet. Stärker als Searle und Ohmann, denen es vornehmlich um den Wahrheitswert der Dichtung ging, streicht Herrnstein Smith allerdings ihren Tauschwert heraus.

Grundsätzlich werden alle Äußerungen auf einem linguistischen Marktplatz gehandelt, weil sie in den Kreislauf des öffentlichen Lebens einbezogen sind, der in verschiedene Diskurse zerfällt. Eine Äußerung läuft sozusagen in der Sprachgemeinschaft umher und wird dabei anhand ihres propositionalen Gehalts, ihrer gesellschaftlichen Relevanz und ihrer Modalität bewertet. Äußerungen, die im fiktionalen Aussagemodus vorgetragen werden, haben für die Sprachgemeinschaft einen anderen Stellenwert als echte Feststellungen und Behauptungen. Die meisten linguistischen Transaktionen dienen der Erweckung und Befriedigung aktueller Bedürfnisse, mit ihnen wickelt die Sprachgemeinschaft ihre Alltagsgeschäfte ab (vgl. Herrnstein Smith 1979, S. 79ff). Es gibt aber auch Verhandlungen darüber, wie der Meinungsaustausch organisiert und reglementiert werden soll. In diesem Zusammenhang erhält auch die Literatur, die es der Sprachgemeinschaft ermöglicht, sich selbst beim Reden zu beobachten, eine spezifische Funktion:

Romane zum Beispiel stellen die menschliche Rede in Aktion dar, sie machen die Spielregeln, die Wertvorstellungen und die Rollenverteilung der Sprachgemeinschaft bewußt, zeigen Verständnisschwierigkeiten auf und entwickeln unter Umständen neue Formen der Verständigung. Sie können diesen Beitrag jedoch nur leisten, weil sie aus dem gewöhnlichen Redeverkehr ausgenommen sind, weil man sie auf dem linguistischen Marktplatz nicht für bare Münze nimmt. Der Romanschriftsteller stellt der Sprachgemeinschaft gewissermaßen einen zunächst ungedeckten Scheck aus, den sie in dem Maße zu einem Wertgegenstand macht, indem sie seine Anregungen aufnimmt und umsetzt. Manche seiner Versprechungen werden überhaupt nicht eingelöst, andere hingegen können zu stehenden Redewendungen und zu Sprichwörtern werden, die allen geläufig sind (vgl. ebd., S. 70).

In gewisser Weise ähneln literarische Formen, die sich dergestalt eingebürgert haben, Redensarten: sie werden von ihrem Urheber abgekoppelt und zu einem Gemeinschaftsgut, auf das sich jeder berufen kann, der in der betreffenden Sprachgemeinschaft verkehrt. Eine weitere Ähnlichkeit betrifft den Umstand, daß man in vielen verschiedenen Situationen ein und dieselbe Redensart ausbeuten kann. In diesem Sinne haben manche Situationen, die in der Literatur beschrieben werden, den Status von Gemeinplätzen erreicht. Dabei muß es sich nicht immer um einzelne, sprichwörtlich gewordene Äußerungen handeln. Eine Modellfunktion können auch ganze Geschichten sowie die mit ihnen verbundenen Anschauungsformen ausüben (vgl. ebd., S. 69).

Aus dieser auch von Bachtin erkannten Fähigkeit der Literatur, insbesondere des Romans, alle möglichen Erscheinungen der Sprache vorzuführen und gegen einander auszuspielen, folgert Herrnstein Smith, daß ihre Fiktivität nicht allein im Anspielen auf irreale Personen, Gegenstände und Ereignisse liege. Irreal sei vielmehr die Anspielung selbst (vgl. ebd. S.11). Ähnlich wie Ohmann und Searle meint also auch sie, daß bereits der Akt des Berichtens und Beschreibens lediglich vorgegeben bzw. fiktiv sei. Suspendiert wird dabei die stillschweigende Voraussetzung jeder non-fiktionalen Verständigung, daß ein Sprecher wirklich meint, was er sagt. Dem Zuhörer oder Leser gilt ein Dichter weder als Wahrheitsverkünder noch als Lügner, sondern als Urheber einer sprachlichen Struktur, die echte Aussagen und pragmatische Redegenres repräsentiert (vgl. ebd. S.111). Typischer Weise sei zum Beispiel der Roman die Repräsentation einer Chronik oder einer Biographie, eines Briefwechsels oder irgendeiner anderen etablierten Textsorte (vgl. ebd. 29f). Der Roman halte sich immer am Rand dieser Diskurse und ihrer Spielarten auf, um die Demarkationslinie zwischen Fiktion und Realität in den Hintergrund treten zu lassen und so die Irrealität seiner Welt zu überspielen.

Insgesamt kann man die Ausführungen von Searle, Ohmann und Herrnstein Smith, die alle drei zu den sog. Abgrenzungstheoretikern gehören, dahingehend zusammenfassen, daß die fiktionale Rede die Ausnahme von der Regel ist, weil sie kein originäres, sondern ein von anderen Verständigungsformen abgeleitetes Sprechen ist, das zwar aus echten Äußerungsakten besteht, aber bloß vorgibt, etwas auszusagen. Die wichtigste Funktion, die eine fiktionale Rede unter diesem Blickwinkel erfüllt, ist, andere Sprechakte so zu imitieren, daß deren Eigenart zum Vorschein kommt. Es verwundert nicht, daß diese Sicht der Dinge auf Widerspruch gestoßen ist – vor allem bei Mary Louis Pratt und Chris Hutchison, die gemeinsam mit Thomas Pavel die Fraktion der Integrationstheoretiker bilden.

Pratt pflichtet zwar der Ansicht bei, daß die Urheber fiktionaler Texte nicht an die gleichen Bedingungen der Situationsangemessenheit gebunden sind, wie die Autoren, die einen non-fiktionalen Diskurs führen. Sie wendet jedoch ein, daß die literarische Rede nicht nur aus fiktionalen Äußerungen besteht. Zudem komme die Bezugnahme auf hypothetische oder fiktive Welten auch außerhalb der Literatur vor (vgl. Pratt 1977, S. 90ff). Die Sprechakttheorie beginge daher denselben Fehler wie der Formalismus, der eine eigene poetische Sprache postuliert und die Literatur vom alltäglichen Redeverkehr abgetrennt habe.

Einen alternativen Ansatz erblickt Pratt in den Arbeiten von Willam Labov, der sich seinerzeit mit der verbalen Virtuosität von Alltagserzählungen beschäftigt hatte. Kennzeichnend für mündlich vorgetragene Geschichten ist nach Labov, daß sie mit einer allgemeinen Orientierung über die Ausgangssituation der Handlung beginnen, dann eine mehr oder weniger dramatische Entwicklung schildern, die vor ihrer Auflösung von einer Bewertung der Handlung unterbrochen wird. Eingefaßt ist die gesamte Erzählung in einen Dialog, in dem der Erzähler seinem Zuhörer zunächst die Bedeutsamkeit der nachfolgenden Geschichte erklärt, um sie am Schluß seiner Rede wieder an das Thema der Unterhaltung zurückzubinden, die Anlaß für die Erzählung war (vgl. ebd. S. 45).

Dieses Schema kann zwar unvollständig ausgeführt werden, entbehrt jedoch nie jener Sequenz, die Labov ›evaluation‹ nennt. Dabei geht es nicht nur um die Bewertung der erzählten Geschichte, sondern auch um den Gebrauchswert der Erzählung bzw. um ihre Relevanz. Indem dem Zuhörer der pragmatische Sinn der Narration erläutert wird, rechtfertigt sich der Erzähler dafür, daß er die Aufmerksamkeit seines Gesprächspartner in Anspruch genommen und von ihm verlangt hat, erst einmal schweigend abzuwarten, was das Ganze soll. Kurzum: die Evaluation beantwortet die Frage, warum es die Geschichte verdient, erzählt zu werden. (vgl. ebd. S. 46f). Was dabei zur Disposition steht, ist »the tellability of the story«.

3.3 Die Pragmatik von Konversation und Narration

Pratt behauptet nun, daß all die Verfahren der Evaluation, die Labov im mündlichen Erzählbericht entdeckt hat, explizit oder implizit auch die schriftliche Narration strukturieren, und daß beide Formen des Geschichten-Erzählens den Anforderungen entsprechen müssen, die das sogenannte Kooperationsprinzip an die Teilnehmer einer Konversation stellt. Auf dieses Kooperationsprinzip hatte H. P. Grice in seinem Aufsatz »Logic and Conversation« hingewiesen. Menschen sind danach grundsätzlich zur Koordination ihres Verhaltens gezwungen. Das gilt auch für die Sprechakte, die Austin und Searle als regelgeleitetes Verhalten beschrieben hatten. Das für jede Verständigung unerläßliche Kooperationsprinzip ist daher allen Sprechakten eingeschrieben, es ist eine Implikatur des Gesprächs, die Grice anhand von Maximen explizit macht (vgl. Grice 1975, S. 45ff):

Die Maxime der Quantität verlangt, daß die Gesprächspartner ohne große Umschweife zur Sache kommen und sich nicht mit irgendwelchen Kleinigkeiten aufhalten. Ihre Rede soll so informativ wie möglich sein. Neben der Quantität geht es um die Qualität der Information. Die entsprechende Maxime besagt, daß ein Sprecher keine Aussagen treffen soll, die er für falsch hält, daß er sich also für die Wahrheit seiner Behauptungen verbürgen und seine Feststellungen belegen können muß. Es ist klar, daß diese Verpflichtung in der realistischen Literatur durch das Gebot der Wahrscheinlichkeit ersetzt und in der phantastischen Literatur zuweilen gänzlich aufgehoben wird. Zumindest für den Roman gilt zudem, daß sein Erzähler in viele Bereiche ausschweifen kann, weil das Thema nicht eindeutig festgelegt ist bzw. weil jene Kunst der Konversation, die im Roman geübt wird, nicht unter dem selben Zeitdruck wie die alltägliche Konversation steht.

Grice »Maxim of Relation« lautet kurz und bündig: »Be relevant.« Sie hängt mit dem Gebot, sich knapp zu fassen zusammen, betrifft darüber hinaus aber auch, was Labov ›Evaluation‹ genannt hatte. So wie der Sprecher gegebenfalls in der Lage sein muß, seine Aussagen zu belegen, muß er auch imstande sei, die Bedeutsamkeit seiner Äußerungen darzulegen und dadurch seine Rede zu rechtfertigen. Horaz' Formel ›prodesse et delectare‹ versucht das für den gesamten Bereich der Literatur zu leisten; sie kann im einzelnen Sprachkunstwerk ergänzt oder erweitert, verworfen und durch andere Rechtfertigungen ersetzt werden. Der Ermessensspielraum, der sich dabei ergibt, wird unter anderem von der literarischen Kritik ausgemessen, die ja vor allem den gesellschaftlichen Tauschwert der literarischen Ware regelt.

Wenn es ein mündlicher oder schriftlicher Erzähler versäumt, dem Publikum die Relevanz seiner Geschichte darzulegen, wird man ihm womöglich keine weitere Aufmerksamkeit schenken. Seine Narration droht zu einer irrelevanten Episode ohne Folgen zu werden. Freilich bemißt sich die Relevanz des Geschichten-Erzählens im Alltag und in der Literatur nicht allein an der aktuellen Diskurs- bzw. Lektüre-Situation. Was zunächst unbedeutend erscheint, kann sich später als eine wichtige Erfahrung erweisen, auf die man bei passender Gelegenheit dankbar zurückgreift. Die »tellability« der Story wächst also mit ihren Bezugsmöglichkeiten, so daß man sie auch als ›Übertragbarkeit‹ der Geschichte interpretieren und damit einer metaphorologischen Betrachtung zuführen kann.

Schließlich erwähnt Grice noch ohne Anspruch auf Vollständigkeit einige »Maxims of Manner«, die in der Literatur häufig in ihr Gegenteil verkehrt werden. Jedenfalls vermeidet die Literatur nicht unbedingt die Undurchsichtigkeit des Ausdrucks (»obscurity of expression«) oder die Doppeldeutigkeit (»ambiguity«), die in den meisten anderen Unterhaltungen verpönt sind. Welche Maximen im einzelnen gültig sind und welche außer Kraft gesetzt oder modifiziert werden, hängt einerseits von der Diskurssituation und andererseits vom Redegenre ab.

Obwohl also jede Konversation ihre eigene Logik und damit auch spezielle Regeln der Zusammenarbeit hat, läßt sich kaum eine kommunikative Handlung denken, die ohne das Kooperationsprinzip auskommt. Unter diesem Gesichtspunkt erscheinen die »Regelverstöße«, die in der literarischen Kommunikation begangen werden, in einem neuen Licht. Für Grice gibt es stets die Option, die Geltung einer Maxime auszusetzen (vgl. ebd. S. 57). Der Umstand jedoch, daß die Nicht-Geltung entweder ausdrücklich vereinbart werden oder per Konvention geregelt sein muß, zeigt, wie bedeutsam das Kooperationsprinzip für das Gelingen jedweder Verständigung ist. Worin aber besteht nun eigentlich die pragmatische Funktion der literarischen Kommunikation?

Pratts Antwort auf diese Frage läuft darauf hinaus, dem Erzählen eine »display producing relevance« (vgl. Pratt 1977, S. 136) zuzuerkennen. Romanautoren und Lesern geht es nicht darum, bestimmte Sachverhalte oder Ereignisfolgen zu behaupten. Sie sind vielmehr daran interessiert, beispielhafte Vorfälle, Denkmodelle und Weltbilder zur Schau bzw. zur Disposition zu stellen. Der narrative Diskurs übersetzt das Denk- und Erzählbare, das der Ausdruck ›tellability‹ meint, in Anschauungsformen bzw. in schematisierte Ansichten, die ebenso den Möglichkeitssinn wie den Wirklichkeitssinn des Menschen ansprechen und ihre Relevanz dadurch erlangen, daß sie sich auf seine Lebenswelt beziehen und in Handlungsdispositionen übersetzen lassen, deren Wahrnehmung die Lebenswelt verändert. Das Prinzip der fiktionalen Rede läßt sich demnach besser als mit dem Verb »to pretend«, an dem Searle den logischen Status der fiktionalen Rede festgemacht hatte, durch das Verb »to display« beschreiben. Einen Roman zur Hand zu nehmen, kommt demnach in etwa der Bereitschaft gleich, sich im Rahmen einer mündlichen Unterhaltung auf eine exemplarische Geschichte einzulassen, die ein neues Licht auf den Gegenstand der Unterredung wirft und so den Gang der Erörterung verändert (vgl. ebd. S. 152). Während Romane in der Er/Sie-Form jenen Alltagserzählungen gleichen, in denen von dem vorbildlichen oder abschreckenden Beispiel einer dritten Person die Rede ist, ähneln Romane in der Ich-Form der alltäglichen Vermittlung eigener Erfahrungen. Als dritte Möglichkeit erwähnt Pratt Romane, in denen ein Erzähler berichtet, wie ihm eine Geschichte zugetragen wurde; auch dabei wird eine Erzählsituation modelliert, die man aus Alltagsgesprächen kennt (vgl. ebd. S. 208f).

Chris Hutchison hat sich Pratts Kritik an Searle, Ohmann und Herrnstein Smith angeschlossen und dafür plädiert, die Narration nicht als einen uneigentlichen oder parasitären Umgang mit der Sprache, sondern als einen komplexen Sprechakt sui generis zu betrachten. Auch unter dieser Voraussetzung kann man Äußerungen entdecken, die vorgeben, Behauptungen oder Feststellungen zu sein. Solche Äußerungen konstituieren jedoch nicht etwa die Fiktion, sie werden vielmehr durch die Konventionen der Fiktion reguliert, derzufolge das Sprechen selbst zur Schau gestellt werden kann. Die Sprache ist dabei Medium und Objekt der Demonstration (vgl. Hutchison 1984, S. 10f). Ihre ›display‹-Funktion teilt die Literatur mit anderen Gedankenexperimenten, in denen es ebenfalls um das imaginäre Ausprobieren von Ereignisverläufen geht, die nur behauptet werden, um in verschiedenen Varianten durchgespielt werden zu können. Was dabei festgestellt wird, sind die kontingenten Möglichkeiten der Wirklichkeit. (vgl. ebd. S. 13ff).

Das Wort »tellability« drückt, so gesehen, die Fähigkeit (»ability«) des Menschen aus, das Denkbare erzählerisch zu veranschaulichen und, ganz im Sinne von Aristoteles, Geschehenszusammenhänge zu imaginieren, die noch gar nicht eingetreten sind, aber im Prinzip eintreten könnten. »Imagination zu haben heißt nicht so sehr, die Sachlage, so wie sie ist, zu sehen, sondern zu sehen, wie sie sein kann, wie sie sein soll und was man tun kann, damit sie wird, wie sie sein soll.« (Flusser 1996, S. 111). Verbindlichkeit erreicht das literarische ›dis-play‹, wie jedes Spiel, durch die Regeln, die das Kooperationsprinzip erzwingt.

Alles in allem gibt es zwischen dem sozialen Redeverkehr, wie ihn Bachtin, Medvedev und Voloshinov beschrieben und über das ideologische Milieu mit der Dialogizät des Romans verbunden hatten, sowie den Kriterien der »tellability« und dem Zusammenhang von Konversation und Narration zahlreiche Verbindungslinien. Wie alle anderen Äußerungsfolgen erfordern auch Erzählungen eine metalinguistische Untersuchung, die ihrer pragmatische Relevanz für die Lebenswelt der Menschen nachgeht. Der Roman, der die unterschiedlichsten Äußerungsformen und Redegenres zu einer hybriden Konstruktion verbinden oder parodieren kann, erhält seine kulturelle Bedeutung aus der Rückkopplung des künstlerisch gestalteten Prosawortes mit den alltäglichen Verfahren der zwischenmenschlichen Verständigung.

4. Der morphologische Ansatz

Der morphologische Ansatz der Erzählforschung hat zwei Wurzeln. Die eine liegt in Rußland und ist mit dem Namen von Vladimir Propp verbunden, der 1928 seine *Morfologija skazki* veröffentlichte; die andere liegt in Deutschland, wo Günter Müller in einer Reihe von Aufsätzen, die zwischen 1939 und 1951 entstanden, eine *Morphologische Poetik* entwickelte. Sowohl Propp als auch Müller waren zu ihren Werken unabhängig voneinander durch Goethe und seine Idee der Pflanzenmetamorphose angeregt worden.

Müller verband mit dieser Idee die Vorstellung, daß »Dichtungen sich ebenso wie organische Naturen nur in Gestaltung darstellen, daß aber die dichterischen Gestalten von einer anderen Art sind als jene.« (Müller 1968, S. 157). Eine Gestalt ist immer etwas Anschauliches, eine »Erscheinung« (ebd. S. 177), die wiederum zu einer Reihenbildung gehört, die auf den Typus zurückverweist, der in der Reihe abgewandelt wird. Das einzelne literarische Kunstwerk kann demzufolge als Abwandlung einer archetypischen oder idealtypischen Dichtung im Rahmen der Gattung begriffen werden, die diesem Typus verpflichtet ist. Insgesamt ging es Müller nicht um eine nahtlose Identifizierung, sondern um eine Analogisierung von Kunst und Natur (vgl. ebd. S. 291f) im Bewußtsein ihrer wesensmäßigen Verschiedenheit.

Ein wesentlicher Unterschied zwischen Kunst und Natur liegt zum Beispiel darin, daß nur die Dichtung adressiert ist. »Während Pflanze und Tier unabhängig von etwaigen Betrachtern leben, wenden sich sprachliche Gebilde ihrer Natur nach an Vernehmende. Es gehört sogar zur vollen Wirklichkeit einer dichterischen Gestalt, daß sie vernommen, vollzogen, betrachtet wird.« (ebd. S. 242). Analog sind sich Natur und Kunst jedoch darin, daß sie dem Betrachter als die Schöpfung eines anderen begegnen, denn, »was der Leser, der Betrachter in keiner Weise hervorbringt, ist der Sprachleib.« (ebd. S. 244).

4.1 Erzählte Zeit und Erzählzeit

Als Müllers Hauptverdienst gilt bis heute die terminologische Differenzierung von erzählter Zeit und Erzählzeit, obwohl die Unterscheidung selbst bereits Fielding bekannt war, aus dessen *Tom Jones* Müller jene Stelle zitiert, in der das Recht des Erzählers, den Verlauf der Geschichte auf die entscheidenden Ereignisse zusammenraffen, um diese ausführlich zu behandeln, behauptet wird. Da eine Erzählung bestimmte Zeiträume überspringen und auslassen, die Dauer anderer wiederum dehnen und strecken kann, sind erzählte Zeit und Erzählzeit selten deckungsgleich.

Problematisch wirkt auf den ersten Blick Müllers Behauptung: »Alles Erzählen ist ein Erzählen von etwas, das nicht Erzählung ist, sondern Lebensvorgang. Dieser spielt sich in der raumzeitlichen Welt ab.« (ebd. S. 261). Eine solche Bemerkung scheint die Erzählkunst auf ein Nachahmungsverhalten verpflichten zu wollen, das selbst für den Gestaltwandel, den die Morphologische Poetik beschreiben möchte, kaum Spielraum läßt. Man kann Müllers Bemerkung allerdings auch dahingehend verstehen, daß mit der raumzeitlichen Welt einfach das ›natürliche‹ Bezugsfeld aller fiktionalen und non-fiktionalen Erzähltexte benannt werden soll, daß also die dichterische Umgestaltung der Wirklichkeit stets vor dem Hintergrund der Welterfahrung Kontur gewinnt, die der Mensch einer raumzeitlichen Ordnung unterwirft.

Erst durch den Vergleich mit dieser raumzeitlichen Ordnung der Welt im alltäglichen Lebensvollzug wird es nämlich möglich, die Eigenart der künstlerisch gestalteten Zeit zu begreifen. Der Leser geht sozusagen von einem Normalverlauf der Geschichte aus und wertet daher jede Dehnung, Raffung oder Auslassung als einen auslegungsrelevanten Eingriff des Erzählers. Was ihm bedeutsam erscheint, wird ausgemalt, was ihm unwichtig erscheint, hingegen zusammengerafft oder ausgelassen.

Auch die 1955 von Eberhard Lämmert, einem Schüler Müllers, vorgelegten *Bauformen des Erzählens* sind dem morphologischen Ansatz, insbesondere der Unterscheidung von erzählter Zeit und Erzählzeit, verpflichtet. Lämmert betont jedoch stärker als sein Lehrer jene Momente, die zur Einheit und Geschlossenheit eines Erzählwerkes beitragen. Diese Akzentverschiebung ist mit einem Wandel der Metaphorik verbunden, geht es Lämmert doch eher um das Gewebe der Rückbeziehungen und Vorausdeutungen als um die Analogie von Kunst- und Natur.

Grundlage jeder narrativen Textur ist nach Lämmert das Prinzip der Sukzession, das zum einen die Aufeinanderfolge der einzelnen Textteile und zum anderen die zeitliche Ordnung der Geschichte betrifft (vgl. Lämmert 1993, S. 19). Ihre spezifischen Konturen erhalten die einzelnen Bauformen oder Strickmuster allerdings erst dadurch, »daß die monotone Sukzession der erzählten Zeit beim Erzählen auf verschiedene Weise *verzerrt, unterbrochen, umgestellt* oder gar *aufgehoben* wird.« (ebd. S. 32).

Der entscheidende Fortschritt gegenüber Müller liegt darin, daß Lämmert nicht nur das Verhältnis der erzählten Zeit zur Erzählzeit, sofern es einen Erzählstrang betrifft, sondern die zeitlichen Verhältnisse bei der Verknüpfung mehrerer Handlungsstränge untersucht. Aber auch im Hinblick auf die einsträngige Erzählung wird Müllers Begriffsinstrumentarium ergänzt und verfeinert. Neben der Aussparung, der Zeitraffung und der Zeitdehnung erwähnt Lämmert die Möglichkeit der Zeitdeckung, bei der die Ereignisdauer in etwa mit der Dauer ihrer Nacherzählung übereinstimmt. Das ist zum Beispiel bei der Wiedergabe mündlicher Rede der Fall. Bei der Raffung wiederum unterscheidet er die sukzessive Raffung nach dem »und dann ... und dann«-Muster von der iterativen (»immer wieder und wieder ...« bzw. »jeden Tag«) und der durativen Raffung (»während der ganzen Zeit ...«, »im Lauf der Jahre« usw.) (vgl. ebd. S. 82f).

Zahlreiche Abwandlungen der monotonen Sukzession ergeben sich aus dem Umstand, daß verschiedene Handlungsstränge, die zur gleichen Zeit an unterschiedlichen Orten abgespult werden, nur nacheinander und nicht gleichzeitig erzählt werden können. Daher wird entweder zunächst nur der eine Erzählfaden abgerollt und erst dann der andere wieder an jener Stelle aufgenommen, an der er vorübergegend liegengeblieben ist, oder der Erzähler verflicht die beiden Fäden dadurch miteinander, daß er ständig zwischen den Schauplätzen hin und herspringt.

Lämmert unterscheidet in diesem Zusammenhang drei Arten der Verknüpfung von Handlungssträngen:

– die additive Verknüpfung von Gegenwarts- und Vorzeithandlungen sorgt für eine Steigerung der Ereignisfülle und dient ganz

allgemein der Integration von einzelnen Ereignissen in einen
umfassenen Geschehniszusammenhang;
- die korrelative Verknüpfung läuft auf einen Vergleich der Handlungsstränge hinaus, profiliert also Gegensätze und Ähnlichkeiten, die einer Geschichte vor dem Hintergrund einer anderen
  Kontur verleihen;
- die konsekutive bzw. kausale Verknüpfung schließlich läßt die
  eine Handlung als Ursache und die andere als deren Wirkung
  erscheinen (vgl. ebd., S. 45-56).

4.2 Rückwendungen und Vorausdeutungen

Neben der Verknüpfung von Handlungssträngen in Form von ganzen Erzählabschnitten gibt es rückwärts und vorwärts gerichtete Verweise, die Lämmert Rückwendungen und Vorausdeutungen nennt.
Die Rückwendungen haben entweder eine aufbauende oder eine
auflösende Funktion, je nachdem ob sie eine neue Handlung ansto-
ßen oder Informationen über bestimmte Ereignisse, die bereits referiert wurden, nachreichen. Sofern die Rückwendungen in den Gang
der Handlung eingeschoben werden, können sie weiter in Rück-
schritte, Rückgriffe und Rückblicke gegliedert werden: während der
Rückschritt eine eigene Geschichte beinhaltet, die als Abschweifung
oder Parallele zu jener Erzählung angelegt ist, in deren Rahmen der
Rückschritt erfolgt, bezieht sich der Rückgriff nicht auf eine andere
Geschichte, sondern auf einen früheren Zeitpunkt derselben Geschichte. Der Rückblick schließlich rafft das Ergebnis oder die Wirkung einer abgeschlossenen Handlung im Hinblick auf ihre Bedeutung für die fortlaufende Geschichte zusammen (vgl. ebd. S. 104-
139).
   Bei den Vorausdeutungen ist grundsätzlich zu überlegen, ob sie
als zukunftsgewisser oder zukunftsungewisser Verweis zu verstehen
sind. Zukunftsgewisse Vorausdeutungen sind eigentlich nur vom
Standpunkt eines Erzählers möglich, der entweder allwissend ist
oder im Nachhinein von Ereignissen berichtet, deren Abschluß ihm
bekannt ist. Zukunftsungewisse Vorausdeutungen sind dagegen neben dem Erzähler jederzeit auch den (erzählten) Figuren möglich.
   Lämmert unterscheidet mehrere Formen der zukunftsgewissen
Vorausdeutungen: solche die, wie der Titel, das Vorwort oder der erste Absatz einer Erzählung, einführenden Charakter haben; abschließende Vorausdeutungen, die sich auf den Endzustand der Geschichte, ihre moralische oder symbolische Bedeutung beziehen; einge-
schobene Vorausdeutungen – z.B. Kapitelüberschriften – und die

sogenannten »Handlungserregungsmomente«, die bestimmte Erwartungen schüren (vgl. ebd. S. 143-175).

Auch die zukunftsungewissen Vorausdeutungen, die allesamt den Charakter von Verkündigungen haben, lassen sich verschiedenen Unterabteilungen zuweisen, je nachdem, ob sie durch die Art, die Umstände oder den Eingriff des Erzählers beglaubigt oder eben nicht beglaubigt werden. Darüber hinaus gibt es die gleichnishaften Verkündigungen sowie die trügerischen Vorspiegelungen, die auf einem Irrtum oder einer vorsätzlichen Täuschung beruhen können. Zu beachten ist, daß viele ungewisse Vorausdeutungen in die Figurenrede einfließen und als Flüche und Träume, Pläne und Absichtserklärungen, Wünsche, Ängste und Warnungen verkleidet sein können (vgl. ebd. S. 175-189).

Die Verknüpfung der Handlungsstränge, die Aufhebung der monotonen Sukzession, die Rückwendungen und Vorausdeutungen – kurz: alle Bauformen des Erzählens überführen den *Stoffzusammenhang* der Geschichte in den *Sinnzusammenhang* der Fabel. Um zur Grundlage einer Erzählung zu werden, muß der Stoff nach Lämmert »bereits einen irgendwie gearteten Ereignis- und Lebenszusammenhang enthalten« (ebd. S. 25), die Geschichte bringt diesen Zusammenhang in eine zeitliche Reihenfolge und läßt ihn so als Geschehensablauf erscheinen. Indem dieser Geschehensablauf, die erzählte Zeit, in verschiedene Handlungsstränge zerlegt, mit Vor- und Rückverweisen durchflochten, gerafft oder gedehnt wird, erfährt er jene Verdichtung, die aus der Geschichte eine Fabel, d.h. ein Beziehungssystem von spezifischer Sinnträchtigkeit macht (vgl. ebd. 24ff).

4.3 Plot-Modelle

Lämmerts Ausdrücke ›Geschichte‹ und ›Fabel‹ entsprechen weitgehend den englischen Ausdrücken ›story‹ und ›plot‹. Der Handlungsplan (plot) und der Sinnzusammenhang (Fabel) lassen sich ihrerseits auf den aristotelischen ›mythos‹ zurückbeziehen, der ja ebenfalls eine durch das Prinzip der Folgerichtigkeit zum Modell verdichtete Geschichte ist. Eine etwas andere, ursprünglich aus Frankreich stammende, dann aber in Rußland systematisierte Terminologie stellt die ›fabula‹ dem ›sjuzet‹ gegenüber. Unter dem ›Sujet‹ verstand der Ethnograph Aleksandr Veselovskij das Thema oder den Gegenstand einer Erzählung. Für ihn waren im Sujet daher verschiedene Motive und Situationen angelegt (vgl. Volek 1977, S. 141). Denkt man zum Beispiel an das Thema der Liebe, so assoziiert man damit die Situation der ersten Begegnung, das Motiv der Treue usw. Das Thema, seine Motive und Situationen werden vom Erzähler irgendwie behandelt, d.h. gestaltet. Es liegt daher nahe, Erzählungen anhand ihres Gegenstandes und seiner Behandlung zu charakterisieren.

Entscheidend ist nun die Wendung, die Viktor Sklovskij diesem Begriffspaar gab, weil für ihn der eigentliche Gegenstand eines Kunstwerks nicht die erzählte Geschichte, sondern die Art und Weise seiner Behandlung bzw. Gestaltung war. Aus den einzelnen Motiven und Situationen des Themas wird daher bei ihm die Fabel, d.h. die Rohmasse an Ereignissen, die der Dichter in einer spezifischen Weise bearbeitet, um zu seinem Sujet zu gelangen. Die Fabel bildet, so gesehen, nur das Material für die Sujetformung. Was also bei Lämmert als Stoffzusammenhang und Grundlage der Fabel erscheint, ist bei Sklovskij die Fabel selbst, während der Sinnzusammenhang nicht dasselbe wie das Sujet darstellt, das ja mehr die künstlerische Gestaltung des Textes als die Verdichtung der Ereignisfolge zu einem Beziehungssystem von spezifischer Sinnträchtigkeit meint.

Ihre gleichsam kanonische Fassung erhielt die Dichotomie von ›fabula‹ und ›sjuzet‹ durch Boris Tomascevskij. Sie lautet:

»Die Fabel ist die Gesamtheit der Motive in ihrem logisch kausal-temporalen Zusammenhang; das Sujet ist die Gesamtheit derselben Motive, aber in der Abfolge und in dem Zusammenhang, in dem sie in dem Werk gegeben sind. Für die Fabel ist es nicht wichtig, in welchem Teil des Werkes der Leser etwas über das Ereignis erfährt, noch ob dieses sich ihm in direkter Mitteilung durch den Autor oder durch die Erzählung einer Person oder durch ein System von Andeutungen am Rande darstellt. Beim Sujet dagegen ist gerade die Einführung der Motive in das Blickfeld des Leser das, was wichtig ist.« (zit. n. Volek 1977, S. 144).

Die Motive und Situationen stehen demnach in einer doppelten Relation, nämlich einerseits zu dem, was passiert ist (fabula), und andererseits zu dem, wie der Geschehensablauf erzählerisch gestaltet ist (sjuzet) (vgl. Martin 1986, S. 115). Das bedeutet auch, daß die logische, kausal-temporale Ordnung von ästhetischen und ethischen Werten überformt wird, da die Sujetgestaltung nach künstlerischen Kriterien erfolgt.

Der Leser ist jedoch zunächst einmal weder mit der Fabel noch mit dem Sujet, sondern mit einem Text konfrontiert, der es ihm einerseits erlaubt, sich einen bestimmten Geschehensablauf vorzustellen, und der ihn andrerseits dazu anhält, die Art und Weise seiner narrativen Darstellung zu beachten. Daher schreibt Emil Volek: »Fabel und Sujet werden nicht direkt, sondern über den Text vermittelt« (Volek 1977, S. 157), der seinerseits eine Abfolge von Äuße-

rungseinheiten ist und daher im Verlauf der Lektüre als Diskurs erfahren wird. Die Erwartung, daß sich die einzelnen Motive und Situationen, die vom Erzähler nach und nach in das Blickfeld des Lesers eingeführt werden, zu einem folgerichtigen, sinnfälligen Zusammenhang (plot bzw. mythos) verbinden, fungiert in der Lektüre, die
dadurch zu einem »semiologischen Prozeß« (ebd. S. 159) wird, als
heuristische Prämisse. Anders gesagt: beim Vorgang der Textdeutung
wird in aller Regel stillschweigend vorausgesetzt, daß der Text als
Sinnzusammenhang verfaßt ist. Diese stillschweigende Voraussetzung ist gewissermaßen die Grundlage der literarischen Verständigung, der Boden, auf dem sie stattfindet. Bedenkt man, daß ›plot‹
ursprünglich soviel wie ›Grundstück‹ oder ›Bodenfläche‹ meint, wird
klar, daß eine plotorientierte Lektüre keineswegs darauf hinauslau-
fen muß, daß der Interpret, handlungsversessen, über die spezifische
Machart des Textes hinwegsieht. Vielmehr bestellt der Leser seinen
Boden, indem er den Schriftfurchen folgt, die Bedeutungstiefe des
Themas mit Probebohrungen auslotet und das Feld der interpretati-
ven Möglichkeiten vermißt.

So richtig es also ist, daß die verschiedene Begriffspaare von ›fabula‹ und ›sjuzet‹, ›story‹ und ›plot‹, Stoffzusammenhang und Sinnzusammenhang, Geschichte und Mythos nicht deckungsgleich sind,
sie haben alle insofern ihre Berechtigung, als sie verschiedene Momente des semiologischen Prozesses erfassen, in dem der Leser die
Struktur des Textes in ein System von Beziehbarkeiten überführt,
das zum einen chronotopologisch und kausal, zum anderen aber
auch ästhetisch und ethisch interpretiert werden kann. Auf diese
Weise kann die Unzulänglichkeit jeder einzelnen Dichotomie aufge-
fangen werden. Wie Volek zurecht feststellt, läßt zum Beispiel Lämmerts Differenzierung von Stoff- und Sinnzusammenhang offen, ob
sich das System der Beziehbarkeiten der künstlerischen Gestaltung
der Fabel oder der Leistung des Interpreten verdankt. Beziehbarkeiten entstehen durch die Sujetformung, die Behandlung der erzählten Zeit, die Verknüpfung der Handlungsstränge, ihre Perspektivie-
rung und durch die Rückwendungen und Vorausdeutungen im Text
– systematisiert werden diese Beziehbarkeiten aber offenbar erst,
wenn sie der Interpret gemäß der heuristischen Prämisse, daß sie einen folgerichtigen Zusammenhang (mythos) oder Handlungsplan
(plot) ergeben, einer bestimmten Lesart unterzieht.

Anstatt also die Geschichte (Fabel), so wie sie der Text gestaltet
(Sujet), einfach als gegeben anzunehmen, sollte man von einem narrativen Diskurs ausgehen, dem die zunächst plotorientierte Lektüre
folgt. Erst dadurch nämlich, daß sich der Leser die Textur der Bezüge sukzessive erschließt und zwischen ihnen hin und herläuft, wird

die Erzählung einerseits als Handlungs- oder Geschehensabfolge anschaulich und andererseits auf die Verständnisrahmen beziehbar, in die der Mensch nicht nur seine Lektüreerlebnisse, sondern alle Erfahrungen einordnet. Anders gesagt: der semiologische Prozeß führt das Schema der Erzählung aus, das im Text noch nicht zu einer konkreten Erfahrung verdichtet, immerhin jedoch schon angedeutet ist.

Der ›plot‹ ist demnach, wie es die frühe Wortgeschichte wollte, als »sketch or outline of a literary work« bzw. als »plan or scheme of any literary creation« zu verstehen (vgl. Nischik 1981, S. 43). Der Ausdruck ›plot-weaver‹ verbindet dieses Konzept mit den Metaphern des Handlungsgeflechtes und des Textgewebes (ebd. S. 44). In diesem Sinne sagt man, daß der Erzählfaden aufgenommen, die Knoten des Sujets geschürzt und die Verstrickung des Lesers in die Geschichte über die Verwicklung der Handlung erfolgt.

Weiterhin kann man mit Renate Nischik ›single plot novels‹, die nur einen Handlungsstrang besitzen, von ›multiple plot novels‹ mit mehreren Handlungssträngen unterscheiden, bei denen es dann wiederum eine Haupthandlung (›main plot‹) und diverse Nebenhandlungen (›subplots‹) geben kann. Die sogenannten ›plot points‹ sind die Knoten im Erzählgewebe, an denen die einzelnen Handlungsfäden miteinander verknüpft werden, um der Geschichte eine andere Richtung zu geben. Von diesen Knotenpunkten aus ziehen sich dann die Strippen, die der Erzähler zieht, durch den in aller Regel mehrdimensionalen Bedeutungsraum des Textes.

Um verschiedene Handlungsstränge zu entwickeln, genügt es nach Lämmert, entweder die Handlungsträger, den Schauplatz oder den Zeitpunkt der Handlung zu wechseln. Nischik kritisiert an dieser Konzeption, daß es ihr zufolge wohl überhaupt kein einsträngiges Erzählwerk geben könne (vgl. ebd. S. 32), und plädiert daher dafür, nur dann von zwei Handlungssträngen zu sprechen, wenn sie verschiedene Personen betreffen; wechselt dagegen nur der Ort und der Zeit der Handlung, wird der Handlungsstrang in einzelne Handlungsfäden zerlegt (vgl. ebd. S. 98ff). Ein sogenannter Doppelroman liegt vor, wenn sich die unterschiedlichen Handlungsstränge nicht zu einem einheitlichen Mythos verbinden lassen, sondern zwei von einander unabhängige Geschichten erzählt werden.

Der Doppelroman ist eine äußerst komplexe Erscheinung und daher denkbar weit von jenen simplen Bauformen entfernt, an denen Vladimir Propp einst seinen morphologischen Ansatz der Erzählforschung entwickelt hatte. Propp ging wie Müller »von dem Grundgedanken Goethes aus, daß das Tier- und Pflanzenreich auf einen Urtyp zurückgeführt werden könnte, aus dem sich über ver-

schiedene Abwandlungen die einzelnen konkreten Formen ergeben.«
(Hempfer 1973, S. 80f). Er untersuchte etwa 150 Volks- und Zaubermärchen im Hinblick auf ihre Handlungsstrukturen. Der Schlüs-
selbegriff seiner Analyse ist die ›Funktion‹, d.h. die Rolle, die eine
absichtsvolle und zielgerichtete Handlung in einer Kette von Begebenheiten spielt (vgl. Schardt 1995, S. 51).

Propp meinte die zahlreichen Geschichten, die in den russischen
Volks- und Zaubermärchen erzählt werden, auf insgesamt 31 Funktionen zurückführen zu können, die das Inventar des Genres bilden.
Unabhängig davon, welche Funktion ein Erzähler auswählt, an welcher Stelle der Geschichte er sie benutzt, und wie er die Handlung,
die diese Funktion erfüllt, im einzelnen gestaltet – sie wird stets
nach dem Wenn-Dann-Schema mit anderen Funktions- oder Hand-
lungseinheiten verknüpft (vgl. Fietz 1982, S. 149). Was bei dieser
morphologischen Betrachtung vollkommen ausgespart werden mußte, war die Axiologie der Volks- und Zaubermärchen, also der Wert-
akzent der einzelnen Handlungen, die diese oder jene dramaturgische Funktion erfüllen.

Diesem Nachteil stand jedoch der ungeheure Vorteil gegenüber,
im Prinzip jede Erzählung nach dem gleichen Schema untersuchen
und diese Untersuchung am Modell des Satzes orientieren zu können. Die abstrakte Syntax des Volks- und Zaubermärchens hielt gewissermaßen Leerstellen für bestimmte Subjekte und Objekte bereit,
die der Erzähler so oder so konkretisieren konnte. Am Satzbau selbst
änderte sich dadurch nichts, d.h. die Struktur des Genres blieb
durch den Erzählakt unberührt. Dadurch schien sich für die Erzählforschung die Möglichkeit zu ergeben, alle narrativen Gattungen im
Hinblick auf ihr Formeninventar und die Regeln seiner selektiven
Nutzung in einem konkreten Text zu untersuchen, dessen Eigenart
in der je besonderen Kombination der einzelnen Funktionen bestand. Die Regeln bildeten dann so etwas wie die Grammatik, das
Inventar hingegen den allgemeinen Wortschatz oder das Lexikon
der Erzählkunst.

Unter dieser Voraussetzung bot Propps Ansatz einen beinahe
idealen Ausgangspunkt für die strukturalistische Analyse der Erzählkunst. Auch die Strukturalisten nämlich versuchten, das Inventar
der narrativen Elemente und ihre jeweils spezifische Relationierung
zu seinem bestimmten Text zu beschreiben, um daraus generelle
Schlußfolgerungen über das Regelwerk abzuleiten, das alle Erzählungen verbindet.

5. Der strukturalistische Ansatz

5.1 Bremonds Logik der narrativen Optionen

Im Rahmen der strukturalistischen Neuinterpretation versuchte Claude Bremond, Propps Methode auf andere Erzählformen zu übertragen. Dabei zeigte sich, daß Propp durch das Material seiner Forschung zu einer allzu finalistischen Konzeption der Erzählung verführt worden war. Während die Volks- und Zaubermärchen in sich abgeschlossene Geschichten darstellen, bei denen alles auf ein bestimmtes Ziel hinausläuft, weisen viele andere Erzählwerke eine offene Struktur auf. Für sie gilt: »Alles kann sich mit allem kombinieren, alles kann allem folgen. Es liegt sogar im Interesse der Erzählung solche Überraschungen möglich zu machen.« (Bremond 1972, S. 197).

Bremond schlug daher ein alternatives Analysemodell vor, demzufolge jede Begebenheit verschiedene Anschlußoperationen zuläßt. Welche Option ein Erzähler wählt, läßt sich nicht bei jedem Genre vom Ende der Geschichte her bestimmen. Das Syntagma der Erzählung wird von Bremond also paradigmatisch erweitert, weil jede Handlungssequenz, die im Text ausgeführt ist, vor dem Hintergrund alternativer Sequenzen steht, die im Prinzip auch hätten verwirklicht werden können. Mit der bereits eingeführten Plot-Terminologie könnte man sagen: Jeder plot-point ist eine Weggabelung, eine Verzweigung, an der sich der Erzähler für eine Fortsetzung und gegen andere Möglichkeiten der Handlungsentwicklung entscheidet. Was sich im Nachhinein als konsequente Verkettung von Ursache und Wirkung ausnimmt, ist das Ergebnis einer ständigen Reduktion von virtuellen Geschehnisabläufen an den Wendemarken (plot-points) der Geschichte.

Bremonds Modell trägt somit der Tatsache Rechnung, daß viele Geschichten weit weniger formalisiert sind als die stereotypen russischen Märchen, die Propp untersucht hatte. Es führt aber auch dazu, die Komplexitätsreduktion, die der Erzähler vorgenommen hat, in der Textanalyse auf den Kopf zu stellen, weil nun für jede narrative Anschlußoperation ein Paradigma alternativer Operationen bestimmt werden muß. Wenn es in einer Erzählung zum Beispiel heißt: »Nachdem die Tür ins Schloß gefallen war, goß er sich einen Drink ein«, gibt es offenbar unzählige Möglichkeiten, anders zu handeln.

So wichtig es im Einzelfall auch sein mag, die Eventualitäten einer Handlung zu bedenken, zur Diskussion steht letztlich nur die Geschichte, die der Text erzählt. Das ändert nichts daran, daß die einzelnen Handlungsträger im Prinzip immer die Wahl haben, dies zu tun und jenes zu lassen. Diese Handlungsfreiheit wird auch nicht dadurch geleugnet, daß jede Geschichte anhand ihres Verlaufs und ihres entweder geschlossenen oder offenen Endes beurteilt wird. Erst dieser Verlauf bzw. sein Abschluß machen es nämlich möglich, die alternativen Handlungsmomente zu bestimmen, die für die Deutung der Geschichte von Belang sind. Die Frage, ob der oben erwähnte Drink ein auswechselbares oder ein bedeutsames Detail ist, läßt sich erst beantworten, wenn man den Zusammenhang kennt. Auslegungsrelevant würde er etwa dann, wenn das Getränk vergiftet war.

Daß eine Erzählung nicht völlig offen und beliebig fortsetzbar ist, war natürlich auch Bremond bewußt. Er wollte die notwendige Einschränkung jedoch jenseits der konkreten Geschichte in einer abstrakten Matrix der Rollen verankern, die verschiedene Handlungsträger spielen können. Danach gibt es z.B. die ›Agenten‹, die eine Handlung ausführen, oder die ›Patienten‹, die eine Handlung erleiden. Auch eine solche transzendente, d.h. dem Geschehniszusammenhang der einzelnen Geschichte enthobene Matrix besagt jedoch wenig, wenn sie nicht an die der Geschichte immanenten Rollen der Handlungsträger zurückgebunden wird. Wenn – um bei dem erwähnten Beispiel zu bleiben – der Drink tatsächlich vergiftet ist und getrunken wird, stellt derjenige, der ihn sich einschenkt, zugleich den Agenten und den Patienten dieser Handlung dar (vgl. Scheerer/Winkler 1976, S. 23f).

5.2 Greimas' Aktantenmodell

Ähnlich wie Bremond hat Algirdas Greimas sein Aktantenmodell auf jene fundamentalen Dichotomien abstellt, die der Welt eine anthropomorphe Gestalt verleihen. Die strukturale Semantik findet diese Gegensätze in der menschlichen Sprache, das Aktantenmodell überführt diese Gegensätze in oppositionelle Handlungsrollen. Dabei ist keine der sechs semantischen Rollen, die Greimas nennt, an einen bestimmten Kasus gebunden. Eine Figur kann demnach die dramaturgische Funktionen von ›sujet‹ oder ›objet‹, ›destinateur‹ oder ›destinataire‹, ›opposant‹ oder ›adjuvant‹ übernehmen, d.h. sie führt als Akteur der Geschichte aus, was im Aktantenmodell an Handlungsmöglichkeiten angelegt ist. Die erzählte Aktion vermittelt dergestalt zwischen der zwar anthropomorphen, aber abstrakten Logik der Handlung und der konkreten Deutung des Textes als Handlungszusammenhang. Greimas behauptet mit anderen Worten, daß eine zu erzählende Geschichte, bevor sie Bedeutung entfalten kann, erst auf Handlungsmuster und Rollenskripte umgeschaltet werden muß, bevor sie als Handlungszusammenhang vorgetragen und sinnvoll verstanden werden kann (vgl. Greimas 1972, S. 48).

»Damit die Tiefengrammatik, die ja konzeptioneller Art ist, Erzählungen produzieren kann, die in figurativer Form manifestiert sind (in denen die menschlichen oder personifizierten Protagonisten Aufgaben erfüllen, Proben bestehen, Ziele erreichen), muß sie zunächst auf einer intermediären semiotischen Ebene eine anthropomorphe aber nicht figurative Repräsentation erhalten.« (ebd. S. 54).

Aufgrund der erwähnten Oppositionspaare lassen sich drei Ausprägungen der figurativen Repräsentation denken: bestandene und nicht-bestandene Prüfungen (syntagmes performanciels), Verträge, die geschlossen und gebrochen werden (syntagmes contractuels) und Begegnungen, zu denen die Figuren aufbrechen und von denen sie verwandelt zurückkehren (syntagmes disjonctionels / conjonctionels). Wie Cesare Segre bemerkt hat, liegt der vielleicht interessanteste Aspekt des Aktantenmodells darin, daß Greimas die verschiedenen Modalitäten der Erzählung berücksichtigt. Auf der Achse von Subjekt und Objekt geht es um das, was die Figuren wollen (vouloir) und tatsächlich tun (faire), auf der Achse von Widersacher und Helfer um das, was die Figuren können (pouvoir), und auf der Achse von Befehlsgeber und Befehlsempfänger um das, was sie wissen (savoir) (vgl. Segre 1980, S. 125f).

Widersprüchlich wird in der Forschungsliteratur der Verzicht des Aktantenmodells auf den problematischen Begriff des Charakters beurteilt. Einerseits kann es ein Vorteil sein, die Analyse der dramatischen Funktion einer Figur von den philosophischen, psychologischen und moralischen Implikationen dieses Begriffs zu entlasten. Andererseits läßt sich manches Rollenverhalten eben doch nicht ohne Rückgriff auf die persönlichen Eigenarten des Handlungsträgers explizieren. So mag es für eine rein formale Beschreibung der *Wahlverwandtschaften* ausreichend sein, die Figuren lediglich als Widersacher aufzufassen; um jedoch die unterschiedlichen Verfahren der Konfliktlösung, die von den Beteiligten aufgrund ihrer verschiedenen Wertmaßstäbe angestrebt werden, angemessen zu verstehen, darf man Eduard und Charlotte, Ottilie und den Hauptmann nicht auf ihren aktantiellen Part als Gegenspieler reduzieren.

Das heißt nicht, daß man Goethes Roman nur charakterologisch deuten kann. Eher schon soll damit gesagt werden, daß seine Idee, soziale Verhältnisse und die Konflikte derselben symbolisch gefaßt darzustellen, eine Betrachtungsweise erfordert, die das Geschehen gerade nicht von den Bedingungszusammenhängen abkoppelt, die zwar der Text, aber nicht das Aktantenmodell berücksichtigt. Die Kritik an Greimas' Modell war denn auch vor allem bemüht, seinen universalen Geltungsanspruch zu relativieren (vgl. Kolkenbrock-Netz 1988, S. 269ff) und die oft allzu starre Analogisierung von Aktant und Akteur, semantischer Rolle und dramaturgischem Part flexibler zu gestalten (vgl. Nischik 1981, S. 38).

Zu überlegen ist, ob das Bemühen, Erzähltexte erst auf dramatische Rollen und diese dann auf einige wenige Gegensätze zu reduzieren, wie es im Aktantenmodell geschieht (vgl. Brooks 1984, S. 15ff), nicht in eine Sackgasse führt, weil es überhaupt nicht an die Information herankommt, die solche Texte dank ihrer je spezifischen Gestaltung enthalten. Was einen Roman vor allem interessant macht, ist ja nicht, daß es in ihm wie überall auf der Welt und in jedem anderen Erzähltext Widersacher und Gegenspieler, Freunde und Feinde, Begegnungen und Trennungen, Prüfungen, Handlungspläne und Absprachen gibt, sondern wie sie in Szene gesetzt werden, um den Blick des Lesers auf Aspekte zu lenken, die seinen Horizont erweitern. Oft sind es gerade die feinen Nuancen und Differenzierungen der gewohnten Optik, durch die ein Roman Wirkung zeigt. Eben diesen feinen Unterschieden kommt man jedoch nicht bei, wenn man alle konkreten Unterschiede von vornherein in abstrakte Kategorien aufhebt, die zwar universal sein mögen, aber eben wegen ihrer tatsächlichen oder vermeintlichen Universalität nur selten wirklich informativ sein können.

5.3 Todorovs Erzählgrammatik

Tzvetan Todorov knüpft mit seiner Erzählgrammatik sowohl an Claude Bremond als auch an Algirdas Greimas an (vgl. Fietz 1982, S. 169). Von jenem übernimmt er die Ablehnung der finalistischen Handlungskonzeption, von diesem die Beschreibung der Figuren anhand ihrer semantischen Rollen. Seinen grammatikalischen Ansatz rechtfertigt Todorov mit

»der grundlegenden Einheit von Sprache und Erzählung, einer Einheit, die uns zwingt, unsere Vorstellungen über die eine wie die andere zu revidieren. Man wird eine Erzählung besser verstehen, wenn man weiß, daß die Person ein Nomen ist und die Handlung ein Verbum. Nomen und Verbum aber wird man besser verstehen, wenn man die Rolle bedenkt, die sie in der Erzählung einnehmen.« (Todorov 1972, S. 70f).

Das war insofern ein neuer Gesichtspunkt, als die Erzählkunst nun nicht mehr nur auf anthropomorphe Handlungsmodelle und linguistische Kategorien zurückgeführt, sondern ihrerseits als Modell zur Erforschung des menschlichen Handelns und Sprechen angesetzt wurde. Im Rahmen dieser Konzeption besteht eine Erzählung im wesentlichen aus Aussagen über die Handlungsträger, die entweder durch ihre Eigenschaften (Attribute) oder durch ihre Handlungen (Aktionen) charakterisiert werden. Die Attribute und Aktionen werden somit als Prädikate, die einzelnen Aussagen als Propositionen und die Personen der Geschichte als ihre Referenten aufgefaßt.

Die gesamte Erzählung kann danach als eine Folge von Aussagen beschrieben und entweder als Diskurs oder als Historie betrachtet werden. Bei seiner Unterschiedung von ›discourse‹ und ›historie‹ beruft sich Todorov auf Emile Benveniste und sein Buch *Probleme der allgemeinen Sprachwissenschaft*. Dort wurde die Geschichte als eine Folge von Aussagen definiert, bei denen die Person des Sprechers keine Rolle spielt. Es scheint, als ob sich die Ereignisse selbst erzählen. Als Rede bezeichnet Benveniste hingegen »jeden Aussageakt, der einen Sprecher und einen Hörer voraussetzt, und bei jenem die Absicht, diesen in irgendeiner Weise zu beeinflussen.« (Benveniste 1974, S. 269).

Todorov ging es bei der Übernahme dieser Unterscheidung vor allem darum, daß eine Geschichte ohne die Pronomen der ersten und der zweiten Person auskommt, während die Rede stets einen Ich- und Du-Bezug aufweist. Dieser Bezug bezeichnet das Verhältnis des Erzähler, der den Leser mit seiner Geschichte anredet, während die Geschichte selbst so vorgestellt wird, als ob sie unabhängig von ihrer Vermittlung sei. Wer auf den Diskurscharakter einer Erzählung abhebt, fragt also, warum und wie die Geschichte erzählt wird; wer von diesem Diskurscharakter und der Beziehung des Redners zu seinem Publikum absieht, will einfach nur wissen, was passiert.

Tatsächlich können sich die Ereignisse, wie Todorov bemerkt, niemals selbst erzählen (vgl. Todorov 1973, S. 127). Bei der Analyse eines Erzähltextes kann es jedoch sinnvoll sein, das Geschehen zunächst einmal losgelöst von seiner Vermittlung zu untersuchen. Eine gründliche Untersuchung wird dabei jedoch nicht stehen bleiben und neben den Handlungsmotiven auch den Motiven des Erzählers, just diese Handlung so oder so zu schildern, nachgehen. Jedes Erzählwerk hat also zwei Seiten:

»es ist zugleich Geschichte und Diskurs. Es ist Geschichte, weil es eine bestimmte Realität evoziiert, Geschehnisse, die geschehen sein könnten, Personen, die von diesem Gesichtspunkt aus mit Personen des wirklichen Lebens ineinander verschwimmen. Diese Geschichte hätte uns mit anderen Mitteln berichtet werden können, z.B. in einem Film; sie hätte uns im mündlichen Bericht eines Zeugen, ohne daß sie zu einem Buch gemacht worden wäre, übermittelt werden können. Aber das Werk ist zugleich Diskurs; es gibt einen Erzähler, der die Geschichte berichtet, auf der anderen Seite gibt es einen Leser, der sie aufnimmt. Auf dieser Ebene zählen nicht die berichteten Geschehnisse, sondern die Weise, in der der Erzähler sie uns vermittelt.« (Todorov 1972, S. 264f).

Die Unterscheidung von ›historie‹ und ›discourse‹ läßt auch die Umstellung der erzählten Zeit in einem neuen Licht erscheinen: »In der Geschichte können sich mehrere Ereignisse zur gleichen Zeit abspielen; aber im Diskurs müssen sie gezwungenermaßen in eine Folge nacheinander eingesetzt werden; eine komplexe Figur wird auf eine gerade Linie projiziert« (ebd. S. 279). Weil dies immer wie eine künstliche Verarmung des Ereignisreichtums der menschlichen Realität wirkt, ist es nur natürlich, daß sie die Erzähler nach Möglichkeit zu kompensieren versuchen – unter anderem durch die Vor- und Rückweise, die Verknüpfung diverser Handlungsstränge und all die anderen Verfahren, der Vielfalt der Schauplätze und Zeitläufe erzählerisch gerecht zu werden.

Zwei weitere Begriffe, die mit der Unterscheidung von ›discourse‹ und ›historie‹ zusammenhängen, sind die der ›Diskurssituation‹ und des ›Diskursuniversums‹. ›Diskurssituation‹ wird von Todorov und Ducrot »die Gesamtheit von Umständen genannt, innerhalb derer sich ein Äußerungsakt vollzieht (gleich, ob die dabei vollzogene Handlung schriftlich oder mündlich ist).« (Todorov / Ducrot 1975, S. 373). Wichtig gerade im Hinblick auf die fiktiven Geschichten, die in bestimmten Diskurssituationen erzählt werden, ist die Fähigkeit der natürlichen Sprachen, »das Universum, auf das sie sich beziehen, konstruieren zu können; sie können sich also ein imaginäres Diskursuniversum verschaffen.« (ebd. S. 281).

Dieses Diskursuniversum läßt sich wiederum in einzelne Situationen zerlegen, Situationen, in denen Diskurse geführt oder andere Handlungen unternommen werden. Auf diese Weise stehen den Äußerungsakten, die das Diskursuniversum erzeugen, jene verbalen und nonverbalen Aktionen gegenüber, die der Erzähler zu einer Geschichte (›histoire‹) zusammenfaßt.

Karlheinz Stierle hat sich dafür ausgesprochen, die zweistellige Relation von ›historie‹ und ›discourse‹ durch die dreigliedrige von Geschehen, Geschichte und Text der Geschichte zu ersetzen, die ihrerseits drei Aufgaben erfüllt:

»1. Als Fundierungsrelation; das Geschehen fundiert die Geschichte, die Geschichte fundiert den Text der Geschichte; 2. Als ›hermeneutische‹ Relation: die Geschichte interpretiert das Geschehen, der Text der Geschichte interpretiert die Geschichte; 3. Als Dekodierungsrelation: der Text der Geschichte macht die Geschichte sichtbar, die Geschichte macht das Geschehen sichtbar.« (Stierle 1973, S. 531).

Man kann sich den Sinn dieser Gliederung verdeutlichen, indem man die unterschiedlichen Blickwinkel dessen, der ein Geschehen erlebt, des Erzählers, der dieses Geschehen zu einer Geschichte verdichtet, und des Lesers, der einen Erzähltext interpretiert, einnimmt. Ähnlich wie Lämmert von einer Überführung des bloßen Stoffzusammenhangs in einen Sinnzusammenhang ausging, ohne hinreichend zu klären, welchen Anteil der Leser und der Erzähler daran haben, geht Stierle davon aus, daß die Geschichte dem Geschehen einen Sinn verleiht, indem sie es auf Deutungsschemata und Handlungskonzepte bezieht, die dann vom Interpreten der Geschichte konkretisiert werden. Entscheidend ist, daß der Erzähler dazu auf bestimmte narrative Gattungen rekurriert, in denen diese Schemata und Konzepte gleichsam parat gehalten werden (vgl. ebd. S. 532). Auf dieser Ebene wäre auch das Aktantenmodell von Greimas anzuordnen, das zwischen Diskurs und Lektüre vermittelt, da der Leser bei seiner Interpretation des Textes die Schemata und Konzepte berücksichtigen muß, auf die der Erzähler zurückgegriffen hat, um ein System von Beziehbarkeiten herzustellen (vgl. Schwarze 1985, S. 75).

Von Belang ist auch, daß die Modellierung des Geschehens zu einer Geschichte, die sich bestimmter Redefiguren, Genreformen usw. bedient, ihre Sinnmuster nicht nur aus der literarischen Tradition bezieht. Denn zum einen kann ein Erzähler auch ganz alltägliche Deutungsschemata verwenden, und zum anderen sind die Gattungskonzepte selbst in aller Regel bereits hybride Konstrukte aus Erfahrungsmodellen höchst unterschiedlicher Provinienz. Oft ist es gerade die Doppeldeutigkeit der Sinnmuster, die eine Geschichte so interessant machen, z.B. wenn der Detektiv eine Allegorie des Lesers und seine Spurensuche eine Parabel für den Wunsch aller Menschen ist, in jedem noch so rätselhaften Geschehen einen Sinn zu finden.

5.4 Ricœurs Alternative

Den wohl bedeutendsten Beitrag zur Diskussion um das Verhältnis von Diskurs und Historie hat Paul Ricœur geleistet, der zum einen die an Propps Morphologie geschulte Erzählgrammatik von Bremond, Greimas und Todorov kritisiert und zum anderen die von Müller, Lämmert oder Stierle vorgetragenen Überlegungen wieder an die Zeitlichkeit allen narrativen Weltverstehens und damit auch an die aristotelische Auffassung des ›mythos‹ bindet:

In der sich an Propp anschließenden Forschung sieht Ricœur ingesamt eine gefährliche Tendenz zur übermäßigen Logifizierung und Entchronologisierung der narrativen Strukturen, weil sich die Grammatiker der Erzählkunst nur für die Funktionalität der Handlungsfolgen und Handlungsträger, nicht aber für das Moment der Zeit interessieren, das Geschehen, Geschichte und Erzählung, Historie, Diskurs und Lektüre verbindet (vgl. Ricœur 1989, S. 59ff). Schon die Auflösung der erzählten Ereignisfolge zugunsten einer Vielzahl erzählerischer Möglichkeiten, die Bremond vorgenommen habe, sei mit der Idee einer folgerichtigen Handlung nicht mehr zu vereinbaren (vgl. ebd. S. 73f). Noch einen Schritt weiter gehe Greimas, der das stets zeitliche Verstehen des Menschen auf ein Aktantenmodell reduziere, in dem die Dimension der Zeit überhaupt nicht mehr vorgesehen sei (vgl. ebd. S. 89). Geht man hingegen mit Ricœur davon aus, daß Menschen mittels Erzählungen Antworten auf existentielle Fragen suchen, können sie diese, weil ihre Existenz nun einmal zeitlich dimensioniert ist, nicht in einem abstrakten Aktantenmodell, sondern nur in einer konkreten Geschichte finden, die das menschliche Leben zu einem anschaulichen Modell verdichtet. Ricœur nimmt daher an,

»daß zwischen dem Erzählen einer Geschichte und dem zeitlichen Charakter der menschlichen Erfahrung eine Korrelation besteht, die nicht rein zufällig ist, sondern eine Form der Notwendigkeit darstellt, die an keine bestimmte Kultur gebunden ist.« (Ricœur 1988, S. 87).

Daher gibt er dem Verhältnis von ›historie‹ und ›discourse‹ eine Wendung, die eher an Stierle als an Todorov orientiert ist und stets die Zeitverhältnisse der Erzählung berücksichtigt, auf die es auch schon Müller und Lämmert abgesehen hatten. Es geht dabei »um den konkreten Prozeß, durch den die Textkonfiguration zwischen der Vorgestaltung (préfiguraton) des praktischen Feldes und seiner Neugestaltung (refiguration) in der Lektüre vermittelt.« (ebd. S. 88). Alle drei Figurationen sind – dadurch kommt erneut die aristotelische *Poetik* ins Spiel – das Ergebnis einer mimetischen Tätgkeit, die Ricœur ausführlich beschreibt (vgl. ebd. S. 90-122):

Präfiguration: Schon die Bezugswelt des Textes weist eine Gestaltung als Handlungsraum auf, dem ein bestimmtes Begriffsnetz entspricht, dessen einzelne Kategorien wiederum auf die zeitliche Dimension aller menschlichen Handlungen verweisen. Zu diesem Begriffsnetz gehören u.a. die auf Ziele bezogenen Motive derjenigen, die handeln, oder das emphatische Moment der Betroffenheit, das alle Menschen, die Handlungen erleiden, eint. Auch die Umstände der Handlungen, die zumeist als Interaktionen begriffen werden, sind kategorial erfaßt. Wer eine Geschichte erzählt, knüpft an dieses Begriffsnetz, diese Präfiguration des Geschehens durch bestimmte Kategorien, die dem menschlichen Handeln nachempfunden sind, an.

Konfiguration: Durch die Erzählung erfährt das Geschehen eine weitere bedeutsame Verwandlung: statt des lose geknüpften Begriffsnetzes hat es der Leser oder Zuhörer nun mit einem Bedingungszusammenhang im Sinne des aristotelischen ›mythos‹ zu tun, der es zum Beispiel erlaubt, das Ende mit dem Anfang der Geschichte zu vergleichen und die mehr oder wenige folgerichtige Entwicklung an den Maßstäben zu messen, die der Erzähler oder seine Figuren aufgestellt haben. Vor allem diese Wertorientierung des Geschichte setzt die erzählerische Konfiguration des Geschehens von ihrer Präfiguration durch das Begriffsnetz der Handlungskategorien ab. Das Konfigurieren wird daher von Ricœur mit dem Zusammenschließen und der Schemabildung in Beziehung gesetzt, die dem Urteilsakt, so wie ihn Kant verstanden hatte, zugrunde liegen. Da einige dieser Urteilsakte in bestimmten literarischer Gattungen vorgeprägt sind – man denke an die moralischen Beispielerzählungen, die Dichotomisierung von Gut und Böse im Märchen oder die differenziertere Ethik vieler Romane – stimmt Ricœur in dieser Hinsicht durchaus mit Stierle überein.

Refiguration: Die zeitliche und wertmäßige Ordnung der erzählten Geschichte wird schließlich im Verlauf der Textlektüre und Interpretation noch einmal zu einem Erfahrungsmodell umgestaltet, das der Leser dann bei seinem eigenen Handeln nicht nur theoretisch berücksichtigen, sondern auch praktisch ratifizieren kann. Die Refiguration koppelt die narrative Konfiguration also an das Begriffsnetz des zwischenmenschlichen Handelns zurück, läßt diesen Handlungszusammenhang aber im Lichte der Erzählung erscheinen, die eine veränderte Handlungsdisposition bewirken kann.

Die von Ricœur auch als Mimesis I, II und III bezeichneten Vorgänge der Prä-, der Kon- und der Refiguration wirken demnach in ästhetischer und ethischer Hinsicht so zusammen, daß der narrative Text als Aufforderung gelesen wird, die menschliche Praxis und ihre theoretische Erfassung in der Art und Weise zu sehen, wie sie im Text modell- oder beispielhaft vor Augen geführt werden (vgl. ebd. S. 130). Der hermeneutische Zirkel von Zeit und Erzählung, der den Radius der Interpretation bestimmt, ist dabei immer auf einen existentiellen Mittelpunkt bezogen, auf den Umstand nämlich, daß der Mensch, solange er lebt, von Situationen betroffen ist, zu denen er sich verstehend verhalten muß, und die er nur durch Handlungen ändern kann (vgl. ebd. S. 123). Weit davon entfernt, bloß ein

181

müßiger Zeitvertreib zu sein, ist das Erzählen und Verstehen von Geschichten, so betrachtet, ein Geschehen, das vom Lebensvollzug nicht zu trennen ist. Anders gesagt:

»Erst *in* der Lektüre kommt die Dynamik der Konfiguration an ihr Ziel. Und erst *jenseits* der Lektüre, in der tatsächlichen Handlung, die bei den überkommenen Werken in die Lehre gegangen ist, verwandelt sich die Konfiguration des Textes in Refiguration.« (Ricœur 1991, S. 255).

Während die historische Erzählung einen Wahrheitsanspruch erhebt und damit den Beurteilungsmaßstäben der Geschichtsschreibung unterliegt (vgl. Ricœur 1989, S. 10), ist die Wahrscheinlichkeit der fiktionalen Erzählung, wie schon Aristoteles erkannte, als Modell der Handlung (›mythos‹) oder als Handlungsplan (›plot‹) gedacht. Um sich nicht dem Vorwurf auszusetzen, daß sein hermeneutischer Ansatz der zeitgenössischen Erzählkunst hinterherhinkt, erörtert Ricœur die sogenannte ›Entfabelung‹ des modernen Romans, die ja, vordergründig betrachtet, darauf hinausläuft, den Mythos oder Plot abzuschaffen. Seiner Ansicht nach ändert die antinarrative Tendenz vieler Romane nichts am Verfahren der Konfiguration: zum einen ist gerade die Entfabelung dem mimetischen Impuls verhaftet, eine angeblich oder tatsächlich unerzählerisch gewordenen Welt angemessen darzustellen, und zum anderen macht sie die Aufgabe, das zwischenmenschliche Verhalten und Geschehen begrifflich geordnet vorzustellen, keineswegs obsolet. Eher schon läßt sich die Entwicklung vom traditionellen Handlungs- zum modernen Bewußtseinsroman als Eroberung neuer Erfahrungsbereiche durch das Verfahren der Konfiguration verstehen, die eben nicht nur die Außen-, sondern auch die Innenwelt des Menschen erzählbar und verstehbar machen will (vgl. Ricœur 1989, S. 16, S. 19 u. S. 24).

Gleichwohl meint auch Ricœur: »Das Schwinden der Fabel zugunsten eines Prinzips der Koexistenz und der Interaktion zeugt von dem Hervortreten einer dramatischen Form, in der der Raum tendenziell an die Stelle der Zeit tritt.« (Ricœur 1991, S. 165). Raum und Zeit, Welt und Geschichte sind jedoch keine unvereinbaren Gegensätze, sondern komplementäre Anschauungsformen bzw. Begriffe, die allesamt darauf ausgerichtet sind, das menschliche Dasein sinnvoll zu ordnen.

5.5 Barthes' Analyseschema

Roland Barthes stellt seine »Einführung in die strukturale Analyse von Erzählungen«, an die sich unter anderem die narratologischen

Arbeiten von Seymour Chatman anlehnen, auf den Begriff des Diskurses ab, der nicht nur über sprachliche Zeichen in mündlicher und schriftlicher Form, sondern auch über (bewegte) Bilder oder andere Zeichen abgewickelt werden kann. Gleichwohl verrät Barthes' Definition, daß sein Diskursbegriff der Linguistik entstammt, wenn er schreibt: »Der Diskurs ist ein großer ›Satz‹ (dessen Einheiten nicht unbedingt Sätze sein müssen) genauso wie der Satz, mittels gewisser Spezifizierungen, ein kleiner ›Diskurs‹ ist.« (Barthes 1988, S. 105). Entsprechend wird von ihm jede Erzählung als ein großer Satz und jeder Satz, der eine Beschreibung oder Feststellung enthält, als Entwurf einer kleinen Erzählung aufgefaßt. Da der Sinn einer Geschichte die gesamte Erzählung »durchströmt« (ebd. S. 108), und es im künstlerisch organisierten, narrativen Diskurs keine vollkommen bedeutungslosen Elemente gibt, kann man ihn nicht einfach in funktionale oder dysfunktionale Einheiten zerlegen. Jedes Element macht nur im Zusammenhang mit den anderen Sinn; und kein Bestandteil kann eliminiert werden, ohne diesen Zusammenhang zu verändern.

Allerdings kann man die Elemente anhand ihrer Funktionen sowie daran unterscheiden, ob sie, wie bei der Handlungsverknüpfung, gleichsam horizontale Relationen auf einer Ebene bilden, oder zu Beziehungen zwischen verschiedenen Ebenen gehören, z.B. der Handlung und dem Motiv der Figur, diese Handlung auszuführen oder zu unterlassen. Diese gleichsam vertikalen, auf die Integration der einzelnen Ebenen gerichteten Funktionen nennt Barthes ›Indizien‹; die horizontalen Funktionen »implizieren metonymische *Relata*, die Indizien metaphorische *Relata*.« (ebd. S. 112)

Um bei dem Beispiel der Handlung und ihrer Motiverung zu bleiben: wenn erzählt wird, daß jemand auf sein Fahrrad steigt, liegt es nahe, anzunehmen, daß er sogleich in die Pedale treten und davonfahren wird. Auf ein Rad steigen, in die Pedale treten und Fortfahren sind Elemente einer Handlung, die metonymisch zusammenhängen und sich logisch berühren; sie stehen daher zueinander in einer Kontiguitätsrelation. Zu erzählen, daß jemand aufs Rad steigt, um Brötchen zu holen, heißt dagegen, eine Handlung so zu motivieren, daß sich weitere Schlußfolgerungen auf die Umstände der Handlung ergeben – jemand will frühstücken, es ist morgens usw. Radfahrt, Brötchenkauf und Frühstücksappetit stehen untereinander insofern in einer metaphorischen Relation, als sie dank des Bildes aufeinander verweisen, das sich die Leser erfahrungsgemäß von einer Person machen, die zum Bäcker radelt. Sie bilden einen empirischen Verweisungszusammenhang, der aufgrund von Similaritäten und Koinzidenzen besteht, und vom Leser aus den mitgeteilten Indizien erschlossen wird. Anders gesagt: »Die Indizien erfordern eine Aktivität des Entzifferns« (ebd. S. 114), bei der ein Interpret auch auf Informationen rekurriert, die der narrative Diskurs nicht enthält; die Funktionen hingegen sind immer solche Informationen, die dem Text der Erzählung zu entnehmen sind.

Eine weitere wichtige Unterscheidung trifft Barthes zwischen den sogenannten ›Kardinalfunktionen‹, die den Kern einer Erzähleinheit darstellen, und den sogenannten ›Katalysen‹, die sich aus ihnen ergeben. Während Kardinalfunktionen Alternativen eröffnen, realisieren Katalysen die Alternative, für die sich der Erzähler entscheidet. »Wenn an einer Stelle der Erzählung ›das Telefon klingelt‹, so ist es gleichermaßen möglich, zu antworten oder nicht zu antworten, wodurch die Geschichte unweigerlich in zwei verschiedene Richtungen vorangetrieben wird.« (ebd. S. 113). Hingegen lassen sich zwischen zwei Kardinalfunktionen wie ›das Telefon klingelt‹ und ›er hebt ab‹ zahlreiche Katalysen wie ›er geht zum Schreibtisch‹, ›legt das Buch aus der Hand‹ ›und drückt die Zigarette aus‹ einfügen. »Man kann keinen Kern streichen, ohne die Geschichte zu ändern, aber man kann auch keine Katalyse streichen, ohne den Diskurs zu ändern« (ebd. S. 114), erklärt Barthes, der mit dieser Bemerkung einerseits an Bremonds Logik der narrativen Optionen und andererseits an Todorovs Distinktion von Erzählrede und Historie anknüpft.

Neben den Katalysen und den Indizien, die dazu dienen, eine Kardinalfunktion auszumalen oder zu motivieren, gibt es noch jene ›Informanten‹, die der Leser braucht, um sich in den raumzeitlichen Verhältnissen der Geschichte zurechtzufinden. So könnte es etwa heißen ›er geht zum Schreibtisch, *der nur wenige Schritte entfernt steht*‹ und ›legt das Buch aus der Hand, *in dem er seit Stunden gelesen hat*‹. Oft hängt es von der Thematik und dem Interesse der Leser ab, welche Diskurselemente als Katalysen, als Indizien und als Informanten interpretiert werden.

Mehr oder weniger eindeutig ist nur das Kriterium für die Kardinalfunktionen, die Wendepunkte in der Handlung markieren. Diese plot-points müssen nämlich immer mehr als eine Anschlußoperation zulassen und verschiedene Optionen für die Fortsetzung der Geschichte eröffnen (vgl. Fietz 1982, S. 157). Cesare Segre hat übrigens darauf hingewiesen, daß Schriftsteller eher zu indirekten als zu direkten Indizien neigen, daß sie eher Indizien für eine Motivierung, als die Motivierung selbst angeben (vgl. Segre 1980, S. 98f), um den Leser zu Mutmaßungen über die Beweggründe der handelnden Figuren zu veranlassen.

In seinem Aufsatz über »Die Handlungsfolgen« erläutert Barthes ein Phänomen, das man den Selbsterhaltungstrieb der Erzählung

nennen könnte und eng mit dem Wechselspiel von Kardinalfunktion und Katalyse zusammenhängt. Wenn es um die Auswahl der
Handlungsmomente geht, die sich aus einer bestimmten Situation
ergeben, wird sich der Erzähler in aller Regel für das Moment entscheiden, das die Geschichte nicht nur irgendwie, sondern so voran-
treibt, daß weitere Optionen für ihre Fortsetzung entstehen (vgl.
ebd. S. 147). Aufschlußreich ist auch Barthes' Antwort auf die Frage, was eine Erzählung überhaupt lesbar macht. Seiner Ansicht nach
ist es die

»Logik des Bereits-Gelesenen: das (aus einer jahrhundertealten Kultur stammende) Stereotyp stellt die eigentliche Vernunft der narrativen Welt dar, die
vollständig auf den Spuren aufbaut, die die (weitaus stärker angelesene als
praktische) Erfahrung in das Gedächtnis des Lesers eingegraben hat und
aus denen es besteht.« (ebd. S. 151).

Die Deutungsschemata und Handlungskonzepte, die literarische
Gattungen transportieren, lassen sich, so gesehen, als mehr oder weniger stereotype Lesarten auffassen, an die sich die Schreibweisen
der Autoren anlehnen – entweder um die tradierte Logik zu konser-
vieren oder um sie zu problematisieren.
     Als Barthes seinen Aufsatz über die Handlungsfolgen, der sich
bereits mit Balzacs Erzählung *Sarrasine* beschäftigt hatte, zu einer
umfangreichen Monographie mit dem Titel *S/Z* ausarbeitete, setzte
er die Logik des Bereits-Gelesen, die den Bereich des ›Lesbaren‹ bestimmt, vom ›Schreibbaren‹ ab. Das Lesbare ist das Ergebnis einer
Stereotypenbildung, das Schreibbare die Überschreitung der kulturellen Stereotypen durch einen künstlerischen Diskurs, für den es
noch keine angemessenen Lesarten gibt. Das Schreibbare ist demnach zwar intelligibel, aber eben noch nicht zu einem Verständnisrahmen verfestigt (vgl. Culler 1975, S. 190). Lesbare Texte machen
den Interpreten laut Barthes zum Konsumenten, schreibbare Texte
zum Koproduzenten der Bedeutung (vgl. Barthes 1976, S. 8f).
     Um der Rolle als Koproduzent gerecht zu werden, genügt es
nicht, den Text als Antwort auf die Frage nach dem Sinn der Geschichte zu verstehen. Der Leser muß vielmehr untersuchen, aus
welchen Bedeutungsfäden der Text, der dadurch als Textur erscheint, geknüpft ist, und wie er mit seiner Umwelt zusammenhängt. Bei der Koproduktion von Sinn geht es also weniger um eine
Struktur als um den Prozeß der Strukturation, um das »Zusammen-
wirken der Stimmen« (ebd. S. 25), die den Text »polyphonisch«
(ebd. S. 35) machen. Diesen Stimmen entspricht ein Bedeutungsvolumen, das sich nicht mehr auf eine einzige Melodie oder den Ge-
neralbaß des Erzählers zurückführen läßt. Anstatt die Geschichte auf

eine singuläre Aussage zu reduzieren und lediglich nach ihrer Moral zu fahnden, wird seine semantische Pluralität anerkannt. Anerkannt wird auch, daß selbst Widersprüche zu dieser Bedeutungsvielfalt beitragen können. Das Lesbare ist dagegen durch die Erwartung bestimmt, daß sich weder der Text noch der Leser im Verlauf ihrer Auseinandersetzung widersprechen.

In seinem Essay *Le plaisir du texte* verknüpft Barthes diese Vorstellung mit der Unterscheidung von Lust und Wollust. Wollust empfindet ein Leser nur in dem Augenblick, in dem er sich selbst widerspricht, weil ihn der Text mit einer Ansicht überwältigt, die gegen seine Weltanschauung oder sein Selbstbild verstößt. Das Vergnügen am Text kann also entweder durch den Wunsch nach einem geschlossenen Sinnzusammenhang oder durch das Begehren, sich nicht mit einer einfachen Bedeutung zufrieden zu geben, motiviert sein.

An Barthes' Analysen, insbesondere an seinem Buch *S/Z* wird häufig kritisiert, daß seine Untersuchungsmethode zu persönlich oder zu idiosynkratisch sei, um modellbildend zu wirken (vgl. Scholes 1974, S. 155). Dieser Vorwurf ist einerseits nicht unberechtigt; andererseits sollte man jedoch sehen, daß die Lektüre literarischer Werke niemals die gleichen systematischen Züge wie ein jederzeit wiederholbares Laborexperiment haben kann. Jede Kreation von Bedeutung ist ein persönlicher Akt, der gewisse Momente der Willkür einschließt, ohne deswegen irrelevant zu werden. Barthes' Analysen spiegeln die Passionen eines Lesers, der seinen Spieltrieb durchaus nicht verleugnet. Wer mit ihm die Meinung teilt, daß die eigentliche Kraft der Literatur eher darin besteht, mit den Zeichen der Sprache zu spielen, als die vorherrschende Ordung der Dinge zu befestigen (vgl. Barthes 1980, S. 41), wird das semiologische Abenteuer, das er mit dem performativen Charakter seiner Lektüren eingegangen ist, selbst dort anregend finden, wo diese Lektüren zum Widerspruch reizen.

Im Gegensatz zu jenen Versuchen, die Analyse der Textstruktur auf eine bestimmte Nomenklatur festzulegen, wirkt Barthes' Rückgriff auf die Textilmetapher des Textgewebes und die damit verbundene Idee, den narrativen Diskurs als Resonanzboden der verschiedenen Stimmen aufzufassen, die in ihm nachhallen und mitschwingen, jedenfalls ausgesprochen wohltuend. Im übrigen lassen sich das Bedeutungsvolumen und der Prozeßcharakter des Textes unschwer mit der bewährten Plot-Metaphorik, der Verknüpfung von Handlungsfäden und Erzählsträngen zu verbinden. Man kann mit diesen Begriffen auch erklären, wie Leser in fremde Geschichten verstrickt werden und aus dem polyphonen Stimmengewirr des Textes, ganz im Sinne Bachtins, eine eigene Sicht der Dinge entwickeln.

6. Der narratologische Ansatz

Der strukturalistischen Tätigkeit und der morphologischen Methode verdanken die Narratolgen wesentliche Anregungen. Ihre Werke weisen daher häufig einen synoptischen Charakter auf, da in ihnen das umfassende Konzept der Erzählgrammatik anhand der einzelnen Kategorien aufgefächert wird, die sich aus den linguistischen Unterscheidungen von Diskurs und Historie, Person und Aktant, erzählter Zeit, Erzählzeit usw. ergeben.

6.1 Die Dimensionen der Narration

Gerárd Genette ergänzt die Leitdifferenz von ›discours‹ und ›historie‹ in seiner Abhandlung über *Die Erzählung* zunächst um das Moment der ›narration‹. Die Geschichte wird demnach in einer bestimmten Form, dem Diskurs, erzählt, wobei der Erzählakt, die Narration, von der Art und Weise der Erzählung unterschieden werden kann, die der Geschichte ihre spezifische Form gibt. Die Geschichte ist damit das Signifikat, der Diskurs der Signifikant der Narration, die ihrerseits einen komplexen, mündlichen oder schriftlichen Sprechakt darstellt. (vgl. Genette 1994, S. 16). Der Referent, der Narration – also das, was Günther Müller unter dem Lebensbezug des Erzählens verstand –, fällt für Genette nicht in den Zuständigkeitsbereich der Narratologie.

Dem Konzept der Erzählgrammatik verhaftet ist Genette insofern, als seine Analysekategorien Tempus, Modus und Person die Aspekte des Verbs aufgreifen und über Analogieschlüsse mit dem ›point of view‹-Konzept sowie mit der antiken Differenzierung von Mimesis und Diegesis verbinden. Was zunächst die Person des Erzählers bzw. das Subjekt der Erzählung betrifft, so erinnert Genette daran, daß ein Narrator nicht unbedingt ein persönlich gestaltetes Medium, sondern auch eine gleichsam körperlose Stimme sein kann, weshalb man die entsprechende Analysekategorie denn auch am besten in ›Stimme‹ umtauft.

Ergänzt wird diese Kategorie von Genette durch das Kriterium der Distanz: Die am stärksten auf Distanz bedachte Form ist die der erzählten Rede nach dem Muster: »Ich teilte meiner Mutter meine Entscheidung mit, Albertine zu heiraten.« Etwas weniger distanziert nimmt sich die indirekte Rede – »Ich sagte meiner Mutter, daß ich Albertine unbedingt heiraten mußte« – aus, die nicht nur das, was ausgesprochen, sondern auch das, was lediglich gedacht wurde, vermitteln kann (»Ich dachte, daß ich Albertine unbedingt heiraten müßte«). Von diesen Formen der indirekten Rede zu unterscheiden ist die erlebte Rede, die auf hypotaktische Konstruktionen und In-quit-Formeln verzichten kann: »Ich mußte Albertine unbedingt heiraten«. Schließlich kann sich die Wiedergabe der Personenrede bzw. der Gedanken, die sich eine Person macht, eng an die direkte Rede halten, die vergleichsweise wenig Distanz zuläßt. Ein Beispiel dafür wäre: Ich sagte zu meiner Mutter (ich dachte): »Ich muß Albertine unbedingt heiraten.« (vgl. Genette 1994, S. 122f).

Unter dem Aspekt der Zeit interessieren Genette vor allem die sogenannten ›Anachronien‹, also jene Abweichungen von der monotonen Sukzession, die auch schon Lämmert beschäftigt hatten. Bei der ›Prolepse‹ wird ein Ereignis oder eine Ereignisfolge erzählt, bevor die Narration zu jenem Zeitpunkt vorgedrungen ist, an dem die entsprechende Handlung stattgefunden hat; bei der ›Analepse‹ wird ein zunächst ausgespartes Geschehen gleichsam nachgereicht. Gehören die Ereignisse zur Haupthandlung, handelt es sich um interne, gehören sie nicht dazu, handelt es sich um externe Pro- und Analepsen. Außerdem unterscheiden sich die Anachronien hinsichtlich ihres Umfangs sowie hinsichtlich ihrer Entfernung von jenem Zeitpunkt der Geschichte, auf den sie bezugnehmen. Genette wäre jedoch kein echter Narratologe, wenn er nicht noch hinzugefügt hätte, daß es in manchen Erzählwerken auch noch proleptische Analepsen und analeptische Prolepsen gibt.

Ähnlich wie Todorov und Genette postuliert auch Seymour Chatman, daß es zum einen etwas gibt, wovon erzählt wird, und zum anderen die Art und Weise, in der das geschieht. Die ›story‹ ist für ihn, ›was‹ geschildert wird, der Diskurs hingegen bestimmt, ›wie‹ etwas geschildert wird (vgl. Chatman 1978, S.9). Grundsätzlich muß jede Erzählung als Kommunikation betrachtet werden, also von einem Sender an einen Empfänger gerichtet sein. Zur Botschaft gehört dabei sowohl das ›was‹ als auch das ›wie‹ der Erzählung. Genau wie Booth geht auch Chatman davon aus, daß es auf der Senderseite neben dem eigentlichen Verfasser den implizierten Autor und gegebenenfalls noch weitere Vermittlungsinstanzen gibt, denen auf der Empfängerseite der empirische Interpret, das implizierte Publikum und jene Adressaten entsprechen, an die sich die einzelnen Erzähler wenden (vgl. ebd. S. 28).

Darüber hinaus behauptet Chatman, daß Erzählungen ohne ›plot‹ eine logische Unmöglichkeit seien. Selbst wenn eine ›story‹ nur nach dem simplen Muster von »und dann ... und dann ...« erzählt werde, würde die schlichte Folge der Begebenheiten in der Lektüre in einen Bedingungszusammenhang überführt. Der ›plot‹ muß also im Text nicht explizit ausgeführt sein, der Leser erschließt ihn aus dem, was die Erzählung an stummen Wissen impliziert, wodurch die Lektüre zur Konjektur wird (vgl. ebd. S. 45ff). Gleichwohl macht es Sinn, jenen Diskurs, der sich auf die monotone Sukzession von »und dann ... und dann ...« beschränkt, von jener Erzählrede abzugrenzen, die ausdrücklich auch mit kausalen Kategorien und logischen Konjunktionen arbeitet.

Im Anschluß an Bremond und Barthes hebt Chatman die Schlüsselstellen und Verzweigungsmomente in einer Geschichte, von ihm ›kernels‹ genannt, von den Ereignissen ab, die sich aus der Entscheidung des Erzählers für eine bestimmte Fortsetzung ergeben. Während diese sogenannten ›satellites‹ keine Wahl eröffnen, entsprechen die ›kernels‹ in ihrer Funktion den ›plot-points‹, die als Wendemarken ausgewiesen sind (vgl. ebd. S. 53f). Der ›plot‹ erweist sich damit als ein Netzwerk aus verschiedenen Handlungsfäden und Erzählsträngen, die dort zusammenlaufen, wo die Knoten der dramatischen Verwicklung geschürzt und gelöst werden. In diesem Sinne hat selbst die ›antistory‹ einen ›plot‹, weil man jene Stellen benennen kann, an denen der Erzähler eine Entscheidung entweder vermieden oder zurückgenommen hat, um den Eindruck einer folgerichtigen Geschehensentwicklung zu vermeiden (vgl. ebd. S. 56f).

Wie Genette und Chatman knüpft auch Gerald Prince an die morphologischen und strukturalistischen Vorarbeiten zur Narratologie an. Als Verbindungsglied fungiert dabei das Konzept der Erzählgrammatik, dessen Rationalität Prince folgendermaßen beschreibt: »Just as a grammar can be built to account for the structure of any and all English sentences, a grammar can be built of any and all kernel narratives.« (Prince 1980, S. 52).

Eine auf ihren Kern reduzierte Erzählung (= kernel narrative) umfaßt nach Prince mindestens zwei reale oder fiktive Ereignisse in einer Zeitsequenz, von denen keines das andere voraussetzt oder enthält (vgl. ebd. S. 49 u. Prince 1982, S. 4). Das klingt einleuchtend, ist aber keineswegs selbstverständlich. Eine Geburt setzt zum Beispiel eine Schwangerschaft voraus, folgt jedoch nicht zwingend aus ihr. Dennoch würden die meisten Menschen sowohl die Äußerung »Sie wurde schwanger und gebar ein Kind« als auch die Äußerung »Sie wurde schwanger und gebar kein Kind« als rudimentäre Erzählungen verstehen, auch wenn die zweite Geschichte einen wesentlich überraschenderen Verlauf als die erste nimmt. Wendet man Prince Definition rigide an, handelt es sich jedoch nur bei der zweiten Geschichte um ein ›kernel narrative‹, da ja die erste Äußerung zwei Ereignisse in eine Zeitabfolge rückt, von denen das zuletzt genannte, die Geburt, das zuerst genannte, die Schwangerschaft, voraussetzt.

Entweder enthält Prince' Definition also eine Vorentscheidung für ungewöhnliche Geschichten, oder sie bedarf der Relativierung, um auch auf Erzählungen von gewöhnlichen Geschehnisabläufen zuzutreffen. Klar ist, daß die meisten Erzählungen mehr als einen Ereigniskern besitzen und daraus Entwicklungen ableiten, die nach dem Muster von ›topic‹ und ›comment‹ beschrieben werden können (vgl. Prince 1980, S.57). Man kann also den Gegenstand einer Erzählung von den Äußerungen unterscheiden, die sich auf ihn beziehen. Der ›topic‹ ist das Ereignis, die Situation, die Figur oder das Thema, über das sich der Erzähler ausläßt, während jede seiner Einlassungen einen ›comment‹ darstellt, der die Vorstellungen der Leser von diesem Gegenstand verändert.

Seinen Niederschlag findet dieses Konzept in Prince Auflösung des Charakters in ein Bündel von Merkmalen, die vom Erzähler über eine Figur ausgesagt werden. Auch die Umgebung des Charakters, sein persönlicher Hintergrund und die Handlungen, die zumeist im Vordergrund der Erzählung stehen, lassen sich als ›topics‹ fassen, zu denen der Erzähler ›comments‹ abgibt.

Noch konsequenter als Chatman benutzt Prince die Grammatik der Sprache als Leitfaden der Erzählforschung. So folgt für ihn aus dem Umstand, daß sich die erste Person Singular in der Regel auf den Sprecher, die zweite auf den Angesprochenen und die dritte auf den Gesprächsgegenstand bezieht, daß auch jede narrative Äußerung ein erzählendes Subjekt, dessen Adressaten und ein Objekt umfaßt (vgl. Prince 1982, S. 8). Daß diese rein grammatikalische Klassifikation den Eigenarten der Erzählkunst nicht vollauf gerecht wird, sieht freilich auch Prince, weshalb er betont, daß die erste Person nicht nur als erzählendes Ich (Subjekt) und erzähltes Ich (Objekt), sondern auch als Er/Sie-Erzähler auftreten und über andere Personen Bericht erstatten kann (vgl. ebd. S. 14).

Zudem kann es in einer Erzählung mehrere Subjekte, Objekte und Adressaten geben. Prince etabliert daher eine Hierarchie zwischen verschiedenen narrativen Instanzen. Als ›main narrator‹ gilt danach jener Erzähler, der die anderen Erzähler einführt (vgl. ebd. S. 16). Da sich die diversen Erzähler nicht alle an dieselben Leser oder Zuhörer wenden, muß man auch den ›main narratee‹ von den übrigen Adressaten der Erzählung unterscheiden. Auf jeder Vermittlungsebene des Textes müssen jedoch mindestens ein Sender und ein Empfänger der Narration vertreten sein.

Abgesehen davon, daß eine Erzählung im Vergleich zu einer anderen nachträglich, vorzeitig oder gleichzeitig abgewickelt werden kann, kann man sie anhand der temporalen Distanz zwischen dem Zeitpunkt der Erzählung und der erzählten Zeit, hinsichtlich des

Ausmaßes, in dem sie den Erzähler selbst betrifft, und durch das Medium der Vermittlung (mündliche Erzählung, Briefroman, Verfilmung etc.) charakterisieren (vgl. ebd. S. 27-33). Ergänzt werden diese Kriterien durch die Aspekte der Erzählperspektive, die Modi des narrativen Diskurses und das Tempo der Ereignisfolge bzw. ihrer Schilderung.

Ausführlicher als Chatman geht Prince auf die Mitarbeit des Lesers am narrativen Diskurs ein. Der Beitrag des Interpreten ergibt sich danach aus einem Frage-und-Antwort-Spiel, denn: »reading a text may be said to be grossly equivalent to proceeding textual data gradually by asking questions of the text and answering them on the basis of it.« (ebd. S. 103). Freilich kommt es bei der Selbstvermittlung der Textbedeutung im Verlauf der Lektüre zunächst einmal darauf an, die Fragen zu ermitteln, die wirklich bedeutsam sind. Erst dann kann der Interpret im Text nach sinnvollen Antworten suchen. Finden wird er sie nicht nur in dem, was explizit dasteht und implizit mitgemeint ist, sondern auch in der eigenen Menschenkenntnis und Welterfahrung, auf die der Text verweist (vgl. ebd. S. 128).

6.2 Rede- und Gedankenwiedergabe

Wiederum ausführlicher als Prince hat sich Chatman mit den verschiedenen Möglichkeiten der Rede- und Gedankenwiedergabe beschäftigt, über die ein Erzähler verfügt. Dazu unterscheidet er neben der direkten und indirekten Rede die von Anführungszeichen markierte Rede (›tagged speech‹) und die freie, unmarkierte Rede. Insgesamt ergeben sich also vier verschiedene Formen der Rede- und Gedankenwiedergabe (vgl. Chatman 1978, S. 201):

		Tagged	Free
Direct			
	Speech	»I have to go«, she said	I have to go
	Thought	»I have to go«, she thought	I have to go
Indirect			
	Speech	She said that she had to go	She had to go
	Thought	She thought that she had to go	She had to go

Hilfreich sind diese Unterscheidungen vor allem, wenn es um die Bestimmung des inneren Monologs, der erlebten Rede und des sogenannten Bewußtseinsstromes geht – allesamt Formen der Gedankenwiedergabe, die im modernen Roman von zentraler Bedeutung sind. Im Mittelpunkt steht dabei das Verhältnis von Narration und Repräsentation, von Ereignisschilderung und Bewußtseinsbeschreibung: Während Ereignisse buchstäblich aufgezählt und nacherzählt werden können, ist das Bewußtsein des Menschen eigentlich nicht erzählbar. Denn obwohl Empfindungen und Gedanken sozusagen mentale Ereignisse darstellen, läßt sich die Innenwelt doch ebenso wenig wie die Außenwelt einfach auf eine gerade Linie projizieren. Für Ann Banfield, die sich mit dem Unterschied von Ereignis- und von Bewußtseinsvermittlung beschäftigt hat, sind daher Erzählwerke, die Vorstellungswelten veranschaulichen, sprachliche Gebilde, die aus zwei ganz unterschiedlichen Satztypen bestehen: »the sentence of narration and the sentence representing consciousness.« (Banfield 1982, S. 257).

Historisch gesehen, hat sich die Erzählkunst erst relativ spät dem Problem der Bewußtseinsvermittlung gestellt. Seine schrittweise Lösung bestand, vereinfachend ausgedrückt, in der allmählichen Auflösung der Syntax, die für die Ereignisvermittlung ausgebildet worden war. Damit ist gemeint, daß der sog. ›Bewußtseinsstrom‹, der im vorsprachlichen Bereich des Unter- und Unbewußten entspringt, dort, wo er in das künstlich begradigte Kanalsystem der diskursiven Sprache mündet, erst zu einer Gedankenwiedergabe nach dem Modell der direkten oder indirekten Rede gerinnt, daß diese sogenannte ›erlebte Rede‹ aber weder der Dynamik noch der Intensität der Empfindungen entspricht, die unter Umständen über das menschliche Bewußtsein hereinbrechen können. Will man diese Intensität und Dynamik mit sprachlichen Mitteln gestalten, so wird man auf die logische Interpunktion der einzelnen Sätze, die Gliederung des Textes in einzelne Staustufen oder Absätze und die begriffliche Filterung der Empfindungen verzichten, um sich statt dessen dem Prinzip der freien, unzensierten Assoziation zu überlassen.

Das war den Schriftstellern im 17., 18. und 19. Jahrhundert jedoch nicht ohne weiteres möglich. Zum einen war die Erforschung des Bewußtseins damals noch nicht sehr weit vorgedrungen, zum anderen kam es den Autoren zu jener Zeit vor allem darauf an, die Entäußerung der Innenwelt so zu betreiben, daß auch der Roman als Sprachkunstwerk anerkannt wurde. Erst an der Wende zum 20. Jahrhundert konnten es die Autoren, von wenigen Ausnahmen avant la lettre abgesehen, wagen, sich mit expressiven und subversiven Bewußtseinsmomenten zu befassen und für diese Inhalte angemessene Formen der sprachlichen Veranschaulichung zu entwickeln.

Als eine erste Hinwendung der Erzählkunst zum Bewußtseinsstrom gilt Edouard Dujardins Erzählung *Les Lauriers sont coupés*, die 1887 entstand. Geschildert wird der innere Monolog eines Pariser

Studenten, dessen Gedanken um eine von ihm umworbene Schauspielerin kreisen, während er selbst durch die Stadt flaniert, seine Geliebte trifft und von ihr nach einer gemeinsamen Spazierfahrt vertröstet wird. Die Schlüsselstellung, die Dujardins Text in der modernen Erzählkunst einnimmt, rührt zum einen daher, daß er James Joyce nachhaltig beeindruckt und zu seinen wesentlichen radikaleren Erzählexperimenten angeregt hat. Zum anderen erschien von Dujardin selbst, Jahre nachdem diese Radikalisierung stattgefunden hatte, ein theoretisches Werk über die Technik des inneren Monologs, das in der Forschungsliteratur häufig mit der Bemerkung zitiert wird, die dort nachgelieferte Definition des inneren Monologs entspreche eher Joyce' als Dujardins eigenem Verfahen. Sie lautet:

»Der innere Monolog ist – wie jeder andere Monolog – die Rede einer Person, die wiedergegeben wird, um uns mit dem Innenleben dieser Gestalt bekannt zu machen, ohne daß ein Autor durch Erklärungen und Kommentare vermittelt. Wie jeder Monolog ist er eine letztlich unausgesprochene Rede ohne Hörer. Vom traditionellen Monolog unterscheidet er sich jedoch dadurch, daß er seinem Inhalt nach Ausdruck der intimsten Gedanken ist, dem Unbewußtsen so nahe wie möglich; seinem Gehalt nach, weil er eine Rede ist, die – jenseits aller logischen Konstruktion – dieses Denken im Zustand des Entstehens und in Bewegung begriffen erfaßt; was endlich seine äußere Gestalt angeht, so verwendet er direkte Sätze, die ein Minimum an syntaktischer Formung aufweisen [...].« (zit. n. Stephan 1962, S. 29)

Durch die minimale Syntax der direkten Rede, die das Unbewußte lesbar macht, bevor es logifiziert wird, soll der innere Monolog, der sich an keinen Zuhörer wendet, den intimen Gedanken einer Person Ausdruck verleihen, die sich gleichsam selbst bespricht, ohne sich im eigentlichen Sinn des Wortes zu artikulieren. Mit dem inneren Monolog entsteht also eine Technik, die zugleich der Bewußtseinsvermittlung und der Ereignisvermittlung dient.

Wie so viele nach ihm wies auch Lawrence Edward Bowling in seinem 1950 veröffentlichten Aufsatz »What is the Stream of Consciousness Technique?« darauf hin, daß sich Dujardins Definition des inneren Monologs eher zur Beschreibung von Joyce' als zur Beschreibung seiner eigenen Erzähltechnik eigne (vgl. Bowling 1950, S. 335). Im übrigen habe der Verfasser von *Les Lauriers sont coupés* nicht ausreichend bedacht, daß sich nur bestimmte Inhalte des menschlichen Bewußtseins in die sprachliche Form des inneren Monologs übersetzen ließen (vgl. ebd. S. 337). Tatsächlich müsse man jedoch mit Fjodor M. Dostojewski davon ausgehen, daß sich viele Empfindungen überhaupt nicht versprachlichen lassen, weshalb die Literatur immer nur bestimmte Bewußtseinsbereiche ausloten könne (vgl. ebd. S. 339). Was den inneren Monolog jedoch zur

Hauptsache vom Bewußtseinsstrom unterscheide, sei die Rolle, die der Verstand bei diesen beiden Vermittlungsverfahren spiele: während der innere Monolog ein Ausdruck der begrifflichen Verarbeitung von spontanen Empfindungen und daher eigentlich eine retrospektive Angelegenheit sei (vgl. ebd. S. 342ff), stelle der Bewußtseinsstrom »a direct quotation of the mind« (ebd. S. 345) dar, bevor sich der Verstand der Empfindungen annehme.

Derek Bickerton hat diese psychologische Beschreibung um eine linguistische Typologie der Erscheinungsformen ergänzt, die der innere Monolog haben kann. Auch er geht davon aus, daß das innere Sprechen bereits eine vom Verstand logisch und syntaktisch organisierte Rede ist, für deren Wiedergabe es im Prinzip vier Möglichkeiten gibt: die direkte Rede, die den inneren Monolog wie ein Selbstgespräch (›soliloquy‹) wirken läßt; die indirekte Rede, die ein allwissender Erzähler benutzt, um dem Leser bestimmte Gedanken und Empfindungen der Figuren mitzuteilen; der indirekte innere Monolog, der als freie indirekte Rede auftaucht; und der direkte innere Monolog, dem die freie direkte Rede entspricht. (vgl. Bickerton 1967, S. 238). Folgerichtig »fehlen im indirekten inneren Monolog die erste und die zweite Person, die im direkten inneren Monolog für das monologisierende Ich stehen können.« (Stephan 1962, S. 33).

Während der direkte innere Monolog dem wörtlichen Zitat nahesteht, wird der indirekte innere Monolog häufig einfach mit der sogenannten ›erlebten Rede‹ gleichgesetzt, in der die Gedanken einer Figur in der dritten Person Singular wiedergegeben werden. Die Syntax entspricht daher weitgehend der direkten Rede – nur daß die Verben wie bei der indirekten Redewiedergabe im Imperfekt oder im Plusquamperfekt und nicht im Präsens oder Perfekt stehen. Im Unterschied zur direkten und zur indirekten fehlt bei der erlebten Rede die sogenannte Inquit-Formel, die aus Verben des Sagens, Fühlens, Denkens usw. gebildet wird. Ihren Namen erhielt die erlebte Rede erst 1921 durch Etienne Lorck, der auch darauf hinwies, daß sie stets im Indikativ steht. Norbert Miller faßt sie als eine Zwischenstufe von direkter Rede und Erzählbericht auf: dank der erlebten Rede kann der Verfasser mehr oder weniger nahtlos von der Außen- zur Innenperspektive übergehen und umgekehrt (vgl. Miller 1958, S. 215). Das narrative Spektrum der Rede- und Gedankenwiedergabe kennt demnach folgende Ausprägungen (vgl. Stephan 1962, S. 24):

Direkte Rede:	Sie fragte (bzw. dachte):	»Wo geht er jetzt hin?«
Indirekte Rede:	Sie fragte (bzw. dachte),	wo er jetzt hingehe.
Erlebte Rede:		Wo ging er jetzt hin?

Davon abzusetzen ist die Technik des Bewußtseinsstroms, die an der Schnittstelle von Bewußtem und Unbewußtem, Artikulierbarem und Nicht-Artikulierbaren operiert, und dem Prinzip der freien Assoziation unterliegt, bei dem auf eine grammatikalisch intakte Syntax ebenso wie auf logische Kategorien verzichtet wird. Die Interpunktion beschränkt sich zumeist auf den Bindestrich und die Fortsetzungspunkte, die gewissermaßen zum graphischen Sinnbild der Assoziation geworden sind. Der Eindruck einer monotonen Sukzession wird zum einen durch die Sprunghaftigkeit des Denkens, zum anderen dadurch vermieden, daß der Bewußtseinsstrom weder Tabuzonen noch Zensurbehörden kennt. Er kann daher nicht nur einem erheblichen Gefühlsstau Bahn brechen, er wurde von vielen Autoren auch bewußt eingesetzt, um der Erzählkunst Themenbereiche zu erschließen, die – wie die Tabuzone der Sexualität – bis dato entweder gänzlich ausgespart oder lediglich angedeutet worden waren.

Die Metapher des Bewußtseinsstroms stammt übrigens von William James, dem Bruder von Henry James. In seinen 1884 erstmals veröffentlichten *Principles of Psychology* findet sich zum ersten Mal das Bild, das den Gedankenfluß zum Bewußtseinsstrom erweitert:

»Consciousness, then, does not appear to itself chopped up in bits. Such words as ›chain‹ or ›train‹ do not describe it fitly as it presents itself in the first instance. It is nothing jointed; it flows. A ›river‹ or ›stream‹ are the metaphors by which it is most naturally described. In talking hereafter, let us call it the stream of thought, of consciousness, or of subjective life.« (zit. n. Sternberg 1979, S. 123)

An einer anderen Stelle des Buches wies James auf die Vielfältigkeit der Gegenstände und Beziehungen hin, die das Bewußtsein mit sich führt:

»No one ever had a simple sensation by itself. Consciousness, from our natal day, is of teeming multiplicity of objects and relations, and what we call simple sensations are results of dicriminative attention, pushed often to a high degree.« (ebd. S. 41)

Diese Formulierung macht noch einmal deutlich, warum der Bewußtseinsstrom die Verstandestätigkeit des Menschen, die mit seiner Fähigkeit zur Unterscheidung einsetzt, unterläuft. Erst dort aber, wo die Empfindungen begrifflich voneinander geschieden sind, können sie auch zum Gegenstand einer sprachlichen Vermittlung werden, die den Anforderungen an eine diskursive Rede, sei sie nun direkt, indirekt oder erlebt, entspricht.

Sowohl die Philosophen und Psychologen, die sich nach James und Freud mit dem Bewußtsein befaßten, als auch die Romanautoren und ihre Leser erkannten bald, daß der Strom des inneren Erlebens ein eigenes, subjektives Zeitempfinden mit sich führt, das sich nicht anhand der Uhr objektivieren läßt. Der Franzose Henri Bergson unterschied daher die meßbare Zeit (›temps‹) von dem erlebnisspezifischen Gefühl der Dauer (›durée), das von Mensch zu Mensch differiert.

6.3 Zitat und Paragramm

Der narratologische Versuch, die Kommunikationsverhältnisse im Erzähltext darzulegen, wäre ohne die Berücksichtigung des Zusammenhangs von Narration und Zitation unvollständig. Bereits 1961 hatte Hermann Meyer darauf hingewiesen, daß die optimale Integration eines Zitats keineswegs darin besteht, es dem Text bis zur Unkenntlichkeit anzugleichen. Das Zitat kann seine Verweis-Funktion nur erfüllen, wenn es als Entlehnung erkennbar bleibt (vgl. Meyer 1961, S. 13). Meyer bemerkte auch, daß die Zitierkunst unabhängig davon, was mit dem Verweis im einzelnen bezweckt wird, stets daran erinnert, daß sich Literatur von Literatur ernährt (vgl. ebd. S. 22). Sie sagt daher etwas über die Textgenese und über den literarischen Horizont derjenigen aus, die sich mittels literarischer Anspielungen verständigen. An der Art und Weise, wie Zitate verwendet werden, kann man zudem ablesen, wie sich ein Schriftsteller zur Tradition verhält, ob er sich auf sie beruft. oder ob er sie lediglich anführt, um sich von ihr abzusetzen. Gerade der moderne Roman arbeitet häufig mit Zitaten, die wie eine Schnittstelle funktionieren: Sie binden den Text dadurch an die Tradition an, daß sie seinen Bruch mit dieser Tradition markieren.

Unter diesen Voraussetzungen konnte Steven Taubeneck zeigen, »daß der Reiz der neuen Zitatkunst offensichtlich darin liegt, Charaktere zu persiflieren, Themen zu parodieren und Stile zu imitieren« (Taubeneck 1984, S. 272), die einst traditionsbildend gewesen waren. Eine Sonderform stellt das ›fingierte Zitat‹ dar, das sich auf einen Text bezieht, der gar nicht existiert. Interessant an fingierten Zitaten ist, daß mit ihnen eine dialogische Textgenese simuliert wird. Offenbar brauchen Kreationen Anstöße, die sie sich notfalls selbst verschaffen.

Diesen Gedanken verfolgt auch Julia Kristeva mit ihrem Konzept der Intertextualität, das Bachtins Modell der Dialogizität eine spezifische Wendung gibt. Für Kristeva kommt Bachtin das Verdienst zu, klar erkannt zu haben, daß eine Struktur unter Bezug auf eine andere Struktur hergestellt wird (Kristeva 1978, S.389). Sie selbst versucht nun zu zeigen, daß sich diese Strukturation einmal auf einer vertikalen und einmal auf einer horizontalen Achse vollzieht, da die dialogischen Beziehungen zwischen dem Autor und dem Leser von den Beziehungen des Textes zu anderen Texten durchkreuzt werden. Kristeva folgert daraus, daß man den Begriff der Intersubjektität durch den der Intertextualität ersetzen könne (vgl. ebd., S. 391). »Für den Sachkenner ist Intertextualität ein Begriff, der anzeigt, wie ein Text die Geschichte ›liest‹ und sich in sie hineinstellt« (Kristeva 1972, S. 255), wie er den Leser mit einer Struktur konfrontiert, die doppelt kodiert ist: als an ihn gerichtete Schreibweise und als Lesart der literarischen und außerliterarischen Traditionen, auf die sie sich bezieht.

Eingebunden wird diese Konzeption in eine Theorie, derzufolge Romane und andere Diskurse nicht einfach Tauschobjekte zwischen Sender und Empfänger, sondern paragrammatische Prozesse der Sinnbildung sind (vgl. Kristeva 1972, S. 244). Ein Paragramm ist ein Wort oder Textsegment, das aus anderen Worten oder Textsegmenten abgeleitet worden ist und die Spuren dieser dialogischen Genese trägt. Ein Beispiel mag den Unterschied von Zitat und Paragramm veranschaulichen: Im zweiten Teil von Gerold Späths 1980 veröffentlichtem Roman *Commedia* werden verschiedene Touristen durch ein Museum mit zum Teil sehr skurrilen Gegenständen geführt. Unter anderem präsentiert ihnen der Kurator ein leicht vergilbtes Buch mit dem Titel »Goldene Lebensregeln für die Jungfrau als Braut, fürderhin Gattin, Mutter und Witwe.« Dieses Buch, heißt es weiter, habe einstmals einer gewissen Züs Bünzli gehört, von der die Eingeweihte wissen, daß sie eine Figur aus Gottfried Kellers Novelle *Die drei gerechten Kammacher* ist. Wer sich die Mühe macht, bei Keller selbst nachzuschlagen, entdeckt, daß schon dort dieses Buch erwähnt wird. Sein Titel lautet: »Goldene Lebensregeln für die Jungfrau als Braut, Gattin und Mutter.« Späth hat Keller also nicht einfach zitiert, sondern paragrammatisch abgewandelt. Sein eigener Text kommt über die Bezugnahme auf die fremde Novelle voran, die sich ihrerseits bereits auf ein seinerzeit vielleicht tatsächlich verlegtes oder fingiertes Werk bezieht. Signifikant verändert wird durch Späths Zusatz der Sinn der »Goldenen Lebensregeln«. Der Leser, der den Text hinter dem Text wahrnimmt und so zu einer palimpsestuösen Lektüre der *Commedia* gelangt, erfährt hier in nuce, wie Lesarten zu Schreibweisen werden und zwischen den Zeilen (bzw. zwischen den Büchern) ein intertextueller Bedeutungsraum entsteht.

Da die poetische Umwandlung von Schreibweisen in Lesarten und von Lesarten in Schreibweisen prinzipiell keine Grenzen kennt, ist die Literatur für Kristeva ein unendlicher – man könnte auch sagen: ein autopoietischer – Diskurs, ein Schreiben-Lesen. Zur Erklärung dieses Ausdrucks fügt sie hinzu, daß das griechische Verb ›legein‹ nicht nur soviel wie ›auflesen‹, ›zusammenklauben‹, ›pflücken‹ und ›einsammeln‹, sondern auch ›auslegen‹ und ›schreiben‹ meint (vgl. Kristeva 1972, S.171).

Die paragrammatische Konzeption der poetischen Sprache ist also eine Theorie der Kreativität, die sich von Bachtins Konzept der Dialogizität vor allem dadurch unterscheidet, daß sie den hybriden Charakter der Textstrukturation nicht im einzelnen Text oder im zweistimmigen Wort, sondern im Spannungsfeld verschiedener Texte verortet (vgl. Schahadat 1995, S. 368). Obwohl Bachtin diesen Aspekt nicht verleugnet, gilt seine Theorie doch eher dem intratextuellen Phänonem der Stimmeninterferenz als dem intertexuellen Phänomen der Kummutation von Schreiben und Lesen (vgl. Pfister 1985, S. 4f).

Kritisiert wird an Kristevas Konzeption, daß es den Textbegriff radikal generalisiert und jeden Umweltbezug der Literatur in eine intertextuelle Beziehung verwandelt (vgl. ebd. S. 7). Im übrigen müsse man auch die Erscheinungsformen der Intertextualität spezifizieren. Dazu hat Manfred Pfister sechs Kriterien aufgestellt: Die ›Referentialität‹ meint das Ausmaß, in dem ein Text andere Texte thematisiert. Die ›Kommunikativität‹ betrifft die Frage, ob und wie die intertextuellen Bezüge markiert sind. Werden diese Bezüge im Text ausdrücklich erörtert, ist das Kriterium der ›Autoreflexivität‹ erfüllt. Unter dem Gesichtspunkt der ›Strukturalität‹ kann man die Integration der intertextuellen Verweise in den vorliegenden Diskurs betrachten; ein fremder Text kann lediglich genannt oder anzitiert werden, er kann aber auch als durchgängige Vergleichsfolie für den gesamten Diskurs dienen. Die ›Selektivität‹ der Intertextualität bemißt sich daran, wie pointiert bestimmte Bezugselemente ausgewählt und hervorgehoben werden, während sich das Kriterium der ›Dialogizität‹ auf das Spannungsverhältnis von Text und Prätext bezieht (vgl. ebd. S. 26ff).

Auch Ulrich Broich geht davon aus, daß Intertextualität erkannt werden muß, um für die Interaktion von Text und Leser relevant zu sein (vgl. Broich 1985, S. 31). Er hat sich daher um die Formen ihrer Markierung Gedanken gemacht. Schon der Titel kann ein Hinweis auf die intertextuelle Machart eines Sprachkunstwerks sein. So erschien 1752 in London ein Roman von Charlotte Lennox, der bezeichnenderweise *The Female Quixote or The Adventures of Arabella* hieß. Zuweilen liest eine Romanfigur dem Leser Texte vor, die so zum Vergleich mit ihrer eigenen Geschichte herausfordern. Das ist etwa in Peter Handkes Roman *Der kurze Brief zum langen Abschied* der Fall, dessen Ich-Erzähler verschiedene Passagen aus dem *Grünen Heinrich* von Gottfried Keller paraphrasiert. Weniger offensichtlich sind die vielen Paragramme, auf die zwar im Text hingewiesen wird, deren Bezugsquelle dem Leser aber wie im Falle der *Commedia* nicht ausdrücklich genannt wird.

Interessant ist, daß die Häufigkeit bzw. die Notwendigkeit der Markierung im Verlauf der Literaturgeschichte abgenommen zu haben scheint (vgl. ebd. S. 46f). Für Autoren und Interpreten ist es inzwischen offenbar selbstverständlich, daß Texte eine dialogische Genese aufweisen und einer palimpsestuösen Lektüre unterzogen werden können. Dabei bilden sich zum Teil umfangreiche Netzwerke aus, die man mit dem Begriff ›Hypertext‹ bezeichnen kann. Als ›Hypertext‹ bereichnet Gérard Genette in seinem 1982 erstmals veröffentlichten Buch *Palimpseste. Die Literatur auf zweiter Stufe* »jeden Text, der von einem früheren Text durch eine einfache Transformation oder durch eine indirekte Transformation (durch Nachahmung) abgeleitet wurde.« (Genette 1993, S.18). In diesem Sinne ist zum Beispiel jeder *Hamlet*-Roman ein Hypertext, der auf einen Hypotext – das Shakespeare-Drama – bezug nimmt.

Im Vordergrund der ›Hypertextualität‹, wie sie Genette beschreibt, steht die mimetische Dimension der Text-Vernetzung, geht es doch im einzelnen Hypertext um die Refiguration einer literarischen Präfiguration. Den Terminus ›Intertextualität‹ möchte Genette für die Kopräsenz zweier oder mehrere Texte reservieren – also für jene Formen des Zitats oder der Anspielung, die keine genealogische oder transformatorische Funktion haben. Die sog. ›Paratextualität‹ betrifft das Verhältnis von Haupttext und Nebentexten, z.B. den Titel und Untertitel, das Vor- und Nachwort, sowie das Motto und die Klappentexte, die einem Roman beigefügt werden. Der Ausdruck ›Architextualität‹ dient Genette zugleich als Oberbegriff für alle diese Relationen und als Spezialbezeichnung für die Bezugnahme eines Textes auf ein archetypisches Muster (vgl. ebd. S. 10-18). Zu denken wäre hier zum Beispiel an die *Nuevas andanzas y desaventuras de Lazarillo de Tormes*, die Jose Camillo Cela 1936 veröffentlicht hat, da sie an den ersten Schelmenroman der Neuzeit, den 1554 anonym verlegten *Lazarillo de Tormes* anknüpfen.

Schließlich gilt es noch, die ›Metatextualität‹ zu erwähnen, die dann vorliegt, wenn ein Text sich selbst und/oder andere Texte bespricht. Das kann sowohl explizit, durch einen Kommentar, als auch implizit, im Rahmen einer sogenannten ›Metafiktion‹ geschehen. Als ›Metafiktionen‹ werden Texte bezeichnet, die ihre eigene Fiktionalität thematisieren und das scheinbar unproblematische Verhältnis von Realität und Fiktion problematisieren (vgl. Waugh 1984, S. 2).

Eine wichtige Operation metafiktionalen Erzählens ist die Dekonstruktion der gesellschaftlichen Konstruktion von Wirklichkeit. Damit ist nicht die Zerstörung (Destruktion), sondern der Umbau der Verständnisrahmen gemeint, mit deren Hilfe sich die Menschen ein Bild von ihrer Umwelt machen. Das englische Wort ›to display‹, auf das ja auch die Integrationstheoretiker ihre »Gebrauchsanleitung« für den Roman abgestellt haben, kann diesen Vorgang besser als jedes deutsche Verb wiedergeben: Metafiktionen unterlaufen oder verkehren die gewohnten Spielregeln der menschlichen Selbst- und Weltverständigung, um neue Regeln auszuprobieren (vgl. ebd. S. 42).

Die eigentliche Pointe vieler Metafiktionen liegt jedoch darin, daß die Dekonstruktion den literarischen Charakter der Verständnisrahmen erweist (vgl. ebd. S. 36), die im Alltag ganz selbstverständlich eingesetzt werden. Zur Disposition gestellt wird zum Beispiel die Annahme, daß sich das Strukturgefüge der Wirklichkeit als Text begreifen läßt, oder die Vorstellung, daß jeder Mensch tatsächlich der Urheber seiner eigenen Lebensgeschichte ist. Es geht also um die Lesbarkeit der Welt und um jene Schreibweisen, die dieser heuristischen Fiktion verpflichtet sind. Der Roman war seit jeher ein bevorzugtes Medium solcher Dekonstruktionen; seine Erfolgsstory »beginnt mit einer Auflösung des Glaubens an die Autorität des geschriebenen Wortes, mit Cervantes« (Alter 1975, S. 3), dessen Erzählmodell auch heute noch viele Metafiktionen bestimmt.

Kristevas paragrammatische Konzeption der poetischen Sprache und die terminologische Differenzierung der Hypertextualität sind zwar nicht ausdrücklich dem narratologischen Programm der Entwicklung einer universalen Erzählgrammatik verpflichtet, sie ergänzen die Ausführungen von Chatman und Prince jedoch zum einen auf der inhaltlichen Ebene und zum anderen, rein formal betrachtet, in dem Bestreben, ebenfalls eine umfassende Matrix der literarischen Möglichkeiten zu entwerfen. Der Umstand, daß Genette sowohl den Bereich der Narratologie als auch den Bereich der Hypertextualität mit der ihm eigenen Akribie vermessen hat, unterstreicht diesen Zusammenhang.

7. Der phänomenologische Ansatz

Die Lehre von den Erscheinungen hat seit Platon verschiedene Fassungen erhalten. Hegels Phänomenologie wurde bereits erwähnt, im folgenden geht es jedoch um jene Beiträge zur Erzählforschung die dem Ansatz von Edmund Husserl (1859-1938) verpflichtet sind.

Für ihn ist der Bereich der Erscheinungen – die Welt – das Korrelat des menschlichen Bewußtseins, das sich die Dinge auf eine bestimmte Art und Weise vorstellt und mit Bedeutung ausstattet (vgl. Konstaninovic 1973, S. 34).

Jedes Ding weist also, da es von der Phänomenologie als intentionaler Gegenstand verstanden wird, auf das Bewußtsein, dessen Erkenntnisstruktur und den Prozeßcharakter der Vorstellungsakte zurück. Die Anknüpfungspunkte, die sich aus dieser Konzeption für die Literaturwissenschaft ergeben, lassen an ihrem Gegenstandsbereich vor allem die rezeptionsästhetischen Aspekte hervortreten. Umso intensiver man sich mit den Vorstellungsakten der Leser auseinandersetzte, desto fragwürdiger wurde jedoch die Annahme, daß die Bedeutung eines Textes ausschließlich über die Rekonstruktion der Intentionen seines Verfassers zu ermitteln sei. Stattdessen wurde die konstruktive Leistung des Interpreten betont und der Text als ein schematisiertes Gebilde betrachtet, das erst in der Vorstellung des Rezipienten seine sinnliche Gestalt erhält (vgl. Ray 1984, S. 9).

7.1 Das Konzept der »Konkretisation«

Schon Waldemar Conrad, der den ästhetischen Gegenstand bereits 1908/1909 mit einer an Husserl geschulten Begrifflichkeit beschrieb, erkannte, daß dem Kunstgenuß nicht die natürliche Wahrnehmung der Dinge, sondern eine spezifische Einstellung entspricht. Denn im Verlauf der Lektüre nimmt der Interpret das Buch ja nicht als ein materielles Objekt, sondern als eine von subjektiven Vorstellungen geprägte Welt wahr. Diese Welt ist der ästhetische Gegenstand, ihm entspricht die Auffassung des Buches als einer in sich werthaltigen, künstlerischen Gestalt (vgl. Conrad 1908, S. 77ff). Werthaltungen werden dabei nicht unmittelbar ausgedrückt, sondern mitgemeint, bedürfen also der Selbst-Vermittlung durch den Leser, der in seiner Vorstellung über das, was er schwarz auf weiß sieht, hinausgeht.

Dank dieser Überschreitung der gewöhnlichen Dingwahrnehmung eröffnet der Text idealtypische An- und Einsichten, die der Leser, wie Conrad sagt, »realisiert«. Gemeint war damit nicht, daß die Vorstellungen verdinglicht, sondern in ihrer Mehrdeutigkeit erfaßt werden. Der ästhetische Gegenstand ist nämlich

»ein Gegenstand im Sinne intentionaler Gegenständlichkeit, und zwar in dem prägnanten Sinne, daß er eine Mehrheit von ›Ansichten‹ besitzt und es verschiedene Wahrnehmungen ›desselben‹ Gegenstandes gibt.« (Conrad 1909, S. 454).

Da der Begriff der ›Realisation‹ gewisse Mißverständnisse nahe-
legt, haben ihn andere Phänomenologen durch den der ›Konkretisation‹ ersetzt und darauf hingewiesen, daß der ästhetische Gegenstand immer ein idealer Gegenstand sei (vgl. Konstaninovic 1973, S.
43).

Nun zerfällt ein ästhetischer Gegenstand allerdings in einzelne
Phänomene, die im Verlauf der Lektüre entweder vereinheitlicht
oder, falls sie sich einer solchen Synthese entgegensetzen, eine analytische Betrachtung der Widerständigkeit erforderlich machen, die
zur spezifischen Gegenständlichkeit des Kunstwerks gehört. Schon
Conrad war daher der Gedanken eines geschichteten Aufbaus der
Textbedeutung gekommen, die verschiedene Betrachtungsebenen integriert (vgl. ebd. S. 62).

Systematisch ausgeführt wurde dieser Gedanke von Roman Ingarden, einem Freund und Schüler Husserls. In seinen beiden Büchern über *Das literarische Kunstwerk*, erstmals 1931 veröffentlicht,
und *Vom Erkennen des literarischen Kunstwerks* (1968) unterscheidet
er das literarische Werk von den Konkretisationen, die es durch verschiedene Leser zu verschiedenen Zeitpunkten erfährt. Grundlage
dieser Wirkungsästhetik sind die Unbestimmtheitsstellen, die literarische Gegenstände gegenüber den Gegenständen der Erfahrung
aufweisen. Während diese in jeder Hinsicht (Größe, Farbe, Gewicht
etc.) bestimmt sind, rufen ihre unvollständigen literarischen Darstellungen, da sie lediglich schematisierte Ansichten bilden, Vorstellungen mit gewissen Leerstellen hervor. Diese Leerstellen kann der Leser zum Teil durch andere Informationen im Text oder dank dessen,
was er von sich aus weiß, überbrücken; zum Teil muß er sie jedoch
im ungefähren belassen (vgl. Ingarden 1960, S. 261f u. 268).

Einerseits also reduziert auch ein realistischer Text die Wirklichkeit immer auf einige schematisierte Ansichten, andrerseits sind nicht
alle Leerstellen auslegungsrelevant. Klar ist, daß die schematisierten
Ansichten ihrerseits nicht einfach gegeben, sondern aus der Wort-
und Satzfolge des Textes abgeleitet sind und sich im Verlauf der
Lektüre zu intentionalen Gebilden zusammenschließen, da sie ja
nicht einfach isoliert nebeneinander stehen bleiben. Ingarden nennt
das literarische Werk daher ein mehrschichtiges Gebilde und trennt
die Schicht der Wortlaute von jener der Satzfolgen, um beide gegen
die schematisierten Ansichten auf der dritten und die intentionalen
Gebilde auf der vierten Stufe des Bedeutungsaufbaus abzugrenzen.

Darüber hinaus werden die einzelnen Schichten mit bestimmten
ästhetischen Qualitäten verknüpft, die zusammen ein Wertgefüge
bilden, das den Sinnzusammenhang des Textes gleichsam überwölbt.
Die einzelnen Teile stehen dabei in einem Verhältnis der Polypho-

nie, das für Ingarden die harmonische Gesamtwirkung der unterschiedlichen Schichten erklärt:

»So richtig es ist, daß diese Harmonie ihre eigenen, vollkommen neuen ›abgeleiteten‹ Gestaltqualitäten hat, sie ist doch eine polyphone Harmonie, ein ästhetischer Ausdruck – wenn man uns hier das Wort erlaubt – der Schichtenstruktur des literarischen Werkes.« (ebd. S. 398).

Was Ingarden Polyphonie nennt, ist eigentlich eine Symphonie, ein harmonischer Zusammenklang und daher etwas anderes als die Stimmenvielfalt, die laut Bachtin den polyphonen Roman bestimmt. Während der polyphone Roman die zentrifugalen Kräfte der Sprache, die Divergenz der Meinungen und die Disharmonien des gesellschaftlichen Redeverkehrs reflektiert, liegt Ingardens Polyphonie-Begriff eher die zentripetale Idee einer Konvergenz aller Bedeutungsschichten zu einer sinnvollen Gesamtgestalt zugrunde.

Im Gegensatz zu Zoran Konstantinovic, demzufolge Bachtin seine Polyphonie »ganz im späteren Sinne Ingardens« (Konstaninovic 1973, S. 84) konzipiert habe, muß man daher die Unvereinbarkeit ihrer Konzeptionen und den Umstand betonen, daß die phänomenlogische Auffassung des Begriffs eine Vorliebe für jene literarischen Werke erkennen läßt, die auf eine harmonische Wirkung abzielen. Vielen modernen Romanen ist mit dieser Vorstellung kaum beizukommen, auch wenn die Grundidee vom mehrschichtigen Kunstwerk ihre eigene Rationalität besitzt.

7.2 Protention und Retention

Den Stufenaufbau der Bedeutung, der das Kunstwerk vertikal gliedert, ergänzte Ingarden durch eine horizontale Aufteilung, deren Hauptglieder der Anfang, die Mitte und das Ende eines Textes sind (vgl. Ingarden 1960, S. 27). Der Leser nun blickt während der Lektüre wie Janus zugleich nach vorne und nach hinten, da seine aktuelle Wahrnehmung einerseits durch den Eindruck des bereits Gelesenen und andererseits durch die Erwartungen bestimmt wird, die der Text hervorruft.

Sowohl die Erinnerung als auch die Erwartung des Lesers unterliegen dabei einer unaufhörlichen Modifikation, für die Husserl die Begriffe der Protention und Retention geprägt hatte. Was dem Leser noch unmittelbar gegenwärtig ist, hat er in Retention; sein Vorgefühl für das, was sogleich folgt, heißt Protention. Um zum Beispiel eine Melodie wahrnehmen zu können, genügt es nicht, einen einzelnen Ton zu hören. Erforderlich ist das Bewußtsein der Tonfolge, die

neben dem aktuellen akustischen Eindruck den Nachklang des zuvor Wahrgenommenen und die Antizipation ihrer weiteren Modulation umfaßt. Auch die einzelnen Äußerungen, aus denen ein Erzähltext besteht, stehen in der Spannung von Protention und Retention
(vgl. ebd. S. 33 u. S. 53).

Eben diese Spannung sorgt dafür, daß ein Text als Erlebnis bzw.
als Geschehen erfahren wird. Der Leser reagiert sozusagen auf die
Vorstellungsakte, in denen er die Textbedeutung konkretisiert, und
behält dabei bestimmte Kulminationspunkte der Geschichte dank
ihrer Erlebnisintensität im Gedächtnis. Dem Gedächtnis wiederum
tritt die Erwartung gegenüber, die dem Spannungsbogen vorauseilt,
wobei man mit Ingarden verschiedene Phasen des Erlebens und Er-
kennens eines literarischen Kunstwerks unterscheiden kann:

»1. Das vorästhetische betrachtende Erkennen des literarischen Kunstwerks
selbst; 2. Das ästhetische Erleben, welches zur Konstitution der ästhetischen
Konkretisation des Werkes führt; und 3. Das betrachtende Erkennen dieser
Konkretisationen in ihrer werthaften Gestalt.« (ebd. S. 345).

Letztlich also sind die Erlebnis- und Erkentnisakte ethisch motiviert; der Kunstgenuß bleibt nicht beim ästhetischen Gegenstand,
seiner Konkretisation und Interpretation stehen, er überschreitet
diese Momente vielmehr durch eine Reflexion der Werte, die das
Kunstwerk ausdrückt. In dieser Hinsicht entspricht Ingardens phänomenologische Konzeption tatsächlich Bachtins Idee vom axiologischen Charakter der Kunst, die allein unter Berüchsichtigung ihrer
epistemologischen Funktion nur unzureichend erfaßt wäre.

Eckhard Lobsien hat seine *Theorie literarischer Illusionsbildung*
weniger auf die Werthaltigkeit als auf die Erlebnishaftigkeit des
Kunstwerks abgestellt. Er macht deutlich, daß sich die Illusionsbildung vor dem Hintergrund der alltäglichen Selbst- und Weltwahrnehmung vollzieht, der die Wahrnehmungsdispositionen entstam-
men, die der Text aufruft (vgl. Lobsien 1975, S. 17). Der Text
selbst ist mit seinen Perspektivträgern nur ein schematisches Gebilde, das erst in dem Maße eine konkrete Gestalt erhält, in dem
es der Leser auf seine Wirklichkeit bezieht. Die Vorstellungswelt,
die so entsteht, ist dem Leser folglich immer nur in Anschauungsformen zugänglich, die ihre je eigenen Abschattungen haben. So
wie man von einem Gegenstand der sinnlichen Wahrnehmung oft
nur eine Seite sieht und die anderen aus den Ecken und Kanten
sowie dem Wissen um analoge Gegenstände erschließt, verweisen
auch schematisierte Ansichten nach dem sogenannten »Etcetera-
Prinzip« auf das, was in ihnen ausgepart wird, aber realistischerwei-
se vorhanden sein muß. Hinzu kommt, daß sich der Leser während

der Konkretisation dieser Ansichten auf einen Sinnhorizont zube-
wegt.

Komplementär zum Sinnhorizont hatte Ingarden darauf verwie-
sen, daß Texte dem Leser in aller Regel ein mehr oder weniger klar
umrissenes ›Orientierungszentrum‹ bieten, das im Erzähler veran-
kert sein kann und dann entweder innerhalb oder außerhalb der erzählten Welt liegt. Das Orientierungszentrum kann aber ebenso gut
mit dem Gesichtskreis einer handelnden Figur zusammenfallen (vgl.
Ingarden 1960, S. 243f). Auch die phänomenologische Betrachtung
kommt also nicht ohne Berücksichtigung der narrativen Optik aus,
da die Vorstellungsakte eines Lesers in aller Regel den Erzählperspektiven folgen.

7.3 Der Lektüreprozeß

Jean-Paul Sartres Bemerkung »Lesen ist gelenktes Schaffen« (Sartre
1950, S. 29) faßt den nachvollziehenden Charakter der Lektüre
kurz und bündig zusammen. Beschäftigt hat sich Sartre insbesondere mit dem Verhältnis von Imaginärem und Realem, das in der Vorstellung immer wieder neu austariert wird. Damit sich ein Bewußtsein überhaupt etwas vorstellen kann, muß es die Möglichkeit haben, sich auf ein irreales, real nicht greifbares Objekt einzustellen
(vgl. Sartre 1981, S. 284f). Ein solches Objekt erscheint aber immer
nur vor dem Hintergrund der Realität. »Obgleich also das Bewußtsein durch das Erzeugen von Irrealem vorübergehend von seinem
›In-der-Welt-Sein‹ befreit erscheinen könnte, ist im Gegenteil gerade
dieses ›In-der-Welt-Sein‹ die notwendige Bedingung der Imagination.« (ebd. S. 288).

Gleichzeitig gilt, daß jedes reale Phänomen mit Imaginärem versetzt ist, so daß man zusammenfassend sagen kann: »Jedes Imaginäre
erscheint ›auf Welthintergrund‹, aber umgekehrt impliziert jedes Erfassen des Realen als Welt eine verborgene Überschreitung auf das
Imaginäre hin« (ebd. S. 291), das in der Fiktion Gestalt annimmt.
Tatsächlich gehen die Ausdrücke Fiktion und Figur ja, etymologisch
betrachtet, auf das gleiche Verb zurück. Die Fiktion ist die Figur
oder Gestalt, die sich vor dem Hintergrund der Realität abhebt,
wenn das Reale in der Imagination zugleich entrückt und über-
schritten wird.

Unter dieser Voraussetzung gehen das Imaginäre, das Reale und
das Fiktive beim Vorstellen eine spezifische Verbindung ein, die erklärt, warum und wie das menschliche Bewußtsein seine Bezugswelt
beständig transzendiert, ohne ihrer Wirklichkeit tatsächlich zu ent-

kommen. Erklärbar wird so auch, warum die Beschäftigung mit imaginären Gegenständen sehr reale Folgen haben und das Wirklichkeitsbewußtsein eines Menschen nachhaltig verändern kann.

Wolfgang Iser hat zunächst in Aufsätzen wie »Die Appellstruktur der Texte« und »Der Lesevorgang« beschrieben, wie literarische Werke ihre Rezipienten dazu veranlassen produktiv zu werden. Später hat er diese Aufsätze unter der Überschrift *Der Akt des Lesens* in eine Theorie ästhetischer Wirkung integriert, die den Text als ein Wirkungspotential auffaßt, das im Lesevorgang aktualisiert wird (vgl. Iser 1984, S.7). Bedeutungen sind demnach »das Produkt einer Interaktion von Text und Leser« (Iser 1979, S. 229). Iser kritisiert, daß Ingarden die Unbestimmtheit des literarischen Werkes lediglich an seiner Darstellungsfunktion bemißt. Die schematisierten Ansichten und die Leerstellen, die sie enthalten, sind für Iser weniger ein Manko des Textes, das der Leser notdürftig ausgleichen muß, als vielmehr die Voraussetzung dafür, daß eine Interaktion von Text und Leser überhaupt zustande kommt (vgl. ebd. S. 250f).

Indem zum Beispiel »der Roman das Zusammenspiel seiner Blickpunkte verweigert, zwingt er den Leser zu einer Konsistenzbildung« (ebd. S. 246), die sich nicht damit begnügen kann, die Leerstellen aufzufüllen. Vielmehr muß der Leser auf die Dialektik von Zeigen und Verschweigen, die er selbst in Gang gesetzt hat, reagieren: »Das Verschwiegene bildet den Antrieb der Konstitutionsakte, zugleich aber ist dieser Produktivitätsreiz durch das Gesagte kontrolliert [...].« (ebd. S. 255). Nur so läßt sich erklären, daß ein Text als reales Geschehen erfahren wird (vgl. ebd. S. 267). Die damit verbundenen Zeitlichkeit wird auch von Iser phänomenologisch beschrieben, wenn es heißt:

»Jeder Augenblick der Lektüre ist eine Dialektik von Protention und Retention, indem sich ein noch leerer, aber zu füllender Zukunftshorizont einem kontinuierlich ausbleichenden Vergangenheitshorizont so vermittelt, daß die beiden Innenhorizonte des Textes miteinander verschmelzen können.« (ebd. S. 258; vgl. dazu auch Ricœur 1991, S. 273).

Daß sich die Horizonte überhaupt verschmelzen lassen wird dabei stillschweigend unterstellt. Vor diesem Hintergrund erscheint jede Interpretation als selektive Vereindeutigung der Mehrdeutigkeit, die ein Text dank der vielfältigen Kombinationsmöglichkeiten seiner einzelnen Segmente bietet (vgl. Iser 1984, S. VI). Neben den von Ingarden beschriebenen Unbestimmtheitsstellen, die sich aus der bloß schematischen Darstellung der literarischen Gegenstände ergeben, ist es für Iser vor allem die mangelnde Deckung der einzelnen Textperspektiven, die den Leser zu einer stets labilen Konsistenzbildung veranlassen:

»Es charakterisiert erzählende Texte, daß die Textperspektiven – sei es die des Erzählers, die der Figuren überhaupt, die des Helden oder die anderer wichtiger Figuren insbesondere – nicht in Deckung stehen. Dieser Sachverhalt kompliziert sich häufig noch dadurch, daß die in der Fabel entrollte Handlung der Figuren nicht ihrem Selbstverständnis entspricht, sondern diesem oft zuwiderläuft. Damit sind bereits mehrere Orientierungsachsen im Text gegeben« (ebd. S. 82),

denen der Leser nachgehen muß. Die Folge ist, daß sich der Leser als perspektivischer Punkt durch seinen Gegenstandsbereich bewegt (vgl. ebd. S. 178). Die zeitlichen Momente der Protention und Retention, die eine Zeitachse hervorbringen (vgl. ebd. S. 239) und die räumlichen Aspekte der Textperspektiven wirken dabei so zusammen, daß die ästhetische Erfahrung den Erfahrungserwerb selbst bewußt macht (vgl. ebd. S. 217). Gerade die Schwierigkeiten der Horizontverschmelzung und Konsistenzbildung bewegen den Leser dazu, die Bedingungen seiner Interaktion mit dem Text zu reflektieren. Eine solche Reflektion liefert ihm nicht nur Aufschluß über die spezifische Machart des Textes, sie umfaßt auch generelle Überlegungen zur Verweisungsstruktur allen sinnvollen Erlebens, denn: »Wir reagieren auf eine Vorstellung, indem wir eine neue bilden« (ebd. S. 289), die ihrerseits weitere Vorstellungen weckt.

Begrenzt wird dieser im Prinzip endlose Prozeß dadurch, daß nicht alle Vorstellungen im Rahmen einer Textinterpretation die gleiche Relevanz haben. Allerdings setzt die Interaktion von Text und Leser zunächst einmal die praktischen Relevanzkriterien der alltäglichen Erfahrungsverarbeitung außer Kraft, um den Horizont bzw. das Bewußtsein des Lesers zu erweitern. Sie überschreitet damit nicht nur die sogenannte Lebenswelt des Lesers, sondern auch dessen habituelle Orientierungen durch alternative Erfahrungsmodelle. In diesem Sinne hat die Dialektik von Zeigen und Verschweigen eine doppelte Appellstruktur: sie veranlaßt den Leser nicht nur zu bestimmten Vorstellungsakten, sie bietet ihm darüber hinaus die Chance, sich durch die Formulierung von Unformulierten selbst zu reformieren (vgl. ebd. S. 255 u. S. 293): Die einzelnen Informationen, die ein Leser in seine Textinterpretation integriert, sind also Informationen im Sinne der Gestaltgebung: sie bringen sein Bewußtsein in eine neue Form.

Möglich wird dies, weil die Äußerungen, aus denen sich der narrative Diskurs zusammensetzt, anders als gewöhnliche Sprechakte nicht situiert sind. Da der fiktionalen Rede dieser Situationsbezug fehlt (vgl. ebd. S. 104), und sie sich nicht auf die Wirklichkeit schlechthin, sondern auf Bedeutungssysteme oder Lesarten bezieht, durch die ihre Kontingenz und Komplexität immer schon irgendwie reduziert worden ist (vgl. ebd. S. 118), können die gewohnten Orientierungsschemata in der Lektüre eine Korrektur erfahren (vgl. ebd. S. 152). Die Lektüre ist daher ein kybernetischer Prozeß: Der Leser versucht, den Text zunächst in seine vertrauten Verständnisrahmen einzuordnen. Wenn sich die schematisierten Ansichten dieser Ordnung entziehen, muß er die Verständnisrahmen gleichsam umbauen, muß er seine eigenen Schemata korrigieren. Da dies nicht gänzlich ohne Folgen für seine weitere Selbst- und Weltwahrnehmung bleiben wird, geht er aus der Interaktion mit dem Text verändert hervor.

Die pragmatische Relevanz ergibt sich daraus, daß die intrapersonale Auseinandersetzung mit dem Text, die in der Vorstellung des einzelnen Lesers stattfindet, mit dem interpersonalen Diskurs rückgekoppelt ist. Insbesondere der Roman reflektiert die gesellschaftliche Konstruktion der Wirklichkeit nicht nur, er modelliert sie auch, indem er das Bewußtsein derjenigen verändert, die ihre Konstruktivität in der Lektüre erproben. Iser selbst hat diesen Gedanken im Anschluß an Nelson Goodman folgendermaßen formuliert:

»Wie die anderen Versionen von Welt, so ist auch das Kunstwerk nur eine solche; doch es zielt nicht – wie die übrigen – auf eine bestimmte Praxis, ohne dadurch schon weniger pragmatisch als die anderen zu sein. Seine Pragmatik ist, die Operationen zu exemplifizieren, durch die Welten gemacht werden.« (Iser 1991, S. 278).

Dergestalt wird der rezeptionsästhetischen Akt des Lesens an den produktionsästhetischen Vorgang zurückgebunden, den Aristoteles in seiner *Poetik* beschrieben hatte. Betont wird dabei zum einen der performative Charakter der Mimesis, zum anderen aber auch der Umstand, daß sie sich nicht in der Nachahmung des Vorgegebenen erschöpft (vgl. ebd. S. 481ff).

Volker Roloff, der Isers Theorie der ästhetischer Wirkung mit ihren phänomenologischen Vorläufern verglichen hat, befand, daß sie gegenüber Sartre vor allem die Mehrdeutigkeit des Textes betone und sich von Ingardens Konzeption vornehmlich durch die Ablehnung des Harmonieprinzips unterscheide (vgl. Roloff 1977, S. 266). Anders als Roloff meint, handelt es sich dabei jedoch nicht nur um Akzentverschiebungen. Eher schon ist Hannelore Link zu zustimmen, die darauf hingewiesen hat, daß ein Teil von Isers Theorie noch dem alten Paradigma der Fiktionalität verpflichtet sei, das der andere Teil durch ein neues ersetze (vgl. Link 1973, S. 539). Dem alten Paradigma zufolge hat die fiktive Welt eine grundsätzlich andere Seinsweise als ihre reale Bezugsgröße; dem neuen Paradigma zufolge beziehen sich fiktionale Welt-Versionen nicht anders als non-fiktionale auf die gleiche Bezugsgröße. Was sie voneinander unterscheidet, ist die Art der Bezugnahme.

7.4 Fiktion und Metapher

Daß Romane erfundene Geschichten erzählen, gilt sei Huet als ausgemacht. Gleichwohl beziehen sich viele Romane auf Personen, Sachverhalte oder Ereignisfolgen, die nicht erfunden, sondern historisch belegbar sind. Diese Merkwürdigkeit hat nicht nur die sog. Abgrenzungstheoretiker, sondern viele Interpreten, die sich mit dem Wahrheitswert von fiktionalen Erzähltexten beschäftigt haben, verwirrt. Roman Ingarden zum Beispiel meinte, literarische Kunstwerke enthielten keine echten, sondern lediglich Quasi-Urteile, die sich statt auf wirkliche, in jeder Hinsicht bestimmte Gegenstände bloß auf die schematisierten Ansichten von Gegenständen beziehen, die zahlreiche Unbestimmtheitsstellen aufweisen. Quasi-Urteile könnten jedoch weder als wahr noch als falsch eingestuft werden (vgl. Ingarden 1968, S. 10ff). Gegen diese Argumentation hat sich Felix Martinez-Bonati gewandt, denn

»wenn mindestens einige der Behauptungen, die in literarischen Werken vorkommen, notwendig wahr oder notwendig falsch sind, so sind mindestens einige der literarischen Sätze prinzipiell wahr oder falsch, und also echte Urteile.« (Martinez-Bonati 1973, S. 187).

Martinez-Bonati betont allerdings, daß die wahren Behauptungen nicht deswegen akzeptiert werden, weil sie im Text begründet werden, sondern weil sie der Leser als wahr behandeln muß, um mit der Geschichte etwas anfangen zu können. Weigert er sich zum Beispiel anzunehmen, daß es in London einen Detektiv namens Sherlock Holmes gegeben hat, macht es keinen Sinn, die Geschichten von Arthur Conan Doyle weiter zu lesen. Noch absurder wäre es, die Tatsache zu bestreiten, daß es eine Stadt namens London gibt. Zumindest die Behauptung ihrer Existenz ist ein echtes Urteil, selbst wenn es in einem fiktionalen Erzähltext getroffen wird.

Man kann daher von Spielregeln der fiktionalen Verständigung sprechen und mit Martinez-Bonati sagen: »der Sinn des epischen Spiels ist (die) Darstellung fiktiver Wirklichkeit, in einem Wort: Mimesis.« (ebd. S. 189). Mimesis aber zielt auf Erkenntnis ab. Folgerichtig liegt die Antwort auf die Frage nach dem Wahrheitsgehalt der Dichtung, die Martinez-Bonati gibt, ganz auf der Linie des Aristoteles: um sich die philosophische Wahrheit eines fiktionalen Textes zu erschließen, verzichten die Leser darauf, ihn an der historischen Wahrheit zu messen. Selbst dort, wo sie es mit echten Urteilen zu tun bekommen, interessiert sie nicht deren Wahrheitswert, sondern deren Beitrag zu einer Geschichte, die im Rahmen der Wahrscheinlichkeit bleibt und etwas über die Wirklichkeit besagt, ohne die Wirklichkeit eigentlich auszusagen.

Eine etwas andere Lösung des Problems faßt Lubomir Dolozel ins Auge. Er rekapituliert zunächst die Positionen von Gottlieb Frege und Jan Mukarovský. Freges Logik kennt wahre, falsche und solche Aussagen, die weder wahr noch falsch sind. Seine Auffassung deckt sich mit Mukarovskýs Meinung, daß fiktionale Sätze weder wahr noch falsch sind – eine Ansicht, die ja auch Ingarden vertreten hatte. Dolozel wendet nun, ähnlich wie Martinez-Bonati, ein, daß zumindest einige fiktionale Sätze nach dem wahr-falsch-Kriterium beurteilt werden können. Bei einer Wette um den Wohnsitz von Sherlock Holmes gewinne, wer auf die Baker Street, und verliere, wer auf die Berczy Street setze. Offenbar kann man Aussagen nicht nur danach beurteilen, ob sie auf die wirkliche Welt zutreffen, sondern auch danach, ob sie mit den Verhältnissen in einer möglichen Welt übereinstimmen (vgl. Dolozel 1980, S.9f).

Zu beachten ist allerdings, daß in einem Erzählwerk nicht alle Aussagen dieselbe Autorität der Authentifikation besitzen. Was Conan Doyle seinen Gewährsmann, Dr. Watson, sagen läßt, wird vom Leser eher akzeptiert, als das, was irgendein Zeuge sagt, dessen Aussage Watson zitiert. Dolozel ist also zuzustimmen, daß es in einem fiktionalen Text verschiedene Instanzen der Wissensvermittlung gibt, und daß ihre Informationen unterschiedlich beurteilt werden. Von der Lösung des Wahrheitsproblems, das Martinez-Bonati formuliert hatte, hebt sich Dolozels Erklärung dadurch ab, daß sie nicht auf das Konzept der Mimesis und damit auf das Verhältnis von Text und Welt rekurriert. Was der Leser eines Romans im Rahmen der fiktionalen Rede, die eine mögliche Welt entwirft, als wahr oder wahrscheinlich akzeptiert, und was er als falsch oder unwahrscheinlich einstuft, entscheidet sich nicht am Vergleich dieser Welt mit irgendeiner nachgeahmten Wirklichkeit, sondern anhand ihrer Konstruktion (vgl. ebd. S. 13). Dolozel vertritt sozusagen eine Relativitätstheorie der fiktionalen Wahrheit, wenn er schreibt: »Fictional truth is strictly ›truth in/of‹ the constructed narrative world and its criterion is agreement or disagreement with authentical narrative facts.« (ebd. S. 15).

Die ›Tatsache‹, daß Sherlock Holmes nicht in der Berczy, sondern in der Baker Street wohnt, hängt also von der Autorität ihrer Setzung durch den Erzähler ab. Wollte man diese ›Tatsache‹ bestreiten, müßte man seine Autorität untergraben und eine andere Version von Sherlock Holmes' Leben aufstellen. Dolozel ist sich darüber im klaren, daß eine einfache Distinktion zwischen Erzählern mit und ohne Authentifikations-Autorität nicht ausreicht, um den vielen graduellen Unterschieden bei der Beurteilung einer bloß möglichen, aber immerhin wahrscheinlichen Welt gerecht zu werden. So kann es zum Beispiel Ich-Erzähler geben, die eine fast uneingeschränkte Authentifikations-Autorität besitzen, während sich umgekehrt ein vermeintlich auktorialer Erzähler als unzuverlässig erweist. Das ändert für Dolozel jedoch nichts daran, daß die Kriterien der Beurteilung immer dem Text selbst zu entnehmen sind. Eine Welt-Version kann sich als inkonsistent erweisen, sie kann in ironische Anführungszeichen gesetzt oder im Erzählerkommentar als zweifelhaft markiert werden (vgl. ebd. S. 21f). Schon allein der Umstand, daß ein Text als Roman deklariert wird, schränkt seine Authentizität ein.

Im übrigen lassen die Leser fiktionalen Texten gegenüber die gleichen Vorsichtsmaßnahmen wie gegenüber non-fiktionalen Erzählungen walten. Sobald auch nur ein leiser Verdacht an der Wahrhaftigkeit der Mitteilung oder der Aufrichtigkeit des Mitteilenden auftaucht, wird sein Bericht nur noch unter Vorbehalt aufgenommen. Wie aber steht es mit den offensichtlich unwahren Behauptungen, die im Text selbst nicht widerlegt oder in Zweifel gezogen werden und der Dichtung zuweilen den Vorwurf eingebracht haben, Lüge oder Täuschung zu sein?

Eine Antwort auf diese Frage besteht darin, das Welt-Wissen der Leser in Anschlag zu bringen. Was sie nicht kennen, wird von ihnen im Zweifelsfall mit Skepsis behandelt. Diese Antwort kollidiert jedoch mit der von Dolozel entwickelten Relativitätstheorie der fiktionalen Wahrheit, die nicht auf externe Daten, sondern textinterne Korrelationen rekurriert. Tatsächlich werden fiktional erzeugte Welt-Versionen, anders als Dolozel meint, nicht allein an ihrer internen Konsistenz, sondern auch an ihrer externen Signifikanz gemessen. Der Beurteilungsmaßstab ist jedoch nicht die Welt an sich, sondern immer nur eine andere Version. Das bedeutet, daß die buchstäbliche Falschheit einer Fiktion durchaus mit ihrer metaphorischer Richtigkeit vereinbar sein kann, auch wenn diese Falschheit selbstverständlich keine Gewähr dafür bietet, daß eine Welt-Version im übertragenen Sinne für zutreffend zu halten ist. (vgl. Goodman 1984, S. 128). »Ob geschrieben gemalt oder gespielt, die Fiktion trifft in Wahrheit weder auf nichts noch auf durchsichtige mögliche Welten zu, sondern, wenn auch metaphorisch, auf wirkliche Welten.« (ebd. S.129).

Es gibt also keinen Grund, das Kriterium der externen Signifikanz gegen das Kriterium der internen Konsistenz auszuspielen, denn so wie sich die Elemente der literarischen Konfiguration zueinander verhalten, stellt sich der Leser die Verhältnisse in ihrer Bezugswelt vor. Das gilt auch für jene heuristischen Fiktionen, die Hans Vaihinger in seiner *Philosophie des Als Ob* als Hilfskonstruktionen logischen Denkens bezeichnet hat. Dabei stellt er zunächst einmal im Anschluß an Kant und Nietzsche fest,

»daß die ganze Vorstellungswelt in ihrer Gesamtheit nicht die Bestimmung hat, ein Abbild der Wirklichkeit zu sein – es ist dies eine ganz unmögliche Aufgabe – sondern ein Instrument ist, um sich leichter in derselben zu orientieren.« (Vaihinger 1923, S. 14f).

Folgerichtig ist der Schluß von der Unrichtigkeit eines Vorstellungsgebildes auf seine Unbrauchbarkeit genauso falsch wie der umgekehrte von seiner Brauchbarkeit auf die Richtigkeit (vgl. ebd. S. 22). Behauptet wird also nicht, daß sich die Dinge tatsächlich so verhalten, wie sie eine heuristische Fiktion konfiguriert. Behauptet wird allerdings, daß eine solche Fiktion nicht verifiziert oder falsifiziert, sondern anhand ihrer pragmatischen Funktion beurteilt und gerechtfertigt wird:

»Fiktionen, welche sich nicht justifizieren, d.h. als nützlich und notwendig rechtfertigen lassen, sind ebenso zu eliminieren wie Hypothesen, denen die Verifikation fehlt.« (ebd. S. 91).

Es geht also um den erkenntnistheoretischen Mehrwert der Fiktion, die im Modell veranschaulicht, wie sich ein Sachverhalt schlüssig darstellen läßt. Dazu probiert der Wissenschaftler verschiedene Relationen aus, die seine geistige Präfiguration des Sachverhalts in einem neuen Licht erscheinen lassen und seine Sicht der Dinge einer Refiguration unterziehen.

Spezifiziert wird dieser Vorgang durch das Erkenntnisinteresse der Forscher, das ihn nicht nach irgendwelchen, sondern nach ganz bestimmten Ähnlichkeiten suchen läßt. Unter dieser Voraussetzung gilt für die Fiktion, was sich von jedem Schaubild und von jeder Metapher sagen läßt: »Der Kontext interpretiert die Metapher, umgekehrt spezifiziert die erfaßte Metapher den Kontext.« (Stierle 1978, S. 153). Wie bei einem Dialog wird das eine durch das andere modifiziert.

Das ist einer der Gründe dafür, daß die Interaktionstheorie die Substitutionstheorie der Metapher abgelöst hat. Weder läßt sich für jeden bildlichen ein eigentlicher Ausdruck finden, noch ist die Paraphrase der Metapher in der Lage, ihren spezifischen Mehrwert auf den Begriff zu bringen. Ebensowenig lassen sich figurative Texte ohne Bedeutungsverluste in eine diskursive Sprache übersetzen. Das betrifft ihren epistemologischen, vor allem aber ihren axiologischen

Wert. Der spezifische Unterschied, den eine Romanlektüre macht, läßt sich, gerade weil er an eine bestimmte Interaktionsform gebunden ist, oft gar nicht in Worte fassen. Der Leser übernimmt dank seiner perspektivischen und emphatischen Mimesis mit der narrativen Optik auch eine bestimmte Haltung der Welt gegenüber. Diese Haltung erscheint ihm nicht unbedingt deswegen gerechtfertigt, weil er sie logisch verifizieren und alternative Einstellungen falsifizieren könnte. Vielmehr geht seine gesamte Persönlichkeit aus der Interaktion mit dem Text verändert hervor, weil er sich den Sinn dessen, was ihm während der Lektüre geschieht, nur dialogisch vermitteln kann.

Genau genommen handelt es sich dabei um einen Dialog, an dem drei Instanzen beteiligt sind: die Fiktion, die Realität und die Imagination des Lesers. Auf die Triade des Fiktiven, des Realen und des Imaginären hat auch Wolfgang Iser seine Untersuchungen zur weltbildnerischen Funktion der Literatur abgestellt (vgl Iser 1991, S. 19). Der fiktionale Text überschreitet seine Bezugsrealität bereits dadurch, daß er einzelne Elemente aus ihrem Strukturgefüge auswählt. Dadurch nämlich werden die Elemente disponibel, d.h. ihre Selektion schafft die Voraussetzungen dafür, daß sie im Text andere Relationen eingehen können (vgl. ebd. S.24ff). Die Kombinationsmuster, die dadurch entstehen, unterscheiden sich vom Strukturgefüge der Wirklichkeit und fordern so den Vergleich mit der Realität heraus. Auslegungsrelevant ist aber nicht nur das Welt-Konstrukt, das sich aus der textinternen Relationierung oder Konfiguration der einzelnen Elemente ergibt; auslegungsrelevant ist auch die Art und Weise der Konstruktion; sie nämlich exemplifiziert, wie Welten gemacht werden (vgl. ebd. S. 278). Infolgedessen muß der Leser in seiner Imagination sowohl zwischen den einzelnen Elementen der literarischen Konfiguration als auch zwischen dem Text und diversen Kontexten hin und herlaufen. Dieser diskursive Charakter läßt die Lektüre zu einer Art ›mind mapping‹ werden.

Zumindest in seinem Buch über *Das Fiktive und das Imaginäre* hat sich Iser endgültig von dem alten Paradigma losgesagt, das seine Theorie ästhetischer Wirkung noch zum Teil beeinflußt hatte. Schon sie ließ sich jedoch mühelos mit der von Paul Ricœur beschriebenen Abfolge von Prä-, Kon- und Refiguration vereinbaren, da Iser davon ausging, daß sich narrative Texte nicht auf die Welt schlechthin, sondern auf Bedeutungssysteme (= Präfigurationen) beziehen, die bereits eine gewisse Reduktion der Weltkomplexität geleistet haben, und im Verlauf der Lektüre einer Refiguration durch den Interpreten unterzogen werden.

Im übrigen ist Isers Modell keineswegs so funktionalistisch wie Terry Eagleton behauptet (vgl. Eagleton 1992, S. 48), da die Erwartung des Lesers, daß sich die einzelnen Teile des Textes zu einem kohärenten Ganzen fügen, keine self-fulfilling-prophecy darstellt. Sie fungiert nur als Regulativ, nicht als vorweggenommenes Resultat der Vorstellungsakte, die auch zu einer Enttäuschung dieser Erwartung führen können.

Stichhaltiger erscheint da Gary Lee Stonums Einwand, daß Iser zu wenig die Modulation der einlaufenden Information durch die bereits aufgenommenen Informationen berücksichtige (vgl. Stonum 1977, S. 950), und daß es in der Lektüre neben der Verschmelzung der Innenhorizonte auch darum gehe, die Regeln dieser Verschmelzung aufzudecken (vgl. ebd. S. 956). Allerdings reflektiert Iser sehr wohl den Umstand, daß viele moderne Texte die traditionellen Verfahren der Konsistenzbildung unterlaufen und mit sogenannten »Minusverfahren« (vgl. Iser 1984, S. 322) dafür sorgen, daß die Position der Leerstelle, paradox formuliert, doppelt besetzt ist: durch ihre Unbestimmtheit auf der syntagmatischen Achse des Textes und durch die Schwierigkeit, das Paradigma zu bestimmen, aus dem der Leser ein Element auswählen könnte, mit dem sich die Leerstelle überbrücken läßt.

Insgesamt kennzeichnet Isers Konzept der Lektüre die Tendenz, den phänomenologischen Ansatz mit pragmatischen und kybernetischen Modellen der Informationsverarbeitung zu verbinden. Der Begriff der ›Kybernetik‹ ist vom griechischen Wort für Steuermann abgeleitet und bezieht sich auf alle Formen der Systemregulierung, die über eine Rückkopplungsschleife laufen. Das System erhält dabei zum einen aus der Umwelt, mit der es interagiert, zum anderen jedoch auch aufgrund seiner Selbstbeobachtung ständig ein »feedback« über das eigene Verhalten. Dieser Rücklauf an Informationen gestattet es ihm, sein Verhalten zugleich auf die sich wandelnden Umweltbedingungen und auf die eigenen, ebenfalls wandelbaren Bedürfnisse abzustellen.

In diesem Sinne wird auch der Leser als ein sich selbst steuerndes, informationsverarbeitendes System betrachtet, das sich mit immer neuen Vorstellungsakten auf den Text einstellt, der für die Dauer der Lektüre seine Umwelt bildet (vgl. Lewandowski 1980, S. 59). Dabei werden die Informationen zu Hypothesen über die Bedeutung des Textes verarbeitet und nach Maßgabe dessen, was folgt, modifiziert.

8. Der semiologische Ansatz

Das kybernetische Modell der Informationsverarbeitung verbindet das von Iser entwickelte Modell der symbolischen Interaktion von Text und Leser mit der Semiologie. Das Sprachkunstwerk erscheint in der Fassung, die Jurij M. Lotmann (1922-1993) der Kybernetik gegeben hat, als ein sekundäres modellbildendes System, das auf dem primären Modell der Sprache aufbaut und das ebenfalls weitgehend sprachlich verfaßte Bewußtsein des Menschen moduliert (vgl. Lotman 1973, S. 22f u. S. 30). Modellbildend ist dabei vor allem die Struktur des Textes, da sie die Vorstellungsakte des Lesers lenkt. Ändert sich die Struktur, ändern sich folglich auch die Vorstellungen, die sich ein Leser von der Bedeutung des Textes macht.

8.1 Legende und Karte

Unter dieser Voraussetzung unterscheidet Lotman die äußeren Umcodierungen, die das Verhältnis der Textstruktur zu den Strukturen seiner Umwelt betreffen, von den inneren Umcodierungen, die die Beziehung seiner einzelnen Elemente untereinander betreffen (vgl. ebd. S. 64f). Erweist sich zum Beispiel der Verdächtige in einem Kriminalroman als unschuldig, handelt es sich um eine textimmanente Umdeutung seiner Rolle. Läßt dagegen ein Text seine Umwelt bzw. die des Lesers in einem veränderten Licht erscheinen, transzendiert diese Umcodierung den Verweisungszusammenhang der einzelnen Elemente untereinander. Narrative Texte sind natürlich multipel kodiert (ebd. S. 99) und auf mehrere Verweisungszusammenhänge bezogen:

»jedes Detail und der Text als Ganzes sind in verschiedene Relationssysteme integriert, wodurch sie gleichzeitig mehr als eine Bedeutung annehmen. In der Metapher bloßgelegt, hat diese Eigenschaft doch einen viel allgemeineren Charakter.« (ebd. S. 110).

Trotz seiner Mehrdeutigkeit kann der künstlerische Text jedoch immer nur ein endliches Modell der unendlichen, d.h. in ihrer Bedeutung unerschöpflichen Welt sein. Lotman drückt diesen Sachverhalt metaphorisch aus, wenn er den Text als eine Karte beschreibt, die bestimmte Weltausschnitte unter bestimmten Gesichtspunkten in des Wortes doppelter Bedeutung ›verzeichnet‹. (vgl. ebd. S. 316f).
  Die Metapher der Karte erlaubt es, den eher statischen Begriff des Codes durch das dynamische Konzept der Legende zu ersetzen: Das Wort ›Legende‹ bedeutet ursprünglich ›die (auf) zu lesenden,

auszulegenden Stücke‹. Damit können sowohl die Merkmalstypen der Karte, die auf ihr verwendeten Zeichen, deren Bedeutung die Legende aufschlüsselt, als auch die Stücke gemeint sein, die ein Erzähler zusammenträgt. Das Moment der Fiktionalisierung zeichnet sowohl die (erfundene) Geschichte als auch die Karte aus, die ja nie das Territorium selbst, sondern immer nur eine seiner möglichen Konfigurationen darstellt.

8.2 Der Roman als Präsuppositionsmaschine

Wie schon die Phänomenologen bemerkt hatten, kann sich der Autor eines Romans bei seiner kartographischen Tätigkeit jederzeit auf das stumme Wissen der Leser verlassen, mit dem sie die weißen Flecken in seiner Darstellung überbrücken werden. Obwohl der Roman also nur ein Modell der (in ihrer Bedeutung unerschöpflichen) Welt ist, setzt er bei seinen Lesern stillschweigend eine enzyklopädische Kompetenz voraus. Zumindest theoretisch präsupponiert er das gesamte Wissen der Sprachgemeinschaft (vgl. Titzmann 1977, S. 268). Praktisch sind jedoch immer nur Teile dieses Wissens für die Interpretation eines bestimmten Romanes relevant. Welche Teile das sind, muß der Interpret allerdings in aller Regel selbst herausfinden.

Wenn der Leser also angehalten ist, die Leerstellen in einer Erzählung, »die Räume des Nicht-Gesagten und des Schon-Gesagten auszuzufüllen, so ist der Text nichts anderes als eine Präsuppositionsmaschine« (Eco 1987, S. 29), die an die Vorstellungsbatterie des Lesers angeschlossen und von seinem Gedächtnis mit »Stoff« versorgt wird. Umgekehrt ist das Erzählen »ein kosmologischer Akt« (Eco 1986, S. 28), den der Text nur in seiner Quintessenz dokumentiert. Als Umberto Eco seinen Roman *Der Name der Rose* zu schreiben begann, fertigte er lange Materiallisten mit allem an, was seine fiktive Welt realistischer Weise enthalten müßte. Er verschaffte sich also eine enzyklopädische Kompetenz.

Um den Roman, den Eco schließlich geschrieben hat, sinnvoll zu lesen, genügt es jedoch das Diskursuniversum zu studieren, zu dem er sein Wissen verdichtet hat (vgl. Eco 1987, S. 47). Zwar wird der Interpret um der einen oder anderen Absonderlichkeit willen vielleicht auch einmal ein Nachschlagewerk konsultieren, im Prinzip kann er sich die Bedeutung des Textes jedoch anhand der allgemeinen Menschenkenntnis und Welterfahrung aufschlüsseln, zu der natürlich auch seine bisher gesammelten Leseeindrücke beitragen. Insofern entspricht die Lektüre, die zwischen Text und Kontext hin-

und herläuft, der Arbeit am Roman, denn während dieser Arbeit laufen ebenfalls zwei Dialoge ab:

»einer zwischen dem entstehenden Text und allen zuvor geschriebenen Texten (jedes Buch wird aus anderen und über andere Bücher gemacht) und einer zwischen dem Autor und seinem gedachten Wunsch-, Modell oder Musterleser.« (ebd. S. 55).

Mutatis mutandis muß auch der empirische Leser, der den Textverweisen nachgeht, »einen hypothetischen Autor entwerfen« (Eco 1987, S. 76f), damit er den Roman als intentionales Gebilde bzw. als sinnvolle Äußerung auffassen kann. So wie die Fabel sind auch der Modell-Autor und der Modell-Leser zwei Bilder, »die sich erst im Laufe und am Ende der Lektüre wechselseitig definieren.« (Eco 1994, S. 36).

Dem realen Autor entspricht also ein hypothetisches Konstrukt des empirischen Interpreten, der sich seinerseits auf den ›lector in fabula‹ kapriziert. Der performative Charakter der Romanlektüre rührt folglich daher, daß sie ein imaginäres Rollenspiel mit bestimmten Formen der kybernetischen Informationsverarbeitung verbindet. Der Interpret ist einerseits an der kointenionalen Inszenierung des literarischen Diskurses beteiligt, andererseits jedoch von den Regieanweisungen des Autors abhängig.

Tatsächlich wurde der Begriff der Enzyklopädie vorgeschlagen, »um zu erklären, wie Zeichen nach einem Inferenzmodell arbeiten und auf welche Weise ihre Bedeutung als Menge ko-textuell orientierter Instruktionen interpretiert werden kann.« (Eco 1985, S. 242). Denn während ein Wörterbuch lediglich die Denotata des jeweiligen Stichwortes verzeichnet, enthält eine Enzyklopädie auch Angaben über die Verwendungszusammenhänge, in denen ein Lemma auftaucht. Es ist genau dieses empirisch fundierte Wissen um die auslegungsrelevanten Ko- und Kontexte, das der Leser eines Romans braucht.

Der vermeintliche Nachteil der Enzyklopädie, der aus ihrer Unabschließbarkeit resultiert, ist daher in Wirklichkeit ein ungeheurer Vorteil, weil nur so eine neue Bedeutung entstehen und das Wissen vermehrt werden kann. Würden Autoren und Leser auf das Lexikon der Sprache beschränkt, könnten sie zwar Wörter, aber keine Erfahrungen austauschen. Der ›regressus ad infinitum‹, dem theoretisch keine Zeichendeutung entkommen kann, ist also in Wahrheit ein ›progressus ad infinitum‹, der lediglich aus ökonomischen Gründen begrenzt wird – z.B. durch das Diskursuniversum des Textes, das, so gesehen, das gemeinsame Territorium oder den synreferentiellen Bezirk von Autor und Leser bildet.

8.3 Inferentielle Spaziergänge

Die Exkurse, zu denen der narrative Diskurs veranlaßt, indem er stillschweigend oder ausdrücklich auf Wissensbestände rekurriert, die im Text selbst nicht erläutert werden, nennt Eco »inferentielle Spaziergänge« (Eco 1987, S. 148). Obwohl das Diskursuniversum also nur einen Ausschnitt aus der Enzyklopädie darstellt, die es stillschweigend voraussetzt, geht der Leser ständig über den Text hinaus, um ihn auf bestimmte Kontexte zu beziehen. Die Rückschlüsse, die sich dabei einerseits vom Text auf den Kontext und andererseits vom Kontext auf den Text ergeben, unterstreichen noch einmal, wie ähnlich der narrative Diskurs und seine Lektüre einander im Hinblick auf ihre Verlaufsform sind.

Die Vorstellungswelt, die eine literarische Darstellung evoziiert, ist somit genau der Bereich, der durch das unentwegte Hin- und Herlaufen des Lesers zwischen den einzelnen Zeichen des Textes und seinen Bezugsgegenständen entsteht. Anders formuliert: Zeichen eröffnen Bedeutungsräume, auf die sich der Interpret mit einer bestimmten Sicht der Dinge einstellt. Jede Zeichendeutung involviert daher das Prinzip der perspektivischen Mimesis. Hierin liegt denn auch der tiefere Grund für den unauflöslichen Zusammenhang zwischen Phänomenologie und Semiologie, sofern man die Lehre von den Erscheinungen nicht wie Husserl als Wesensschau, sondern wie Charles Sanders Peirce (1839-1914) als Untersuchung dessen versteht, was sich ein Mensch, der Zeichen liest, vergegenwärtigt. Der perspektivische Charakter dieser Vergegenwärtigung kommt sehr klar darin zum Ausdruck, daß ein Zeichen für Peirce immer nur in einer bestimmten Hinsicht für etwas anderes steht. Die klassische Zeichendefinition ›aliquid stat pro aliquo‹ wird von ihm folgendermaßen erläutert:

»Ein Zeichen oder Repräsentamen ist etwas, das für jemand in irgendeiner Hinsicht für etwas anderes steht. Es wendet sich an jemanden, erzeugt also im Geist dieses Menschen ein gleichwertiges oder vielleicht ein komplexeres Zeichen. Dieses Zeichen, das es erzeugt, werde ich den Interpretanten des ersten Zeichens nennen. Das Zeichen steht für etwas, nämlich für sein Objekt. Es steht für dieses Objekt nicht in jeder Hinsicht, sondern in bezug auf eine Art von Idee, die ich zuweilen als Grundlage des Repräsentamen bezeichnet habe.« (Peirce 1931-35/1959, No. 2.228)

Ebensowenig wie der Interpretant, der selbst ein Zeichen ist, mit dem Interpreten verwechselt werden darf, ist er mit dem Referenten, dem Bezugsobjekt des Zeichens gleichzusetzen, von dem sich das Subjekt der Zeichendeutung aufgrund des Repräsentamens eine bestimmte Vorstellung macht. Dadurch, daß das Zeichen sich nur in einer bestimmten Hinsicht auf seinen Gegenstand bezieht, kann es seine Funktion nur im Rahmen eines Anschauungsraumes erfüllen. Das bedeutet zugleich, daß sein Gegenstand immer unter einem bestimmten Blickwinkel erscheint.

»Die Perspektive eines Zeichens ist ein Verhältnis zur Welt, das zwischen einem Zeichenereignis, einem semiotischen Subjekt und einem dargestellten Objekt in einem Raum besteht.« (Pape 1989, S. 233).

Es liegt auf der Hand, daß die Erzählperspektive, die sich aus der Zeichenfolge eines Textes ergibt, nach dem gleichen Muster funktioniert. Auch sie kann ihren Gegenstand nur im Kontext eines Anschauungsraumes darstellen, den der Lesers konkretisiert. Und weil die narrative Optik auf den Interpreten konvergiert, kommt es zwischen verschiedenen Interpreten zu jener typischen Divergenz der Auffassungsperspektiven, die sich einstellt, sobald ein Gegenstand von unterschiedlichen Standorten und Blickwinkeln aus anvisiert wird. Da auch ein und derselbe Interpret zu verschiedenen Zeitpunkten unterschiedliche Lesarten ein und desselben Textes entwikkeln kann, sind Bedeutungen selbst nur als zeit- und standpunktfixierte Ereignisse denkbar. Eine abschließende Interpretation kann es daher ebenso wenig wie einen finalen Interpretanten geben.

8.4 Diagrammatik und Exemplifikation

Eine der oft unterschätzen Einsichten von Peirce betrifft die diagrammatische Verknüpfung der Zeichen im Diskurs. Damit ist im Prinzip nichts anderes als die mimetische Konfiguration einzelner Sachverhalte im Text gemeint. Eco schreibt: »die Literatur organsiert Wörter, die Aspekte der Welt bezeichnen, doch das literarische Werk deutet auf die Welt hin durch die Art und Weise, wie diese Wörter angeordnet werden [...].« (Eco 1977, S. 271f). Man kann auch sagen, daß der Text mehr als die Summe seiner Worte und deren Bedeutung ist, weil die Relationen zwischen den Worten Gestalten bilden, die den Text zu einem Schaubild machen (vgl. Dumitriu 1965, S. 106f u. S. 167).

Zu beachten ist dabei, daß die Konfiguration der Worte eben nicht ein Abbild, sondern ein Schaubild – oder noch besser: ein Anschauungsmodell – für die Sachverhalte ist, die mit ihnen bezeichnet werden. Peirce hatte daher im Zusammenhang mit der Karten-Metapher von Gesetzen der Projektion gesprochen und betont, daß eine Karte nur dann als Ortsbeschreibung verstanden und zur Orientierung eingesetzt werden kann, wenn ihr Benutzer den Maßstab sowie die Regeln der Übertragung kennt und weiß, auf welches Gelände sich die Darstellung bezieht. In gleicher Weise kann der Leser die Vorstellungswelt, die ein Roman entwirft, nur dann auf seine Erfahrung beziehen, wenn er die entsprechenden Vergleichsgrößen ausgemacht und die legendären Züge des Textes entschlüsselt hat (vgl. Peirce, No. 3.419).

Die Diagrammatisierung betrifft also einerseits die Elemente des Textes und andererseits ihren Verweisungszusammenhang. Auf jeden Fall verwandelt die Relationierung der Zeichen die Funktion des Bezeichnens in eine solche des Figurierens (vgl. Iser 1982, S. 133). Die Übertragung der Figur auf die Wirklichkeit liegt jedoch allein in der Verantwortung der einzelnen Leser. Sie müssen einerseits bedenken, daß die Karte nicht das Territorium und die Version nicht die Welt selbst ist, haben aber gerade aufgrund dieser Differenz die Möglichkeit, sowohl die Realität als auch ihre fiktionale Modellierung oder Analogiebildung imaginär zu überschreiten.

Wenn aber die je spezifische Verknüpfung der Zeichen den Text zu einer komplexen Metapher macht, dann erweist sich die Interaktion von Text und Leser, ganz im Sinne von Paul Ricœur, als eine Refiguration der Konfiguration, die das sekundäre modellbildende System auf der Basis ihrer begrifflichen Präfiguration durch die Sprache darstellt. Festzuhalten ist allerdings, daß diagrammatische Phänomene nicht nur bei der fiktionalen Weise der Welterzeugung, sondern überall dort auftreten, wo es um die Lesbarkeit der Welt geht. Das Verfahren der Diagrammatisierung, »das im ganzen syntaktischen und morphologischen Bau der Sprache offenbar und obligatorisch, in seinen lexikalischen Aspekten jedoch latent und virtuell ist, entkräftet Saussures Lehre von der Arbitrarität« (Jakobson 1974 S. 28), das nur dann Gültigkeit besitzt, wenn man die symbolischen Zeichen isoliert betrachtet. Sie gilt weder für komplexe Zeichengebilde noch für die indexikalischen und für die ikonischen Zeichen, die nach Peirce in die beiden Unterklassen der Abbilder (images) und der Schaubilder (diagrams) zerfallen.

Dank Peirce' Differenzierung des Zeichenbegriffs läßt sich Platons ambivalente Haltung der Dichtung gegenüber so erklären, daß in seinen Texten nicht hinreichend die Abbildfunktion mancher Worte von der diagrammatischen Struktur der Sätze, Absätze usw. unterschieden wurde, deren Modellfunktion erst Aristoteles erkannt hat. Begreift man das Sprachkunstwerk, wie Roland Barthes »als diagrammatische und nicht imitative Struktur« (Barthes 1974, S. 83), besteht zwischen der diskursiven und figurativen Sprache gar kein Gegensatz, sondern ein Verhältnis der wechselseitigen Ergänzung.

»Wir verlangen als Menschen komplementär neben einer begrifflich-wissenschaftlichen eine anschaulich-ästhetische Welterschließung.« (Gabriel 1991, S. 216).

Das bedeutet zugleich, »daß die Künste als Modi der Entdeckung, Erschaffung und Erweiterung des Wissens – im umfassenden Sinne des Verstehensfortschrittes – ebenso ernst genommen werden müssen wie die Wissenschaften.« (Goodman 1984, S. 127). Um Kunst und Wissenschaft einerseits als Weisen der Welterzeugung auszuweisen und andererseits zu unterscheiden, hat Goodman eine Theorie der Bezugnahme entwickelt, derzufolge eine Version die Welt buchstäblich denotieren, einige ihrer Eigenschaften anhand bestimmter Merkmale, die sie selbst besitzt, exemplifizieren oder auf metaphorische Weise ausdrücken kann. Was zum Ausdruck gebracht wird, ist dagegen metaphorisch exemplifiziert (Goodman 1987, S. 94).

Wie eine Exemplifikation funktioniert, veranschaulicht Goodman am Beispiel der Stoffprobe. Sie muß im Besitz der Eigenschaften sei, die sie zu einem Musterstück machen. Doch nicht alles, was eine Stoffprobe vor Augen führt, soll auch exemplifiziert werden. Exemplifikatorisch ist etwa ihre Farbe oder Textur, nicht aber ihre Größe gemeint. Daher brauchen Exemplifikationen, ähnlich wie Karten, eine Legende, die dort, wo sie der Text nicht mitliefert, erschlossen werden muß.

Die Frage, worauf eine Metapher, eine Exemplifikation oder eine Fiktion zutreffen, ist daher ebenso wie die Frage, ob sie ihrem Gegenstandsbereich eine angemessene Gestalt verleihen, immer nur im Einzelfall und nicht auf der Basis einer globalen Gleichsetzung oder Distinktion von Dichtung und Wahrheit zu beantworten. Was »ein Roman exemplifiziert oder ausdrückt, reorganisiert eine Welt oft drastischer als das, was das Werk buchstäblich oder figurativ sagt oder abbildet.« (Goodman 1984, S. 131f). Gottlieb Gabriel, für den Goodmans Einsichten in die Komplementarität von Kunst und Wissenschaft unabhängig von ihrer nominalistischen Formulierung Gültigkeit besitzen (vgl. Gabriel 1991, S. 193), übersetzt sie in eine offenbar an Aristoteles geschulte Terminologie, wenn es bei ihm heißt: »Dichtung bezieht sich nicht direkt-referentiell auf die Welt, indem sie über diese etwas aussagt, sondern indirekt-exemplarisch, indem sie Welt vorführt.« (ebd. S. 216).

Noch genauer wäre es wohl, zu sagen, daß Sprachkunstwerke hybride Gebilde sind, die sich sowohl direkt als auch indirekt auf die Welt beziehen und sie ebenso gut exemplarisch wie metaphorisch vor Augen führen, denotieren oder ausdrücken können. Zumindest der Roman ist jedenfalls nicht auf eine bestimmte Art der Bezugnahme und damit auch nicht auf eine bestimmte Weise der Welterzeugung beschränkt. Das hat insbesondere Ann Jefferson hervorgehoben. Sie schlägt vor, Romane als einen Ort anzusehen, an dem verschiedene Weltbilder, Anschauungsformen und Begriffsverfahren getestet und durchexerziert, gegeneinander ausgespielt und mit einander verschränkt werden (vgl. Jefferson 1980, S. 237).

Ähnlich sieht es Inge Crosman. Auch sie geht davon aus, daß Sprachen oder andere Symbolsysteme die Welt nicht imitieren, sondern Welt-Versionen konstruieren. Da der Roman sowohl diese Konstrukte als auch die Konstruktionsverfahren thematisiere und problematisiere, laufe seine Lektüre auf ihre Reversion hinaus. Der Akzent kann dabei entweder auf der Re- oder auf der Dekonstruktion der Weltbilder liegen, grundsätzlich gilt jedoch, daß der Roman die weltbildnerische Funktion der Sprache nicht einfach übernimmt, sondern kritisch reflektiert (vgl. Crosman 1983).

8.5 Die Situationssemantik

Die weltbildnerische Funktion des Romans betrifft, wie mehrfach angedeutet wurde, vor allem den Umstand, daß die Menschen ihre Lebenswelt als einen Verweisungszusammenhang von Situationen erfahren. Diesem Umstand trägt die relationale Semantik Rechnung, die Jon Barwise und John Perry entwickelt haben. Während die metaphorologische Bedeutung dieser Theorie auf der Hand liegt, wird ihre narratologische und poetologische Relevanz erst klar, wenn man sie im Zusammenhang der Ausführungen von C. Altieri betrachtet:

Ähnlich wie den Sprechakttheoretikern geht es Charles Altieri um die pragmatische Dimension der Literatur und um die Befriedigung, die ihre Autoren und Interpreten aus der fiktionalen Verständigung ziehen (vgl. Altieri 1981, S. 1f). Seiner Ansicht nach kann man literarische Texte am besten als Handlungen verstehen, die auf verschiedenen Ebenen durchgeführt werden, um den Lesern Anstöße zu einer kontemplativen Beschäftigung mit den Werten zu liefern, die diese Handlungen ausdrücken (vgl. ebd. S. 10). Möglich wird dies, weil die Deutung der Texte auf jene Methoden der Projektion rekurriert, die Ludwig Wittgenstein beschrieben hat (vgl. ebd. S. 24). Wittgenstein war zunächst der Auffassung gewesen, daß Sätze wie bildliche Modelle der Sachverhalte aufgefaßt werden können, die sie aussagen. Später erkannte er, daß Sätze, Absätze usw. nur Sinn ergeben, wenn der Interpret ihren Bedeutungsgehalt auf Sachverhalte projiziert (vgl. ebd. S. 45). Ohne Peirce' Begriff des Diagramms zu verwenden, gelangte also auch Wittgenstein zu ähnlichen Schlußfolgerungen über die sprachliche Konfiguration von Sachverhalten.

Altieri schließt sich dem Theorem der Projektion an und ergänzt es in einem wichtigen Punkt: da es angemessene und unangemessene Methoden der Projektion gibt, kann der Spracherwerb, wie schon Wygotski wußte, nicht ausschließlich darin bestehen, Worte, ihre Bedeutung und ihre regelgerechte Verknüpfung zu lernen. Eingeübt werden muß darüber hinaus, wie Aussagen auf Situationen bzw. Texte auf Kontexte zu übertragen sind (vgl. ebd. S. 55). So versteht man zum Beispiel die Aussage, daß jemand verliebt sei, indem man sich unter Rückgriff auf die eigene Lebens- und Leseerfahrung Situationen vorstellt, in denen eine solche Aussage Sinn macht (vgl. ebd. S. 62).

Da viele Situationen dynamisch sind, spricht Altieri zuweilen auch von Szenarios. Diese Ausdrucksweise hat den Vorteil, daß sie mit dem Konzept der Szenographie vereinbar ist, das Umberto Eco entwickelt hat. Die Szenographie ist »ein virtueller Text oder eine kondensierte Geschichte« (Eco 1987, S. 100), die sich der Leser vorstellt, wenn er die Aussagen eines Erzählers auf entsprechende Sachverhalte oder Ereignisfolgen projiziert. Es ist klar, daß der Handlungs- und Sinnzusammenhang eines Textes wesentlich aus solchen Szenographien besteht. Folglich erweitert die Kenntnis literarischer Situationen und Szenarios die Fähigkeit des Menschen, seine Umwelt sinnvoll auszulegen (vgl. Altieri 1981, S, 68).

Der Akt der Situierung, durch den Altieri die Pragmalinguistik mit der situativen Semantik verbindet, besteht nun zur Hauptsache darin, auszuprobieren, welches Szenario zu einer Äußerung paßt (vgl. ebd. S. 161). Das Kriterium des »Passens« gilt sowohl in rezeptions- als auch in produktionsästhetischer Hinsicht. Zum Beweis führt Altieri Henry James an, der in seinen *Notebooks* ausgeführt hatte, wie sich ein Text, verstanden als Szenenfolge, von einer Szene aus aufbauen läßt, indem ihre Handungsimpulse und -motive ausgeführt, auf Handlungsträger verteilt und in Konflikte verwickelt werden (vgl. ebd. S. 129f). Im Wechselspiel von Dramaturgie und Szenographie bilden sich Leitmotive, Handlungsstränge und Erzählperspektiven, während die Bedeutung des Textes mit den Kontexten, d.h. mit den Projektionsflächen wächst, auf die ihn seine Leser beziehen.

In diesem Zusammenhang wird für Altieri auch die Theorie der Bezugnahme von Goodman relevant. Vor allem die Exemplifikation erlaubt es Altieri zu zeigen, wie literarische Texte auf Einstellungen oder Werthaltungen bezug nehmen (vgl. ebd. S. 272), zumal auch Goodman betont, daß die Bedeutung einer Exemplifikation von der Projektion ihrer bedeutsamen Merkmale auf geeignete Kontexte abhängt.

Ein literarischer Text drückt Werte jedoch nicht nur aus, er weckt beim Leser auch bestimmte Einstellungen und verleiht der ästhetischen Erfahrung so eine ethische Dimension. Das geschieht vor allem, weil das aufmerksame Lesen, das ein Sprachkunstwerk erfordert, die Sensibilität des Lesers für die feinen Unterschiede schärft, deren Beachtung einen rücksichtsvollen Umgang der Menschen miteinander gestatten. Das aufmerksame Lesen (»attentive reading«) ist für Altieri daher ein Modell für den angemessenen Umgang des Menschen mit seinesgleichen (vgl. ebd. S. 298). Ihr Gegenteil ist jene Indolenz sich selbst und anderen gegenüber, die auch in der Romanlektüre nur einen nutzlosen Zeitvertreib sehen kann.

Altieris Konzept der aufmerksamen Lektüre läßt sich ohne Schwierigkeiten mit der Romantheorie von Peter Jones vereinbaren. Jones beginnt seine Argumentation mit der Feststellung, daß nicht nur die narrative Optik, sondern auch die Textinterpretation an bestimmte Blickwinkel und Standorte gebunden ist. Der Streit der Interpreten geht daher vor allem um die Frage, welche Blickwinkel und Standorte einem Text angemessen sind (vgl. Jones 1975, S. 182). Jones schlägt nun vor, die Textinterpretation am Modell der zwischenmenschlichen Verständigung zu orientieren: Jemanden zu verstehen und den Sinn seiner Argumentation zu erfassen, heißt zu wissen, wie man sich ihm gegenüber verhalten soll und kann. Das Verständnis dient dabei nicht der Kontrolle des anderen, sondern der Kontrolle des eigenen Verhaltens in Bezug auf den anderen. Eine ähnliche Einstellung sei auch Romanen gegenüber angebracht (vgl. ebd. S. 196f) da sie, Personen vergleichbar, Argumente vorbringen und anhand von tatsächlichen oder möglichen Geschichten veranschaulichen (vgl. ebd. S. 200). Wie jede andere Argumentation habe auch die exemplarische des Romans Anspruch darauf, wohlwollend geprüft zu werden.

Allerdings bringt ein Romanschriftsteller seine Argumentation zumeist nicht explizit und diskursiv, sondern implizit durch eine Narration mit bestimmten Wertakzenten zum Ausdruck, die auf verschiedene Stimmen verteilt sein können. Das Rollenspiel der Genreform-Masken und das Phänomen der Stimmeninterferenz verhindern, daß der Text als autoritative Setzung oder als unmittelbarer Ausdruck der Verfassermeinung verstanden werden kann. Seine Entschlüsselung ist der Dialektik von Zeigen und Verschweigen unterworfen, die den Roman zu einer komplexen Metapher macht.

Wenn es aber stimmt, daß sich der Mensch immer in bestimmten Situationen befindet, und Situationen stets durch bestimmte An- und Einsichten, durch Handlungsoptionen und durch Stimmungen gekennzeichnet sind, kann man mit Gerhard Hoffman davon ausgehen, »daß Literatur und insbesondere Erzählliteratur als situative Umsetzung von Bedeutung zu verstehen ist.« (Hoffmann 1978, S. X). Unter dieser Voraussetzung läßt sich ihre Bedeutung mit den Methoden der Situationssemantik erfassen, die J. Barwise und J. Perry entwickelt haben. Einer ihrer Leitgedanken ist die Effizienz der Sprache:

»Ausdrücke, die von verschiedenen Leuten an verschiedenen Orten zu verschiedener Zeit mit unterschiedlichem Zugang zur Welt um sie herum gebraucht werden, können ganz verschieden interpretiert werden, obwohl sie dabei ihre sprachliche Bedeutung bewahren.« (Barwise/Perry 1987, S. 5).

Aus der Effizienz der Sprache läßt sich zunächst einmal folgern, daß Ausdrücke kontextspezifisch interpretiert werden. Ein und derselbe Text kann in unterschiedlichen Zusammenhängen verschiedene Deutungen erfahren. Ross Chambers hat in seinem Buch *Story and Situation* gezeigt, daß sich die Effizienz der Sprache auch auf die Erzählliteratur erstreckt: »the ›same‹ story can have a quite different point when it is told in different situations.« (Chambers 1984, S. 3).

Ein anderer Leitgedanke von Barwise und Perry besagt, daß die gesamte Wirklichkeit aus Situationen besteht, so daß sich der Mensch immer im Kontext irgendeiner Situation befindet, die seine Wahrnehmung beschränkt (vgl. ebd. S. 9). Die Frage ist nun, wie der Mensch sich all die unzähligen Situationen, aus denen die Welt besteht, sinnvoll aufschlüsseln kann. Offenbar geht das nur, wenn es vergleichbare Situationen und damit die Möglichkeit gibt, Invarianten oder Situationstypen auszubilden (vgl. ebd. S. 12f).

Schon Aristoteles hatte erkannt, daß der Mensch unbekannte Situationen auf bekannte zurückführt, und daß dabei eine Bedeutungsübertragung vom Bekannten auf das Unbekannte stattfindet, die den Deutungsvorgang in die Nähe der Metaphernbildung rückt (vgl. Aristoteles 1993, S. 177ff). Auch Barwise und Perry betonen, daß die Analogien und Differenzen zwischen den Situationstypen der Welt eine gewisse Textur verleihen. Bedeutung wird von ihnen daher »als eine Relation zwischen verschiedenen Situationen aufgefaßt.« (Barwise / Perry 1987, S.8). Dabei kann man die Äußerungssituation, in der ein sprachlicher Ausdruck gebraucht wird, von jener Bezugssituation unterscheiden, der seine Bedeutung entstammt. (vgl. ebd. S. 42f). Die Äußerungs- oder Diskurs-Situation und die Bezugs- oder Rekurs-Situation ergeben gemeinsam mit der Beziehung von Sender und Empfänger den Verwendungskontext, durch den die Bedeutung des Ausdrucks spezifiziert wird.

Anders gesagt: die Situations-Semantik ist eine pragmatische Theorie der Bedeutungsentnahme und -übertragung, derzufolge die externe Signifikanz der Sprache wichtiger ist als die sprachinterne Bestimmung eines Ausdrucks durch andere Ausdrücke, die de Saussure dazu veranlaßt hatte, die Sprache auf ein System von Differenzen zu reduzieren.

Auch »die mentale Signifikanz der Sprache, einschließlich der Rolle von Sätzen in Einstellungsberichten, wird durch ihre richtig verstandene externe Signifikanz adäquat erklärt.« (ebd. S. 57). Um einen Einstellungsbericht wie »Melanie sah Jim eine Sardelle essen« oder »Melanie wußte, daß der rothaarige Junge eine Sardelle gegessen hatte« angemessen zu verstehen, muß man daher die Wahrnehmungssituation, die das Einstellungsverb (»sehen« bzw. »wissen«) bezeichnet, die Diskurssituation des Einstellungsberichtes und die wahrgenommene Situation auf Rekursituationen beziehen können. Es reicht nicht aus, zu wissen, was die einzelnen Worte bedeuten, man muß darüber hinaus erkennen, daß die wahrgenommene, externe Situation den mentalen Zustand von Melanie spezifiziert. Zu berücksichtigen sind dabei auch die typischen Beschränkungen, denen etwas zu »sehen« oder zu »wissen« unterliegt – Beschränkungen, die man ja aus der eigenen Erfahrung kennt. Um einen Einstellungsbericht zu verstehen, muß man ihn also zum einen auf die Wahrnehmungssituation einer anderen Person und zum anderen auf die von ihr wahrgenommene Situation beziehen, was nur gelingen kann, wenn es für beide Situationen in der eigenen Erfahrung Vergleichsfälle gibt.

Gerade im Zusammenhang mit der von Mieke Bal entwickelten Matrix von Narrator, Fokalisator und Aktor, derzufolge Erzählungen ja eine Überlappung von Wahrnehmungs- und Handlungsbericht sind, zu denen sich ihre Interpreten mimetisch verhalten müssen, kann die Situationssemantik helfen, zu erklären, wie die narrative Optik und die Erzählgrammatik ineinandergreifen, um den Leser mit Informationen zu versorgen, die über den Text hinausweisen. Die Grundsituation von Bals Matrix – »X relates that Y sees that Z does« -läßt sich daher folgendermaßen umschreiben:

In dieser Diskurssituation liefert der Erzähler X dem Leser einen Einstellungsbericht, der auf die Wahrnehmungssituation von Y rekurriert, in deren Fokus die Handlung von Z steht. Aufzuschlüsseln ist dieser Bericht anhand des empirischen Wissens, daß der Interpret a) über Handlungen von dem Typ, den Z ausführt, sowie b) über die Beschränkungen der Wahrnehmungssituation von Y und c) über die Erzählperspektive von X besitzt. Möglich wird dies, weil der Einstellungsbericht eine Bezugssituation ausbeutet, die der Leser, wenn nicht dem Inhalt so doch der Form nach, aus eigener Anschauung kennt. Der Satz »X relates that Y sees that Z does« bezeichnet also eine Wahrnehmungssituation, die in eine bestimmte Erzählsituation eingebettet ist, welche wiederum Aufschluß über ihre textinterne Bedeutung gibt. Der Sinn dieser textinternen Bedeutung läßt sich jedoch nur ermessen, weil der Leser die externe Signifikanz der eingebetteten Situation kennt.

9. Zusammenfassung

In seiner Eigenschaft als dialogisch orientiertes Sprachkunstwerk reflektiert der Roman den sozialen Redeverkehr, seine Gegensätze und Widersprüchlichkeiten. Das Phänomen der Stimmen-Interferenz, die Tempus-Paradoxien, die Verschachtelung von Fiktion und Realität sowie der paragrammatische Umgang mit der literarischen Tradition weisen den Roman als eine hybride Konstruktion aus. Der narrativen Optik entspricht einerseits die chronotopische Anlage der Historie und andererseits jene Dialektik von Zeigen und Verschweigen, auf die sich der Interpret mit seiner perspektivischen und emphatischen Mimesis einstellen muß, um der internen und externen Signifikanz des narrativen Diskurses auf die Spur zu kommen. Die display-Funktion des Romans beruht auf der (diagrammatischen) Konfiguration möglicher Handlungsabläufe, Bewußtseinszustände und anderer Sachverhalte; pragmatische Relevanz erlangt diese Funktion allerdings erst dadurch, daß ihre Refiguration im Verlauf der Romanlektüre die Situationssemantik der menschlichen Erfahrung erweitert oder modifiziert. Mindestens ebenso auslegungsbedürftig wie die Analogiebildungen sind dabei die Differenzierungsmomente der narrativen Legende. »Die Romanciers zeichnen die Karte der Existenz, indem sie diese oder jene menschliche Möglichkeit aufdecken« (Kundera 1992, S. 51), doch jeder einzelne Roman sagt zu seinem Leser: »Die Dinge sind komplizierter als du denkst.« (ebd. S. 26).

V. Bibliogaphie

1. Einleitung

R. M. Albérès: *Geschichte des modernen Romans*, Düsseldorf Köln 1964.

H. Blumenberg: *Paradigmen zu einer Metaphorologie*, Bonn 1960.

H. Blumenberg: Wirklichkeitsbegriff und Möglichkeit des Romans, *Zur Struktur des Romans*, hrsg. v. B. Hillebrand, Darmstadt 1978, S. 236-267.

U. Eco: *Das offene Kunstwerk*, Frankfurt am Main 1977.

U. Eisele: *Die Struktur des modernen deutschen Romans*, Tübingen 1974.

R. Freedman: The Possibility of a Theory of the Novel, *The Disciplines of Criticism, Essays in Literary Theory, Interpretation and History*, hrsg. v. P. Demetz u.a., New Haven London 1968, S. 57-77.

B. Hillebrand: *Theorie des Romans, Erzählstrategien der Neuzeit*, Stuttgart Weimar 3. Auflage 1993

R. Koskimies: *Theorie des Romans*, Darmstadt 1966.

K. Migner: *Theorie des modernen Romans, Eine Einführung*, Stuttgart 1970.

J. H. Petersen: *Der deutsche Roman der Moderne, Grundlegung – Typologie – Entwicklung*, Stuttgart 1991.

G. Prince: *Narratology, The Form and Functioning of Narrative*, Berlin New York Amsterdam 1982.

D. Scheunemann: *Romankrise, Die Entstehungsgeschichte der modernen Romanpoetik in Deutschland*, Heidelberg 1978.

J. Schramke: *Zur Theorie des modernen Romans*, München 1974.

T. Todorov: Die Lektüre als Rekonstruktion des Textes, *Erzählforschung 2, Theorien, Modelle und Methoden der Narrativik*, hrsg. v. W. Haubrichs, Göttingen 1977, S. 240-259.

I. Watt: *Der bürgerliche Roman, Aufstieg einer Gattung*, Frankfurt am Main 1974.

2. Entwicklungsgeschichte der Romantheorie

2.1 Anthologien zur historischen Poetik des Romans

R. Grimm (Hrsg.): *Deutsche Romantheorien, Beiträge zu einer historischen Poetik des Romans in Deutschland*, Frankfurt am Main Bonn 1968.

D. Kimpel; C. Wiedemann (Hrsg.): *Theorie und Technik des Romans im 17. und 18. Jahrhundert*, 2 Bde., Tübingen 1970.

E. Lämmert u.a. (Hrsg.): *Romantheorie, Dokumentation ihrer Geschichte in Deutschland*, Bd. 1 1620-1880, Köln Berlin 1971; Bd. 2. Seit 1880, Köln Berlin 1975.

H. Steinecke (Hrsg.): *Theorie und Technik des Romans im 19. Jahrhundert*, Tübingen 1970.

– : *Theorie und Technik des Romans im 20. Jahrhundert*, Tübingen 1972.

2.2 Von der Antike bis zur Aufklärung

Aristoteles: *Poetik*, Stuttgart 1991.

– : *Rhetorik*, München 1993.

– : *Metaphysik, Schriften zur ersten Philosophie*, Stuttgart 1993.

F. v. Blanckenburg: *Versuch über den Roman*, Faksimiledruck der Originalausgabe von 1774, Stuttgart 1965.

– : Rezension über Goethes ›Werther‹, *Theorie und Technik des Romans im 17. und 18. Jahrundert* Bd.1, hrsg. v. D. Kimpel u. C. Wiedemann, Tübingen 1970, S. 138-141.

U. Eco: *Nachschrift zum ›Namen der Rose‹*, München 1987.

H. Fielding: *Die Abenteuer des Joseph Andrews und seines Freundes Mr. Abraham Adams*, Zürich 1987.

– : *Tom Jones, Die Geschichte eines Findlings*, München 1978.

A. Furetière: *Der Bürgerroman*, Basel Frankfurt am Main 1992.

R. Girard: *Deceit, Desire and the Novel, Self and Other in Literary Structure*, Baltimore London 1965.

Jean Paul: *Vorschule der Ästhetik*, Sämtliche Werke, Abteilung I, Band 5, hrsg. v. N. Miller, Frankfurt am Main 1996.

J. W. v. Goethe: Maximen und Reflexionen, *Theorie und Technik des Romans im 17. und 18. Jahrhundert* Bd. 2, hrsg. v. D. Kimpel u. C. Wiedemann, Tübingen 1970, S. 58.

J. W. Goethe: Über epische und dramatische Dichtung, ebd., S. 55-57.

– : *Wilhelm Meisters Lehrjahre*, 5. Buch, 7. Kapitel, ebd., S. 51f.

J. C. Gottsched: *Versuch einer Critischen Dichtkunst*, Ausgewählte Werke, hrsg. v. J. Birke u. B. Birke, 6. Bd., 2. Teil, Berlin New York 1973.

W. E. Greiner: *Studien zur Entstehung der englischen Romantheorie an der Wende zum 18. Jahrhundert*, Tübingen 1969.

G. Heidegger: *Mythoscopia Romantica oder Discours von den so benannten Romans*, Faksimiledruck nach dem Originaldruck von 1698, Bad Homburg Berlin Zürich 1969.

J. G. Herder: 99. Brief zur Beförderung der Humanität, *Theorie und Technik des Romans im 17. Und 18. Jahrhundert* Bd. 2, hrsg. v. D. Kimpel u. C. Wiedemann, Tübingen 1970, S. 36-39.

H. Hiebel: *Individualität und Totalität, Zur Geschichte und Kritik des bürgerlichen Poesiebegriffs von Gottsched bis Hegel anhand der Theorien über Roman und Epos*, Bonn 1974.

Quintus Horatius Flaccus: *Ars Poetica, Die Dichtkunst*, Stuttgart 1984.

P. D. Huet: *Traité de l'origine des romans*, Faksimiledruck nach der Erstausgabe von 1670 und der Happelschen Übersetzung von 1682, Stuttgart 1966.

G. W. Leibniz, Brief an Herzog Anton Ulrich, *Theorie und Technik des Romans im 17. und 18. Jahrhundert* Bd.1, hrsg. v. D. Kimpel u. C. Wiedemann, Tübingen 1970, S. 67f.

H.-J. Ortheil: *Der poetische Widerstand im Roman, Geschichte und Auslegung des Romans im 17. und 18. Jahrhundert*, Königstein 1980.

Platon: *Werke in acht Bänden*, Darmstadt 1990.

Platon: *Der Staat*, München 1991.

M. F. Quintilian: *Institutio oratoria X, Lehrbuch der Rhetorik, 10. Buch*, Stuttgart 1985.

R. Selbmann: *Der deutsche Bildungsroman*, Stuttgart 1984.

M. de Staël: Versuch über die Dichtungen, *Goethe Gedenkausgabe* Bd. 15, Zürich Stuttgart 1953, S. 335-361.

K. Vossler: Der Roman bei den Romanen, *Zur Poetik des Romans*, hrsg. v. V. Klotz, Darmstadt 1965, S. 1-14.

J. K. Wezel: Vorrede zu ›Hermann und Dorothea‹, *Theorie und Technik des Romans im 17. und 18. Jahrhundert* Bd. 2, hrsg. v. D. Kimpel u. C. Wiedemann, Tübingen 1970, S. 23-27.

C. M. Wieland: *Geschichte des Agathon*, Sämmtliche Werke Bd. I, Hamburg 1984.

2.3 Von der Romantik bis zum nouveau roman

Th. W. Adorno: *Noten zur Literatur*, Frankfurt am Main 1974.

E. Auerbach: *Mimesis, Dargestellte Wirklichkeit in der abendländischen Literatur*, Bern München 3. Auflage 1964.

W. Benjamin: Krisis des Romans, Zu Döblins ›Berlin Alexanderplatz‹, *Angelus Novus, Ausgewählte Schriften* Bd. 2, Frankfurt 1966, S. 437-443.

– : Der Erzähler, Betrachtungen zum Werk Nikolai Lesskows, *Illuminationen, Ausgewählte Schriften*, Frankfurt am Main 1977, S. 385-410.

M. Butor: *Repertoire*, 3 Bde., München 1963-1965.

A. Camus: *Der Mythos von Sisyphos, Ein Versuch über das Absurde*, Hamburg 1984.

– : *Der Mensch in der Revolte*, Reinbek bei Hamburg 1988.

M. Durzak: Der moderne Roman, Möglichkeiten einer Theorie des Romans am Beispiel von Georg Lukács, Basis, Jahrbuch f. dt. Gegenwartsliteratur (1970) , S. 9-41.

L. Goldmann: *Dialektische Untersuchungen*, Neuwied Berlin 1966.

– : *Soziologie des modernen Romans*, Frankfurt am Main 1970.

G. W. F. Hegel: *Ästhetik*, 2 Bde., hrsg. v. F. Bassenge, Berlin 1985.

R.-P. Janz: Zur Historizität und Aktualität der ›Theorie des Romans‹ von Georg Lukács, Jahrbuch d. dt. Schillergesellschaft 22 (1978) S. 674-699.

W. Jung: *Georg Lukács*, Stuttgart 1989.

E. v. Kahler: *Untergang und Übergang, Essays*, München 1970.

G. R. Kaiser: ›Klassenbewußtsein‹ und ›vision du monde‹, Das frühe Werk von Georg Lukács und Lucien Goldmanns ›genetischer Strukturalismus‹, *Der Streit mit Georg Lukács*, hrsg. v. H.-J. Schmitt, Frankfurt am Main 1978, S. 173-215.

G. Lukács: *Geschichte und Klassenbewußtsein, Studien über marxistische Dialektik*, Neuwied Berlin 1970.

– : *Essays über Realismus*, Neuwied 1971.

– : *Gelebtes Denken, Eine Autobiographie im Dialog*, Frankfurt am Main 1981a.

– : *Moskauer Schriften, Zur Literaturtheorie und Literaturpolitik 1934-1940*, Frankfurt am Main 1981b

– : *Die Theorie des Romans, Ein geschichtsphilosophischer Versuch über die Formen der großen Epik*, München 1994.

D. H. Miles: Portrait of the Marxist as Young Hegelian, Lukács ›Theory of the Novel‹, Publications of the Modern Language Association of America 94 (1979), S. 22-35.

Novalis: Vorarbeiten zu verschiedenen Fragmentsammlungen, *Theorie und Technik des Romans im 17. und 18. Jahrhundert* Bd. 2, hrsg. v. D. Kimpel u. C. Wiedemann, Tübingen 1970, S. 112-116.

A. Robbe-Grillet: *Argumente für einen neuen Roman, Essays*, München 1965.

N. Sarraute: *Zeitalter des Argwohns, Über den Roman*, Köln Berlin 1965.

F. W. J. Schelling: Philosophie der Kunst, *Theorie und Technik des Romans im 17. und 18. Jahrhundert* Bd. 2, hrsg. v. D. Kimpel und C. Wiedemann, Tübingen 1970, S. 122-132.

A. Schirokauer: Bedeutungswandel des Romans, *Zur Poetik des Romans*, hrsg. v. V. Klotz, Darmstadt 1965, S. 15-31.

F. Schlegel: Lyceums-Fragmente, *Theorie und Technik des Romans im 17. und 18. Jahrhundert* Bd. 2, hrsg. v. D. Kimpel und C. Wiedemann, Tübingen 1979, S. 82-84.

– : Athenäums-Fragmente, ebd., S. 84-89.

F. Schlegel: Rede über Mythologie, ebd., S. 104-108.

K. W. F. Solger: *Vorlesungen über Ästhetik*, Darmstadt 1962.

F. Th. Vischer: *Aesthetik oder Wissenschaft des Schönen*, München 1923.

I. Wohlfarth: Krise der Erzählung, Krise der Erzähltheorie, Überlegungen zu Lukács, Benjamin und Jauss, *Erzählung und Erzählforschung im 20. Jahrhundert*, hrsg. v. R. Kloepfer u. G. Janetzke-Dillner, Stuttgart u.a. 1981, S. 269-288.

3. Diskussion der Erzählperspektive

M. Bachtin: *Formen der Zeit im Roman, Untersuchungen zur historischen Poetik*, Frankfurt am Main 1989.

M. Bal: *Narratologie, Essais sur la signification narrative dans quatre romans modernes*, Amsterdam 1977.

– : Notes on narrative embedding, Poetics Today 2:2 (1981a), S. 41-59.

– : The Laughing Mice or: On Focalization, Poetics Today 2:2 (1981b), S. 202-210.

R. Baumgart: *Aussichten des Romans oder Hat die Literatur Zukunft? Frankfurter Vorlesungen*, München 1970.

W. C. Booth: *Die Rhetorik der Erzählkunst*, 2. Bde., Heidelberg 1974.

U. Baur: Deskriptive Kategorien des Erzählverhaltens, *Erzählung und Erzählforschung im 20. Jahrhundert*, hrsg. v. R. Kloepfer u. G. Janetze-Dillner, Stuttgart u.a. 1981, S. 31-39.

U. Broich: Gibt es eine neutrale Erzählsituation?, Germanisch-Romanische Monatsschrift 33 (1983), S. 129-145.

W. Bronzwaer: Mieke Bal's Concept of Focalization, A Critical Note, Poetics Today 2:2 (1981), S. 193-201.

C. Brooks; R. P. Warren: *Understanding Fiction*, New York 1943.

S. Chatman: *Story and Discourse, Narrative Structure in Fiction and Film*, Ithaca London 1978.

D. Cohn: The Encirclement of Narrative, On Franz Stanzel's ›Theorie des Erzählens‹, Poetics Today 2:2 (1981), S. 157-182.

G. Farner: Käte Hamburger und das Problem des fiktiven Erzählers, Orbis Litterarum 33 (1978), S. 111-122.

G. Flaubert; G. Sand: *Eine Freundschaft in Briefen*, hrsg. v. Alphonse Jacob, München 1982.

E. M. Forster: *Ansichten des Romans*, Frankfurt am Main 1962.

K. Friedemann: *Die Rolle des Erzählers in der Epik*, Darmstadt 1965.

N. Friedman, Point of View in Fiction: The development of a Critical Concept, Publications of the Modern Language Association of America 70 (1955), S. 1160-1184.

W. Füger: Zur Tiefenstruktur des Narrativen, Prolegomena zu einer generativen ›Grammatik‹ des Erzählens, Poetica 5 (1972), S. 268-292.

G. Genette: *Die Erzählung / Neuer Diskurs der Erzählung*, München 1994.

J. J. Gibson: *Wahrnehmung und Umwelt, Der ökologische Ansatz in der visuellen Wahrnehmung*, München Wien Baltimore 1982.

R. Gnutzmann: Standpunkt – point of view – point de vue, Orbis Litterarum 32 (1977), S. 254-264.

G. v. Graevenitz: *Die Setzung des Subjekts, Untersuchungen zur Romantheorie*, Tübingen 1973.

K. Hamburger: *Die Logik der Dichtung*, Frankfurt am Main Berlin Wien 1980.

U. Hansen: Segmentierung narrativer Texte, Zum Problem der Erzählperspektive in der Fiktionsprosa, Text und Kontext 3 (1975), S. 3-48.

H. James: *Tagebuch eines Schriftstellers, Notebooks*, Köln Berlin 1965.

H. James: *Die Kunst des Romans, Ausgewählte Essays zur Literatur*, Hanau am Main 1984.

W. Kayser: Wer erzählt den Roman, *Zur Poetik des Romans*, hrsg. v. V. Klotz, Darmstadt 1965, S. 197-216.

W. Kummer: Sprechsituation, Aussagesystem und die Erzählsituation des Romans, Ein Beitrag zur Theorie der Kommunikationsspiele, Literaturwissenschaft und Linguistik 2 (1972), S. 83-105.

S. S. Lanser: *The Narrative Act, Point of View in Prose Fiction*, Princeton 1981.

E. Leibfried: *Kritische Wissenschaft vom Text, Manipulation, Reflexion, Transparente Poetik*, Stuttgart 1970.

K. Ley: ›Madame Bovary‹ als literarisches Ereignis, *Das 19. Jahrhundert, Aufbruch in die Moderne*, hrsg. v. W. Buckl u. P. Geyer, Regensburg 1996, S. 93-119.

W. Lockemann: Zur Lage der Erzählforschung, *Zur Struktur des Romans*, hrsg. v. B. Hillebrand, Darmstadt 1978, S. 268-289.

P. Lubbock: *The Craft of Fiction*, London 1921.

V. Neuhaus: *Typen multiperspektivischen Erzählens*, Köln Wien 1974.

A. Nünning: ›Point of view‹ oder ›focalization‹? Über einige Grundlagen und Kategorien konkurrierender Modelle der erzählerischen Vermittlung, Literatur in Wissenschaft und Unterricht 23 (1990), S. 249-268.

J. H. Petersen: Kategorien des Erzählens, Zur systematischen Deskription epischer Texte, Poetica 9 (1977), S. 167-195.

– : Erzählforschung als Spiegel literaturwissenschaftlicher Theorie-Diskussion, Zeitschrift f. dt. Philologie 99 (1980), S. 597-615.

– : *Erzählsysteme, Eine Poetik epischer Texte*, Stuttgart Weimar 1993.

J. Pouillon: *Temps et le roman*, Paris 1946.

P. Ricœur: *Zeit und Erzählung*, Bd. 3 München 1991.

B. Romberg: *Studies in the Narrative Technique of the First Person Novel*, Stockholm Uppsala 1962.

R. Rorty: *Der Spiegel der Natur, Eine Kritik der Philosophie*, Frankfurt am Main 1987.

F. Spielhagen: *Theorie und Technik des Romans*, Leipzig 1883.

F. K. Stanzel: Episches Präteritum, Erlebte Rede, Historisches Präsens, *Zur Poetik des Romans*, hrsg. v. V. Klotz, Darmstadt 1965, S. 319-338.

– : Zur Konstituierung der typischen Erzählsituationen, *Zur Struktur des Romans*, hrsg. v. B. Hillebrand, Darmstadt 1978, S. 558-576.

– : Wandlungen des narrativen Diskurses in der Moderne, *Erzählung und Erzählforschung im 20. Jahrhundert*, hrsg. v. R. Kloepfer u. G. Janetzke-Dillner, Stuttgart u.a. 1981, S. 371-383.

– : *Typische Formen des Romans*, Göttingen 11. Auflage 1987.

– : *Theorie des Erzählens*, Göttingen 5. Auflage 1991.

Stendhal: *Rot und Schwarz, Chronik aus dem Jahr 1830*, München 1976.

B. A. Uspenskij: *Poetik der Komposition, Struktur des künstlerischen Textes und Typologie der Kompositionsformen*, Frankfurt am Main 1975.

P. Vitoux: Le jeu de la focalisation, Poetique 51 (1982), S. 359-368.

R. Weimann: Erzählerstandpunkt und point of view, Zu Geschichte und Ästhetik der Perspektive im englischen Roman, Zeitschrift für Anglistik und Amerikanistik 10 (1962), S. 254-271.

– : Erzählsituation und Romantypus, Zu Theorie und Genesis realistischer Erzählformen, Sinn und Form 18 (1966), S. 109-133.

H. Weinrich: *Tempus, Besprochene und erzählte Welt*, Stuttgart Berlin Köln 5. Auflage 1994

H. Wiegmann: Typologie und Systematik in der Erzähltheorie, Bermerkungen zu den Voraussetzungen einer Typologie mit kritischen Anmerkungen zu Stanzels ›Theorie des Erzählens‹, Literatur in Wissenschaft und Unterricht 14 (1981), S. 176-184.

4. Untersuchungsansätze der Erzählforschung

4.1 Allgemeine Werke zur Erzählforschung

K.-M. Bogdal (Hrsg.): *Neue Literaturtheorien, Eine Einführung*, Opladen 1990.

C. Kahrmann; G. Reiß; M. Schluchter: *Erzähltextanalyse, Eine Einführung mit Studien und Übungstexten*, Königstein 1986.

E. Lämmert (Hrsg): *Erzählforschung, Ein Symposion*, Stuttgart 1982.

H.-W. Ludwig (Hrsg.): *Arbeitsbuch Romananalyse*, Darmstadt 1985.

M. Pechlivanos u.a. (Hrsg.): *Einführung in die Literaturwissenschaft*, Stuttgart Weimar 1995.

E. Reichel: Der Roman und das Geschichtenerzählen, Ihre Kongruenz und Diskrepanz in der Romanforschung (1890-1970), Deutsche Vierteljahrsschrift für Literaturwissenschaft und Geistesgeschichte 52 (1978), S. 296-345.

W. Martin: *Recent Theories of Narrative*, Ithaca London 1986

J. Vogt: *Aspekte erzählender Prosa, Eine Einführung in Erzähltechnik und Romantheorie*, Opladen 7. Auflage 1990

4.2 Der formalistische Ansatz

R. Alewyn: Ursprung des Detektivromans, *Probleme und Gestalten*, Frankfurt am Main 1974, S. 361-394.

J. M. Brockman: *Strukturalismus, Moskau – Prag – Paris*, Freiburg München 1971.

V. Erlich: *Russischer Formalismus*, Frankfurt am Main 1987.

R. Jakobson: *Poetik, Ausgewählte Aufsätze 1921-1971*, Frankfurt am Main 1979.

H. R. Jauß: *Literaturgeschichte als Provokation der Literaturwissenschaft*, Frankfurt am Main 1970.

F. Jameson: *The Prison-House of Language, A Critical Account of Structuralism and Russian Formalism*, Princeton 1972.

J. Mukarovsky: *Studien zur strukturalistischen Ästhetik und Poetik*, München 1974.

M. L. Pratt: *Toward A Speech Act Theory of Literary Discourse*, Bloomington London 1977.

F. de Saussure: *Grundfragen der Allgemeinen Sprachwissenschaft*, Berlin 2. Auflage 1967.

V. Sklovskij: *Theorie der Prosa*, Frankfurt am Main 1984.

E. Strohmair: *Theorie des Strukturalismus, Zur Kritik der strukturalistischen Literaturanalyse*, Bonn 1977.

Texte der Russischen Formalisten, Bd. 1: Texte zur allgemeinen Literaturtheorie und zur Theorie der Prosa, hrsg. v. J. Striedter, München 1969; Bd. 2: Texte zur Theorie des Verses und der poetischen Sprache, hrsg. v. W.-D. Stempel, München 1972.

J. Tynjanov: *Die literarischen Kunstmittel und die Evolution in der Literatur*, Frankfurt am Main 1967.

J. Tynjanov; R. Jakobson: Probleme der Literatur- und Sprachforschung, *Strukturalismus, Ideologie und Dogmengeschichte*, hrsg. v. W. D. Hund, Darmstadt 1973, S. 378-380.

4.3 Der dialogische Ansatz

M. Aucouturier: The Theory of the Novel in Russia in the 1930s, Lukács and Bachtin, *The Russian Novel from Pushkin to Pasternak*, hrsg. v. J. Garrard, New Haven London 1983, S. 227-240.

M. Bachtin: *Probleme der Poetik Dostojewskijs*, München 1971.

– : *Die Ästhetik des Wortes*, Frankfurt am Main 1979.

– : Kunst und Verantwortung, ebd., S. 93-94.

– : Das Problem von Inhalt, Material und Form im Wortkunstschaffen, ebd., S. 95-153.

– : Das Wort im Roman, ebd., S. 154-300.

– : Aus der Vorgeschichte des Romanwortes, ebd., S. 301-337.

– : *Speech Genres and Other Late Essays*, Austin 1986.

– : The Bildungsroman and its Significance in the History of Realism, ebd., S. 10-59

– : *Rabelais und seine Welt, Volkskultur als Gegenkultur*, Frankfurt am Main 1987.

– : *Formen der Zeit im Roman, Untersuchungen zur historischen Poetik*, Frankfurt am Main 1989.

– : Epos und Roman, Zur Methodologie der Romanforschung, ebd., S. 210-251.

– : Das Problem des Textes in der Linguistik, Philologie und in anderen Humanwissenschaften, Versuch einer philosophischen Analyse, Poetica 22 (1990), S. 436-487.

– : *Art and Answerability, Early Philosophical Writings*, Austin 1991.

Bakhtine – Mode d'emploi, Études francaises 20 (1984).

M. A. Bernstein: When the Carnival turns bitter, Preliminary Reflections upon the Abject Hero, *Bakhtin, Essays and Dialogues on his Work*, hrsg. v. G. S. Morson, Chicago London 1986, S. 99-121.

D. H. Bialostosky: Booth's Rhetoric, Bakhtin's Dialogics and the Future of Novel Criticism, Novel 18 (1985), S. 209-216.

D. H. Bialostosky: Dialogics as an Art of Discourse in Literary Criticism, Publications of the Modern Language Association of America 101 (1986), S. 788-796.

K. Chvatík: *Mensch und Struktur, Kapitel aus der neostrukturalen Ästhetik*, Frankfurt am Main 1987.

K. Clark; M. Holquist: *Mikhail Bakhtin*, Cambridge London 1984.

H. Cohen: *Ästhetik des Reinen Gefühls*, 2 Bde., Berlin 1912.

M. Friese: *Michail Bachtins philosophische Ästhetik der Literatur*, Frankfurt am Main u.a. 1993.

R. Girard: *Das Heilige und die Gewalt*, Zürich 1987.

R. Grübel: Zur Ästhetik des Wortes bei Michail M. Bachtin, *Die Ästhetik des Wortes*, Frankfurt am Main 1979, S. 21-78.

C. Hagège: *Der dialogische Mensch, Sprache – Weltbild – Gesellschaft*, Reinbek bei Hamburg 1987.

A. A. Hansen-Löve: *Der Russische Formalismus, Methodologische Rekonstruktion seiner Entwicklung aus dem Prinzip der Verfremdung*, Wien 1978.

J. M. Holquist; K. Clark: The Influence of Kant in the Early Works of M. M. Bakhtin, *Literary Theory and Criticism*, Part I, hrsg. v. J. P. Strelka, Bern u.a. 1984, S. 299-313.

M. Holquist: *Dialogism, Bakhtin and his World*, London New York 1991.

I. Kant: *Kritik der reinen Vernunft*, hrsg. v. R. Schmidt, Hamburg 1993.

R. Kloepfer: Der Roman als entfesseltes Gespräch, *Erzählung und Erzählforschung im 20. Jahrhundert*, hrsg. v. R. Kloepfer u. G. Janetzke-Dillner, Stuttgart u.a. 1981, S. 15-27.

M. Kundera: *Die Kunst des Romans*, Frankfurt am Main 1992.

R. Lachmann (Hrsg.): *Dialogizität*, München 1982.

J. Lehmann: Ambivalenz und Dialogizität, Zur Theorie der Rede bei Michail Bachtin, *Urszenen, Literaturwissenschaft als Diskursanalyse und Diskurskritik*, hrsg. v. F. Kittler u. H. Turk, Frankfurt am Main 1977, S. 355-380.

E. Le Roy Ladurie: *Karneval in Romans, Eine Revolte und ihr blutiges Ende 1579-1590*, München 1989.

D. Lodge: *After Bakhtin, Essays on fiction and criticism*, London New York 1990.

P. Medvedev: *Die formale Methode in der Literaturwissenschaft*, Stuttgart 1967.

M. Merleau-Ponty: *Phänomenologie der Wahrnehmung*, Berlin 1974.

U. Montigel: *Der Körper im humoristischen Roman, Zur Verlustgeschichte des Sinnlichen*, Frankfurt am Main 1987.

G. S. Morson; C. Emerson: *Mikhail Bakhtin, Creation of Prosaics*, Stanford 1990.

H.-L. Ollig: *Der Neukantianismus*, Stuttgart 1979.

W. L. Reed: *An Exemplary History of the Novel, The Quixotic versus the Picaresque*, Chicago London 1981.

B. Schleißheimer: Der moderne Mensch vor dem Abgrund des Nichts, Dostojewskij und der Nihilismus, *Das 19. Jahrhundert, Aufbruch in die Moderne*, hrsg. v. W. Buckl u. P. Geyer, Regensburg 1996, S. 195-233.

A. Shukman: M. M. Bakhtin, Notes on his Philosophy of Man, *Poetry, Prose and Public Opinion*, hrsg. v. W. Harrison u. A. Pyman, Letchworth 1984, S.241-250.

J. H. Smith: Dialogic Midwifery in Kleist's ›Marquise von O‹ and the Hermeneutics of Telling the Untold in Kant and Plato, Publications of the Modern Language Association of America 100 (1985), S. 203-219.

S. Stewart: Shouts in the Street, Bakhtin's Anti-Linguistics, *Bakhtin, Essays and Dialogues on His Work*, hrsg. v. G. S. Morson, Chicago London 1986, S. 41-57.

T. Todorov: Bakhtine et l'altérité, Poetique 10 (1979), S. 502-513.

V. N. Voloshinov: *Marxismus und Sprachphilosophie, Grundlegende Probleme der soziologischen Methode in der Sprachwissenschaft*, Frankfurt am Main u.a. 1975.

L. S. Wygotski: *Denken und Sprechen*, Frankfurt am Main 1991.

P. V. Zima: *Literarische Ästhetik, Methoden und Modelle der Literaturwissenschaft*, Tübingen 1991.

V. Zmegac: *Der europäische Roman, Geschichte seiner Poetik*, Tübingen 1990.

4.4 Der pragmatische Ansatz

J. L. Austin: *Zur Theorie der Sprechakte*, Stuttgart 2. Auflage 1979.

V. Flusser: *Kommunikologie*, Mannheim 1996.

H. P. Grice: Logic and Conversation, *Syntax and Semantics* Vol 3, Speech Acts, hrsg. v. P. Cole u. J. L. Morgan, New York u.a. 1975, S. 41-58.

B. Herrnstein Smith: *On the Margins of Discourse, The Relation of Literature to Language*, Chicago London 1979.

C. Hutchison: The Act of Narration, A Critical Survey of some Speech-Act Theories of Narrative Discourse, Journal of Literary Semiotics 13 (1984), S. 3-56.

J. Landwehr: *Text und Fiktion, Zu einigen literaturwissenschaftlichen und kommunikationstheoretischen Grundbegriffen*, München 1975.

C. W. Morris: *Grundlagen der Zeichentheorie, Ästhetik der Zeichentheorie*, Frankfurt am Main 1988.

R. Ohman: Speech, Literature, and the Space Between, New Literary History 4 (1972), S. 47-63.

T. G. Pavel: *Fictionals Worlds*, Cambridge London 1986.

M. L. Pratt: *Towards a Speech Act Theory of Literary Discourse*, Bloomington London 1977.

J. R. Searle: *Sprechakte, Ein sprachphilosophischer Essay*, Frankfurt am Main 1977.

– : Der logische Status fiktionalen Diskurses, *Ausdruck und Bedeutung, Untersuchungen zur Sprechakttheorie*, Frankfurt am Main 1982, S. 89-97.

L. Wittgenstein: *Philosophische Untersuchungen*, Frankfurt am Main 1975.

4.5 Der morphologische Ansatz

H. Bleckwenn: Morphologische Poetik und Bauformen des Erzählens, Zum Formalismus in der deutschen Literaturwissenschaft, *Erzählforschung 1, Theorien, Modelle und Methoden der Narrativik*, hrsg. v. W. Haubrichs, Göttingen 1976, S. 45-77.

K.-H. Hartmann: *Wiederholungen im Erzählen, Zur Literarität narrativer Texte*, Stuttgart 1979.

K. W. Hempfer: *Gattungstheorie, Information und Synthese*, München 1973.

E. Lämmert: *Bauformen des Erzählens*, Stuttgart 8. Aufl. 1993.

W. Martin: *Recent Theories of Fiction*, Ithaca London 1986.

G. Müller: *Morphologische Poetik, Gesammelte Aufsätze*, Tübingen 1968.

E. Muir: *The Structure of the Novel*, London 1946.

R. M. Nischik: *Einsträngigkeit und Mehrsträngigkeit der Handlungsführung in literarischen Texten*, Tübingen 1981.

V. J. Propp: *Morphologie des Märchens*, München 1972.

R. Schardt, Narrative Verfahren, *Einführung in die Literaturwissenschaft*, hrsg. v. M. Pechlivanos u.a., Stuttgart Weimar 1995, S. 49-65.

E. Volek: Die Begriffe ›Fabel‹ und ›Sujet‹ in der modernen Literaturwissenschaft, Zur Struktur der ›Erzählstruktur‹, Poetica 9 (1977), S. 141-166.

4.6 Der strukturalistische Ansatz

R. Barthes: *Die Lust am Text*, Frankfurt am Main 1974.

– : *S/Z*, Frankfurt am Main 1976.

– : *Lektion*, Frankfurt am Main 1980.

– : Einführung in die strukturale Analyse von Erzählungen, *Das semiologische Abenteuer*, Frankfurt am Main 1988, S. 102-143.

– : Die Handlungsfolgen, ebd., S. 144-155.

– : Die strukturale Textanalyse, ebd., S. 223-250.

– : Die strukturalistische Tätigkeit, *Texte zur Literaturtheorie der Gegenwart*, hrsg. v. D. Kimmich u.a., Stuttgart 1996, S. 215-223.

E. Benveniste: *Probleme der Sprachwissenschaft*, München 1974.

C. Bremond: The Logic of Narrative Possibilities, New Literary History 11 (1970), S. 387-411.

– : Die Erzählnachricht, *Literaturwissenschaft und Linguistik* Bd. 3, hrsg. v. J. Ihwe, Frankfurt am Main 1972, S. 177-217.

P. Brooks: *Reading for the Plot, Design and Intention in Narrative*, Oxford 1984.

J. Culler: *Structuralist Poetics, Structuralism, Linguistics and the Study of Literature*, London 1975.

L. Fietz: *Strukturalismus, Eine Einführung*, Tübingen 1982.

A. J. Greimas: Die Struktur der Erzählaktanten, Versuch eines generativen Ansatzes, *Literaturwissenschaft und Linguistik* Bd. 3, hrsg. v. J. Ihwe, Frankfurt am Main 1972, S. 218-238.

– : Elemente einer narrativen Grammatik, *Strukturalismus in der Literaturwissenschaft*, hrsg. v. H. Blumensath, Köln 1972, S. 47-67.

J. Kolkenbrock-Netz: Diskursanalyse und Narrativik, Voraussetzungen und Konsequenzen einer interdisziplinären Fragestellung, *Diskurstheorien und Literaturwissenschaft*, hrsg. v. J. Fohrmann u. H. Müller, Frankfurt am Main 1988, S.261-283.

P. Ricœur: *Zeit und Erzählung*, 3. Bde., München 1988 1989 1991.

T. W. Scheerer; M. Winkler: ›Zum Versuch einer universalen Erzählgrammatik bei Claude Bremond, Darstellung, Anwendungsprobleme und Modellkritik‹, Poetica 8 (1976), S. 1-24.

H.-W. Schwarze: Die Ebenen narrativer Texte, Geschehen, Geschichte, Diskurs, *Arbeitsbuch Romananalyse*, hrsg. v. H.-W. Ludwig, Darmstadt 1985, S. 65-105.

C. Segre: *Literarische Semiotik, Dichtung – Zeichen – Geschichte*, Stuttgart 1980.

R. Scholes: *Structuralism in Literature, An Introduction*, New Haven London 1974.

K. Stierle: Geschehen, Geschichte, Text der Geschichte, *Geschichte – Ereignis und Erzählung*, hrsg. v. R. Koselleck u. W.-D. Stempel, München 1973, S. 530-534.

T. Todorov: Die Grammatik der Erzählung, *Strukturalismus als interpretatives Verfahren*, hrsg. v. H. Gallas, Darmstadt Neuwied 1972, S. 52-71.

– : Die Kategorien der literarischen Erzählung, *Strukturalismus in der Literaturwissenschaft*, hrsg. v. H. Blumensath, Köln 1972, S. 263-294.

– : *Poetik der Prosa*, Frankfurt am Main 1972.

– ; O. Ducrot: *Enzyklopädisches Wörterbuch der Sprachwissenschaften*, Frankfurt am Main 1975.

4.7 Der narratologische Ansatz

R. Alter: *Partial Magic, The Novel as a Self-Conscious Genre*, Berkeley u.a. 1975.

M. Bal: *Narratology, Essais sur la signification narrative dans quatre romans modernes*, Amsterdam 1977.

A. Banfield: Narrative Style and the Grammar of Direct and Indirect Speech, Foundations of Language 10 (1973), S. 1-39.

– : *Unspeakable Sentences, Narration and Representation in the Language of Fiction*, Boston u.a. 1982.

D. Bickerton: Modes of Interior Monologue, A Formal Definition, Modern Language Quarterly 28 (1967), S. 229-239.

L. E. Bowling: What is the Stream of Consciousness-Technique?, Publications of the Modern Language Association of America 65 (1950), S. 333-345.

U. Broich; M. Pfister (Hrsg.): *Intertextualität, Formen, Funktionen, anglistische Fallstudien*, Tübingen 1985.

S. Chatman: *Story and Discourse, Narrative Structure in Fiction and Film*, Ithaca London 1978.

G. Genette: *Die Erzählung / Neuer Diskurs der Erzählung*, München 1994.

– : *Palimpseste, Die Literatur auf zweiter Stufe*, Frankfurt am Main 1993.

J. Kristeva: Zu einer Semiologie der Paragramme, *Strukturalismus als inter-pretatives Verfahren*, hrsg. v. H. Gallas, Darmstadt Neuwied 1972, S. 163-200.

– : Probleme der Textstrukturation, *Strukturalismus in der Literaturwissen-schaft*, hrsg. v. H. Blumensath, Köln 1972, S. 243-262.

– : Bachtin, das Wort, der Dialog und der Roman, *Zur Struktur des Ro-mans*, hrsg. v. B. Hillebrand, Darmstadt 1978, S. 388-407.

– : *Revolution der poetischen Sprache*, Frankfurt am Main 1978.

H. Meyer: *Das Zitat in der Erzählkunst, Zur Geschichte und Poetik des euro-päischen Romans*, Stuttgart 1961.

N. Miller: Erlebte und verschleierte Rede, Akzente 5 (1958), S. 213-226.

G. Prince: Aspects of a Grammar of Narrative, Poetics Today 1:3 (1980), S. 49-63.

– : *Narratology, The Form and Functioning of Narrative*, Berlin New York Amsterdam 1982.

S. Schahadat: Intertextualität, Lektüre – Text – Intertext, *Einführung in die Literaturwissenschaft*, hrsg. v. M. Pechlivanos u.a. Stuttgart Weimar 1995, S. 366-377.

M. Schorer: *The World We Imagine, Technique as Discovery*, London 1969.

D. Stephan: Der Roman des Bewußtseinsstroms und seine Spielarten, Der Deutschunterricht 14 (1962), S. 24-38.

E. R. Sternberg (Ed.): *The Stream-of-Consciousness Technique in the Modern Novel*, Washington u.a. 1979.

S. Taubeneck: Zitat als Realität, Realität als Zitat, Zu Affinitäten in der neuen deutschen und amerikanischen Prosa, Arcadia 19 (1984), S. 269-277.

P. Waugh: *Metafiction, The Theory and Practice of Self-Conscious Fiction*, London New York 1984.

J. Zenke: *Die deutsche Monologerzählung im 20. Jahrhundert*, Köln Wien 1976.

4.8 Der phänomenologische Ansatz

J. Anderegg: *Fiktion und Kommunikation, Ein Beitrag zur Theorie der Prosa*, Göttingen 1973.

M. Cervenka: *Der Bedeutungsaufbau des literarischen Werks*, München 1978.

W. Conrad: Der ästhetische Gegenstand, Eine phänomenologische Studie, Zeitschrift für Ästhetik und Allgemeine Kunstwissenschaft 3 (1908), S. 71-118 u. 4 (1909), S. 400-455.

L. Dolozel: Truth and Authenticity in Narrative, Poetics Today 1:3 (1980), S. 7-25.

T. Eagleton: *Einführung in die Literaturtheorie*, Stuttgart 2. Auflage 1992.

N. Goodman: *Weisen der Welterzeugung*, Frankfurt am Main 1984

– : *Vom Denken und anderen Dingen*, Frankfurt am Main 1987.

E. Husserl: *Logische Untersuchungen*, 3. Bde., Hamburg 1992.

R. Ingarden: *Das literarische Kunstwerk*, Tübingen 2. Auflage 1960.

– : *Vom Erkennen des literarischen Kunstwerks*, Tübingen 1968.

W. Iser: Die Appellstruktur der Texte, Unbestimmtheit als Wirkungsbedingung literarischer Prosa, *Rezeptionsästhetik, Theorie und Praxis*, hrsg. v. R. Warning, München 2. Auflage 1979, S. 228-252.

– : Der Lesevorgang, Eine phänomenologische Perspektive, ebd., S. 253-276.

– : *Der Akt des Lesens, Theorie ästhetischer Wirkung*, München 2. Auflage 1984.

– : Akte des Fingierens oder Was ist das Fiktive im fiktionalen Text? *Funktionen des Fiktiven*, hrsg. v. D. Henrich u. W. Iser, München 1983, S. 121-151.

– : *Das Fiktive und das Imaginäre, Perspektiven literarischer Anthropologie*, Frankfurt am Main 1991.

Z. Konstantinovic: *Phänomenologie und Literaturwissenschaft, Skizzen zu einer wissenschaftstheoretischen Begründung*, München 1973.

Th. Lewandowski: Überlegungen zur Theorie und Praxis des Lesens, Wirkendes Wort 30 (1980), S. 54-65.

H. Link: ›Die Appellstruktur der Texte‹ und ein neues Paradigma in der Literaturwissenschaft?, Jahrbuch d. dt. Schillergesellschaft 17 (1973), S. 532-583.

E. Lobsien: *Theorie literarischer Illusionsbildung*, Stuttgart 1975.

F. Martinez-Bonati: Die logische Struktur der Dichtung, Vierteljahrsschrift für Literaturwissenschaft und Geistesgeschichte 47 (1975), S. 185-200.

W. Ray: *Literary Meaning, From Phenomenology to Deconstruction*, Oxford 1984.

V. Roloff: Identifikation und Rollenspiel, Anmerkungen zur Phantasie des Lesers, *Erzählforschung 2, Theorien, Modelle und Methoden der Narrativik*, hrsg. v. W. Haubrichs, Göttingen 1977, S. 260-276.

J.-P. Sartre: *Was ist Literatur, Ein Essay*, Hamburg 1950.

– : *Das Imaginäre, Phänomenologische Psychologie der Einbildungskraft*, Reinbek bei Hamburg 1971.

K. Stierle: *Text als Handlung, Perspektiven einer systematischen Literaturwissenschaft*, München 1978.

G. L. Stonum: For a Cybernetics of Reading, Modern Language Notes 92 (1977), S. 945-968.

H. Vaihinger: *Philosophie des Als Ob, System der theoretischen, praktischen und religiösen Fiktionen der Menschheit auf Grund eines idealistischen Positivismus*, Leipzig 1923.

4.9 Der semiologische Ansatz

C. Altieri: *Act and Quality, A Theory of Literary Meaning and Humanistic Understanding*, Amherst 1981.

J. Barwise; J. Perry: *Situationen und Einstellungen, Grundlagen der Situationssemantik*, Berlin New York 1987.

H. Bergner: Text und kollektives Wissen, Zu Begriff und System der Präsuppositionen, *Text-Leser-Bedeutung, Untersuchungen zur Interaktion von Text und Leser*, hrsg. v. H. Grabes, Grossen-Linden 1977, S. 1-18.

R. Chambers: *Story and Situation, Narrative Seduction and the Power of Fiction*, Minneapolis 1984.

I. Crosman: Reference and the Reader, Poetics Today 4:1 (1983), S. 89-97.

P. Dumitriu: *Die Transmoderne, Zur Situation des Romans*, Frankfurt am Main 1965.

U. Eco: *Einführung in die Semiotik*, München 1972.

– : *Zeichen, Einführung in einen Begriff und seine Geschichte*, Frankfurt am Main 1977.

– : *Semiotik und Philosophie der Sprache*, München 1985.

– : *Semiotik, Entwurf einer Theorie der Zeichen*, München 1986.

– : *Lector in fabula, Die Mitarbeit der Interpretation in erzählenden Texten*, München Wien 1987.

– : *Nachschrift zum ›Namen der Rose‹*, München 8. Aufl. 1987.

– : *Im Wald der Fiktionen, Sechs Streifzüge durch die Literatur*, München Wien 1994.

– : *Die Grenzen der Interpretation*, München 1995.

G. Gabriel: *Zwischen Logik und Literatur, Erkenntnisformen von Dichtung, Philosophie und Wissenschaft*, Stuttgart 1991.

G. Hoffmann: *Raum, Situation, erzählte Wirklichkeit, Poetologische und historische Studien zum englischen und amerikanischen Roman*, Stuttgart 1978.

R. Jakobson: *Form und Sinn, Sprachwissenschaftliche Betrachtungen*, München 1974.

A. Jefferson: Intertextuality and the Poetics of Fiction, Comparative Criticism 2 (1980), S. 235-250.

M. Kundera: *Die Kunst des Romans*, Frankfurt am Main 1992.

P. Jones: *Philosophy and the Novel*, Oxford 1975.

G. Lakoff; M. Johnson: *Metaphors We Live By*, Chicago London 1990.

J. M. Lotman: *Die Struktur des künstlerischen Textes*, Frankfurt am Main 1973.

H. Pape: *Erfahrung und Wirklichkeit als Zeichenprozeß, Charles S. Peirces Entwurf einer Spekulativen Grammatik des Seins*, Frankfurt am Main 1980.

C. S. Peirce, *Collected Papers*, Vol I-VI, hrsg. v. C. Hartshorne u. P. Weiss, Cambridge 1931-1935; Vol. VII-VIII, hrsg. v. A. W. Burks, Cambridge 1958.

– : *Semiotische Schriften*, 3. Bde., Frankfurt am Main 1986 1990 1993.

M. Titzmann: *Strukturale Textanalyse, Theorie und Praxis der Interpretation*, München 1977.

Personenregister

Angaben zum Autor

Matthias Bauer, geb. 1962; 1992 Promotion; Lehrbeauftragter für Neuere Literaturwissenschaft an der Universität Mainz. Bei J.B. Metzler sind erschienen: »Im Fuchsbau der Geschichten«. 1993. »Der Schelmenroman«. SM 282. 1994.

Printed in the United States
By Bookmasters